Statistische Datenanalyse mit Mikrocomputern

Einführung in P-STAT und SPSS

Von

Dr. Wenzel Matiaske

2., überarbeitete Auflage

R. Oldenbourg Verlag München Wien

In Erinnerung an
Reiner Gundelbach

Die Deutsche Bibliothek - CIP-Einheitsaufnahme

Matiaske, Wenzel:
Statistische Datenanalyse mit Mikrocomputern : Einführung in P-STAT und SPSS / von Wenzel Matiaske. - 2., überarb. Aufl.
München ; Wien : Oldenbourg, 1996
ISBN 3-486-23916-3

Gesamtherstellung: R. Oldenbourg Graphische Betriebe GmbH, München

ISBN 3-486-23916-3

INHALTSVERZEICHNIS

HINWEIS ZUR BENUTZTEN NOTATION

Bei der Beschreibung der Programmbefehle wird folgende Notation benutzt:

1. Angaben in eckigen Klammern sind nicht notwendig, man kann die in eckigen Klammern angegebenen Teile der Programmbefehle fortlassen.

2. Angaben in geschweiften Klammern gelten alternativ. Es ist eine der vorgesehenen Angaben auszuwählen.

3. Befehle und Kontrollworte sind, mit Ausnahme der UNIX-Kommandos, in Großbuchstaben angegeben. Bei der Eingabe der Befehle ist es allerdings unerheblich, ob die Befehle in Groß- oder Kleinschreibung erfolgen. Dies gilt **nicht** für die UNIX-Befehle, deren Schreibweise verbindlich ist. Angaben in Kleinbuchstaben sind vom Benutzer durch die für sein Programm notwendigen Elemente zu ersetzen. Dabei bedeuten:

`programm` oder `BEFEHL`	Programm oder Befehl bzw. Schlüsselwort,
vn oder *vl*	Variablenname oder Variablenliste,
'fn'	Datei- bzw. Filename und
n oder *char*	numerischer oder alphanumerischer Ausdruck.

4. Voreinstellungen (`DEFAULTS*`) werden durch ein Sternchen gekennzeichnet, z. B.:

   ```
   SET [SCREEN={ON*}].
               {OFF}
   ```

   Das Set-Kommando erlaubt die Steuerung der Bildschirmausgabe. Die Ausgabe auf den Bildschirm ist voreingestellt. Sie kann alternativ mit dem Kommando `SET SCREEN=OFF.` ausgeschaltet werden.

EINLEITUNG

Diese Einführung in die Datenanalyse wendet sich vor allem an Sozial- und Wirtschaftswissenschaftler, die mit der quantitativen Analyse empirischer Daten konfrontiert sind. Das Ziel des Textes ist es, die Möglichkeiten der rechnergestützten Datenanalyse mit Standardpaketen zu erläutern und den Leser in die Lage zu versetzen, selbständig statistische Analysen durchzuführen. Es werden daher nicht nur die Datenorganisation, wichtige statistische Konzepte und deren Umsetzung mittels der Datenanalysesysteme dargestellt. Besonders im Hinblick auf Erstanwender oder nur gelegentliche Benutzer werden auch der Aufbau und die Funktionsweise der Hardware skizziert, der Umgang mit dem Betriebssystem erläutert und der Zugang zu Informationsquellen im Internet vorgestellt. Der Text kann und soll das Studium umfangreicher Programmdokumentationen nicht ersetzen. Die Nutzung der Dokumentationen als Nachschlagewerke ist aber regelmäßig erst dann möglich, wenn der Benutzer mit der Konzeption und den vielfältigen Möglichkeiten der Programme vertraut ist, so daß er die Informationen vor diesem Hintergrundwissen ordnen und bewerten kann.

Dieses Arbeitsbuch, das auf einer regelmäßig durchgeführten Lehrveranstaltung basiert, ist gleichwohl für das Selbststudium konzipiert. Der eingeschlagene Weg der Wissensvermittlung setzt allerdings auf den praktischen Nachvollzug der diskutierten Konzepte durch die Leser. Da ‚Trockenübungen' wenig hilfreich sind, werden sämtliche Schritte anhand eines Datensatzes aus der betriebswirtschaftlichen Forschung beschrieben. Auch diejenigen Leser, die über keinen eigenen Datensatz verfügen, sind dadurch in der Lage, die einzelnen Schritte selbst durchzuführen.

Die Einführung stellt die Anwendung von Mikrocomputern in den Mittelpunkt. Seit Mitte der 70er Jahre, als die ersten Mikrocomputer auf den Markt kamen, haben sich, aufgrund der rasanten Entwicklung der Hardware, die einstmals belächelten Rechenzwerge zu respektablen Maschinen entwickelt. Die Rechenleistungen von Mikrocomputern und die verfügbare Software erlauben bei akzeptablem Laufzeitverhalten die Analyse kleiner und mittlerer Datensätze. Die interaktive Arbeitsweise, die als Domäne der Mikrocomputer anzusehen ist, bietet den kaum überschätzbaren Vorteil, daß sich der Benutzer auf die Analysen konzentrieren kann, die er tatsächlich benötigt.

Die Möglichkeiten, welche die Benutzernähe moderner Mikrocomputer den Anwendern bieten, können nur ausgeschöpft werden, wenn diese die grundlegende Arbeitsweise des Computers und des Betriebssystems kennen. Im **ersten Kapitel** des Textes werden daher der Aufbau eines Computers und die wichtigsten

Befehle der Betriebssysteme DOS und UNIX erläutert. Der Erstanwender soll dadurch in die Lage versetzt werden, seinen Arbeitsplatzrechner selbst zu organisieren. Die Ausführungen sind gleichzeitig so allgemein gehalten, daß der Anwender leicht die Bedienung eines anderen Maschinentyps erlernen kann. Ferner werden Informations- und Kommunikationsmöglichkeiten im sogenannten Internet erläutert. Im Mittelpunkt dieser kurzen Einführung zum Umgang mit Computernetzwerken stehen Zugangswege zu Programmen, Daten und Informationen im Zusammenhang mit der Datenanalyse. Diejenigen Leser, welche bereits Erfahrungen im Umgang mit Mikrocomputern oder dem Internet gesammelt haben, können diese Abschnitte überschlagen.

Der letzte Abschnitt des ersten Kapitels informiert über den Leistungsumfang wichtiger Software-Pakete zur statistischen Datenanalyse. Alle genannten Systeme bieten umfangreiche Möglichkeiten der Analyse, die weitgehend deckungsgleich sind und im Regelfall ausreichend sein dürften. Wird jedoch für die Datenanalyse ein spezielles statistisches Verfahren benötigt, so findet der Anwender Hinweise, wo diese Prozeduren zu finden sind. In gesonderten Kapiteln wird der Umgang mit den weitverbreiteten Softwarepaketen P-STAT und SPSS detailliert beschrieben. Die Vorgehensweise findet ihre Begründung in der Überlegung, daß man zur Datenanalyse einige Standardwerkzeuge benötigt, aber durch dieses Werkzeug nicht eingeschränkt sein sollte. Ist man mit einem Softwarepaket zur Datenanalyse vertraut, können mit diesem alle grundlegenden Arbeiten durchgeführt werden. Die Auswahl der Analyseroutinen sollte jedoch auf theoretischen und methodischen Überlegungen basieren. Gegebenenfalls sollte man also das Inventar des Werkzeugkastens erweitern können.

Das **zweite Kapitel** behandelt Hilfsmittel zur Aufbereitung und Organisation von Rohdaten sowie Regeln zur Codierung. Die Erläuterung der Arbeitsschritte, welche zur Vorbereitung der statistischen Auswertung notwendig sind, wird anhand des Datensatzes ‚Arbeitszufriedenheit bei Automatisierter Datenverarbeitung (ADV)' vollzogen. Das Kapitel stellt also gleichzeitig den Datensatz vor und sollte daher keineswegs übersprungen werden.

Die maschinelle Unterstützung der Datenanalyse impliziert, daß der Anwender nur wenig Wissen über geeignete Rechenwege und Formeln benötigt. Desto wichtiger ist es aber, daß er die prinzipielle Logik der statistischen Modelle kennt, um entscheiden zu können, inwieweit die Verfahren Fragen an das Datenmaterial beantworten helfen. Das **dritte Kapitel** beschreibt einige wichtige statistische Konzepte der Datenanalyse, wobei vor allem die den statistischen Modellen zugrundeliegende Fragestellung und deren Anwendungsvoraussetzungen berücksichtigt werden. Die Diskussion verzichtet soweit als möglich auf mathematisch-statistische Ableitungen, die in der ausgewählten statistischen Literatur nachgelesen werden können.

Die **folgenden Kapitel** beschreiben den Umgang mit den Datenanalysesystemen P-STAT und SPSS anhand der zuvor dargestellten statistischen Modelle.

Damit dieses Arbeitsbuch auch als kleines Nachschlagewerk bei eigenen Arbeiten benutzt werden kann, enthält der **Anhang** einen Index der besprochenen Kommandos. Der Index umfaßt darüber hinaus die Befehle der Betriebssysteme und Einträge zu wichtigen EDV-technischen und statistischen Konzepten. Im Anhang finden sich ferner die Rohwerte des zugrundeliegenden Datensatzes. Der Datensatz kann auch beim ZA (Zentralarchiv für empirische Sozialforschung) bestellt werden. Die Adresse dieser und anderer wichtiger sozialwissenschaftlicher Infrastruktureinrichtungen finden sich ebenfalls im Anhang. Benutzer, die über einen Zugang zum Internet verfügen, können Rohdaten und Befehlsdateien mittels anonymous `ftp` auf den eigenen Rechner kopieren (ftp://perform.ww.tu-berlin.de/datenanalyse/).

Eine letzte Bemerkung zum Umgang mit diesem Text: Die Arbeit mit Computern eröffnet eine Welt von Möglichkeiten. Der Benutzer kann nur durch eigene Versuche die Wege bestimmen, auf denen er sein Ziel erreichen will. Erfahrenere Anwender neigen dazu, Einsteigern durch Ratschläge und Tips (Um-)Wege ersparen zu wollen — auch in diesem Buch wimmelt es von Empfehlungen. Sie sind nichts anderes als Vorschläge, die keinesfalls davon abhalten sollen, eigene Wege zu erkunden.

Allen Personen, die zur Entstehung der Publikation beigetragen haben, sei an dieser Stelle dafür herzlich gedankt. Insbesondere gilt mein Dank Herrn M. Weigert, für die Möglichkeit, dieses Buch zu realisieren, Herrn Prof. Dr. D. Müller-Böling, der freundlicherweise seinen Datensatz ‚Arbeitszufriedenheit bei ADV' zur Verfügung stellte, und Herrn E. J. Zimmermann für seine Hilfsbereitschaft und manchen Rat in technischen Dingen. Meine Kollegen am Fachbereich Wirtschaftswissenschaften der Universität Paderborn halfen durch ihre kritischen Diskussionen. V. Hische, B. Matiaske, Prof. Dr. W. Nienhüser, M. Olejniczak und Dr. F. A. Stein danke ich für die Durchsicht des Manuskripts. Sofern der Text an einigen Stellen Mängel aufweist, so nur deshalb, weil ihr guter Rat keine Anerkennung fand. Th. Meyer danke ich für die Erstellung der Graphiken. Bei Herrn Prof. Dr. R. Bronner bedankt sich der Autor für seine Unterstützung und Ermunterung, die Arbeit durchzuführen.

Schließlich möchte ich den Autoren der frei verfügbaren Programme, mit denen dieses Buch erstellt wurde, Dank bekunden. Der Text wurde mit dem Standardeditor `emacs` unter OS/2 erfaßt. Unerläßliche Hilfsmittel bei der Revisionskontrolle und der Erstellung der Verzeichnisse waren `rcs`, `makeindex` und `bibtex`. Als Satzsystem wurde LaTeX benutzt, die Ausgabe erfolgte mittels `dvips`.

Bei der Überarbeitung und Erweiterung des Textes für die zweite Auflage standen I. Betz, Dr. S. Boerner, D. Holtmann, M. Olejniczak, R. Ortlieb und U. Voos mit Rat und Tat zur Seite. Ihnen allen gilt mein Dank.

Wenzel Matiaske

1. DATENANALYSE MIT MIKROCOMPUTERN

1.1 Aufbau eines Mikrocomputers

Standen in Gesprächen über technische Errungenschaften vor nicht allzulanger Zeit die neuesten Produkte der Automobilindustrie im Mittelpunkt, so konzentrieren sich Alltagsgespräche, ohne diese These großzahlig empirisch belegen zu können, zumindestens in einigen Kreisen auf neue Entwicklungen in der Computertechnologie. Die sich darin widerspiegelnde Faszination bleibt (nicht nur) dem Anfänger rätselhaft, zumal solchen Gesprächen selten grundlegende Informationen über Zweck und Funktionsweise der Maschinen zu entnehmen sind. Man sollte sich dadurch aber weder irritieren noch abschrecken lassen. Nichts hindert daran, Computer lediglich als ein, wenn auch mächtiges, Werkzeug aufzufassen, wie auch Automobile aus verkehrspolitischer Sicht nur ein mögliches Mittel zum Zweck sind. Entschließt man sich allerdings, dieses Werkzeug zu nutzen, ist, wie auch zum Bedienen eines Kraftfahrzeugs, Verständnis für Aufbau und Funktionsweise eines Computers von Vorteil.

Die folgende Darstellung der Funktionsweise eines Rechners orientiert sich an IBM-kompatiblen Personalcomputern (PC) auf der Basis von 8086-, 8088-, 80x86- oder Pentium Prozessoren, wobei die Typenbezeichnungen PC, XT, AT bzw. PS/2 für die Systeme gebräuchlich sind. Die Beschreibung läßt sich auf andere Maschinentypen übertragen, da sie nicht am technischen, sondern am logischen Aufbau eines Computers ausgerichtet ist. En passant finden sich daher auch einige Bemerkungen zu größeren Anlagen.

Die sichtbare Hardware einer Mikrocomputerkonfiguration setzt sich aus einer **Systemeinheit** und verschiedenen **Peripheriegeräten** zur Ein- und Ausgabe zusammen. Standardein- bzw. Ausgabegeräte sind Tastatur und Monitor, wobei an die Systemeinheit von Mehrplatzsystemen mehrere Bildschirmarbeitsplätze angeschlossen werden können. Es finden sich ferner alternative Geräte zur Ein- und Ausgabe wie Drucker, Plotter, Maus, Scanner etc., die dem Benutzer die Kommunikation mit dem Computer ermöglichen. Als gesonderte Gruppe von Peripheriegeräten sind sogenannte externe Speicher zu unterscheiden, wie Disketten-, Festplatten-, CD-ROM- oder Bandlaufwerke, die im Fall von Mikrocomputern regelmäßig in der Systemeinheit untergebracht sind. Im Unterschied zum PC befinden sich bei größeren Anlagen die Terminals oft an anderen Orten als andere wichtige Peripheriegeräte oder der Rechner. Der Benutzer muß also zur Informationsübertragung manchmal spazieren gehen und kann zuweilen über die Systemverwaltung schimpfen, die seine

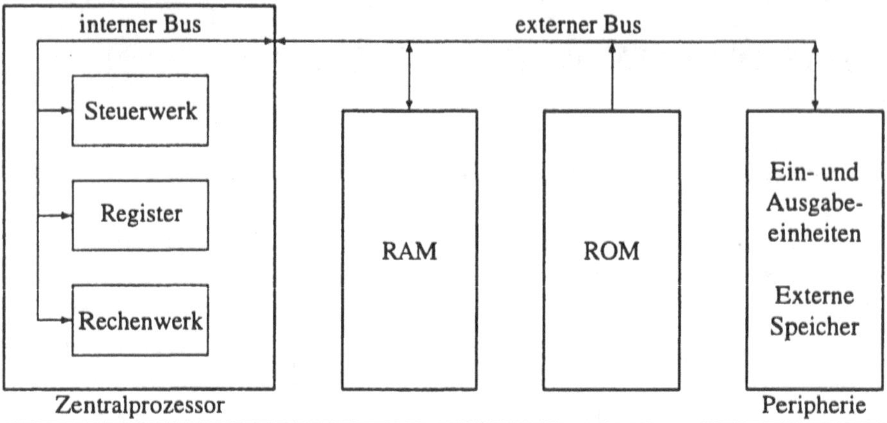

Abb. 1.1: Schematischer Aufbau eines Mikrocomputers

Pläne störte. Letzteres befreit zwar, doch der Stein des Anstoßes kann auch Vorteile bieten, weil man nicht den Überblick über das gesamte System behalten muß.

Das Kernstück der Systemeinheit ist die Hauptplatine (motherboard). Auf dieser sind der **Mikroprozessor** (CPU, central processing unit), dem für logische und arithmetische Aufgaben gegebenenfalls ein arithmetischer Coprozessor zur Seite steht, der interne Speicher oder **Hauptspeicher** und weitere aufgesteckte Platinen, die beispielsweise zur Ansteuerung der Peripheriegeräte dienen, untergebracht.

Die **CPU** ist für die Verwaltung des Systems und die Ausführung von Programmen zuständig. Sie setzt sich aus dem Steuer- und dem Rechenwerk sowie dem Register, das der kurzfristigen Zwischenspeicherung dient, zusammen. Das Steuerwerk entschlüsselt die Befehle, überwacht deren Ausführung durch das Rechenwerk und regelt die Ausgabe der Ergebnisse. Moderne Mikroprozessoren sind in der Lage, einige Millionen Instruktionen pro Sekunde (MIPS, million instructions per second) zu verarbeiten. Die Leistung der Prozessoren ist allerdings wesentlich geringer, wenn sie an der Zahl der möglichen Operationen mit Gleitkommazahlen pro Sekunde (FLOPS, floating point operations per second) gemessen wird. Von diesen können lediglich einige Tausende verarbeitet werden. Der Grund liegt darin, daß die Prozessoren nur zur Verarbeitung von Operationen mit Integerzahlen konstruiert sind. Operationen mit Gleitkommazahlen, bei mathematisch-statistischen Anwendungen unabdingbar, müssen daher von Software-Routinen übernommen werden. Zur Verbesserung der Verarbeitungsgeschwindigkeit bei numerischen Operationen können arithmetische Coprozessoren eingesetzt werden, die speziell für diese Aufgabe entwickelt wurden. Anzumerken ist, daß einige Typen von Mikroprozessoren, wie der 80486 Chip, bereits einen Coprozessor integriert haben. Programme, welche die Möglichkeiten des Coprozessors nutzen sollen, müssen auf dessen Befehlssatz abgestimmt werden.

Der interne Speicher oder **Hauptspeicher** setzt sich aus dem ROM (read only memory) und dem RAM (random access memory) zusammen. Der ROM ist ein Festwertspeicher, dessen eingeschriebene Informationen nur gelesen werden können. Hier sind vorwiegend Programme gespeichert, die zum Starten des Systems und zur Ansteuerung der Peripherie notwendig sind. Der RAM ist dagegen ein Schreib-Lese-Speicher, der zur Speicherung veränderlicher Informationen eingesetzt wird. Er nimmt die Programme, welche die Instruktionen für die CPU beinhalten, und die zur Bearbeitung der Aufgaben aktuell notwendigen Daten auf. Zur Bearbeitung übernimmt die CPU zunächst die Instruktionen, die das aktive Programm im Hauptspeicher enthält, und führt diese schrittweise aus. Die Instruktionen setzen sich aus einem Operationsteil und einem Operandenteil zusammen. Der Operationsteil enthält die Information, welche Operationen mit den Daten, deren Adressen der Operandenteil enthält, auszuführen sind. Die Zwischenergebnisse und Resultate der Programmbearbeitung können wiederum in den Hauptspeicher geschrieben werden.

Der Hauptspeicher setzt sich aus einzelnen Speicherplätzen (Bytes) zusammen, die jeweils ein Zeichen aufnehmen können. Ein Byte wiederum läßt sich weiter untergliedern in Bits (standardmäßig 1 Byte = 8 Bits), wobei jedes Bit im Zustand 1 oder 0 sein kann. Zeichen werden speicherintern also durch unterschiedliche Kombinationen von 1 und 0 dargestellt, wodurch ein Code von insgesamt 2^8, also 256 Zeichen möglich ist. Auf Mikrocomputern wird zur Verschlüsselung normalerweise der sogenannte **ASCII-Zeichensatz** (American Standard Code for Information Interchange) eingesetzt. Insbesondere auf IBM-Großrechenanlagen findet dagegen der **EBCDI-Zeichensatz** (extended binary coded decimals interchange) Verwendung. Diese Codierungspläne legen fest, für welche Zeichen eine binäre Zeichenfolge von 8 Bits reserviert ist. Beispielsweise wird im ASCII-Code zur Abbildung des Buchstabens ‚a' die Bit-Folge ‚0110 0001' (≡ 97 dezimal, ≡ 61 hexadezimal) benutzt. Die einzelnen Speicherplätze des Hauptspeichers sind fortlaufend adressiert und können über diese Adresse von der Zentraleinheit angesprochen werden. Man kann sich den Hauptspeicher als einen Setzkasten mit einer Vielzahl von numerierten Fächern vorstellen, wie sie beispielsweise in Hotels zur Briefablage genutzt werden. Für den Benutzer ist es von großer Bedeutung zu wissen, daß alle Informationen in diesen Halbleiterspeichern nach dem Abschalten oder bei Ausfall des Stroms verloren gehen.

Die Arbeitsgeschwindigkeit eines Mikrocomputers ist u. a. abhängig vom Taktgeber des Systems. Je höher die **Taktfrequenz**, der ‚Pulsschlag' der CPU, ist, desto größer ist die Leistung des Computers. Die Taktfrequenz ist allerdings nur bei Mikroprozessoren einer Bauart vergleichbar. Bedeutender für die Verarbeitungsgeschwindigkeit ist die **Architektur** des Computers. Sie ist wiederum entscheidend geprägt durch die interne Busbreite des zentralen Mikroprozessors, die bestimmt, wieviele Zeichen gleichzeitig verarbeitet werden können. Der **interne Bus**, welcher Rechenwerk und Steuerwerk der CPU miteinander verbindet, ist bei den in Mikrocomputern eingebauten Prozessoren zwischen 16 und 64 Bit breit. Von diesem ist der **externe Bus** zu unterscheiden, welcher die CPU mit dem Arbeitsspeicher und den Peripherieplatinen verbindet. Die Busse ermöglichen die Übertragung der Information wie Steuer- und Kontrollsignale, Speicheradressen sowie Daten zwischen den Bausteinen des Computers. In neueren Modellen wird anstelle eines externen Busses ein unabhängig von der CPU arbeitender Mikrokanal (microchannel) angeboten. Die Übertragungsrate ist bei dieser asynchronen Technologie von den beteiligten Komponenten und nicht mehr von der Geschwindigkeit der CPU abhängig. Standards für Mikrokanalarchitekturen werden als MCA (microchannel architecture), EISA (extended industry standard architecture) oder PCI bezeichnet.

Als **Massenspeicher** werden bei Mikrocomputern derzeit vorwiegend Disketten und Festplatten eingesetzt. Sofern bei Mikrocomputern **Magnetbänder** als Massenspeicher eingesetzt werden, handelt es sich normalerweise um Kassettenlaufwerke, sogenannte Streamer, die ein preiswertes Speichermedium zur Datensicherung darstellen. Mehrplatzsysteme waren dagegen recht häufig mit einem Magnetbandgerät ausgerüstet. Die Bänder wurden nicht nur zur Datensicherung, sondern auch recht häufig zum Austausch von Daten verwendet. Ältere Datensätze sind zum Teil ausschließlich auf diesem Medium verfügbar. Die Aufzeichnung der Information auf Band kann man sich so vorstellen, daß dieses wie bei konventionellen Mehrkanal-Tonbandgeräten in Spuren eingeteilt wird. Ein Byte läßt sich dann durch quer zur Bandrichtung liegende, magnetisierte Punktmuster (Sprosse), ähnlich einer Lochkarte, darstellen. Um auf Bändern gespeicherte Daten austauschen zu können, ist es wichtig zu wissen, wie dicht die Information gespeichert ist. Die Aufzeichnungsdichte wird bezogen auf eine Spur in bpi (bits per inch) angegeben und beträgt bei 9 Kanalbändern häufig 1600 bpi oder 6250 bpi. Die Aufzeichnung auf Band erfolgt nicht bei jedem Aufzeichnungsmodus kontinuierlich, sondern wird in Datensätze unterteilt, die durch Lücken (Kluft) voneinander getrennt sind. Um Bandmaterial zu sparen, können die Datensätze wiederum in Blöcke von fixer oder variabler Länge zusammengefaßt werden. Daher muß zum Austausch von Daten der sogenannte Blockungsfaktor des jeweiligen Formats bekannt sein.

Ein oder mehrere **Diskettenlaufwerke** gehören zur Standardausrüstung eines Mikrocomputers, wobei Durchmesser von 3,5 Zoll und abnehmend 5,25 Zoll gebräuchlich sind. Disketten bieten derzeit eine Speicherkapazität von 360 KB (1 Kilobyte = 1024 Byte) bis zu 2,88 MB (1 Megabyte = 1024 Kilobyte. 1,5 Megabyte entsprechen ca. 316 Schreibmaschinenseiten, wenn 60 Zeilen à 80 Zeichen angenommen werden). Insbesondere wenn man Disketten nutzt, um Daten zwischen verschiedenen Rechnern auszutauschen, sollte man sich vergewissern, daß

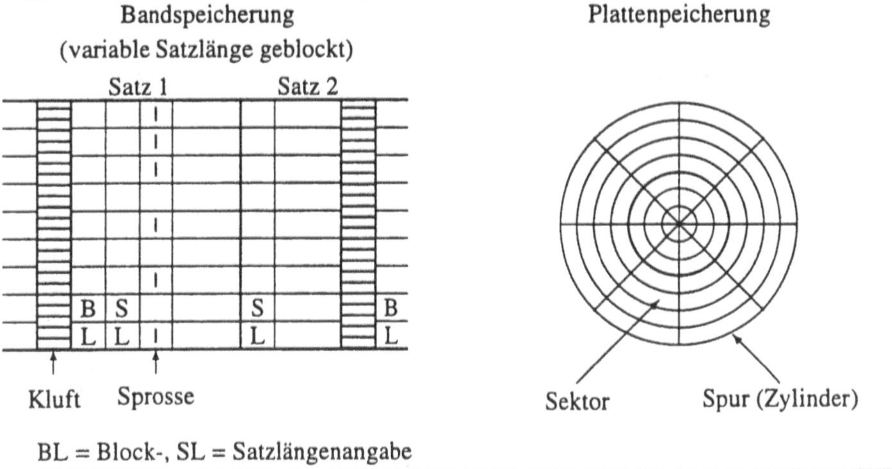

Abb. 1.2: Speicherung von Daten auf Magnetband und Platte

die von den Laufwerken benutzten Formate kompatibel sind. **Festplatten** bieten gegenüber Diskettenlaufwerken wesentlich höhere Speicherkapazitäten und schnellere Zugriffsgeschwindigkeiten. Bei beiden Speichermedien wird die Information auf magnetisierbare Oberflächen in konzentrischen Ringen aufgetragen. Jede dieser Spuren (tracks) ist wiederum in einzelne Abschnitte (Sektoren) unterteilt, in denen die eigentliche Speicherung der Daten erfolgt. Datenträger dieser Art müssen daher zunächst mittels des jeweiligen Betriebssystems formatiert, also in Sektoren eingeteilt werden. Festplatten sind insofern anders konzipiert, als daß mehrere magnetisierbare Platten übereinander angeordnet sind. Die Summe der direkt übereinander liegenden Spuren bezeichnet man als Zylinder. Die Einteilung in Spuren und Sektoren erlaubt den wahlfreien Zugriff auf diese Speichermedien. Dateien, die aufgrund ihrer Größe mehrere Sektoren benötigen, werden daher nicht notwendig spurweise gespeichert, sondern können in Sektoren verschiedener Spuren bzw. Zylinder verkettet gespeichert sein. Neben magnetischen Datenspeichern finden zunehmend optische Speichermedien, wie CD-ROM-Laufwerke, Einsatz.

Auf diesen Speichermedien ist ein wichtiger Teil der Programme zum **Start** (booten) und Betrieb des Systems vorhanden. Nach dem Einschalten des Computers wird zunächst ein interner Systemtest durchgeführt. Sind diese Routinen erfolgreich abgeschlossen, werden Programme zur Steuerung des Systems aus dem ROM und vom Startlaufwerk geladen. Das Startlaufwerk ist im Regelfall die Festplatte. Diese Routinen sind Programme zur Verwaltung der Systemeinheiten und des Dateiensystems. Die Programme sind überwiegend Komponenten des Betriebsystems.

Der hohe Normierungsgrad der bei modernen Mikrocomputern eingesetzten Bauweise und Bauteile ist die technische Grundlage einer Standardisierung der **Betriebssysteme**. Für den Anwender schlägt sich dies darin nieder, daß unterschiedliche Computer einer Familie mit ein und demselben Betriebssystem betrieben werden. Auf Einzelplatzsystemen ist das Betriebssystem DOS dabei noch am weitesten verbreitet, während auf Mehrplatzsystemen das Betriebssystem UNIX und seine Derivate besonders stark vertreten sind. Diese Betriebssysteme werden im folgenden näher behandelt.

Damit könnte diese kurze Sichtung der Hardware ein Ende finden, wäre die Entwicklung der vergangenen Jahre folgenlos für die Software. Das mehrfach überarbeitete Betriebssystem DOS wurde für 16-Bit-Mikroprozessoren vom Typ 8086 entwickelt. Die Speicherstellen des Hauptspeichers werden, wie oben skizziert, über den Adreßbus angesprochen. Dieser Adreßbus ist bei Mikroprozessoren dieses Typs 20 Bit breit, woraus sich eine physikalische Obergrenze des maximal adressierbaren Speicherbereichs von rund 1 MB (2^{20} = 1048576) ergibt. Dem Benutzer stehen unter DOS maximal 640 KB Hauptspeicher für Anwenderprogramme zur Verfügung, die restlichen 384 KB Speicher sind für den ROM, die Bildschirmansteuerung und anderes reserviert. Neuere CPU-Typen erlauben aufgrund ihres breiteren Adreßbusses die Verwaltung wesentlich größerer Hauptspeicher. Der Prozessortyp 80286 eines Standard-AT verfügte beispielsweise schon über einen 24-Bit-Adreßbus, wodurch im sogenannten ‚protected mode' eine Verwaltung von maximal 16 MB (2^{24} = 16777216) möglich wurde. Da das Standardbetriebssystem DOS aufgrund seiner Herkunft lediglich 640 KB RAM direkt verwalten kann, emulieren die 80x86 CPU Typen aus Gründen der Kompatibilität beim Starten des Computers einen 8086 Standardprozessor und können in dieser Betriebsart (‚real mode' genannt) ihre tatsächlichen Ressourcen nicht oder doch nur ungenügend ausschöpfen.

Zur Nutzung der technischen Möglichkeiten der neuen Prozessoren wurde das Betriebssystem OS/2 konzipiert. Dieses **Mehrprozeßsystem** (multi tasking) mit integrierter graphischer Benutzeroberfläche hat lange Zeit nicht die erwartete Bedeutung erlangt. Stattdessen hat sich DOS, in Kombination mit der zusätzlichen graphischen Benutzeroberfläche Windows, die in neueren Versionen ebenfalls eine Art des Multi-Tasking ermöglicht, behauptet. Das größere Software Angebot für DOS/Windows läßt sich allerdings auch unter OS/2 nutzen, das einen kompatiblen Modus zu diesem Betriebssystem und der Benutzeroberfläche anbietet. Die alte Software kann also, wenn auch mit den spezifischen Einschränkungen des Betriebssystems DOS, weiter verwendet werden. Ferner wurde ein eigenständiges Windows 32-Bit-Betriebssystem (Windows 95) vorgestellt, das die Ressourcen der neuen Generation von Mikrocomputern ebenfalls besser nutzt. Zunehmend finden auch UNIX-Derivate auf Einzelplatzsystemen Verbreitung, wobei es sich vorwiegend um schnelle Rechner auf der Basis von 80x86, 68xxx, Power-Chip oder anderen Risk-Prozessoren mit großem Festplattenspeicher und hochauflösenden graphischen Bildschirmen handelt. Diese leistungsfähigeren Arbeitsplatzrechner (workstations) sind ferner dadurch gekennzeichnet, daß sie für die Einbindung in lokale Netze eingerichtet sind.

Hier soll nicht expertenhaft über die weitere Entwicklung orakelt werden. Man könnte die Lehre ziehen, daß man als Benutzer sein Wissen weniger auf spezielle Befehle und Tastenkombinationen beschränken, sondern vielmehr Verständnis für Ablauf und Struktur der Arbeitsweise eines Rechners entwickeln sollte. Denjenigen, die sich in dieser Hinsicht näher informieren wollen oder müssen, seien die verständlichen und umfassenden Lehrbücher von *P. Stahlknecht* (1995) oder *H. R. Hansen* (1993) empfohlen. Letzteres ist als Nachschlagwerk gut geeignet. Wer den logischen Aufbau eines Computers verstehen will, aber weniger an technischen Informationen interessiert ist, dem seien die Kapitel 2 und 3 in *J. Weizenbaum* (1978) nahegelegt.

1.2 Die Betriebssysteme DOS und UNIX

Mit dem Begriff **Betriebssystem** werden Programme bezeichnet, die zum Betrieb eines Computers unerläßlich sind. Das Betriebssystem verwaltet die internen Systemeinheiten, den Programmablauf und die Dateien. Es ist zugleich die Schnittstelle zum Benutzer. Es interpretiert die von ihm eingegebenen Befehle und teilt den angeforderten Prozessen die zur Ausführung notwendigen Betriebsmittel zu. Von daher ist es unerläßlich, sich mit den wichtigsten Konzepten vertraut zu machen. Dies bedeutet nicht, daß man zum Umgang mit der beschriebenen Anwendungssoftware ein Experte des Betriebssystems sein muß, zumal alle modernen Mikrocomputer-Betriebssysteme über **graphische Benutzerschnittstellen** (GUI, graphical user interface) verfügen. Diese Benutzerschnittstellen, wie Windows (DOS), Presentation-Manager (OS/2) und X-Windows, Motif oder NeXT-Step (UNIX), erlauben die Steuerung des Systems mittels einer Maus, verfügen über umfangreiche, kontextbezogene Hilfestellungen, und ihre Bedienung ist weitestgehend selbsterklärend. Auf den Abdruck und die Kommentierung von Bildschirmauszügen kann also zugunsten der platzsparenden, befehlsorientierten Darstellung verzichtet werden. Der Leser sollte sich auf die Konzepte und weniger auf die Befehlssequenzen konzentrieren, die in ähnlicher Form jedes Betriebssystem zur Verfügung stellt. Ist keine graphische Schnittstelle verfügbar, beispielsweise bei einer Netzverbindung, kann auf die zeilenorientierten Befehle zurückgegriffen werden. Die folgenden Erläuterungen beziehen sich vorwiegend auf Befehle zur Dateiverwaltung der Betriebssysteme DOS (disk operating system) und UNIX (ein Wortspiel), wobei davon ausgegangen wird, daß UNIX auf einem Mehrplatzsystem eingesetzt wird. Da DOS ein

Einzelplatzsystem ist, werden neben den wichtigsten Befehlen auch Hinweise zur Konfiguration gegeben.

Das Anfang der 80er Jahre für den IBM-PC entwickelte DOS ist ein sogenanntes **Einzelprozeßsystem** (single tasking) und **Einzelbenutzersystem** (single user system). Single Tasking bedeutet, daß nur jeweils eine Aufgabe nach der anderen abgearbeitet werden kann, wodurch sich DOS wesentlich von seinem ‚Nachfolger', dem Mehrprozeßsystem OS/2, unterscheidet. Für die Benutzerin bedeutet die Möglichkeit paralleler Prozesse, daß sie beispielsweise gleichzeitig im Hintergrund eine Statistik berechnen oder einen Text formatieren und im Vordergrund eine Graphik bearbeiten kann. Single-User-System bedeutet, daß jeweils nur ein Benutzer mit dem System arbeiten kann. **Mehrplatzsysteme** erlauben dagegen mehrere Aufgaben und Benutzer zur gleichen Zeit. Der Hauptspeicher wird dann von mehreren Benutzern geteilt, wobei der Speicher unter UNIX im time-sharing genutzt wird. Dabei wird die CPU vom Betriebssystem zyklisch den einzelnen Prozessen zugeteilt. Jedem Benutzer wird ferner von der Systemverwaltung ein eigener Massenspeicher in Form eines Festplattenbereiches zur Verfügung gestellt.

Ein weiterer Vorzug des UNIX-Betriebssystems ist darin zu sehen, daß es auf Rechnern verschiedener Hersteller und Klassen verfügbar ist. Der Benutzer braucht beim Wechsel des Rechners daher kein völlig anderes Betriebssystem erlernen, obwohl sich die verschiedenen Versionen leicht unterscheiden. Die Portabilität und damit die Grundlage für die weite Verbreitung des schon Ende der 60er Jahre entwickelten UNIX beruht darauf, daß der größte Teil des Betriebssystems in der eigens dafür entwickelten Programmiersprache ‚C' und nur sehr wenig Programmcode in Assembler geschrieben wurde. Programme in problemorientierten Hochsprachen wie ‚C' lassen sich, nachdem ein entsprechender Übersetzer (compiler) entwickelt wurde, relativ leicht auf einen neuen Maschinentyp übertragen. In hardwareorientiertem Assembler geschriebene Programme müssen dagegen wesentlich neu verfaßt werden.

Seit der DOS-Version 2.0, die eine stärkere Anlehnung an UNIX mit sich brachte, bieten beide Betriebssysteme, neben den oben skizzierten wichtigen Differenzen, vergleichbare Merkmale:

- Aufbau eines hierarchischen Dateiensystems,
- Umleitung und Weiterbehandlung des Dateienflusses sowie
- Erstellung von Programmen unter Nutzung des Betriebsystems.

Das Angebot von Befehlen und Dienstprogrammen ist allerdings unter UNIX erheblich größer, das ferner fast alle Möglichkeiten einer höheren Programmiersprache zur Verfügung stellt.

Nach dem Starten (booten) des Computers wird nur ein Teil des Betriebssystems, der dazu dient, Programme ablaufen zu lassen, permanent in den Speicher geladen. Neben diesem Systemkern umfassen die Betriebssysteme DOS und UNIX einen **Befehlsinterpreter** und eine Vielzahl von **Dienstprogrammen**, die auf der Platte gespeichert sind und jederzeit vom Benutzer geladen werden können. Während PC-Benutzer zum Booten lediglich das Gerät einzuschalten brauchen, benötigt man zur Nutzung eines Mehrplatzsystems eine Zulassung. UNIX Benutzer müssen daher ihre Benutzerkennung und ihr Password kennen. Nachdem die Verbindung zum System aufgenommen ist, erhalten Sie die Aufforderung: `login:`, worauf Benutzerkennung und Password, jeweils gefolgt von der Taste Return (oder Enter ↵), einzugeben sind (vgl. auch Abbildung 1.3, S. 30). Danach wird der Benutzer durch das System in den eigenen Arbeitsbereich gelenkt. In beiden Fällen meldet sich das Betriebssystem mit dem **Systemprompt**, möglicherweise einer Laufwerksbezeichnung oder irgendeiner anderen Zeichenkette, und erwartet weitere Eingaben. Wird ein Befehl über die Tastatur eingegeben und mit Return abgeschickt, versucht das System ihn auszuführen. Das gelingt nicht immer, möglicherweise haben Sie sich vertippt. Falls ein Tippfehler rechtzeitig bemerkt wird, können Sie Fehlermeldungen entgehen, indem Sie die Backspace-Taste (←) benutzen, um die Zeichen rückwärts bis zum letzten korrekten Zeichen zu löschen und den Rest noch einmal eingeben. Vielmehr als ein Meckern des Systems können Sie mit den meisten Fehlern aber nicht erreichen. Probieren Sie es also aus und erkunden Sie Ihr System. PC-Benutzer beenden die Arbeit, indem sie den Strom ausschalten. UNIX-Nutzer verabschieden das System durch die Eingabe von `exit` oder die Tastenkombination CTRL-D bzw. STRG-D auf PC-Tastaturen.

Die Arbeitsweise eines Computers läßt sich insofern mit derjenigen einer Bürokratie vergleichen, als beide das Prinzip der Aktenmäßigkeit teilen. Akten werden im Fall eines Computers **Dateien** oder **Files** genannt und enthalten auszuführende Anweisungen, also Programme oder Texte beliebiger Art. Bei **Binärdateien** wird die Information durch alle verfügbaren 256 Zeichen, die pro Byte möglich sind, codiert. Aus einer Hochsprache wie Basic oder ‚C‘ übersetzte (compilierte), lauffähige Programme werden beispielsweise in diesem Code dargestellt. Die nicht compilierten Texte dieser Programme, die sogenannten Quelltexte, oder durch die Befehlsinterpreter der Betriebssysteme ausführbare Programme sind dagegen aus einem kleineren Zeichenvorrat zusammengesetzt. Dieser wird von gängigen Terminals und Druckern verstanden und enthält alle Buchstaben und Ziffern, d. h. die ASCII-Zeichen 32 bis 127 (dez.) sowie einige Sonderzeichen. Da zur Codierung des Zeichenvorrats nur 7 Bit notwendig sind, spricht man häufig auch von ASCII-7-Bit-Code oder kurz ASCII-Zeichensatz. Die Zeichenfolgen ‚reiner‘ **ASCII-Dateien** sind also lesbar, auch wenn sie nicht immer verständlich sind. Die Dateien können vervielfältigt, aufgelistet, verändert und im Falle von Programmen auch ausgeführt werden. Diese Aufgaben werden vom Computer nur auf Antrag bearbeitet. Die Befehle des Betriebssystems sind insofern auszufüllenden Formularen recht ähnlich.

Die **Syntax** des DOS schreibt vor, daß sich Befehle aus einem Namen und möglicherweise aus Argumenten und Optionen zusammensetzen. Bei DOS-Befehlen ist diese Reihenfolge einzuhalten, wobei die einzelnen Teile durch Leerzeichen und die Optionen zusätzlich durch einen Schrägstrich zu trennen sind. Der Befehl `DIR` im folgenden Beispiel listet normalerweise alle Verzeichniseinträge auf. Beinhaltet ein Verzeichnis mehr Einträge als zeilenweise untereinander eine Bildschirmseite füllen, ist die Verwendung der Option `/P` nützlich. Sie bewirkt, daß nach Ausgabe einer Bildschirmseite pausiert wird. Als Argument kann dem Befehl `DIR` zusätzlich ein Verzeichnisname `fn` übergeben werden.

```
DIR fn /P
```

Die Standardeingabeeinheit ist unter DOS die Tastatur, die Standardausgabeeinheit ist der Monitor. So gibt der Befehl `DIR` eine Liste der Einträge des aktuellen Verzeichnisses auf den Bildschirm aus. Mittels des Größer-Zeichens (>) und des Kleiner-Zeichens (<) ist es möglich, die Ein- und Ausgabe **umzuleiten**. So gibt der Befehl

```
DIR > fn
```

die Liste der Einträge des Verzeichnisses an eine Datei aus. Wird das Größer-Zeichen zweimal gegeben (`DIR >> fn`), so wird die Information an die Datei angefügt. Statt in eine Datei kann die Ausgabe beispielsweise auch an den Drucker erfolgen, wozu der reservierte Gerätename `PRN` (`DIR > PRN`) dient. Das Kleiner-Zeichen kann dazu genutzt werden, Parameter aus einer Datei an ein Programm zu übergeben.

DOS ermöglicht mit Einschränkungen die Verbindung der Standardausgabe eines Befehls mit der Standardeingabe eines weiteren. Das Konzept nennt sich **Pipeling**, da die ausgegebene Information eines Prozesses wie durch eine Röhre kanalisiert in ein anderes Programm geleitet wird. Als Zeichen zur Verknüpfung dient das **Sonderzeichen** |. Auf DIN-Tastaturen ist das Zeichen durch die Tastenkombination ALT GR und ≷ | erreichbar. Es läßt sich auch, wie andere Zeichen, für die möglicherweise kein eigener Schalter auf der Tastatur vorgesehen ist, durch gleichzeitiges Drücken der Taste ALT und Eingabe der dezimalen Codeziffer am Ziffernblock, in diesem Fall 124, erreichen. Übergibt man auf diese Weise z. B. die Ausgabe des Befehls `DIR` an das Programm `MORE`,

```
DIR | MORE
```

so wird dasselbe Ergebnis erzielt wie durch den oben besprochenen Befehl `DIR /P`. DOS-Dienstprogramme, die zum Pipeling benutzt werden können, tragen den besonderen Namen **Filter**. Neben `MORE` sind zwei weitere nützliche Filter zu nennen: `SORT`, der tut, was der Name besagt, und `FIND`, der nach konstanten Textfolgen in einer oder mehreren Dateien sucht.

UNIX-Befehle sind ganz ähnlich aufgebaut. Nach dem Namen des Befehls werden die Optionen angegeben, denen die möglichen Argumente folgen. Unterschiedlich ist die **Syntax** insofern, als die Schreibweise der Befehle regelmäßig verbindlich ist. UNIX unterscheidet also Groß- und Kleinschreibung. Der Befehl zum Auflisten der Verzeichniseinträge lautet unter UNIX `ls`. Optionen werden durch einen Beistrich angezeigt. Beispielsweise fordert

```
ls -a fn
```

mit der Option a die Ausgabe aller Dateien an, d. h. auch die versteckten Systemdateien, die unter UNIX kein Präfix besitzen, werden gelistet. Die Umleitung der Ein- und Ausgabe ist unter Unix ebenfalls mittels des Größer- und des Kleiner-Zeichens möglich. **Pipeling** ist eine der typischen Eigenschaften von UNIX und wird nahezu uneingeschränkt unterstützt. Zur Verknüpfung der Standardausgabe eines Prozesses mit der Standardeingabe eines anderen dient ebenfalls das Filterzeichen `|`.

Bleibt man im oben gebrauchten Bild, so lassen sich Massenspeicher, die durch ein hierarchisches Dateisystem verwaltet werden, als Aktenschränke auffassen, in denen die Dateien archiviert werden. Wie Aktenschränke durch Einlegeböden, so lassen auch sie sich unterteilen, indem sogenannte **Verzeichnisse** oder **Kataloge** (directories) angelegt werden. Diese sind letztlich nichts anderes als Verzeichnisdateien, die die Namenslisten von Dateien und weiteren Verzeichnisdateien enthalten. Das Dateiensystem ist daher hierarchisch aufgebaut. Unter der obersten Ebene der Hierarchie (root directory) gliedert sich die gesamte Dateienstruktur wie ein Baum. Die Baumstruktur ist für den Benutzer das wichtigste Instrument, um seine Dateien zu organisieren. So kann er unterhalb des Stammverzeichnisses verschiedene Unterverzeichnisse anlegen, die es erlauben, seine Dateien in zusammengehörige Gruppen zu gliedern. Im folgenden Beispiel wurden ein Unterverzeichnis *'daten'*, und eines mit dem Namen *'statprog'*, welches Programme zur Datenanalyse enthält, angelegt. Das Verzeichnis *'daten'* enthält nur zwei Unterverzeichnisse, *'projekt.1'* und *'projekt.2'*, in welchen die Rohdaten und Ergebnisse gespeichert sind.

```
'root' (c:\ bzw. /)  ─────┬─'daten'  ─────┬─'projekt.1'
                          │               └─'projekt.2'
                          │
                          └─'statprog'
```

Selbstverständlich können weitere Verzeichnisse eingerichtet werden. So ließen sich unter dem Verzeichnis *'projekt.1'* zwei weitere Kataloge für Rohdaten und Ergebnisse einrichten. Die Directories tragen Namen, aus denen sich die sogenannten Pfadnamen zusammensetzen. Ausgehend vom Stammverzeichnis bezeichnet der Pfad ein bestimmtes Unterverzeichnis. Unter DOS werden die einzelnen Verzeichnisnamen des Pfades durch ‚Backslash' (\) getrennt, unter UNIX durch Schrägstrich (/). (Warum sollte das auch einheitlich geregelt sein!) Allein der Backslash bzw. der Schrägstrich bezeichnen das Stammverzeichnis. Der Pfadname des Verzeichnisses *'projekt.1'* lautet also *'\daten\projekt.1'* bzw. *'/daten/projekt1'*.

Wie Directories so werden auch **Dateien** mit **Namen** belegt. Unter DOS dürfen diese Namen maximal acht Zeichen lang sein. Die Zeichenkette darf nicht durch Leerzeichen unterbrochen sein und sollte nur aus Buchstaben, Ziffern sowie Zeichen wie Punkt und Unterstrich gebildet werden. Im Anschluß an den Namen kann durch Punkt getrennt ein Suffix von drei Zeichen Länge folgen. Das Suffix sollte die Art der Information anzeigen, welche die Datei enthält. So verweisen die Endungen *'bas'* oder *'c'* konventionell auf Quellentexte, die in den Programmiersprachen BASIC oder ‚C' geschrieben wurden, das Suffix *'doc'* kennzeichnet eine Softwaredokumentationsdatei, welche Informationen zur Installation und zum Gebrauch von Programmen enthält oder eine Textdatei des Textverarbeitungsprogrammes Word für DOS/Windows. Die Endung *'txt'* kennzeichnet eine beliebige Textdatei. Temporäre Dateien und Sicherungskopien von Dateien werden unter DOS regelmäßig durch die Endungen *'tmp'* oder *'bak'* gekennzeichnet. Es ist empfehlenswert, diese Konventionen zu beachteten, da sie die Organisation der Dateien erleichtert und viele Programme standardgemäß auf den Gebrauch der konventionellen Endungen eingestellt sind. Hier werden Dateien, die durch SPSS interpretierbare Befehle enthalten, durch das Suffix *'sps'* kenntlich gemacht, und solche, die P-STAT Kommandos enthalten, erhalten das Suffix *'trn'*.

Von besonderer Bedeutung sind unter DOS die Endungen *'com'*, *'exe'* und *'bat'*. Die ersteren kennzeichnen direkt ausführbare binäre **Befehlsdateien**. Sie sollten also keinesfalls für beliebige andere Dateien verwendet werden. Das Suffix *'bat'* verweist darauf, daß es sich um eine ausführbare Datei handelt, die ausschließlich Befehle enthält, die vom Befehlsinterpreter des Betriebssystems verstanden werden. Immer wenn häufig dieselbe Folge von Befehlen zur Ausführung von wiederkehrenden Aufgaben benutzt wird, empfiehlt sich die Erstellung einer solchen Batch-Datei.

Ferner ist unter DOS das reservierte Sonderzeichen ‚*' von Bedeutung. Das Sternchen kann als **Universalzeichen** (wildcard) benutzt werden und an Stelle des Namens und/oder des Suffix einer Gruppe von Dateien angegeben werden. So listet der Befehl

```
DIR *.TXT
```

die Namen aller Dateien mit der Endung *'txt'* im aktuellen Verzeichnis auf. Während das Sternchen maximal den Halbnamen von Dateien ersetzen kann, läßt sich ein einzelnes Zeichen an bestimmter Stelle im Dateinamen durch ein ? substituieren.

Dateien tragen bestimmte **Attribute**. Normalerweise können Dateien gelesen und beschrieben, d. h. auch gelöscht werden. Unter DOS kann eine Datei mit einem Schreibschutz versehen werden, indem ihr mittels des Befehls

```
ATTRIB +R fn
```

das Attribut ‚read-only' zugesprochen wird.

Schließlich muß sich der Benutzer eines Computers, der unter DOS arbeitet mit den **Namen** der **Laufwerke** vertraut machen. Das Diskettenlaufwerk, welches auch zum Starten des Rechners benutzt werden kann, wird unter DOS mit dem Namen '*a:*' belegt, die Festplatte mit dem Namen '*c:*'. Will man von einem Laufwerk zum anderen wechseln, so wird lediglich der Buchstabe, gefolgt von einem Doppelpunkt, eingegeben.

Unter UNIX kann der Benutzer wesentlich großzügiger in der Vergabe von **Dateinamen** sein, da ihm maximal 14 Zeichen zur Benennung von Dateien und Directories zur Verfügung stehen. Dabei ist zu beachten, daß UNIX Groß- und Kleinschreibung unterscheidet. '*Mist*' und '*mist*' sind sind also zwei verschiedene Dateien, in denen aber beidemal nichts Besonderes gespeichert sein dürfte. Auch hier sind in Dateinamen einige Sonderzeichen und zusätzlich Umlaute verboten. Man ist in jedem Fall gut beraten, nur Buchstaben, Ziffern, Punkt und Unterstrich bei der Benennung zu verwenden. Die oben genannten Konventionen zur Vergabe von Dateiendungen werden allerdings auch bei der Arbeit unter UNIX empfohlen, um einen Anhaltspunkt für den Inhalt einer Datei zu haben. Anders als unter DOS werden ausführbare Dateien allerdings nicht durch ein bestimmtes Suffix gekennzeichnet, sondern durch die Vergabe eines Attributes. Unter UNIX unterscheidet man die **Attribute** Lesen, Schreiben und Ausführen (`r`, `w`, `x`). Da UNIX ein Mehrplatzsystem ist, muß ferner geregelt werden, wer das Recht hat, eine bestimmte Datei zu benutzen. Die Benutzer des Systems werden in Gruppen eingeteilt und als ‚Eigentümer', spezifizierte ‚Gruppen', beliebige ‚andere' oder ‚alle Benutzer' definiert (u, g, o, a). Die Erlaubnis einer spezifischen Dateinutzung kann einer Benutzergruppe entzogen oder zugeteilt werden (`'-, +'`). Mittels des Befehls `chmod` wird im folgenden Beispiel allen Benutzern außer dem Eigentümer (`'go'`) das Lesen und Schreiben (`'rw'`) der Datei verboten (`'-'`):

```
chmod go-rw meins_allein
```

Wird unter UNIX ein Programm für die Shell (`sh`), den UNIX-Befehlsinterpreter, geschrieben, kann dieses mit den oben besprochenen Umleitungsbefehlen an die

Shell übergeben werden. Alternativ dazu kann der Datei das Attribut `x` für execute verliehen werden. Es ist nun nur durch Eingabe des Dateinamens zu starten. Die Datei *'test'* enthält beispielsweise die Programmzeilen:

```
echo Dies ist das erste Shellprogramm von
echo $LOGNAME
```

Sie kann durch Übergabe des Programms an die Shell ausgeführt werden:

```
sh < test
```

Alternativ kann der Datei das Attribut für ‚execute' durch

```
chmod +x test
```

verliehen werden, so daß sie durch Eingabe des Namens direkt ausführbar ist.

Das **Universalzeichen** ist unter UNIX ebenfalls das Sternchen bzw. das Fragezeichen. Das Sternchen ersetzt allerdings eine beliebige Zeichenfolge und nicht nur einen Dateihalbnamen. Das Fragezeichen ist ebenfalls Platzhalter für nur ein Zeichen.

Im Anschluß werden einige der wichtigsten Befehle beider Betriebssysteme aufgelistet und kurz kommentiert. Jeweils links über dem Kommentar findet sich der DOS-Befehl, und rechts wird das entsprechende UNIX-Kommando notiert. Dabei können selbstverständlich nicht alle Optionen der Befehle angegeben werden, die in den entsprechenden Handbüchern zu finden sind.

Befehl DOS:	**Befehl UNIX:**
`MKDIR` oder `MD` [*pfad*]*fn*	`mkdir` [*pfad*]*fn*

Erstellen eines (Unter)verzeichnisses.

`RMDIR` oder `RD` [*pfad*]*fn*	`rmdir` [*pfad*]*fn*

Löschen eines Verzeichnisses. Ein Verzeichnis kann nur gelöscht werden, wenn es keine Dateien mehr enthält.

`CD`	`pwd`

Ausgabe des aktuellen Verzeichnisnamens.

`CD` *pfad*	`cd` *pfad*

Wechseln des aktuellen Verzeichnisses.

Der Befehl `CD ..` führt in das nächst höherliegende Verzeichnis. Die Eingabe von `CD \` wechselt in das Stamm-Verzeichnis.	Der Befehl `cd ..` führt in das nächst höherliegende Verzeichnis. Die Eingabe von `cd /` wechselt in das Stamm-Verzeichnis.

`DIR` [*pfadname*] [`/W /P`]

`ls` [`-l`] [*pfadname*]

Auflisten der Dateien im aktuellen oder im spezifizierten Verzeichnis.

Die Option `/W` bewirkt die Ausgabe im weiten Format. Bei Angabe der Option `/P` wird jeweils nur eine Bildschirmseite aufgelistet, und nach Bestätigung einer beliebigen Taste wird die Ausgabe fortgesetzt.

Die Option `-l` bewirkt die Auflistung ‚langen' im Format. Neben dem Dateinamen werden die Attribute, der Besitzer und die Größe der Datei angezeigt.

`COPY` [*pfad*]*fn1* [*pfad*]*fn2*

`cp` [*pfad*]*fn1* [*pfad*]*fn2*

Der Befehl kopiert eine oder mehrere Dateien, wobei die Datei einen neuen Namen erhalten und in ein anderes Verzeichnis kopiert werden kann. Falls kein Pfad angegeben wird, muß die Datei einen neuen Namen erhalten. Soll beispielsweise die Datei '*computer.tex*' aus dem Verzeichnis '*d:\analyse*' auf das Laufwerk '*a:*' kopiert werden, ist der folgende Befehl einzugeben: `copy d:\analyse\computer.tex a:\`

`DEL` [*pfad*]*fn*

`rm` [*pfad*]*fn* [`-i, f`]

Löscht eine Datei.

Ist die Datei schreibgeschützt, so muß das Attribut vor dem Löschen mit dem Befehl `ATTRIB -R` entfernt werden.

Beim Gebrauch des Befehls sollte man vorsichtig mit Wildcards umgehen. UNIX quasselt nicht lange mit dem Benutzer herum, sondern führt seine Befehle prompt aus. Der Befehl `rm fn *` löscht z. B. zuerst die Datei '*fn*' und danach alle anderen Dateien. Empfehlenswert ist daher die Option `-i`. Die Dateien werden interaktiv gelöscht, d. h. der Benutzer muß mit `Y` bestätigen, daß die entsprechende Datei gelöscht werden darf. Die Angabe der Option `-f` verlangt das Löschen der Dateien auch dann, wenn sie das Schreibschutz-Attribut tragen.

`REN` [*pfad*]*fn1* [*pfad*]*fn2*

`mv` [*pfad*]*fn1* [*pfad*]*fn2*

Der Befehl ändert den Namen vom alten Namen '*fn1*' in den neuen Namen '*fn2*'.

`mv` ändert nicht einfach den Namen, sondern kopiert die alte Datei '*fn1*' in die neue Datei '*fn2*' und löscht die alte Datei. Der Befehl kann dazu genutzt werden, die Datei durch Angabe der Pfadnamen innerhalb der Unterverzeichnisse an eine neue Stelle zu setzen.

`TYPE` [*pfad*]*fn* — `cat [-u]` *fn*

Der Befehl schreibt den Inhalt einer Datei auf die Standardausgabe.

Durch Übergabe des Outputs an den Filter `MORE` wird jeweils nach der Ausgabe einer Seite pausiert. Mittels '`TYPE fn`' > '`PRN`' kann die Ausgabe auf den Drucker umgelenkt werden.

Die Option `-u` bewirkt, daß die Leerzeilen am Ende der Datei nicht angezeigt werden. Reicht eine Bildschirmseite nicht aus, um den Dateiinhalt aufzulisten, ist die Übergabe an `more` oder möglicherweise an `pg` (dies ist nicht bei allen UNIX Systemen gleich) nützlich. Die Ausgabe kann auch mittels `pr` erfolgen, wobei Seitenzahlen eingefügt werden. Das Dienstprogramm erlaubt vielfältige Formatierungen des Ausdrucks wie Seitenüberschriften, Zeilenbegrenzungen pro Seite und mehrspaltige Ausgaben.

`PRINT` [*pfad*]*fn* — `lpr` [*pfad*]*fn*

Ausgabe der Datei auf den Systemdrucker.

`EDLIN` oder `EDIT` — `ed` oder `vi`

Nachdem einige Befehle zur Behandlung von Dateien skizziert wurden, benötigt der Benutzer ein Instrument, um Dateien zu erstellen. Dazu dienen sogenannte **Editoren**. Ist die Benutzerin mit einem Textverarbeitungsprogramm vertraut, so kann sie dies zur Erstellung von Dateien nutzen. Beim Erstellen von Programmdateien ist jedoch darauf zu achten, daß **keine** Formatierungsbefehle abgespeichert werden. Im Zweifelsfall ist beim Abspeichern eine Option wie ASCII oder ‚DOS ohne Umbrüche' zu wählen. Ansonsten sollte man sich mit dem Gebrauch eines Editors vertraut machen. Dies müssen nicht die Zeileneditoren `EDLIN` oder `ED` sein, die unter DOS bzw. UNIX in jedem Fall vorhanden sind. Günstiger ist es, einen sogenannten Ganzseiten-Editor (full screen) wie `EDIT`, `vi` oder EMACS zu benutzen, wobei sich der Benutzer erkundigen sollte, welche Editoren dieser Art auf seinem System zur Verfügung stehen. An dieser Stelle sollen keine Editoren skizziert werden, da an späterer Stelle auf die in den Paketen P-STAT und SPSS implementierten Editoren eingegangen wird.

Schließlich muß der Benutzer wissen, wie **Programme** zu **starten** sind. Beide Betriebssysteme erlauben den direkten Ablauf von Programmen durch Eingabe des Dateinamens. Unter UNIX besteht die Möglichkeit, Prozesse im Hintergrund laufen zu lassen, während das Terminal für weitere Arbeiten frei bleibt, indem an die auszuführenden Befehle ein & Zeichen angeführt wird. Sie können auch Hintergrundprozesse anstoßen, die nach der Abmeldung vom System weiterbearbeitet werden.

Letzteres ist mit dem Kommando nohup, gefolgt von der auszuführenden Befehlszeile, möglich. Der Prozeß erhält eine Nummer. Diese Prozeßnummer können Sie durch den Befehl ps in Erfahrung bringen. Erscheint die Bearbeitung nach einiger Zeit doch nicht mehr so wichtig wie anfangs angenommen, kann der Prozeß durch den Befehl kill *n* Prozeßnummer abgebrochen werden.

Benutzer können die systemweit gültige Konfiguration eines Mehrplatzsystems, das die Systemverwaltung festgelegt hat, individuellen Wünschen anpassen. Unter UNIX verfaßt man zu diesen Zweck sogenannte Login-Scripts, die im Stammverzeichnis des jeweiligen Benutzers unter den Namen '*.profile*' oder '*.login*' abgelegt werden. Diese Scripts werden von der Shell direkt im Anschluß an die Login-Prozedur ausgeführt. Typischerweise werden in diesen Dateien sogenannte **Umgebungsvariablen** vereinbart, die von der Shell anstatt eines Standardwertes benutzt werden. Das Beispiel zeigt, wie Umgebungsvariablen im Fall der Bourne Shell definiert werden.

```
PATH=:/bin:/usr/bin:/usr/local/bin:
PSTART=/usr/pstat/pstart
EXPORT PATH PSTART
```

Die Angaben legen fest, daß ausführbare Dateien von der Shell in den Verzeichnissen der Umgebungsvariable *path* gesucht werden und bei Aufruf von P-STAT die Datei '*/usr/pstat/pstart*' ausgeführt wird. Das Kommando EXPORT macht dem System diese Vereinbarungen bekannt. Anzumerken ist, daß UNIX-Systeme verschiedene Befehlsinterpreter kennen.

Die Skizzierung von UNIX soll an dieser Stelle mit dem Hinweis beendet werden, daß unter UNIX das **Systemhandbuch** im System gespeichert ist. Mit dem Kommando man *befehlsname* lassen sich die Manualseiten des entsprechenden Befehls abrufen. Viele Programme geben kurze Hilfestellungen, wenn als Option ein Fragezeichen oder der Buchstabe h übergeben wird. Führen Ihre Bemühungen gar nicht mehr weiter, so sollten Sie im Handbuch Erkundigungen über den Befehl mail einholen. Fragen Sie dann mittels who, wer außer Ihnen gerade im System ist, und senden einer Person Ihres Vertrauen mit dem Kommando mail einen Brief mit der Bitte um Hilfe (vgl. auch 1.3, S. 32 ff.).

DOS-Benutzer müssen ihr System selbst verwalten und sollten sich daher mit zwei Konzepten vertraut machen: der **Konfiguration** des Systems und der **Datensicherung**. Konfigurieren des Betriebssystems bezeichnet die Anpassung des Betriebssystems an die Umgebung, die durch die Hardware des Computers gebildet wird. Unter DOS werden die Konfigurationsbefehle in einer Datei namens '*Config.sys*' gespeichert, die im Root-Directory des Startlaufwerks liegen muß. Diese Datei sollte beim Arbeiten mit der DOS-Version SPSS/PC beispielsweise folgende Angaben enthalten:

```
FILES = 20
BUFFERS = 8
DEVICE = C:\DOS\ANSI.SYS
```

Die Angabe FILES erhöht die maximale Anzahl der gleichzeitig offenen, d. h. benutzbaren Dateien vom Standardwert 8. Die BUFFERS-Angabe legt die Anzahl von Zwischenspeicherbereichen im Hauptspeicher fest. Es kann vorkommen, daß diese Zahlen nicht ausreichen und die Fehlermeldung auftaucht, daß eine bestimmte Datei nicht gefunden wurde. Falls die Datei dennoch existiert, kann dies darauf hindeuten, daß die Zahl der FILES in *'Config.sys'* erhöht werden sollte. Die Angabe DEVICE lädt das Treiberprogramm ANSI.SYS, das eine erweiterte Steuerung von Bildschirm und Tastatur ermöglicht. Im Beispiel ist das Treiberprogramm im Unterverzeichnis *'DOS'* des Laufwerkes *'c:'* gespeichert. Da der Treiber von vielen Anwenderprogrammen benötigt wird, sollte er in der Konfigurationsdatei spezifiziert werden.

Nach der Konfiguration des Systems wird beim Ladevorgang als nächstes die Datei *'Autoexec.bat'*, die ebenfalls im Root-Directory des Startlaufwerks stehen muß, gesucht und, falls vorhanden, ausgeführt. Diese Datei enthält Befehle, die bei jedem Systemstart durchgeführt werden. Einige Angaben von besonderer Bedeutung sollten in dieser Datei enthalten sein:

```
PATH = C:\DOS;C:\TOOLS;C:\SAS;C:\PSTAT;D:\SPSS;
SET TMP = D:\TMP
PROMPT $P$G
```

Der Befehl PATH teilt DOS mit, wo es nach ausführbaren Programmen zu suchen hat, wenn das aktuelle Verzeichnis dieses Programm nicht enthält. Die Spezifikation des sogenannten **Suchpfades** geht davon aus, daß der Benutzer die Dateien des Betriebssystems im Unterdirectory *'c:\dos'*, eventuelle Hilfsprogramme im Verzeichnis *'c:\utility'* und die Statistikprogramme in den entsprechenden Katalogen hält. Auf der Ebene des Root-Directories brauchen sich also nur die Dateien des Betriebssystem-Kerns und die Dateien *'Config.sys'* sowie *'Autoexec.bat'* zu befinden. Die in den angegebenen Verzeichnissen gespeicherten Programme sind nun in jedem Unterverzeichnis und auf jedem Laufwerk verfügbar. Man kann also im Verzeichnis *'c:\daten\projekt.1'* das Programm P-STAT aufrufen, ohne in das Verzeichnis zu wechseln, in dem die Programmdateien gespeichert sind. Dieses Konzept ist bei der Organisation der Platte enorm nützlich, denn es erlaubt die Trennung von Verzeichnissen, die ständig veränderbare Datenbestände enthalten, und solchen, die fixe Programmbestände umfassen. Das Kommando SET definiert eine sogenannte Umgebungsvariable, die im Beispiel ein Verzeichnis zur Ablage temporärer Dateien spezifiziert.

Der Befehl `PROMPT` verändert die voreingestellte **Eingabeaufforderung** so, daß neben dem Laufwerk auch der Pfad des aktuellen Unterverzeichnisses (`P`) gefolgt von einem Größer-Zeichen (`G`) angezeigt wird. Durch diesen Befehl behält man die Orientierung auch im Dickicht der Subdirectories. Ein abschließender Hinweis: Falls man beim Erstellen der Dateien *'Config.sys'* und *'Autoexec.bat'* noch nicht mit einem Editor vertraut ist, kann man den `COPY`-Befehl zum Erstellen der Dateien nutzen. Die Eingabe des Befehls `COPY CON` *fn* kopiert alle folgenden Eingabezeilen von der Tastatur (reservierter Gerätename `CON`) in die Datei *'fn'*, bis die Eingabe durch die Taste F6 und Return (↵) abgeschlossen wird.

Auf Arbeitsplatzrechnern unter DOS ist der Benutzer für die **Datensicherung** selbst verantwortlich. Da der Verlust von Daten einen erheblichen Aufwand zu ihrer Rekonstruktion mit sich bringt, sollte der Benutzer regelmäßig seine Datenbestände sichern. Prinzipiell genügt es, die Daten regelmäßig mittels des `COPY`-Befehls auf einen zweiten Datenträger zu kopieren, also z. B. von der Festplatte auf Disketten zu sichern. Dazu ist es notwendig, die Disketten zunächst zu formatieren, wozu das Dienstprogramm

```
FORMAT [laufwerksname:] [/S] [/F:nn]
```

eingesetzt wird. Wird kein Laufwerksname spezifiziert, so benutzen ältere DOS-Versionen das aktuelle Laufwerk, möglicherweise also die Festplatte. Auch wenn es nicht völlig unmöglich ist, die Daten eines formatierten Dateiträgers zu rekonstruieren, ist der Befehl mit Bedacht zu benutzen. Die Option `/S` weist DOS an, die wichtigsten Dateien des Betriebssystems auf die neu formatierte Diskette zu übertragen, so daß diese zum Starten des Systems genutzt werden kann. Die Option `/f:` bezeichnet mögliche Diskettengrößen und ist dann zu spezifizieren, wenn die Diskette nicht mit der voreingestellten Aufzeichnungsdichte formatiert werden kann. Beispielsweise ist für 3,5 Zoll-Disketten eine hohe Aufzeichnungsdichte (high density) von 1,44 MB voreingestellt. Um 3,5 Zoll-Disketten mit doppelter Dichte (double density) erfolgreich zu formatieren, ist daher einzugeben: `format a: /f:720KB`

DOS bietet ferner ein spezielles Dienstprogramm zur Datensicherung names `BACKUP` und `RESTORE` zum (hoffentlich nicht notwendigen) Zurückspeichern der Sicherungskopien. Falls kein leistungsfähigeres Backup-Programm zur Verfügung steht, sollte sich der Benutzer mit diesen Programmen auseinandersetzen.

Abschließend ist darauf hinzuweisen, daß jüngere DOS-Versionen über ein **Online-Manual** verfügen. Das Kommando `HELP` informiert umfassend über die Befehle des Betriebssystems.

Beide Betriebssysteme sind in den Handbüchern und einer Vielzahl ein- und weiterführender Werke dokumentiert. DOS-Benutzern sei zur Einführung das Buch von *P. Freese* (1992) empfohlen. Als verständliches UNIX-Standardwerk nicht nur für Anfänger, sondern auch für Systemprogrammierer, kann das Buch von *B. W. Kernighan* und *R. Pike* (1987) gelten.

1.3 Netzwerke und Netzwerkeln

Die wichtigste jüngere Entwicklung in der Welt der Computer betrifft weniger die Hard- und Software, sondern vielmehr die unscheinbaren Kabel zwischen den Maschinen. Die Verbindung der Mikros zu lokalen (LAN, local area network) und (welt-)weiten Netzwerken (WAN, wide area network) bedeutet, daß der Computer am Arbeitsplatz nicht mehr nur als Rechen-, Schreib- und Zeichenmaschine, sondern auch als universales Kommunikationsinstrument benutzt werden kann. Nicht nur für Sozial- und Wirtschaftswissenschaftler eröffnet dies den Zugriff auf Informationsquellen in aller Welt. Der Computer ermöglicht beispielsweise den direkten Austausch mit Kollegen, die Beteiligung an Diskussionsforen oder die Recherche in Bibliotheken und Datenbanken.

Von besonderer Bedeutung ist das sogenannte **Internet**, das eine Vielzahl von Teilnetzen verbindet und Übergänge zu anderen wichtigen Computernetzen (BITNET, EARN, uucp et al.) hat. Technisch basiert das Internet auf einer militärischen Forschungsleistung der 60er Jahre. Die Arbeit des US-Verteidigungsministeriums an einem Netzwerk (ARPAnet), das trotz des Ausfalls regionaler Teilnetze insgesamt funktionsfähig bleibt, hat die Idee einer **dezentralen Netzwerkarchitektur** befördert. Institutionell meint dies, daß lokal betriebene ‚Inseln' in Eigeninitiative oder durch nationale und internationale Einrichtungen, wie den Verein zur Förderung des Deutschen Forschungsnetzes (DFN-Verein) oder EUnet in Europa, verknüpft werden. Organisatorisch basiert die dezentrale Architektur auf ‚konsensueller' Standardisierung. Die Vereinbarung verbindlicher Kommunikationsprotokolle in den ‚Requests for Comments' (RFC) überwindet die ‚harten' und ‚weichen' Grenzen der Hersteller. Die Protokolle — wie die beiden namensgebenden Protokolle ‚Transmission Control Protocol' und ‚Internet Protocol' (TCP/IP) — legen fest, nach welchen Regeln die Informationen vom Ausgangsrechner verpackt, adressiert und versandt werden und vom Zielrechner entsprechend zu decodieren sind. Die Idee eines dezentralen Netzes beinhaltet ferner, daß weder eine direkte Verbindung zum Zielrechner (Host) bestehen muß noch Benutzer oder Ausgangsrechner die Route zum Host kennen müssen. Jeder Computer im Netz kennt vielmehr nur die Anschrift des nächsten Verteilers, die wie alle Adressen im Internet aus vier weltweit eindeutigen Zahlen besteht.

Dieser **IP-Adresse** ist aus mnemotechnischen Gründen ein sogenannter **Hostname** zugeordnet. Die Bezeichnung ‚otto.ww.TU-Berlin.DE' ist beispielsweise ein Synonym für die IP-Adresse 130.149.200.42 und bezeichnet den Rechner ‚otto' mit der Nummer 42 im Fachbereich Wirtschaft und Management (200) der TU-Berlin (149) in einer bestimmten Region der Bundesrepublik Deutschland (130). Die Endung des Hostnamens verweist auf das Land, in welchem der Rechner installiert ist. Die Ausnahme von der Regel sind die USA, wo die Endungen die Institution bezeichnen (`edu` für Universitäten, `gov` für Behörden, `org` für andere Organisationen, `com` für kommerzielle Dienstleister und `mil` für militärische Einrichtungen).

Einige im Zusammenhang mit der Datenanalyse interessante Dienste — interaktiver Zugang, Dateitransfer, elektronische Post, Diskussionsforen und integrierte Systeme — werden im folgenden kurz vorgestellt. Die Notation der Dienste folgt dem URL-Schema (uniform resource locators): ‚Methode://Host/Pfad'. Dabei steht ‚Methode' für Dienste wie telnet, ftp, gopher und http (für World-Wide-Web-Dienste). Gelegentlich wird das Schema erweitert, um zusätzlich eine Benutzerkennung und gegebenenfalls ein Password anzugeben (‚Methode://login:passwd@Host/Pfad'), z. B.:

telnet://netfind:@ds.internic.net,

ein Service, um Personen im Netz zu finden.

Die Beschreibung geht davon aus, daß der verfügbare Rechner mittels Netzwerkkarte oder Modem mit einem (lokalen) Netzwerk und darüber mit dem Internet verbunden ist, die Software zur Nutzung des Netzes installiert ist und eine Internet-Adresse durch das lokale Rechenzentrum vergeben worden ist. Es besteht auch die Möglichkeit, einen heimischen Rechner mittels Modem und konventioneller Telefonleitung oder ISDN-Anschluß zu verbinden. Hersteller von Betriebssystemen, kommerzielle Anbieter oder lokale Vereine ermöglichen Privatpersonen den Zugang zum Internet. Die notwendige Software gehört bei UNIX-Systemen und OS/2-Systemen zum Lieferumfang. Für andere Plattformen stehen public-domain Programme zur Verfügung, die in der Regel kostenlos vom lokalen Rechenzentrum zu beziehen sind.

Den **interaktiven Terminaldialog** mit einem entfernten Hostrechner ermöglichen das Programm `telnet` oder im speziellen Fall von IBM-Großrechenanlagen, die ein IBM 3270 bzw. 5250 Terminal verlangen, die Programme `tn3270` bzw. `tn5250`. Normalerweise emuliert `telnet` zum Verbindungsaufbau ein von allen UNIX-Anlagen akzeptiertes Standardterminal wie ein VT100; gegebenenfalls kann ein anderer Terminaltyp spezifiziert werden. Beim Aufruf des Programmes ist lediglich die IP-Adresse oder der Hostname des Zielrechners anzugeben. In einigen Fällen ist zusätzlich ein anderer als der voreingestellte Kanal (port 23) zu wählen, dessen Nummer — je nach Programmversion — einfach angehängt wird. Die Eingabe von

```
telnet ip-adresse oder hostname [port nummer]
```

bei zeilenorientierten Betriebssystemen oder das Anklicken eines Symbols bei graphischen Benutzeroberflächen stellt eine Verbindung her. Gelingt der Verbindungsaufbau, kann man sich beim Zielrechner anmelden und an dieser Maschine zeilenorientiert arbeiten. Dies veranschaulicht das Protokoll eines telnet-Dialoges im Anwendungsbeispiel 1.3. Die Eingaben des Benutzers, mit Ausnahme des am Bildschirm nicht angezeigten Passwortes, sind im Beispiel unterstrichen. Scheitert der Aufbau einer Verbindung, schaltet `telnet` in den sogenannten Kommando-Modus. Das Kommando `close` schließt die bestehende Verbindung, open eröffnet eine neue Verbindung. In den Kommando-Modus gelangt man auch durch Eingabe des Fluchtsymbols (`^]` bzw. CTRL-] oder STRG-]), und man verläßt ihn mittels `quit`.

```
c:>telnet otto.ww.tu-berlin.de
Trying 130.149.200.42
Connected to otto.ww.tu-berlin.de.
Escape character is '^]'.

UNIX(r) System V Release 4.0 (otto)

login: paul
password:
otto> telnet  134.34.3.5  775
```

Abb. 1.3: telnet-Dialog

Die Arbeit an einem Hostrechner verlangt in der Regel eine Zugangsberechtigung. Viele Institutionen bieten im Internet allerdings Dienste für jede an. Beispielsweise stellen eine Reihe von Universitätsbibliotheken ihren Katalog online via `telnet` für Recherchen zur Verfügung; so die Universität Göttingen (telnet://opc:@opac.sub.gwdg.de; IP-Adresse: 134.76.160.32). Eine ständig aktualisierte Liste der der Netzöffentlichkeit zugänglichen Bibliotheken ist per ftp verfügbar (ftp://ftp.unt.edu/library/library.txt; IP-Adresse: 129.120.1.1). Ferner werden, wenn auch häufig gebührenpflichtig, Fachinformationen und Datenbanken im Internet angeboten (vgl. *J. L. Staud* 1991).

Der **Transfer** von **Dateien** von einem Rechner zum anderen kann mit dem Programm `ftp` (file transfer protocol) erfolgen. Beispielsweise sollen ein aufwendiger SPSS-Job und die Rohdaten vom PC zu einer leistungstärkeren UNIX-Maschine transferiert werden oder das Ergebnis der Berechnungen zur Weiterverarbeitung dort abgeholt werden. Beim Aufruf von `ftp` kann wie bei `telnet` der Name des Zielrechners oder dessen IP-Adresse übergeben werden.

```
ftp ip-adresse oder hostname
```

Auch in diesem Fall benötigt man eine Zugangsberechtigung. Eine Vielzahl von Rechnern im Internet steht allerdings teilweise oder vollständig als Daten- oder Programmbibliothek zur Verfügung. Diese sogenannten ‚anonymen' ftp-Server sind auch ohne Zugangsberechtigung mittels `ftp` erreichbar. Der Zugang eröffnet sich nach der Eingabe von ANONYMOUS oder FTP auf die Aufforderung zum Login. Als Password wird — den Gepflogenheiten der ‚Netikette' entsprechend — die eigene E-Mail-Adresse angegeben. Größere ftp-Server unterhält fast jedes Universitätsrechenzentrum; wie beispielsweise die Universität Paderborn (ftp://ftp.Uni-Paderborn.DE; IP-Adresse: 131.234.10.42).

```
otto> ftp ftp.eff.org
Connected to ftp.eff.org.
220 ftp.eff.org FTP server (Thu Apr 28 17:19:59 EDT 1994) ready.
Name (ftp.eff.org:paul): anonymous
331 Guest login ok, send your complete e-mail address as password.
Password:
230 Guest login ok, access restrictions apply.
ftp> cd pub/Net_info/EFF_Net_Guide
250 CWD command successful.
ftp> bin
200 Type set to I.
ftp> get netgd3_1.zip
200 PORT command successful.
150 Opening BINARY mode data connection for netgd3_1.zip.
226 BINARY Transfer complete.
local netgd3_1.zip remote netgd3_1.zip
ftp> bye
221 Goodbye.
```

Abb. 1.4: Dateitransfer mit ftp

Das Anwendungsbeispiel 1.4 dokumentiert den Dateitransfer von einem besonders interessanten Zielrechner für Internet-Einsteiger. Der ftp-Server der Electronic Frontier Foundation, einer Organisation, die sich für den freien Zugang zu Informationen im Netz einsetzt, hält eine Vielzahl von Publikationen zu Fundstellen, Diensten und Verhaltensregeln im Internet (ftp://ftp.eff.org, IP-Adresse: 192.77.172.4). Öffentlich zugängliche Dateien sind auf ftp-Servern in der Regel in einem Verzeichnis *'/pub'* und dessen Unterverzeichnissen gespeichert. Die angeforderte Datei *'netgd3_1.zip'* transferiert das Buch von *A. Gaffin* (1995) ‚EFF's Guide to the Internet' auf die lokale Workstation.

Es ist zu beachten, daß mit dem Kommando `binary` vor dem Dateitransfer in den sogenannten Binär-Modus geschaltet wird, der der Übertragung von Programmen oder komprimierten Dateien dient. Komprimierte Dateien sind an Endungen wie '*.zip*', '*.gz*' oder '*.tar.Z*' zu erkennen. Zum Auspacken derartiger Dateien benötigt man die entsprechenden Gegenprogramme — wie beispielsweise das DOS-Programm `pkzip`, das GNU-Programm `gzip` oder die UNIX-Routinen `compress` und `tar`, die ebenfalls auf jedem gut sortierten ftp-Server für verschiedene Plattformen in einem Verzeichnis wie '*.../archiver*' zu finden sind.

Zur Arbeit mit `ftp` ist die Kenntnis einer Reihe weiterer Kommandos hilfreich:

`ascii`	ASCII-Modus zur Übertragung von Textdateien.
`bin`	Binärer Modus zur Übertragung von Programmen oder komprimierten Dateien.
`ls`	Der Inhalt eines Verzeichnisses auf dem Server wird angezeigt.
`cd` *fn*	Es wird in das Verzeichnis '*fn*' des Servers gewechselt.
`get` *fn*	Der Server soll die Datei '*fn*' senden.
`mget *`	Der Server soll mehrere Dateien senden.
`put` *fn*	Der Server soll die Datei '*fn*' empfangen.
`mput *`	Der Server soll mehrere Dateien empfangen.
`?`	Zeigt die verfügbaren Kommandos an.
`bye`	Beendet den Dateitransfer und das Programm.

Die gezielte Suche nach bestimmten Dateien auf ftp-Servern erleichtert ein Dienst und ein Programm gleichen Namens: **Archie** durchsucht die Datenbanken zentraler Netzrechner, die die Verzeichnisse wichtiger ftp-Server sammeln. Die Eingabe der Programmzeile

```
archie -h archie.th-darmstadt.de -s rasch
```

ruft den Archie-Client auf der lokalen Maschine auf. Dieser sucht wegen der Option `archie -h` statt auf dem voreingestellten Server auf einer Maschine der TH-Darmstadt nach einer Fundstelle für Dateien, die die Zeichenkette *rasch* im Namen enthalten. Die Option `archie -s` verlangt, daß die Schreibweise in großen bzw. kleinen Buchstaben ignoriert wird. Das Ergebnis verweist auf mehrere ftp-Server, auf denen eine Datei '*rasch10.zip*' zur Rasch-Skalierung gespeichert ist.

Die dritte klassische Anwendung in Computernetzen ist die **elektronische Post**. Der entscheidende Vorteil von E-Mail im Vergleich zu Brief, Telefon oder FAX ist nicht die Geschwindigkeit, sondern der Aspekt, daß die Empfängerin die Nachricht mit dem Computer weiterverarbeiten kann. So gestaltet sich beispielsweise die Arbeit an einem gemeinsamen Text mit einem entfernten Kollegen erheblich leichter als mit den konventionellen Medien.

Im einfachsten Fall eines UNIX Systems ist die Mailsoftware vorinstalliert. Der Aufruf `mail` zeigt an, ob neue Post eingegangen ist. Will man Post versenden, muß zusätzlich die Anschrift des Benutzers bekannt sein. Diese setzt sich aus der Benutzerkennung, dem at-Zeichen (@) und dem Hostnamen zusammen. Der Aufruf

```
otto> mail werner@Uni-Flensburg.DE
```

versetzt mail in den Eingabemodus. Gegebenenfalls fragt das Programm nach einem Betreff, dessen Angabe immer zweckmäßig ist. Die Eingabe der Nachricht wird mit dem Dateiende-Zeichen (^D bzw. CTRL-D oder STRG-]) oder einem Punkt beendet und von mail dem Zustellungsprogramm übermittelt. Es existiert eine Vielzahl komfortablerer Mail-Programme wie elm (UNIX), lamail (OS/2) oder pmail (DOS/Windows), worauf hier nicht weiter eingegangen werden soll. Das Erstellen einer Nachricht für das einfache UNIX-Programm mail zeigt das folgende Beispiel:

```
otto> mail W.Matiaske@ww.TU-Berlin.de
Subject: Bug Report: Datenanalyse
Auf S. 100 sollte es heissen: Abszisse
m.f.G. Paul
^D
```

E-Mail erlaubt auch den Versand von Dateien. Enthalten diese binäre Daten, sind die Dateien vor dem Versand in den ASCII-Code umzuwandeln. Diesem Zweck dient das Programm uuencode. Der Empfänger der Nachricht muß die Daten mit dem Gegenprogramm uudecode in die Ursprungsform übersetzen.

E-Mail ermöglicht nicht nur die direkte Kommunikation mit anderen, sondern auch die Teilnahme an **Diskussionsforen**. Diese funktionieren mittels eines Verteilerprogrammes (Mail- oder Listserver), das auf einem Computer installiert ist. Der Listserver verwaltet in der Regel eine Reihe von themenspezifischen Listen (mailing lists), auf denen die E-Mail-Adressen der Teilnehmer eingetragen sind. Geht eine Nachricht an eine Mail-Liste ein, leitet der Listserver die Nachricht an alle Abonnenten der Liste weiter.

Um eine Liste zu abonnieren, sendet man eine Nachricht an den Listserver. Deren Adresse lautet, wenn die Maschine im BITNET (because it's time net) installiert ist, regelmäßig LISTSERV@hostname. Bei Maschinen in anderen Bereichen des Netzes gilt diese Namenskonvention nicht. Die Nachricht enthält einen Befehl wie SUBSCRIBE und als Argumente den Namen der Liste und den Namen des Abonnenten. Um am Diskussionsforum über das Statistikpaket P-STAT teilzunehmen, sende man die Befehlszeile SUBSCRIBE PSTAT-L Name an den Listserver LISTSERV@IRLEARN.BITNET.

```
otto> mail LISTSERV@IRLEARN.BITNET
SUBSCRIBE PSTAT-L Norman Nie
^D
```

Nachrichten an die Teilnehmer sendet man an die E-Mail-Adresse der Liste selbst. Beispielsweise:

```
otto> mail PSTAT-L@IRLEARN.BITNET
subject: From P-STAT to SPSS/PC
Dear collegues!
I need some help with the P-STAT's command WRITE.SPSS.FILE.
^D
```

BITNET-Listserver informieren per E-Mail über ihre Funktionsweise, wenn sie eine Nachricht mit dem schlichten Inhalt `help` erhalten. Eine Liste aller Diskussionsforen auf einem bestimmten Listserver erhält man mit dem Kommando `list` an die Adresse dieses Servers, eine Liste aller Diskussionsgruppen im BITNET mit der Befehlszeile `list global` an den Server `listserv@bitnic.educom.edu` (IP-Adresse: 192.52.179.2). Ferner ist eine regelmäßig ergänzte Liste via `ftp` verfügbar (ftp://ftp.sura.net/pub/nic/interest-groups.txt, IP-Adresse: 128.167.254.179). Die Datei ist außerordentlich lang, weshalb man zuvor die Maschinen des lokalen Rechenzentrums inspizieren sollte, die diese Datei ebenfalls häufig enthalten. Einige Gruppen, die im Zusammenhang mit der Datenanalyse von Interesse sind, sind im folgenden zusammengestellt.

`BMDP-L@MCGILL1.BITNET`	BMDP-Diskussionsforum.
`MATHSOC@DARTCMS1.BITNET`	Diskussionsforum zur mathematischen Soziologie.
`PSYSTS-L@MIZZOU1.BITNET`	Diskussionsforum zur psychologischen Statistik.
`PSTAT-L@IRLEARN.BITNET`	Diskussionsforum über Statistik und Programmierung mit P-STAT.
`SAS-L@MARIST.BITNET`	SAS-Diskussionsforum.
`SPSSX-L@MARIST.BITNET`	SPSS-Diskussionsforum.

Schließlich können mittels E-Mail **Bestellungen** an Server gesandt werden, die daraufhin automatisch die gewünschten Informationen oder Programme zustellen. Insbesondere bei weit entfernten Servern ist dies eine gute Alternative zu langwierigen ftp-Sitzungen. Eine wichtige Adresse für Programme zur Datenanalyse ist der StatLib-Server der Carnegie Mellon University. Dieser Server hält Datensätze, Programme und Makros für verschiedene Auswertungssysteme. Eine Nachricht mit dem Inhalt `send index` an die Adresse `statlib@lib.stat.cmu.edu` informiert über den Bestand und die Bestellmöglichkeiten.

Eine zweite Gruppe von Diskussionsforen sind die sogenannten **Newsgroups**. Eine Vielzahl von Rechnern in aller Welt bilden das dezentrale Usenet, von denen

Anwender elektronische Notizen beziehen können. Der entscheidende Unterschied zu den Listservern besteht für den Benutzer darin, daß neue Artikel nur auf seine Anforderung hin zugestellt werden. Das Programm, um die Neuigkeiten zu erfahren, wird auf einer lokalen Maschine aufgerufen (client) und fragt bei einem News-Server zunächst nur nach den Titeln der abonnierten Listen. Findet ein Text besonderes Interesse, kann dieser per Tastendruck oder Mausklick angefordert werden. Die Programme ermöglichen darüber hinaus den Versand eigener Nachrichten und verwalten die abonnierten Zeitschriften. Neben den funktionalen Gemeinsamkeiten ist die Bedienung der Software, beispielsweise `nn` oder `tin` für UNIX-Maschinen, `nr2` für OS/2 oder `trumpet` unter DOS/Windows, sehr unterschiedlich, so daß auf Hinweise verzichtet wird.

Es gibt wohl kaum ein Thema, das im Usenet nicht diskutiert würde. In mehr als 3000 Gruppen wird über Computer, Wissenschaft, Politik, Kultur, aktuelles Zeitgeschehen, Menschliches und allzu Menschliches berichtet und gestritten. Hier soll nur auf einige interessante Gruppen hingewiesen werden.

`news.newuser.questions`	Hinweise für Erstanwender.
`alt.sci.sociology`	Diskussion soziologischer,
`sci.econ.research`	ökonomischer und
`sci.psychology.research`	psychologischer Forschungsfragen.
`sci.stat.consult`	Beratung und Hilfestellung zu Fragen der statistischen Datenanalyse.
`sci.stat.math`	Diskussion statistischer Verfahren.
`comp.soft-sys.sas`	Diskussionen und Hilfestellungen zu SAS.
`comp.soft-sys.spss`	Diskussionen und Hilfestellungen zu SPSS.

Aus Benutzersicht bündelt das Usenet einen Teil der vielfältigen und unübersichtlichen Informationsquellen im Netz. Diesem Zweck dienen auch neuere Entwicklungen der Kommunikation im Internet: das Menusystem **Gopher** (Ein Wortspiel) und das Hypertextsystem **World-Wide Web**.

Gopher bietet dem Benutzer Menüs an, hinter denen sich ein Zugriff auf verteilte Ressourcen im Netz verbirgt. Die Gopher-Server übernehmen beispielsweise die Suche in Datenarchiven, vermitteln telnet-Sitzungen oder stellen ftp-Verbindungen her, ohne daß der Benutzer besondere Vorkenntnisse benötigt oder wissen muß, wo sich die Information physikalisch befindet. Der Aufruf des Gopher-Client auf der lokalen Maschine ist denkbar einfach, die Bedienung selbsterklärend. Die Eingabe von

```
gopher hostname
```

verbindet die Benutzerin mit dem gewünschten Gopher-Server.

Ein wichtiger Server bezüglich methodischer Fragen ist der von der GESIS (Gesellschaft Sozialwissenschaftlicher Infrastruktureinrichtungen e. V.) betriebene Server (gopher://gopher.social-science-gesis.de; IP-Adresse: 193.196.10.1). Benutzer finden hier den Veranstaltungskalender der Partnerinstitute IZ (Informationszentrum Sozialwissenschaften, Bonn), ZA (Zentralarchiv für empirische Sozialforschung, Köln) und ZUMA (Zentrum für Umfragen, Methoden und Analysen, Mannheim), können den Datenbestandskatalog des ZA abfragen oder finden Hinweise auf die von der ZUMA vertriebene Software. Dieser Gopher-Server bietet darüber hinaus Übergänge zu anderen Servern, stellt telnet-Verbindungen zu Bibliotheken her und vermittelt WAIS-Abfragen. Orientierung im Dickicht der Gopher-Menupunkte schafft `Veronica`, ein Dienst, der weltweit Gopher-Menueinträge abfragt und ebenfalls über Gopher erreichbar ist.

Gopher erlaubt bereits mit einfachen Mitteln den Zugriff auf verteilte Ressourcen. Steht eine graphische Benutzeroberfläche zur Verfügung, sollte der Anwender das komfortable **World-Wide-Web** ausprobieren. Dieses System, das am CERN in Zürich entwickelt, aber von der soziologischen Systemtheorie ersonnen wurde (vgl. *N. Luhmann* 1992), fordert als Client Texte, aber auch visuelle oder akustische Informationen von Servern ab. Die Dokumente werden auf der Client-Maschine graphisch aufbereitet. Sie enthalten optisch hervorgehobene Verweise auf andere Ressourcen, d. h. Dateien, die auf dieser oder anderen Maschinen gespeichert sind. Client-Programme wie `www`, `Mosaic` oder `Explore` sind für fast alle Plattformen verfügbar. Einige Startpunkte, um die Kommunikation mit diesen weltweiten Zettelkästen zu beginnen, sind im folgenden zusammengestellt.

`http://info.cern.ch`	World-Wide Web Home Page am CERN
`http://coombs.anu.edu.au/WWWVL-SocSci.htlm`	Verbindungen zu sozialwissenschaftlichen Ressourcen im Netz
`http://www.princeton.edu/šociolog/links`	Verbindungen zu sozialwissenschaftlichen Forschungseinrichtungen und Datenbeständen
`http://statlab.uni-heidelberg.de`	Beiträge zur Statistik
`http://lib.stat.cmu.edu`	Stat-Lib-Server
`http://www.sas.com`	SAS-Homepage
`http://www.spss.com`	SPSS-Homepage

Niemand hat eine Übersicht aller Aktivitäten im Internet. Einen kurzen informativen Einstieg nicht nur für Ökonomen vermitteln *T. Krichel* und *T. Wich-*

mann (1994). Umfassend und leicht verständlich informieren neben dem bereits erwähnten Text von *A. Gaffin* (1995) die Bücher von *B. P. Kehoe* (1994) oder *E. Krol* (1994). Über Neuerungen informiert ‚das Netz' am besten selbst. *S. Yanoff* kompiliert regelmäßig die ‚Internet Services List', die per ftp erhältlich ist (`ftp://ftp.csd.uwm.edu/pub/inet.services.txt`). Das Kommando

```
finger yanoff@csd4.csd.uwm.edu
```

informiert über weitere Zugangsmöglichkeiten.

Jenseits der technischen Möglichkeiten ist das Internet auch ein öffentliches, d. h. kollektives Gut. Es lebt von den freiwilligen Beiträgen vieler Teilnehmer. Aber auch im Internet liegt, allen Schwärmereien der Netzbewohner zum Trotz, Utopia nicht einfach um die Ecke. Man informiere sich daher nicht nur über Zugangswege, sondern auch über die Verhaltensregeln im Netz und lege die Reziprozitätsnorm beizeiten ähnlich großzügig aus wie viele unermüdliche Betreiber des Netzes.

1.4 Software zur Datenanalyse

Software läßt sich in drei große Gruppen einteilen, wobei die Übergänge fließend sind. Zwischen der **Systemsoftware**, zu der neben dem Betriebssystem auch die Programmiersprachen zu zählen sind, und der **Anwendungssoftware**, die für spezielle Aufgaben zugeschnitten ist und dem Anwender keinen oder nur geringen Spielraum zur Modifikation der Programme gibt, läßt sich die große Gruppe anwendungsnaher Software unterscheiden. **Anwendungsnahe Software** ist an einer Klasse von Problemen orientiert und dient dem Benutzer als Werkzeug, seine spezielle Problemstellung selbstständig zu bearbeiten. Anwendungsnahe Software ermöglicht gewissermaßen die Programmierung ohne die Nutzung einer Programmiersprache im eigentlichen Sinne und sollte sich durch Benutzerfreundlichkeit und hohe Flexibilität auszeichnen.

Im Mittelpunkt der Datenanalyse mit Hilfe des Computers steht die statistische Auswertung des Materials. Die Entwicklung der Hard- und Software, besonders im Bereich der Mikrocomputer, ermöglicht jedoch die Bearbeitung weiterer Aufgaben. Mikrocomputer können zur Aufbereitung und Pflege von Datenbeständen, zur graphischen Darstellung von Analyseergebnissen und letztlich zur Berichterstattung mit Hilfe von Textverarbeitungsprogrammen eingesetzt werden. Verständlicherweise sind die verschiedenen Aufgaben nicht mit einem Programm allein befriedigend zu lösen. Für den Anwender ist es daher wichtig, daß der **Informationsaustausch** zwischen den Programmen einfach und sicher möglich ist. Bei der Auswahl von Software sollte daher nicht ausschließlich ihre Leistungsfähigkeit betrachtet, sondern besonderes Augenmerk auf die Möglichkeit der Kommunikation mit anderen Programmen gelegt werden.

Datenanalysesysteme fallen in die Gruppe anwendungsnaher Software. Sie stellen dem Anwender eine Sammlung von aufeinander abgestimmten Programmen unter einer gemeinsamen Benutzeroberfläche zur Verfügung. Diese Programme selbst sind in einer höheren Programmiersprache wie FORTRAN (formula translation) verfaßt und bilden gemeinsam eine Art Metasprache, die dem Benutzer die Eingabe von Daten, deren Modifikation und die Berechnung von Statistiken erlaubt. Im folgenden werden zunächst die hier besprochenen Datenanalysesysteme vorgestellt und anhand der skizzierten Kriterien Benutzerfreundlichkeit, Flexibilität, Fähigkeit zum Datentausch und Leistungsumfang charakterisiert. Ferner finden sich Hinweise auf Programme zu speziellen statistischen Analyseverfahren.

Die hier in den Mittelpunkt gestellten Softwarepakete zählen zu den ‚Klassikern' der Datenanalyse. Die Systeme wurden für Großrechner konzipiert, sind aber mittlerweile auf allen gängigen Mikrocomputer-Plattformen verfügbar. Orientierten sich die Mikrocomputer-Versionen noch vor einiger Zeit stark an den Großrechnerprodukten, bemühen sich die Hersteller heute um einheitliche, bedienungsfreundliche Benutzerschnittstellen. Dies ist der Grund, warum diese Systeme hier präferiert werden: sie sind auf vielen verschiedenen Rechnertypen vertreten, und die erworbenen Kenntnisse können leicht übertragen werden.

Im Bereich der Sozialwissenschaften ist SPSS (Statistical Package for Social Sciences) zu einer Art Standard geworden. Neben der eingeschränkten DOS-Version SPSS/PC steht dieses leistungsfähige System für andere Mikrocomputer-Betriebssysteme (z. B. Windows, OS/2, UNIX Motif) mit einer einheitlichen graphischen Benutzerschnittstelle zur Verfügung. Das mächtige SAS (Statistical Analysis System) bietet neben einer Vielzahl statistischer Prozeduren Anwendungen zur Planung und Kontrolle in der betrieblichen Praxis. Das flexible P-STAT ist vor allem in der UNIX-Welt vertreten. Auch die letztgenannten Pakete sind für DOS und moderne graphisch orientierte Mikrocomputer-Betriebssysteme erhältlich.

Die Stärke der Mikrocomputeranwendung liegt in der **Dialogverarbeitung**, d. h. jeder eingegebene Befehl wird direkt ausgeführt. Diese Möglichkeit wird von den Datenanalysesystemen unterstützt. P-STAT, SAS, und SPSS besitzen eine eigene Benutzeroberfläche. Während einer Dialogsitzung braucht man das Programmpaket nicht zu verlassen. Man kann allerdings bei Bedarf Betriebssystembefehle absetzen. Mit Ausnahme von P-STAT, das (bislang) einen traditionellen Zeileneditor enthält, sind die Datenanalysesysteme mit einem Full-Screen-Editor ausgestattet. Hier würde m. E. weniger Aufwand mehr Benutzerfreudlichkeit implizieren. Statt für jedes System den umfangreichen Befehlssatz der Editoren zu erlernen, wäre es wünschenswert, einen gewohnten Editor einbinden zu können.

Die genannten Datenanalysesysteme ermöglichen auch auf dem PC den Batch- oder **Stapelverarbeitungsbetrieb**. Darunter ist zu verstehen, daß zunächst ein Programm geschrieben wird, welches einen Stapel von Befehlen enthält, der an das jeweilige Datenanalysesystem übergeben wird. Der Befehlsstapel wird dann so abgearbeitet, als ob die Befehle nacheinander über Tastatur direkt eingegeben würden. Der Aufbau eines Batch Jobs ist in unserem Fall immer dergestalt, daß zunächst die Daten beschrieben werden, es folgen die Daten selbst oder eine Angabe, wo sie abgespeichert sind, und schließlich werden die durchzuführenden Operationen beschrieben. Orientiert man sich an diesem Schema, ist es recht einfach, Batch-Programme für jedes beliebige Datenanalysesystem zu schreiben.

Die Kommandosprache von SPSS/PC ist wahrscheinlich am leichtesten erlernbar, da die verwendeten Sprachelemente den englischen Fachtermini entlehnt sind. Die Einarbeitungszeit ist im Falle von SAS sicherlich länger, was allerdings eher auf die vielfältigen Möglichkeiten des Programms zurückzuführen ist. Das Erlernen der P-STAT-Kommandosprache gilt ebenfalls als schwieriger, da eine Fülle von Kommandos und Optionen zur Verfügung stehen. Dies ist allerdings auch dadurch begründet, daß die Benutzersprachen von P-STAT und SAS äußerst flexibel sind. Nutzt man allerdings die erweiterte Matrixsprache von SPSS, gleichen sich die genannten Unterschiede aus. Die Systeme verfügen nämlich nicht nur über mächtige Befehle zur Datentransformation, sondern über eigene Programmiersprachen. Mit Hilfe dieser Sprachen lassen sich, da Matrizenoperationen und Rückgriffe auf statistische Routinen zur Verfügung stehen, eigene statistische Anwendungen realisieren und als sogenannte Makros in das jeweilige System einbinden.

Zur Benutzerfreundlichkeit der Programme trägt die Möglichkeit bei, während einer Dialogsitzung direkt Hilfestellungen anzufordern. Die abrufbaren Informationen sind teilweise recht ausführlich. Will man die Möglichkeiten der Systeme ausschöpfen, kann allerdings auf den Gebrauch des Handbuchs nicht völlig verzichtet werden. Die Systeme sind darüberhinaus nahezu vollständig über Menüs steuerbar. Ein Menü ist nichts anderes als ein hierarchisch geordneter Katalog möglicher Befehle, die dem Benutzer zur Auswahl stehen. Die Datenanalysesyteme sind in den jeweiligen Handbüchern umfassend und sorgfältig dokumentiert. Hervorzuheben sind die Handbücher zu SPSS, in welchen die statistischen Verfahren einführend und leicht verständlich dargestellt sind.

Für den Anwender ist von großer Bedeutung, daß der Output eines Programms übersichtlich und leicht lesbar gestaltet ist. Auch dieser Anforderung werden die Statistikpakete gerecht. Unter den graphischen Benutzeroberflächen bieten sie die Möglichkeit, den Output ohne aufwendige Zwischenschritte in den Berichttext zu kopieren. Sie verfügen darüber hinaus über spezielle Prozeduren zur Aufbereitung und druckfertigen Ausgaben von Tabellen. Ferner ist es von Bedeutung, inwieweit die Systeme graphische Darstellungsmöglichkeiten erlauben. Auch in dieser Beziehung lassen die Pakete kaum Wünsche offen. Entweder stehen eigene Graphikmodule zur Verfügung, oder aber die Programme bieten Schnittstellen zu anderen Graphik- oder Kartographiesystemen. Abschließend sei angemerkt, daß die Syste-

	P-STAT	SAS	SPSS/PC	SPSS
Betriebsmodus				
Batch	•	•	•	•
Dialog	•	•	•	•
Menü-Steuerung	•	eingeschränkt	•	eingeschränkt
Benutzersprache	schwieriger	schwieriger	einfach	einfach
Programmierung	•	•		•
Makros	•	•		•
On-Line-Hilfe	•	•	•	•
Full-Screen-Editor		•	•	•
Output-Gestaltung	•	•	•	•
Graphische Ausgaben	•	•	•	•
Dateitransfer	•	•	•	•
Kompatibilität zum Befehlsumfang der Mainframe-Version	•	•		•

Abb. 1.5: Handhabung der Datenanalysesysteme

me die Ausgabe auf gängigen Laserdruckern und Plottern ermöglichen. Die Ausnahme bildet P-STAT, das lediglich einen Postscript-Modus unterstützt. Das Datenanalysesystem ist, nicht nur in dieser Hinsicht, äußerst puristisch und nutzt die spezifischen Möglichkeiten des PC zugunsten der Kompatibilität des Programms nicht.

Als weiteres wichtiges Kriterium zur Beurteilung der Datenanalysesysteme war deren Fähigkeit zum **Informationsaustausch** mit anderen Programmen genannt worden. Dies betrifft besonders die Möglichkeit, sogenannte Systemfiles auszutauschen, in denen neben den Rohdaten auch Daten- und Dateienbeschreibungen in binärer, vom jeweiligen Programmpaket schnell lesbarer Form gespeichert sind. Alle Datenanalysesysteme unterstützen selbstverständlich die Möglichkeit, Dateien im ASCII-Format auszutauschen. Dabei gehen möglicherweise eine Vielzahl von Informationen, wie z. B. Variablenetikettierungen, verloren. Die Systeme unterstützen darüber hinaus eine Vielzahl von Standardformaten zum Datentausch, wie beispielsweise das Data Interchange Format (DIF). Dieses Format ist zu einer Quasi-Norm geworden, Rohdaten und Datenbeschreibungen auszutauschen und wird über Hardware- und Betriebssystemgrenzen hinweg von vielen Programmen unterstützt. Ferner werden die Formate anderer Statistikpakete, Datenbanken und Tabellenkalkulationen unterstützt. Auf eine mögliche Ergänzung zu den Datenanalysesystemen sei in diesem Zusammenhang hingewiesen. Das Programm DBMS/COPY ermöglicht den direkten Filetransfer zwischen einer Vielzahl von Datenanalysesystemen und Datenbanksystemen auf PC. Das Programm erlaubt, Files der obengenannten Datenanalysesyteme in ein anderes Format zu übersetzen, also beispielsweise einen BMDP-File in einen SPSS/PC-File. Unter anderem werden die Formate der in sozialwissenschaftlichen Anwendungen häufiger eingesetzen statistischen Programme GAUSS, GLIM, NCSS und Systat unterstützt sowie die Formate der Datenbank- oder Spreadsheet-Programme dBASE, Lotus, Oracle, R-Base und Symphony.

Eines der wichtigsten Kriterien zur Beurteilung der Leistungsfähigkeit eines Datenanalysesystems ist die Anzahl der verarbeitbaren Fälle und Variablen pro Datei. Beispielsweise entspricht bei einer Umfrage die Fallzahl der Zahl der befragten Personen, und die Variablenzahl ergibt sich aus der Anzahl der Fragen oder genauer: der Items pro Fragebogen. Allen genannten Datenanalysesystemen ist auf Rechnern unter DOS gemeinsam, daß sie keine Restriktionen der Fallzahl beinhalten. Gegebenenfalls bestehen allerdings Beschränkungen hinsichtlich der Anzahl von Variablen pro Datei.

Die bisher diskutierten Restriktionen bezogen sich ausschließlich auf die prinzipiellen Möglichkeiten der Software, wobei durch die Hardware gesetzte Grenzen außer acht gelassen wurden. Diese Grenzen ergeben sich aus dem verfügbaren Speicher und der Arbeitsgeschwindigkeit. Zur temporären Speicherung bei der Bearbeitung eines Datensatzes muß genügend Festplattenspeicher vorhanden sein, wobei es allerdings nicht möglich ist, eine einfache Formel zur Berechnung des Speicherbedarfs anzugeben. Dieser hängt nicht nur von der zu verarbeitenden Menge der Daten, sondern auch von den eingesetzten Prozeduren ab. Ferner kann bei einigen statistischen Prozeduren das Problem auftreten, daß der vorhandene Hauptspeicher nicht ausreicht, um die gewünschte Datenmatrix zu bearbeiten. Probleme dieser Art lassen sich, sofern ein praktikabler Zugang besteht, durch die Benutzung eines entsprechenden UNIX oder Mainframesystems lösen. Sobald eine interaktive Verarbeitung auf dem PC aufgrund des Laufzeitverhaltens unmöglich wird, sollte man sich daher nicht scheuen, eine leistungsfähigere Workstation oder den Großrechner zu benutzen. Dazu ist es lediglich notwendig, einige Befehle des jeweiligen Betriebssystems der Mainframe zu erlernen. Für diejenigen, die auf dem PC mit einem Analysesystem vertraut sind, sollte es keine Schwierigkeit sein, einen Batch-Job für das entsprechende Paket unter einem anderen Betriebssystem zu schreiben.

Hat man sich entschlossen, ein Erhebungsinstrument einzusetzen, mit dessen Hilfe Daten gewonnen werden, die der quantitativen Auswertung bedürfen, so sollten mit der Ausarbeitung des Instrumentes gleichzeitig Überlegungen angestellt werden, welche statistischen Analysen eingesetzt werden sollen. Im Idealfall kann schon nach Abschluß der Voruntersuchungen ein detaillierter Plan für die Auswertung erarbeitet werden. Im Regelfall wird dies allerdings erst nach Sichtung des Datenmaterials möglich sein. Mit der Entwicklung des Auswertungsplans ist die Suche nach geeigneten Programmroutinen verbunden. Für die grundlegenden Arbeiten kommen alle zuvor erwähnten Pakete in Frage. Die Tabelle 1.6 enthält nur eine grobe Übersicht ihrer Leistungsbreite. Sollen jedoch bestimmte Prozeduren berechnet werden, so muß sich der Benutzer informieren, ob die zur Verfügung stehenden Programmpakete die gewünschten Routinen auch enthalten. Finden sich die Prozeduren in einem anderen als dem normalerweise genutzten Programm, können die obengenannten Möglichkeiten zur Kommunikation mit anderen Systemen genutzt werden.

P-STAT enthält nicht die Vielfalt möglicher Optionen bei multivariaten Prozeduren wie die übrigen Pakete. Die wichtigsten Verfahren sind allerdings implementiert. Dagegen enthalten häufig benötigte Prozeduren, wie Kreuztabellenanalyse und Korrelationsrechnung, mehr Möglichkeiten und sind äußerst flexibel. Ferner ist das System mit einer sehr leistungsfähigen Programmiersprache ausgestattet, die auch die Programmierung komplexer statistischer Verfahren wie Korrespondenz- oder hierarchischer Clusteranalyse ermöglicht (vgl. *W. Matiaske* 1991; 1994). SAS beansprucht, statistische Anwendungen für jeden Analysezweck anzubieten und ist wohl derzeit das System mit den vielfältigsten Möglichkeiten. SPSS/PC bietet auf den ersten Blick ebenfalls ein breites Spektrum an Verfahren. Im Vergleich mit den anderen SPSS-Versionen für Windows, OS/2 oder UNIX fehlen allerdings einige, für die sozialwissenschaftliche Forschung wichtige Möglichkeiten. So fehlt die Möglichkeit, verschiedene Missing Values auszuweisen, um beispielsweise zwischen Antwortverweigerung und nicht zutreffenden Fragen zu unterscheiden. Kreuztabellen lassen sich nicht zur weiteren Analyse in einen Datenfile schreiben. Besonders bedauerlich ist, daß derzeit keine hinreichende Möglichkeit besteht, Korrelationsmatrizen für ordinale Variablen zu berechnen, und daß die Prozedur zur Berechnung von Nähematrizen fehlt, wodurch die Möglichkeiten der Clusteranalyse auf metrische Variable beschränkt werden.

Die Wahl eines Datenanalysesystems hängt, neben seiner schlichten Verfügbarkeit, selbstverständlich auch vom individuellen Arbeitsstil und den damit verbundenen Vorlieben ab. Auch in dieser Hinsicht erscheint es wichtig, auf Alternativen hinzuweisen. Als weitverbreitete und wichtige Datenanalysesysteme sind BMDP und SYSTAT zu nennen, die in Leistungsumfang und Bedienung den hier vorgestellten Paketen vergleichbar sind. Eine besonders leistungsfähige Umgebung für explorative und graphische Analysen kleinerer Datensätze ist S/S-Plus, dessen ‚C‘ ähnliche Sprache aber einige Programmiererfahrung voraussetzt. Einen Schwerpunkt im Bereich explorativer und symmetrischer multivariater Analyseverfahren setzt auch

	P-STAT	SAS	SPSS/PC	SPSS
Deskriptive Statistiken und Häufigkeitsverteilungen	•	•	•	•
Kreuztabellenanalyse und Assoziationsmaße	•	•	•	•
Explorative Datenanalyse (EDA)	•	•	•	•
Nicht-parametrische Testverfahren	•	•	•	•
t-Test, Varianzanalyse	•	•	•	•
Korrelationen				
Produkt Moment-	•	•	•	•
partielle-	•	•		•
Rang-	•	•		•
Multivariate Verfahren				
multiple lineare Regression	•	•	•	•
nicht-lineare Regression	•	•	•	•
log-lineare Modelle		•	•	•
Korrespondenzanalyse	•	•	•	•
MANOVA		•	•	•
Diskriminanzanalyse	•	•	•	•
Faktorenanalyse	•	•	•	•
Clusteranalyse	•	•	•	•
Multidimensionale Skalierung		•		•
Conjoint Measurement		•		•
spezielle Verfahren				
Zeitreihenanalyse	•	•	•	•
Sterbetafelanalyse	•	•		•
statistische Qualitätskontrolle	•	•		

Abb. 1.6: Auswahl aus dem Leistungsumfang statistischer Prozeduren

STATlab, dessen Benutzerschnittstelle auf die Möglichkeiten des Betriebssystems Windows abgestimmt ist.

Falls kein Zugang zu einem Datenanalysesystem besteht, soll im Hinblick auf finanzielle Restriktionen auf Alternativen hingewiesen werden. Sollen nur einmalig geringe Datenmengen für ein kleineres Forschungsvorhaben analysiert werden, so ist möglicherweise eine Alternative in Public-Domain oder Shareware-Programmen zu finden. Public-Domain und Sharewar-Programme dürfen beliebig oft kopiert und weitergegeben werden. Bei dauernder Nutzung von Shareware Programmen wird von den Programmautoren jedoch ein Entgelt erwartet. Hier gibt es durchaus leistungsfähige Programme, wobei die Routinen allerdings an kleineren Fallzahlen exemplarisch überprüft werden sollten. Ein leistungsfähiges und bekanntes Public Domain Programm ist EPIINFO, das vom US-amerikanischen Gesundheitsdienst für epidemiologische Analysen zur Verfügung gestellt wurde. Das Shareware-Programm KWIKSTAT bietet eine Vielzahl statistischer Prozeduren, guter graphischer Darstellungen und Schnittstellen zu Tabellenkalkulationen und Datenbanken. Ausgefeiltere Lösungen bieten die preisgünstigen Pakete NDSTAT und ALMO. NDSTAT ist ein vollständig menügesteuertes System für DOS-Rechner. Es wird von der ZUMA vertrieben und ist insbesondere für Grundauswertungen geeignet. ALMO enthält darüber hinaus eine Vielzahl multivariater Verfahren. Das Paket ist auch für andere Betriebssysteme (Windows, OS/2, Atari) verfügbar, und vom Programmautor *K. Holm* zu beziehen.

Möglicherweise enthalten die skizzierten Datenanalysesysteme die vom Anwender gewünschte Prozedur nicht. Daher einige Hinweise auf Spezialwerkzeuge, mittels derer Lücken im Leistungsumfang der Pakete geschlossen werden können. Dabei wurde besonders auf die Verfügbarkeit der Programme für PC unter DOS geachtet. Bei der Analyse nicht-metrischer Daten finden in der jüngeren Literatur zunehmend **loglineare Modelle** Verwendung. Das vergleichbare von *J. E. Grizzle* et al. (1969) vorgeschlagene **GSK-Modell** läßt sich kurz als Anwendung der multiplen Regression auf Kontingenztafeln charakterisieren und wurde von *H. Kritzer* im Programm NONMET umgesetzt. Unter dem Oberbegriff **multidimensionale Skalierung** (MDS) wird eine Vielzahl von multivariaten Verfahren subsummiert, deren Gemeinsamkeit in einer geometrischen Repräsentation der Daten besteht. Die Verfahren werden nicht nur zur Skalierung von Variablen und Objekten, sondern vor allem auch zur dimensionalen Analyse von Datensätzen eingesetzt. Als Alternative zur faktorenanalytischen Vorgehensweise sind für sozialwissenschaftliche Anwendungen insbesondere die nicht-metrischen Verfahren der MDS von großer Bedeutung, da diese keine Restriktionen bezüglich eines bestimmten Assoziations- oder Korrelationsmaßes enthalten. Diese und andere Routinen zur Skalierung und Conjoint-Analyse enthält die Guttman-Lingoes Programm-Series. UCINET, ein Programm zur Analyse sozialer Netzwerke, enthält ebenfalls zwei wichtige MDS-Algorithmen, MINISSA und TORSCA. Insbesondere zur **Clusteranalyse**, einem flexiblem Instrument zur symmetrischen Analyse metrischer wie nicht-metrischer Daten, ist CLUSTAN von *D. Wishart* (1984) geeignet. Zunehmend werden **Kausalmodelle** mit latenten Variablen in verschiedensten Anwendungszusammenhängen eingesetzt. Dem Ansatz der Faktorenanalyse folgend, werden die latenten Variablen durch direkt gemessene Indikatoren spezifiziert. Die Beziehungen zwischen den latenten Variablen werden, analog zum pfadanalytischem Ansatz, in ein Strukturmodell übersetzt. Als prominentestes Programm ist in diesem Zusammenhang das von *K. G. Jöreskog* und *D. Sörbom* (1994) entwickelte LISREL zu erwähnen. Die jüngste Version VIII des Programms erlaubt die Berücksichtigung nicht metrischer Variablen in den Modellen und bietet eine leicht erlernbare Steuersprache.

Abschließend eine Anmerkung zur Programmierung eigener statistischer Prozeduren. Wer eigene Anwendungen programmieren möchte, kann dazu selbstverständlich eine höhere, problemorientierte Programmiersprache nutzen. Dazu bietet sich immer noch FORTRAN an, da auf große Programmbibliotheken (beispielsweise die NAG-Bibliothek der Numerical Algorithms Group oder die International Mathematical and Statistical Library) zurückgegriffen werden kann. Zunehmend finden allerdings auch neuere strukturierte Sprachen wie ‚C' oder objektorientierte Sprache wie ‚C++' Verwendung. Insbesondere bei sozialwissenschaftlichen Anwendungen besteht jedoch ein Großteil des Programmieraufwandes darin, komplexe Strukturen zur Verwaltung großer Datensätze zu entwerfen und viel Quelltext auf einen lesbaren Output zu verwenden. Einige Mühe können sich versierte Programmierer durch den Rückgriff auf Statistikpakete sparen. Die hier vorgestellten Systeme bieten auf einigen Computern beispielsweise die Möglichkeit, eigene Fortran- oder ‚C'-Programme über eine Schnittstelle einzubinden. Leichter ist es jedoch, die Möglichkeiten der implementierten Programmiersprachen zu nutzen, um eigene statistische Prozeduren als Makros einzubinden. Speziell für Statistiker, die eigene Verfahren entwickeln möchten, wurden Werkzeuge wie das Programmsystem GAUSS entwickelt. GAUSS ist ein äußerst mächtiges Werkzeug, das alle Kontrollstrukturen einer höheren Programmiersprache und die Möglichkeit von Unterprogrammen enthält. Darüber hinaus sind eine Vielzahl von Sprachelementen und Modulen implementiert, die einen recht komfortablen Zugriff auf eine Vielzahl mathematisch-statistischer Anwendungen ermöglichen und den In- und Output erleichtern.

Es ist recht schwierig, sich einen umfassenden Überblick über die aktuellen Möglichkeiten zur computergestützten Datenanalyse zu verschaffen. Trotz der starken Kommerzialisierung auch in diesem Bereich der Softwareentwicklung ist der großen Zahl von Magazinen selten Wissenswertes zu entnehmen. Eine bedauerlicherweise nicht fortgeführte Dokumentation sozialwissenschaftlicher Anwendersoftware wurde vom *Informationszentrum Sozialwissenschaften* (1980) herausgegeben. Neue Entwicklungen werden auf den vom ZUMA durchgeführten Konferenzen zur Anwendung von Statistik-Software diskutiert und in Tagungsbänden, zuletzt *F. Faulbaum* (1992), dokumentiert. Im Anhang sind neben Büchern zu den Datenanalysesystemen die Adressen der Vertriebsgesellschaften oder der Programmautoren aufgeführt, bei denen man sich über neuere Entwicklungen informieren kann.

2. AUFBEREITUNG UND EINGABE VON DATEN

2.1 Die Datei ‚Arbeitszufriedenheit bei ADV'

Das diesem Buch zugrundegelegte Datenmaterial wurde von *D. Müller-Böling* 1974 erhoben und setzt sich mit dem Problem der Arbeitszufriedenheit bei automatisierter Datenverarbeitung auseinander. Die Frage, wie Computersysteme benutzeradäquat gestaltet und organisatorisch eingebunden werden können, ist nach wie vor von großer Aktualität. Nicht zuletzt aus diesem Grund wurde die Datei ausgewählt.

Darüberhinaus sind die Probleme der Untersuchung in mancherlei Hinsicht typisch für die Praxis der empirischen Sozialforschung. Da sozialwissenschaftliche Theorien bezüglich eines Forschungsgegenstandes häufig nur unzureichend entwickelt sind, muß der Forscher zunächst einen theoretischen Bezugsrahmen konstruieren. Dieser verbindet plausible theoretische Argumente miteinander, ohne den Charakter eines einheitlichen Theoriegebäudes zu tragen, und dient der Strukturierung des Denkens über den Forschungsgegenstand. Empirische Forschung zielt unter diesen Bedingungen nicht unbedingt auf die Prüfung theoretischer Sätze, sondern eher auf die Generierung von Hypothesen. Wenig weit entwickelte Theoriebildung impliziert, daß keine oder kaum Operationalisierungen der Theorie vorliegen. Für die praktische Forschungsarbeit bedeutet dies, daß die Begriffe zur Beschreibung und Analyse des Forschungsobjektes operationalisiert und in Meßinstrumente umgesetzt werden müssen.

Schließlich stellt sich das Problem des Feldzuganges. Die Gewinnung von Teilnehmern für eine Untersuchung, in der Literatur leider nur am Rande besprochen, beansprucht einen nicht unerheblichen Teil des Arbeitseinsatzes. Dies ist von besonderer Bedeutung, da die strukturelle Zusammensetzung der Untersuchungseinheiten Auswirkungen auf die Qualität der auf ihrer Basis gewonnenen Aussagen hat. Ist die Zusammensetzung der Stichprobe verzerrt, so sind auch die Aussagen von geringem Wert. Empirische Forschung steht dabei oft vor folgendem Problem: Wenig entwickelte Theorien geben kaum Aufschluß darüber, welche Einflußfaktoren als Störgrößen zu betrachten sind. Der Ausweg einer Zufallsstichprobe ist aber vielfach nicht realisierbar, da der empirischen Forschung keineswegs Tür und Tor offenstehen. Vielmehr lassen sich empirische Felder als Märkte verstehen, auf denen nur im günstigsten Fall das Interesse, empirische Forschung zu unterstützen, das Angebot überwiegt. Die Zugangsmöglichkeiten sind daher beschränkt, und es sind meist vielfältige Anstrengungen notwendig, um Teilnehmer für eine Untersuchung zu gewinnen. Für die verwendeten Daten werden diese Probleme und die gewählten Lösungsmöglichkeiten detailliert im Forschungsbericht von *D. Müller-Böling* (1978) beschrieben.

Für die Hauptuntersuchung der Studie konnten insgesamt 11 Betriebe unterschiedlicher Struktur — kommunale Versorgungsunternehmen, öffentliche Verwaltungen, Industriebetriebe — gewonnen werden. Insgesamt wurden 443 Personen befragt, die verschiedenste Aufgaben bearbeiten. Neben dieser persönlichen Befragung von Betroffenen wurde eine weitere Erhebung auf der jeweiligen Abteilungsebene durchgeführt, in der vorwiegend die technische Seite der jeweiligen EDV-Anwendungen erfragt wurde. Da diese Variablen hier von untergeordneter Bedeutung sind, wurde auf ihren Einbezug in die Arbeitsdatei verzichtet. Aus dem verbleibenden Datenmaterial wurde eine Zufallsauswahl von 150 befragten Personen getroffen, so daß die im Anhang wiedergegebenen Rohdaten ohne allzu großen Aufwand (gut 3 Stunden) per Tastatur eingegeben werden können. Die Arbeitsdatei kann aber auch gegen eine geringe Gebühr über das Zentralarchiv für empirische Sozialforschung oder via ftp-Dateitransfer über das Internet bezogen werden.

Auf den folgenden Seiten ist das **Erhebungsinstrument** zur schriftlichen Befragung der Betroffenen wiedergegeben. Dabei interessieren zunächst nur die Fragen oder, in der Terminologie der Datenanalyse ausgedrückt, die Variablen. Die Variablen wurden der Einfachheit halber lediglich durchnumeriert und sind in der ersten Spalte notiert. Die zugehörigen Fragentexte werden aus Platzgründen nur in Kurzform wiedergegeben.

Inhaltlich gliedert sich der Fragebogen in sechs Abschnitte. Eingangs werden einige **organisatorische Merkmale** sowie die Dauer und die Art der EDV-Tätigkeit erfragt. Die Variablen *v6* bis *v13* beschäftigen sich mit der **Arbeitszufriedenheit** der befragten Personen. Arbeitszufriedenheit ist ein recht komplexes Einstellungsphänomen, weshalb mehrere Fragen oder Items vorgegeben werden, die verschiedene Aspekte der Attitüde ansprechen. Bei den Fragen handelt es sich um eine Kurzfassung der von *L. Fischer* und *H. E. Lück* (1972) entwickelten Skala zur Arbeitszufriedenheit (*saz*). Die Skala ist ein eindimensionales Erhebungsinstrument, welches auf der **Likert-Skalierung** basiert. Diese Technik wird an späterer Stelle näher beschrieben, deshalb sei hier lediglich angemerkt, daß die Ausprägungen der Items summiert werden und dieser Index als Maßzahl der Arbeitszufriedenheit dient (vgl. Abschnitt 3.1.3, S. 74 ff.).

Die zweite Fragebatterie (*v14* bis *v41*) thematisiert die Einstellung der Betroffenen bezüglich der EDV, wobei es sich wiederum um eine Likert-Skalierung handelt. Bei der **ADV-Skala**, die eigens für diese Untersuchung entwickelt wurde, handelt es sich aber, im Gegensatz zur eindimensionalen Skala zur Messung der Arbeitszufriedenheit, um ein mehrdimensionales Meßinstrument. Betrachtet man die Kurztexte der Fragen näher, wird ersichtlich, daß die Items verschiedene Dimensionen der Einstellung gegenüber der EDV beschreiben. Das Item *v33* („Durch die EDV wird der Angestellte seiner Aufgaben beraubt und von seinem Arbeitsplatz verdrängt‘) thematisiert beispielsweise die Bedrohung des Arbeitsplatzes durch die EDV. Die Bedrohung von Arbeitsplatz und Arbeitsinhalt durch den Einsatz von EDV wird insgesamt durch 7 Items operationalisiert, wie Aufstellung 2.1 zu entnehmen ist. Die Items der Dimension werden summiert und bilden gemeinsam die neue Variable *adv1*. Ebenso wird mit den Items der weiteren Dimensionen der Skala verfahren. Diese sprechen Aspekte der Arbeitsorgansation (vgl. beispielsweise *v32* ‚Durch die EDV sind die Arbeitsvorgänge durchsichtiger geworden‘), der Enttäuschung über den EDV-Einsatz (*v39* ‚Alles in allem hatte man sich eigentlich mehr von der EDV versprochen‘) und Möglichkeiten der Selbstverwirklichung durch EDV (*v25* ‚Durch die EDV kann ich meine Fähigkeiten besser einsetzen‘) an.

saz	(Arbeitszufriedenheit)	*v6, v7, v8, v9, v10, v11, v12, v13*
adv1	(Bedrohung)	*v19, v29, v30, v31, v33, v35, v36*
adv2	(Arbeitsorganisation)	*v23, v24, v26, v32, v34, v37, v41*
adv3	(Enttäuschung)	*v14, v17, v20, v27, v28, v38, v39*
adv4	(Selbstverwirklichung)	*v15, v16, v22, v25, v38*
tsr	(Tätigkeitsspielraum)	*v42, v43, v45, v48, v50*
esr	(Entscheidungsspielraum)	*v51, v52, v53, v55, v56*
fsr	(Freiheitsspielraum)	*v58, v59, v60, v64, v65*

Abb. 2.1: Skalen im Fragebogen ‚Arbeitszufriedenheit bei ADV‘

Als mehrdimensionales Konstrukt wurde auch der **Handlungsspielraum** der Mitarbeiter bei ihrer Tätigkeit konzipiert, dessen Messung die dritte Fragebatterie (*v42* bis *v65*) dient. Unter organisationstheoretischem Aspekt wird unter Handlungsspielraum das Ausmaß der Freiheit von organisatorischen Regelungen bzw. der Möglichkeit, nicht vorhandene Regeln durch eigene Entscheidungen zu ersetzen, verstanden. In diesem Sinn wird Handlungsspielraum als Entscheidungsspielraum (*esr*) operationalisiert. Unter produktions-technischem Gesichtspunkt ist in arbeitsteiligen Organisationen der Handlungsspielraum dagegen als Tätigkeitsspielraum (*tsr*) zu interpretieren. Darunter wird die Freiheit von technisch bedingten, repetitiven Tätigkeiten verstanden. Der Handlungsspielraum wird aber nicht nur durch organisatorische und technische Regeln eingeschränkt, sondern auch durch soziale Normen. Freiheit von betriebsinternen Normen definiert *D. Müller-Böling* als Freiheitsspielraum (*fsr*). Die Variablen der drei Dimensionen des Handlungsspielraums werden wiederum zu einem Summenindex verdichtet.

Schließlich wurden die Betroffenen über den Zeitpunkt der letzten **EDV-Umstellung** befragt. Zentral ist dabei, wie gut die Mitarbeiter informiert wurden und ob sie mit der EDV-Umstellung verbundene, eigene Vorstellungen artikulieren und verwirklichen konnten. Der Fragebogen schließt mit mit **Angaben zur Person**.

Fragebogen und Codierungsplan der Arbeitsdatei

V.	R.	Sp.	Kurztext der Frage		C.	M.
Nr	–	1–3				
Rec	–	4				
V1	1	5	Betrieb	kommunales Versorgung.	1	9
				öffentl. Verwaltung	2	
				Industriebetrieb	3	
V2	1	6–7	Abteilung	Buchhaltung/Rechnungsw.	1	99
				Personal/Organisation	2	
				Betriebswirtschaftl.	3	
				Lager	4	
				Planung	5	
				Marketing/Vertrieb	6	
				Technik	7	
				Rentenbearbeitung	8	
				Arbeits-Vorbereitung	9	
				Produktion	10	
				Einkauf	11	
				sonstiges	12	
V3	1	8	Stellung im Betrieb	Sachbearbeiter	1	9
				Gruppenleiter	2	
				Abteilungsleiter	3	
V4	1	9	wöchentliche Arbeitszeit mit EDV	0 Std.	1	9
				1–10 Std.	2	
				11–20 Std.	3	
				21–30 Std.	4	
				31–40 Std.	5	
				mehr als 40 Std.	6	
V5	1	10	Input-Output-Beziehung (Aufbereitung von Daten zur Eingabe bzw. Auswertung ausgegebener Daten)	nur Input	1	9
				Input überwiegt stark	2	
				Input überwiegt etwas	3	
				etwa gleich stark	4	
				Output überwiegt etwas	5	
				Output überwiegt stark	6	
				nur Output	7	
Die folgenden Fragen bilden die Skala zur Messung der **Arbeitszufriedenheit** (*saz*)						
V6	1	11	Meine Arbeit macht wenig Spaß, aber man sollte nicht zuviel erwarten.	richtig	1	9
				falsch	5	
V7	1	12	Ich habe richtige Freude an der Arbeit.	richtig	5	9
				falsch	1	
V8	1	13	Meine Arbeit läuft immer im gleichen Trott.	richtig	1	9
				falsch	5	
V9	1	14	Ist Ihre Arbeit insgesamt interessant und befriedigend?	interessant	5	9
				uninteressant	1	

V.	R.	Sp.	Kurztext der Frage		C.	M.
V10	1	15	Möglichkeiten, eigene Fähig- keiten zu gebrauchen.	viele keine	5 1	9
V11	1	16	Zufriedenheit mit Aufstiegs- möglichkeiten.	sehr zufrieden sehr unzufrieden	5 1	9
V12	1	17	Zufriedenheit mit dem Arbeitstempo.	sehr zufrieden sehr unzufrieden	5 1	9
V13	1	18	Würden Sie wieder den gleichen Beruf wählen?	ja sicher nicht	5 1	9 6

Die folgenden Fragen dienen der **Einstellungsmessung** gegenüber der **Datenverarbeitung** (ADV-Skala)

V.	R.	Sp.	Kurztext der Frage		C.	M.
V14	1	19	EDV hat unerwünschte Neben- effekte für Mitarbeiter.	stimmt stimmt nicht	1 5	9
V15	1	20	Wunsch nach Tätigkeit ohne EDV.	stimmt stimmt nicht	1 5	9
V16	1	21	EDV bringt mir persönlich nur Vorteile.	stimmt stimmt nicht	5 1	9
V17	1	22	EDV ist häufig unwirt- schaftlich	stimmt stimmt nicht	1 5	9
V18	1	23	Viele Arbeiten sind ohne EDV nicht möglich.	stimmt stimmt nicht	5 1	9
V19	1	24	Durch die EDV wurde viel Arbeitslosigkeit verursacht.	stimmt stimmt nicht	1 5	9
V20	1	25	Der Einsatz von EDV sollte begrenzt werden.	stimmt stimmt nicht	1 5	9
V21	1	26	Die EDV negativ beurteilen, heißt den Fortschritt negativ beurteilen.	stimmt stimmt nicht	5 1	9
V22	1	27	EDV erleichtert die Arbeit der meisten Angestellten.	stimmt stimmt nicht	5 1	9
V23	1	28	EDV schafft keine wirklich großen Probleme.	stimmt stimmt nicht	5 1	9
V24	1	29	Computer bewahrt vor langweiliger Arbeit.	stimmt stimmt nicht	5 1	9
V25	1	30	Durch EDV sind eigene Fähig- keiten besser einzusetzen.	stimmt stimmt nicht	5 1	9
V26	1	31	EDV lohnt sich immer; müßte häufiger eingesetzt werden.	stimmt stimmt nicht	5 1	9
V27	1	32	Die Entwicklung der EDV geht zu schnell.	stimmt stimmt nicht	1 5	9
V28	1	33	Unaufhaltsame Ausbreitung von EDV bedeutet nicht, daß sie eine gute Sache ist.	stimmt stimmt nicht	1 5	9
V29	1	34	EDV macht die Menschen zu abhängig von Maschinen.	stimmt stimmt nicht	1 5	9

V.	R.	Sp.	Kurztext der Frage		C.	M.
V30	1	35	Durch EDV werden berufliche Kenntnisse abgewertet.	stimmt stimmt nicht	1 5	9
V31	1	36	Weniger Befriedigung in der Arbeit durch EDV.	stimmt stimmt nicht	1 5	9
V32	1	37	Arbeitsvorgänge sind durchsichtiger geworden.	stimmt stimmt nicht	5 1	9
V33	1	38	EDV verdrängt den Angestellten vom Arbeitsplatz.	stimmt stimmt nicht	1 5	9
V34	1	39	Durch EDV kommt mehr Ordnung in die Arbeit.	stimmt stimmt nicht	5 1	9
V35	1	40	EDV schafft ein unpersönliches Arbeitsklima.	stimmt stimmt nicht	1 5	9
V36	1	41	EDV engt eigenen Entscheidungsspielraum ein.	stimmt stimmt nicht	1 5	9
V37	1	42	Arbeit wird interessanter, da EDV Routine übernimmt.	stimmt stimmt nicht	5 1	9
V38	1	43	Würde die EDV vermissen, wenn wir sie nicht hätten.	stimmt stimmt nicht	5 1	9
V39	1	44	Man hatte sich mehr von der EDV versprochen.	stimmt stimmt nicht	1 5	9
V40	1	45	Die Arbeit mit Zahlen ist schwieriger als früher.	stimmt stimmt nicht	1 5	9
V41	1	46	EDV hat Verwaltungsarbeit erheblich verbessert.	stimmt stimmt nicht	5 1	9
Der folgende Fragenkomplex beschäftigt sich mit dem **Handlungsspielraum**						
V42	1	47	Wie oft müssen Sie neue Arbeitsweisen erlernen?	sehr oft sehr selten	5 1	9
V43	1	48	Arbeit bietet viel Abwechslung.	stimmt stimmt nicht	5 1	9
V44	1	49	Arbeit bringt kaum Kontakte zu Kollegen mit sich.	stimmt stimmt nicht	1 5	9
V45	1	50	Wie oft werden festgelegte Arbeitsabläufe durchgeführt?	sehr oft sehr selten	1 5	9
V46	1	51	Arbeitsfortschritt ist von Kollegen abhängig.	sehr stark überhaupt nicht	1 5	9
V47	1	52	Wieviel der wöchentlichen-Arbeit ist vorhersehbar?	fast nichts das meiste	5 1	9
V48	1	53	Wie oft kommen unvorhergesehene Dinge bei der Arbeit vor?	sehr oft sehr selten	5 1	9
V49	1	54	Häufige Kontakte zu firmenfremden Personen.	stimmt stimmt nicht	5 1	9
V50	1	55	Wie oft sind Sie mit neuen Problemen konfrontiert?	sehr oft sehr selten	5 1	9

V.	R.	Sp.	Kurztext der Frage		C.	M.
V51	1	56	Anweisung von oben, was und wie etwas getan werden soll	stimmt stimmt nicht	1 5	9
V52	1	57	Vorgesetzter entscheidet über Methoden der Aufgabenerfüllung.	stimmt stimmt nicht	1 5	9
V53	1	58	Tätigkeit ermöglicht persönliche Planung.	stimmt stimmt nicht	5 1	9
V54	1	59	Kann die Arbeitskollegen zur Zusammenarbeit selbst aussuchen.	stimmt stimmt nicht	5 1	9
V55	1	60	Kaum Gelegenheit, über Arbeitsverfahren zu entscheiden.	stimmt stimmt nicht	1 5	9
V56	1	61	Kann häufig eigene Ideen bei der Arbeit ausprobieren.	stimmt stimmt nicht	5 1	9
V57	1	62	Kann zeitliche Ziele für alle Aufgaben selbst setzen.	stimmt stimmt nicht	5 1	9
V58	1	63	Kann kurze Pausen machen, wann immer gewünscht.	stimmt stimmt nicht	5 1	9
V59	1	64	Pünktlichkeit ist in der Abteilung sehr wichtig.	stimmt stimmt nicht	1 5	9
V60	1	65	Kann stets laut sagen, was mir in den Sinn kommt.	stimmt stimmt nicht	5 1	9
V61	2	5	Kontrolle durch Vorgesetzten	sehr intensiv überhaupt nicht	1 5	9
V62	2	6	Kann auch Freizeitkleidung bei der Arbeit tragen.	stimmt stimmt nicht	5 1	9
V63	2	7	Inwieweit kann Urlaubszeit selbst bestimmt werden?	vollkommen gar nicht	5 1	9
V64	2	8	Kann vorarbeiten und daher kurze Pausen machen	stimmt stimmt nicht	5 1	9
V65	2	9	Kann sich während der Arbeitszeit vom Arbeitsplatz entfernen	sehr häufig eigentlich nie	5 1	9
Die folgenden Fragen beziehen sich auf die letzte **EDV-Umstellung:**						
V66	2	10	Zeitpunkt der EDV-Umstellung	vor 1/2 Jahr vor 1 Jahr vor 2 Jahren vor 3 Jahren vor 4 Jahren vor mehr als 4 Jahren	1 2 3 4 5 6	9
V67	2	11	War der Zeitpunkt der Information rechtzeitig?	ja, frühzeitig viel zu spät	5 1	9
V68	2	12	Ausmaß der Information über die Umstellung	sehr gut eher unzureichend	5 1	9
V69	2	13	Wurden Ihre Interessen bei der Umstellung berücksichtigt?	ja, vollkommen bestimmt nicht	5 1	9

V.	R.	Sp.	**Kurztext der Frage**		C.	M.
V70	2	14	Konnten Sie selbst Vorschläge zur Umstellung machen?	Ja, wichtige	4	9
				nein	1	
V71	2	15	Wollten Sie selbst Vorschläge machen?	ja	3	9
				nein	1	
V72	2	16	Wie lange arbeiten Sie mit EDV?	weniger als 1/2 Jahr	1	9
				ca. 1 Jahr	2	
				ca. 2 Jahre	3	
				ca. 3 Jahre	4	
				ca. 4 Jahre	5	
				seit über 4 Jahren	6	
Persönliche Angaben:						
V73	2	17	Geschlecht	weiblich	1	9
				männlich	2	
V74	2	18	Familienstand	ledig	1	9
				verheiratet	2	
				geschieden	3	
				verwitwet	4	
V75	2	19	Kinderzahl	keine	0	9
				1 Kind	1	
				2 Kinder	2	
				3 Kinder	3	
				4 Kinder	4	
				5 Kinder und mehr	5	
V76	2	20–21	Bruttogehalt	bis 1200 DM	1	99
				1200–1500 DM	2	
				1500–1800 DM	3	
				1800–2100 DM	4	
				2100–2400 DM	5	
				2400–2700 DM	6	
				2700–3000 DM	7	
				3000–3300 DM	8	
				3300 DM und mehr	9	
V77	2	22–23	Alter	bis 20 Jahre	0	99
				21–25 Jahre	1	
				26–30 Jahre	2	
				31–35 Jahre	3	
				36–40 Jahre	4	
				41–45 Jahre	5	
				46–50 Jahre	6	
				51–55 Jahre	7	
				56–60 Jahre	8	
				61 Jahre und älter	9	
V78	2	24-25	Bildungsabschluß	Volksschule	1	99
				Realschule o. A.	2	
				Realschule m. A.	3	
				Gymnasium o. A.	4	

V.	R.	Sp.	Kurztext der Frage		C.	M.
				Gymnasium m. A.	5	
				Fachhochschule o. A.	6	
				Fachhochschule m. A.	7	
				Hochschule o. A.	8	
				Hochschule m. A.	9	

2.2 Datenorganisation und Regeln zur Codierung

Die erhobenen Daten werden zur Weiterverarbeitung mit den Datenanalysesystemen in Form einer **Datenmatrix** organisiert. Die Spalten der Matrix stellen die Variablen dar, während die Zeilen durch die Fälle (Erhebungs-, Analyseeinheiten) gebildet werden. In der Arbeitsdatei entsprechen die Zeilen der Matrix den befragten Personen; Erhebungseinheit und Analyseeinheit sind also identisch. Die Kategorien der Variablen werden als Variablenausprägungen bezeichnet. Jeder Fall hat in bezug auf eine Variable eine bestimmte Variablenausprägung, für die ein festgelegter Datenwert codiert wird. Fall 1 in Abbildung 2.2 ist also ein Abteilungsleiter des Bereiches Buchhaltung/Rechnungswesen in einem kommunalen Versorgungsunternehmen.

	nr	*v1* Betrieb	*v2* Abteil.	*v3* Stellung	…	*v78* Bildung
Fall	1	1	1	3	…	1
Fall	2	1	1	1	…	1
	⋮	⋮	⋮	⋮	⋱	⋮
Fall	150	1	5	1	…	1

Abb. 2.2: Datenmatrix der Arbeitsdatei

Die Matrix der Arbeitsdatei ist allerdings um zwei Variablen größer als in der Abbildung gezeigt. Sie enthält zusätzlich eine Variable, mittels derer die Fälle numeriert sind (*nr*) und eine sogenannte Recordnummer (*rec*). Beide Variablen sind zwar für Auswertungszwecke unbedeutend, jedoch wichtig für die Datenorganisation. Unabhängig vom Erhebungsverfahren empfiehlt es sich, die sogenannten Urbelege, in unserem Fall die ausgefüllten Fragebögen, mit einer laufenden Nummer zu versehen und diese **Identifikationsvariable** in die Datenmatrix aufzunehmen. Insbesondere wenn die Datenmatrix auf mögliche Eintragungsfehler untersucht wird, ist es notwendig, auf den Urbeleg des fehlerhaften Falls zurückgreifen zu können. Der Eintrag der sogenannten Recordnummer hat eher historische Gründe. Die theoretisch unbegrenzte Länge der Zeilen einer Datenmatrix ist praktisch auf bestimmte Formate beschränkt. Bei Benutzung von Lochkarten als Speichermedium stehen lediglich 80 Spalten zur Verfügung. Werden mehr als 80 Spalten benötigt, so sind für jeden Datensatz mehrere Lochkarten notwendig. Am Anfang jeder Karte wird die laufende Nummer des Falls und die **Kartennummer** oder **Recordnummer** zur Identifikation der Karte eingetragen. In dieser Weise ist auch die Arbeitsdatei aufgebaut, da nicht alle Datenanalysesysteme Rohdatensätze von mehr als 80 Spalten einlesen können.

Es ist bereits deutlich geworden, daß die Daten zur maschinellen Verarbeitung codiert werden. Die Codierung der Daten hat nicht zuletzt ökonomische Gründe, da sie Arbeitszeit und Speicherplatz gegenüber Einträgen im Klartext spart. Es ist daher zunächst ein **Codeplan** zu erstellen, der vorschreibt, welcher Datenwert für eine bestimmte Variablenausprägung steht und an welcher Stelle in der Datenmatrix der Eintrag erfolgt.

Die Wahl der **Codierung** ist entscheidend vom jeweiligen **Datenniveau** einer Variable abhängig. Handelt es sich um eine **nominale** Variable, mittels derer die Untersuchungseinheiten gruppiert werden, ist lediglich zu beachten, daß jede Kategorie ein bestimmtes Zeichen erhält. Prinzipiell ist es gleichgültig, welche numerischen oder alphanumerischen Zeichen verwendet werden, um eine nominale Variable wie *v1* (Betrieb) zu codieren. Im Codeplan der Arbeitsdatei ist festgelegt, daß die Ziffer 1 für ein ‚kommunales Versorgungsunternehmen', die 2 für eine ‚öffentliche Verwaltung' und die 3 für einen ‚Industriebetrieb' steht.

Die Wahl der Codierung ist eingeschränkt, wenn die Variable **ordinales** oder **metrisches** Datenniveau besitzt. In diesen Fällen ist die Rangordnung der Ausprägungen bzw. auch der Abstand zwischen ihnen von Bedeutung, weshalb auf numerische Codierungen zurückzugreifen ist. Die Variable *v3* (Stellung im Betrieb) ist eine ordinale Variable, die die hierarchische Position der Befragten mißt. Daher ist es sinnvoll, einer hierarchisch höher stehenden Person eine höhere numerische Codierung zuzuordnen als einer hierarchisch untergeordneten Person. Ohne Belang sind bei ordinalen Variablen dagegen die Abstände zwischen den Ziffern, da nicht angegeben werden kann, ob der Abstand zwischen den hierarchischen Positionen gleich ist. Statt der gewählten Codierung hätte daher auch für einen ‚Sachbearbeiter' eine 3, einen ‚Gruppenleiter' eine 4 und einen ‚Abteilungsleiter' eine 7 codiert werden können.

Die Einstellungsfragen zu Arbeitszufriedenheit, EDV und Handlungsspielraum sind mit sogenannten **Ratings** versehen. Dieses sind Skalen, auf welchen die befragte Person ihren Grad der Zustimmung zu einer Aussage einschätzen kann. In standardisierten Befragungen werden verschiedenste Arten von Ratingskalen eingesetzt (vgl. *K. Heidenreich* 1987). Beim vorliegenden Fragebogen sind durchgängig fünfstufige, verbalisierte Ratings benutzt worden. So lautet das vollständige Rating der Variable *v6*: ‚richtig' (Codierung 1), ‚ziemlich richtig' (2), ‚weder richtig noch falsch' (3), ‚ziemlich falsch' (4), ‚falsch' (5). Es wurde darauf hingewiesen, daß die Einschätzungen der Items durch die Personen zu einem Index summiert werden. Es ist daher intuitiv einleuchtend, daß bei der numerischen Codierung der Ratings die ‚Polung' des Items berücksichtigt werden muß. Die Antwort ‚richtig' bei Variable *v6* läßt offenbar auf niedrige Arbeitszufriedenheit schließen, während diese Antwort bei Variable *v7* umgekehrt auf hohe Arbeitszufriedenheit verweist. Aus diesem Grund wird bei der Variable V6 die Einschätzung ‚richtig' mit 1 codiert, während bei Variable *v7* der Datenwert 5 die Einschätzung ‚richtig' repräsentiert.

Für jeden Fall wird in der Datenmatrix ein Datenwert in bezug auf jede Variable codiert. Antworten können aber aus verschiedenen Gründen fehlen, weshalb Datenwerte für die **fehlenden Antworten** (Missing values) festgelegt werden müssen. Trifft eine Frage für einen bestimmten Personenkreis nicht zu, so wird in der Matrix der Datenwert für die Kategorie ‚nicht zutreffend' eingetragen. Würden beispielsweise Personen ohne Zugang zu EDV-Systemen nach den benutzten Input-Output-Medien befragt, so wäre die Fragestellung für den Kreis der Befragten unzutreffend. In gleicher Weise wird verfahren, wenn die Antwort auf eine Frage verweigert wird oder aus anderen Gründen fehlt. Prinzipiell können zur Codierung von Missings beliebige Zeichen verwendet werden. Vorteilhaft ist es allerdings, für alle Variablen des Datensatzes die gleiche Codierung zu verwenden. In der Arbeitsdatei ist durchgängig der Code 9 für einstellige und der Code 99 für zweistellige Variablen gewählt, wie der mit ‚M' bezeichneten Spalte des Codeplans zu entnehmen ist. In manchen Fällen kann es nützlich sein, verschiedene Arten fehlender Werte zu unterscheiden, um beispielsweise die Kategorien ‚trifft nicht zu' und ‚Antwort verweigert' voneinander zu trennen. In der Regel erlauben die Datenanalysesysteme die Deklaration von mehreren verschiedenen fehlenden Werten.

Häufig stellt sich das Problem, daß bei einer Frage **Mehrfachnennungen** zulässig sind. Auf die Frage ‚Welche Geräte zur Ein- und Ausgabe sind an Ihrem EDV-Arbeitsplatz vorhanden?' kann eine befragte Person selbstverständlich mehrere Antworten geben. Am Arbeitsplatz können Monitor, Drucker, Plotter u. a. m. gleichzeitig installiert sein. Zur Codierung von Mehrfachantworten sind daher mehrere Variable zu definieren. Die Codierung kann derart erfolgen, daß die möglichen Antworten als Variablen in die Datenmatrix aufgenommen werden. Zur Codierung wird dann eine 0 für ‚nicht vorhanden' und eine 1 für ‚vorhanden' verwendet. Diese dichotome Codierung (1/0 Codierung) ist zu wählen, wenn Fälle ausgezählt werden sollen, für die eine bestimmte Antwortkombination zutrifft. Eine weitere Möglichkeit besteht darin, die Nennungen zu Variablen zu machen, wobei soviele Variablen definiert werden müssen, wie für die Darstellung der umfangreichsten Antwortmöglichkeit benötigt werden ($1/k$ Codierung). Zur Codierung wird jeder Ausprägung eine Zahl zugeordnet. Für das Beispiel könnte die Codierung: 1 = Monitor, 2 = Drucker, 3 = Plotter ... gewählt werden. Sind am Arbeitsplatz Monitor und Plotter vorhanden, so ist für die erste Variable eine 1 zu codieren und bei der zweiten eine 3 einzutragen. Alle weiteren Variablen werden mit dem Datenwert für ‚fehlende Antwort' aufgefüllt. Diese Codierungsmöglichkeit erlaubt, eine Reihenfolge der Antworten abzubilden, so daß sie sich besonders zur Auswertung von Präferenzen aus einem Katalog möglicher Antworten eignet.

Schließlich muß im Codeplan festgelegt werden, an welcher Stelle in der Datenmatrix eine Variable zu finden ist. Dem Codeplan ist zu entnehmen, daß für die Variable *v1* (Betrieb) die Spalte 5 des Record 1 festgelegt ist, während die Variable *v77* (Alter) in den Spalten 22–23 des zweiten Record eingetragen wird.

Sind größere Datenbestände fortzuschreiben und zu pflegen, wie sie bei Paneluntersuchungen oder Experimentalreihen anfallen, sind **Datenbanksysteme** eine wichtige Ergänzung zu den Datenanalysesystemen. Für Mikrocomputer sind dies relationale Datenbanksysteme wie dBASE, ORACLE oder SIR. Die genannten Systeme verfügen über die Standard-Datenbanksprache SQL, die der Manipulation und Abfrage von Daten dient. Ferner bieten sie dem Benutzer zu diesem Zweck eine Vielzahl von komfortableren Hilfsmitteln, wobei unter SIR auf eine Kommandosprache zurückgegriffen werden kann, welche an die Syntax von SPSS angelehnt ist. SIR (Scientific Information Retrieval) ist von den genannten Datenbanksystemen speziell auf Probleme der Datenanalyse zugeschnitten. Es erlaubt einfache statistische Auswertungen und enthält Schnittstellen zu BMDP, SAS und SPSS (vgl. *U. Heitfeld* 1986). Hier kann aus Platzgründen nicht näher auf die Datenbanksysteme eingegangen werden. Der prinzipielle Aufbau einer derartigen Datenbank sei jedoch kurz skizziert.

Eingangs wurde erwähnt, daß neben der Befragung der Betroffenen eine Erhebung auf Abteilungsebene durchgeführt wurde. Wird die Analyseeinheit beibehalten, verlängert sich jeder Datensatz einer Person um die jeweiligen Daten auf Abteilungsebene. Zur Arbeit mit statistischen Datenanalysesystemen ist zwar auf derartig vollständige Datenmatrizen zurückzugreifen, diese enthält allerdings redundante Information. Die Abteilungsdaten werden für jede in der entsprechenden Abteilung beschäftigte Person wiederholt. Aus Speicherplatzgründen und zur Vereinfachung der Korrektur fehlerhafter Datensätze ist es sinnvoll, ein anderes Datenmodell zu wählen. Eine Möglichkeit besteht darin, das **relationale Datenmodell** anzuwenden. Grundidee des Modells ist es, die Relationen innerhalb eines Datensatzes zu nutzen, um dessen Aufbau zu vereinfachen oder — anders ausgedrückt — zu normalisieren. Derartige Relationen, wie im Beispiel zwischen befragten Personen und Abteilungen, sind in sozialwissenschaftlichen Datenbeständen wohl recht häufig anzutreffen.

Da keine Variable bei der Codierung ausgelassen wird, besitzen alle Datensätze eine feste Länge. Ferner lassen sich die Variablen als sogenannte einfache Attribute interpretieren. Ein komplexes Attribut wäre dagegen die aus den Variablen ‚Straße', ‚Hausnummer' und ‚Ort' zusammengesetzte Adresse. Derartige Dateien (feste Breite, einfache Attribute), oder in der Sprache des relationalen Datenmodells

1. Normalform

	Personen					Abteilungen				
Lfdnr	V1	V2	V3	…	V78	Abtnr.	AV1	AV2	…	AVN
1	1	1	3	…	1	1	A	15	…	3
2	1	1	1	…	1	3	C	23	…	2
⋮	⋮	⋮	⋮	⋱	⋮	⋮	⋮	⋮	⋱	⋮
150	1	5	1	…	1	5	G	4	…	3

2. Normalform

	Personen					
Lfdnr	Abtnr.	V1	V2	V3	…	V78
1	1	1	1	3	…	1
2	3	1	1	1	…	1
⋮	⋮	⋮	⋮	⋮	⋱	⋮
150	5	1	5	1	…	1

	Abteilungen			
Abtnr	AV1	AV2	…	AVN
1	A	15	…	3
3	C	23	…	2
⋮	⋮	⋮	⋱	⋮
5	G	4	…	3

Abb. 2.3: Normalisierung der Datei

Tabellen genannt, befinden sich definitionsgemäß in der sogenannten 1. Normalform. Die aus personalen Daten und Abteilungsdaten zusammengesetzte Datei läßt sich vereinfachen, indem sie in die 2. Normalform gebracht wird. Zur **Normalisierung** werden die Relationen in einer Tabelle, die sich in der 1. Normalform befinden muß, genutzt, um diese in mehrere Tabellen aufzuspalten. Die neuen Tabellen werden derart aufgebaut, daß jedem Objekttyp eine Tabelle zugeordnet wird, wobei die Attribute (Variablen) vollständig vom Objekttyp abhängig sein müssen. Im Beispiel ergeben sich dadurch zwei Tabellen, die jeweils nur Attribute enthalten, die auf die Personen, bzw. die Abteilungen bezogen sind. Zur Verknüpfung der Tabellen wird ein sogenannter **Primärschlüssel** herangezogen. Im Beispiel wird der Primärschlüssel der Tabelle der Abteilungsdaten, die Variable Abteilungsnummer, zur Verknüpfung der Information sowohl in die Personendatei als auch in die Abteilungsdatei aufgenommen. Für weitere Normalisierungsschritte, bei denen transitive Abhängigkeiten zwischen den Attributen einer Tabelle aufgelöst werden, sei auf *P. Stahlknecht* (1995) oder *H. R. Hansen* (1993) verwiesen.

2.3 Dateneingabe und Datensäuberung

Abschließend sei kurz besprochen, wie man die Daten von den Urbelegen in den Rechner eingeben kann. Sofern keine maschinenlesbaren Fragebögen eingesetzt werden, ist es üblich, die Daten per Tastatur zu erfassen. Dies kann direkt im Dialog mit dem Datenanalysesystem geschehen. Dieser Weg nur bei sehr geringen Datenmengen einzuschlagen, da kaum Möglichkeiten zur Korrektur von Fehlern bestehen. Sinnvoller ist es, zunächst eine **externe Rohdatendatei** zu erstellen.

Bei kleineren Datenmengen genügt es, wenn man einen Editor oder ein Textverarbeitungsprogramm nutzt, um die Daten zeilenweise, entsprechend dem Codeplan, einzugeben. Bei Verwendung eines Textverarbeitungsprogramms ist darauf zu achten, daß keine Steuerzeichen zur Formatierung in der Rohdatendatei gespeichert werden, d. h. die Rohdatei ist im ASCII-Format zu speichern. Diese Rohdatendatei wird im nächsten Arbeitsschritt in das Datenanalysesystem eingelesen.

Beschreitet man diesen Weg der Dateneingabe, so sind die Rohdaten vor der eigentlichen Auswertung zunächst auf mögliche **Eingabefehler** zu prüfen. Es ist sinnvoll, zu diesem Zweck die Möglichkeiten der Datenanalysesysteme zu nutzen, indem ein Programm zur Fehlersuche verfaßt wird. Dabei können allerdings nur Fehler entdeckt werden, bei denen ein Datenwert außerhalb des zulässigen Wertebereichs der Variablen liegt und/oder die Datenwerte zweier Variablen eines Falls widersprüchlich sind, beispielsweise wenn bei einer Person das Alter 18 Jahre und der Bildungsabschluß Hochschule eingetragen wäre. Tippfehler, die innerhalb der Wertebereiche liegen oder nicht zu widersprüchlichen Aussagen führen, lassen sich auf diese Weise nicht entdecken. Da auch bei sorgfältiger Arbeit Tippfehler nicht ausgeschlossen sind, sollte man zumindest eine Stichprobe von Datensätzen mit den Urbelegen vergleichen. Daten, bei denen derartige Fehler gravierende Folgen haben, können mehrfach eingegeben werden. Die Rohdatensätze sind dann miteinander zu vergleichen, und bei Umstimmigkeiten wird auf die Urbelege zurückgegriffen.

Dateneingabe und Datensäuberung können zu einem Arbeitsschritt verbunden werden, wenn auf spezielle **Dateneditoren** zurückgegriffen wird, die im Fall der gängigen Statistikprogramme als Zusatzmodule verfügbar sind. Diese Programme ermöglichen die Erstellung von Eingabemasken, die dem graphischen Aufbau des Fragebogens entsprechen. Die Eingabearbeit wird ferner dadurch erleichtert, daß Wertebereiche der Variablen oder widersprüchliche Datenwerte durch Programmierung der Eingabemaske schon bei der Erfassung abgefangen werden können. Bei Eingabe eines unzulässigen Datenwerts wird die Erfassung gestoppt, bis eine zulässige Eingabe erfolgt. Die Dateneditoren erzeugen in der Regel eine sogenannte Systemdatei des jeweiligen Datenanalysesystems, d. h. die Rohdaten brauchen nicht mehr in Systemdateien übertragen zu werden (vgl. *E. Klemm* 1994).

Die genannten Editoren haben m. E. den Nachteil, daß ihre Bedienung einiger Übung bedarf. Gerade wenn große Datenmengen erfaßt werden müssen, wird man jedoch oft mit unerfahrenen Benutzern zusammenarbeiten. Da bei den Editoren die Eingabefunktionen nicht von anderen Systemfunktionen abgeschottet werden können, ist nicht auszuschließen, daß durch Bedienungsfehler kaum voraussehbare Probleme auftreten. Es erscheint daher sinnvoller, bei großen Datenmengen auf **Datenbanksysteme** zurückzugreifen. Diese erlauben ebenfalls die Programmierung von Eingabemasken, die auf Eingabefehler bereits bei der Erfassung aufmerksam machen. Die Programme lassen sich aber derart gestalten, daß dem Benutzer nur Eingabe und Korrekturmöglichkeiten geboten werden, der Durchgriff auf den Aufbau der Datenbank aber verwehrt ist. Die Programmierung derartiger Erfassungsprogramme ist relativ einfach, zumal auf leistungsfähige Programmgeneratoren zurückgegriffen werden kann. Trennt man bei der Programmierung die Kontrollstrukturen von den jeweils spezifischen Bildschirmaufbauten, so läßt sich ein einmal erstelltes Programm ohne großen Änderungsaufwand für andere Erfassungszwecke einsetzen. Lediglich die Programmteile für die jeweiligen Bildschirmaufbauten und die Namen der benutzten Datenbanken müssen angepaßt werden.

Abschließend ein letzter Hinweis zur Eingabe. Bei der **Erfassungsarbeit** ist es von großem Vorteil, wenn ausschließlich numerische Codes verwendet werden und nicht zwischen Ziffernblock und alphanumerischer Tastatur gewechselt werden muß. Ferner ist es günstig, wenn durchgängig gleiche Codierungen verwendet werden, die dem graphischen Aufbau des Fragebogens entsprechen. Als Regel formuliert, sollten die Codes immer von oben nach unten oder von links nach rechts ansteigen. Im Zusammenhang mit der Codierung des Fragebogens ist deutlich geworden, daß z. B. bei der Codierung der Ratings deren Polung von Bedeutung ist. Besonders bei Erfassung großer Datenmengen ist es vorteilhaft, wenn zunächst eine vorläufige Codierung gewählt wird, die eine möglichst einfache Eingabe erlaubt und die Daten beim Einlesen in das Datenanalysesystem oder in die Datenbank hinsichtlich der Vorschriften des eigentlichen Codierplans recodiert werden.

3. MÖGLICHKEITEN DER STATISTISCHEN DATENANALYSE

3.1 Quantitative Verfahren in der empirischen Forschung

Folgt man einer Definition von *G. Menges* (1972, S. 25), so befaßt sich Statistik mit Daten, sofern diese aufgrund von Meßvorschriften gewonnen wurden. Die Meßvorschriften sind nicht ohne Auswirkungen auf die Möglichkeiten der statistischen Analyse, weshalb diesem Kapitel einige Überlegungen zur Messung vorangestellt sind. Daran anschließend werden ausgewählte, in sozialwissenschaftlichen Analysen häufig eingesetzte statistische Verfahren diskutiert. Die dabei benutzten Beispiele werden bei der Einführung in die Datenanalysesysteme wieder aufgegriffen. Verständlicherweise ist in diesem Rahmen der mathematisch-statistische Hintergrund der Verfahren nicht ausführlich zu erläutern, dazu wird auf Lehrbücher der Statistik verwiesen. Vielmehr stehen die Zielsetzungen und Anwendungsvoraussetzungen der Verfahren im Vordergrund. Ferner findet man einige Hinweise zu weiteren, hier nicht vorgestellten Möglichkeiten der Datenanalyse.

3.1.1 Aufgaben der statistischen Analyse

Die Aufgabengebiete der Statistik lassen sich in **beschreibende** (deskriptive) und **schließende** (analytische oder Inferenz-) Statistik einteilen. Inhaltlich bestehen die Aufgaben der Statistik darin, die in den erhobenen Daten enthaltene Information anders zu organisieren und auf ihrer Basis bestimmte, statistische Schlüsse zu ermöglichen. Dazu stellt die Statistik eine Vielzahl von Modellen zur Verfügung. Formal lassen sie sich danach unterscheiden, wieviele Variablen in ein Modell einbezogen werden. Da bei der Datenanalyse regelmäßig dergestalt vorgegangen wird, daß nach der Korrektur fehlerhafter Datensätze zunächst **univariate** Statistiken berechnet werden, bevor **bivariate** und **multivariate** Modelle Einsatz finden, wird im folgenden dieses Kriterium benutzt, um einige ausgewählte Verfahren der Statistik darzustellen.

Die Verfahren basieren auf mathematisch-statistischen Modellvorstellungen. In diesem Sinne sind sie keine wirkungsneutralen Methoden, sondern Instrumente oder Werkzeuge, die der Bearbeitung unterschiedlicher Fragestellungen angemessen sind. Wenn hier, dem allgemeinen Sprachgebrauch folgend, von statistischen Verfahren oder Methoden die Rede ist, so immer im Sinne von mehr oder weniger geeigneten Modellen (vgl. *J. Kriz* 1983, S. 23 ff.). Ferner sind jeweils bestimmte

Anwendungsvoraussetzungen zu beachten. Der Anwender muß entscheiden, welches Modell für seine Fragestellung geeignet ist und inwieweit seine Daten die Modellannahmen erfüllen. Nur wenn das gewählte Modell bezüglich beider Voraussetzungen adäquat ist, lassen sich die Ergebnisse sinnvoll interpretieren. Interpretation bedeutet in diesem Zusammenhang den Rückbezug der Ergebnisse auf die inhaltliche Fragestellung und damit auf die zugrundeliegende Theorie.

In der Datenmatrix liegen die Fälle ungeordnet, in allen Besonderheiten beschrieben vor. Das Ziel **deskriptiver statistischer Analyse** ist, die in der Datenmatrix enthaltene Information in ökonomischer Form zu organisieren, damit das Typische der Fälle deutlich wird. Zur Repräsentation der Information wird diese mittels verschiedener Methoden wie Graphiken, Tabellen oder statistischer Maßzahlen verdichtet. Damit wird, in Abhängigkeit vom gewählten Modell zur Beschreibung der Daten, auf Information verzichtet. Ein Kriterium zur Wahl eines Modells ist also, daß es die für die jeweilige Fragestellung relevante Information enthält. Ferner ist es wichtig, daß die Darstellungsformen verständlich sind.

Die Aussagen sozialwissenschaftlicher Theorie beziehen sich auf eine Vielzahl empirischer Objekte, die normalerweise nicht in ihrer Gesamtheit erfaßt werden können. Aus der **Grundgesamtheit**, der Menge aller Objekte, denen die interessierenden Merkmale eigen sind, wird daher eine Stichprobe gewählt. Die **Stichprobe** ist so auszuwählen, daß sie ein unverzerrtes, repräsentatives Bild der Grundgesamtheit enthält. Normalerweise sind aber die Eigenschaften der Objekte in der Grundgesamtheit unbekannt. „Das Problem ist also, Auswahlverfahren zu entwickeln, die ein repräsentatives Modell der Grundgesamtheit hervorbringen, ohne allzu viele Kenntnisse über diese Grundgesamtheit vorauszusetzen" (*F. Böltken* 1976, S. 18). Aus statistischer Sicht läßt sich exakt definieren, unter welchen Bedingungen eine Stichprobe als repräsentativ zu bezeichnen ist. Dies ist der Fall, wenn jedem Element der Grundgesamtheit die gleiche Wahrscheinlichkeit zukommt, in die Stichprobe aufgenommen zu werden. Praktisch ist die Forderung einer Zufallsauswahl im definierten Sinn nur schwer zu erfüllen. Nur bei repräsentativen Stichproben ist es allerdings strenggenommen sinnvoll, inferenzstatistische Verfahren einzusetzen, um von der Stichprobe auf die Grundgesamtheit zu schließen. Zur Einführung in die Problematik der Stichprobenauswahl, die hier nicht näher besprochen werden kann, sei auf das zitierte Buch von *F. Böltken* verwiesen.

Dic Zufallsauswahl der Untersuchungseinheiten ergibt zwar keine exakte Miniatur der Grundgesamtheit, die zufälligen Abweichungen lassen sich aber mittels **inferenzstatistischer Verfahren** handhaben. Diese Verfahren basieren auf theoretischen Verteilungsmodellen, die aus bestimmten, mathematischen Zufallsexperimenten abgeleitet werden. Sofern die theoretische Verteilung als Modell für die Verteilung der empirisch erhobenen Daten der Stichprobe gelten kann, lassen sich die auf ihr basierenden inferenzstatistischen Verfahren anwenden. In der sozialwissenschaftlichen Datenanalyse wird besonders häufig auf Modelle zurückgegriffen, die auf der Normal-Verteilung und auf ihren Ableitungen — der t-Verteilung, F-Verteilung und χ^2-Verteilung — basieren. Weitere wichtige Wahrscheinlichkeitsverteilungen sind Gleichverteilung, Binominalverteilung, hypergeometrische Verteilung und Poisson-Verteilung.

Für die Maßzahlen der deskriptiven Statistik, die auch als Stichprobenparameter bezeichnet werden, können unter den Bedingungen einer Zufallsauswahl mittels inferenzstatistischer Verfahren einerseits Grenzen angegeben werden, innerhalb derer ein Parameter in der Grundgesamtheit mit einer bestimmten Wahrscheinlichkeit zu finden ist. Häufiger als zur Schätzung solcher Vertrauens- oder Konfidenzintervalle werden inferenzstatistische Schlüsse jedoch benutzt, um über die Wirkung von Variablen auf andere Variablen zu entscheiden. Die Vorgehensweise bei der Prüfung von Hypothesen mittels sogenannter **Signifikanztests** sei im folgenden kurz erläutert.

Normalerweise beziehen sich die in Hypothesen formulierten Aussagen auf Grundgesamtheiten; zu ihrer Prüfung stehen jedoch nur Stichproben zur Verfügung. Unter Rückgriff auf theoretische Verteilungsmodelle läßt sich aber prüfen, ob die in einer Hypothese formulierte Aussage für die Grundgesamtheit mit einer bestimmten Wahrscheinlichkeit Gültigkeit beanspruchen kann oder nicht. In der Statistik sind, basierend auf den Arbeiten von *J. Neyman* und *E. S. Pearson* Anfang der 30er Jahre, bestimmte Regeln formuliert worden, die festlegen, wie die Entscheidung über Akzeptieren oder Ablehnen einer Hypothese zu fällen ist. Formal wird das Problem so gefaßt, daß zusätzlich eine zweite, konkurrierende Hypothese eingeführt wird, die sogenannte **Nullhypothese** (H_0). Während in der Hypothese, im Kontext des Signifikanztests auch **Alternativhypothese** (H_1) genannt, ein bestimmter Zusammenhang in der Grundgesamtheit angenommen wird, behauptet die Nullhypothese, daß der Zusammenhang nur zufällig ist. Eine (Alternativ-) Hypothese könnte beispielsweise lauten: Frauen und Männer unterscheiden sich bezüglich der Arbeitszufriedenheit. Die Nullhypothese besagt dagegen, daß zwischen den Gruppen keine signifikante Differenz besteht. Die Nullhypothese wird nun mittels eines Signifikanztests überprüft. Ergibt der Test, daß das in der Nullhypothese behauptete Ereignis sehr unwahrscheinlich ist, wird diese verworfen und stattdessen die Alternativhypothese akzeptiert, d. h. ihre Gültigkeit angenommen. Ein derartiges Testergebnis besagt also nicht, daß die Alternativhypothese mit Sicherheit richtig, sondern nur, daß die Nullhypothese mit hoher Wahrscheinlichkeit falsch ist.

Die Logik des Tests impliziert, daß man in zweierlei Hinsicht einen Fehler begehen kann. Zum einen kann die Nullhypothese fälschlicherweise zurückgewiesen werden, weil sie zwar ein sehr unwahrscheinliches, trotzdem aber zutreffendes Ereignis behauptet. Dieser Fehler wird als Fehler vom Typ I oder als **α-Fehler** bezeichnet. Bezogen auf das Beispiel würden wir fälschlicherweise annehmen, daß

		In der Grundgesamtheit gilt die H_0	H_1
Auf Grundlage der Stichprobe entscheidet man zugunsten der	H_0	richtige Entscheidung	β-Fehler (Typ II)
	H_1	α-Fehler (Typ I)	richtige Entscheidung

Abb. 3.1: Fehlertypen bei statistischen Entscheidungen

sich Frauen und Männer bezüglich der Arbeitszufriedenheit unterscheiden. Ein Fehler vom Typ II oder **β-Fehler** wird dagegen begangen, wenn die Nullhypothese beibehalten wird, weil die Differenz zwischen den Stichproben nicht unwahrscheinlich genug ist, obwohl sie sich in der Grundgesamtheit unterscheiden.

Nun ist festzulegen, ab welcher Grenze ein Ergebnis als unwahrscheinlich zu gelten hat. Diese Grenze, das sogenannte **Signifikanzniveau** (α), wird per Konvention auf $\alpha = 0,05$ festgelegt, um das Risiko eines Fehlers vom Typ I zu minimieren. Nach diesem Kriterium wird die Nullhypothese zurückgewiesen, wenn sie nur in 5 oder weniger von 100 Fällen zutreffend ist. Je geringer allerdings das Risiko eines α-Fehlers ist, desto größer ist das Risiko eines β-Fehlers, ohne daß dessen exakte Wahrscheinlichkeit damit angegeben werden kann. Soll das Risiko eines β-Fehlers minimiert werden, ist also das Signifikanzniveau zu erhöhen. Hier wird durchgängig ein Signifikanzniveau von 5 % gewählt, wenn das Risiko eines α-Fehlers minimiert werden soll und ein Signifikanzniveau von 10 %, falls die Wahrscheinlichkeit eines β-Fehlers gering zu halten ist. Entgegen der konventionellen Festlegung des Signifikanzniveaus ist es vielfach sinnvoll, eine Reihe weiterer Kriterien zu berücksichtigen, die bei *S. Labovitz* (1970) diskutiert werden.

Die oftmals bedenkenlose Anwendung von Signifikanztests zur Hypothesenprüfung in den Sozialwissenschaften ist auf vielfältige Kritik gestoßen. Dies betrifft einmal die Tatsache, daß strenge Zufallsauswahlen in sozialwissenschaftlichen Untersuchungen nur schwer zu realisieren sind. Daß die Anwendung von Signifikanztests trotzdem sinnvoll sein kann, diskutiert *D. Gold* (1970). Dieser Auffassung zufolge können Signifikanztests als ein Ansatz interpretiert werden, um zu prüfen, inwieweit ein statistisches Modell den erhobenen Daten entspricht. Für die Kritik ist es ebenso wichtig, daß die Ergebnisse der Tests häufig falsch interpretiert werden. Insbesondere ist darauf hinzuweisen, daß die Ergebnisse der Tests keineswegs als Zusammenhangsmaß interpretiert werden können. Auch ein ‚hochsignifikantes' Ergebnis besagt nicht ohne weiteres, daß ein starker Zusammenhang vorliegt. Ein signifikantes Ergebnis bedeutet also keineswegs, daß dieses auch von **Relevanz** ist. Das Ergebnis eines Signifikanztests gibt lediglich an, mit welcher Wahrscheinlichkeit ein bestimmtes, in der Nullhypothese behauptetes Ereignis zu erwarten ist. Es ist also auch kein Maß für das Vertrauen, das in eine Hypothese gesetzt werden kann.

Schließlich ist es wichtig, darauf hinzuweisen, daß es keineswegs sinnvoll ist, Tests explorativ zur Suche nach signifikanten Ergebnissen einzusetzen. Bei einem gewählten Signifikanzniveau von $\alpha = 0,05$ können 5 von 100 unabhängigen Tests zufällig signifikant werden. Die Wahrscheinlichkeit eines α-Fehlers steigt also, je mehr Signifikanztests durchgeführt werden. Nur wenn theoretisch begründete Hypothesen vorliegen, sollte man daher auf Signifikanztests als statistisches Modell zurückgreifen.

Die folgende Diskussion einiger statistischer Modelle soll eine grundlegende Einführung nicht ersetzen. Eine Einladung zur Statistik — auch für Menschen, die Zahlen scheuen — hat *G. Kennedy* (1985) verfaßt. Ferner ist auf die grundlegenden Lehrbücher von *J. Bortz* (1993), *G. Clauß* et al. (1994), *M. Kraft* et al. (1992) und *J. Kriz* (1983) hinzuweisen, die sich in erster Linie an Wirtschafts- und Sozialwissenschaftler richten und auch ohne Vorkenntnisse im Selbststudium erarbeitet werden können. Je nach Disziplin ist diese Auswahl sicherlich zu erweitern. Als Handbücher statistischer Verfahren empfehlen sich *J. Hartung* et al. (1993) sowie *J. Hartung* und *B. Elpelt* (1992). Eine Liste der Fehler, die bei der Anwendung statistischer Modelle typischerweise begangen werden, hat *L. Guttman* (1977) zusammengestellt.

3.1.2 Messen und Skalenniveau

Es kann als Ziel empirischer Forschung bezeichnet werden, Erfahrungen über den jeweiligen Erkenntnisgegenstand zu sammeln. Verantwortlich dafür, was und wie aus dem Universum möglicher Beobachtungen beschrieben wird, sind explizite oder implizite, mehr oder weniger elaborierte Theorien. Die Abbildung der Forschungsgegenstände erfolgt in Form von Daten. Daten **repräsentieren** also gewissermaßen einen spezifischen Ausschnitt der Realität, sind also keineswegs mit den realen Gegenständen identisch. „Der Begriff ‚Daten' bezeichnet die Produkte der Untersuchung in ihrer symbolischen Form" (*J. Friedrichs* 1980, S. 376).

Sofern empirische Forschung bei der Untersuchung quantitativ verfährt, läßt sich der Prozeß der Beobachtung formal als Messung bezeichnen. Mit der Frage, unter welchen Voraussetzungen Messungen möglich sind, beschäftigt sich die Meßtheorie. Dieser Theorie zufolge ist Messen die Bestimmung der Ausprägungen einer Eigenschaft bestimmter Objekte. „Messen erfolgt durch eine Zuordnung von numerischen Größen (Zahlen, Vektoren) zu Dingen, die Träger der zu messenden Eigenschaften sind. **Messen** beruht auf einer **homomorphen Abbildung** eines **empirischen Relativs** in ein **numerisches Relativ** bzw. auf einer Repräsentation eines empirischen Relativs durch ein numerisches Relativ. Die Existenz einer derartigen

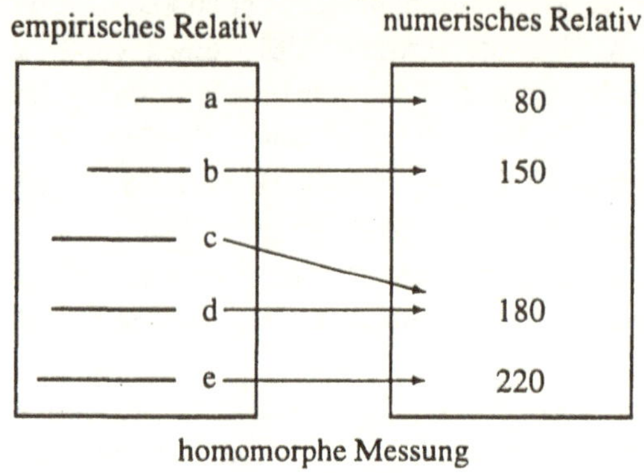

Abb. 3.2: Empirisches und numerisches Relativ

homomorphen Abbildung ist das Kriterium dafür, ob eine Zuordnung von Zahlen zu Dingen als Messen zu betrachten ist, d. h. ob eine Eigenschaft meßbar ist" (*B. Orth* 1974, S. 18 Hvh. W. M.).

Zunächst einmal verweist die Definition darauf, daß bei einer Messung nur eine bestimmte Eigenschaft der Objekte von theoretischem Interesse ist. So wird beispielsweise an Personen nur die Eigenschaft ‚Größe' gemessen. Weiterhin unterscheidet die Definition die Begriffe numerisches und empirisches Relativ. Das numerische Relativ besteht aus einer Menge von Zahlen und deren Relationen. Im Beispiel der Längenmessung sind dies die Menge der reellen Zahlen, die Relation ‚größer — gleich' zwischen den Zahlen sowie die Operation der Addition. Demgegenüber stellt das empirische Relativ eine Menge von Objekten und die zwischen ihnen bestehenden Relationen bezüglich einer bestimmten Eigenschaft dar. Eine Gruppe von Personen und die zwischen ihnen bestehenden Relation ‚größer — gleich' bildet also das empirische Relativ. Ferner gehört im Fall der Längenmessung zum empirischen Relativ die Operation des Aneinanderlegens, was man sich am Beispiel von Brettern leichter vorstellen kann. Messung bezeichnet die Zuordnung eines numerischen Relativs zu einem empirischen Relativ, wobei die Abbildung (Repräsentation) auch Skala genannt wird.

Besteht zwischen empirischem und numerischem Relativ eine Beziehung derart, daß keines der Objekte bezüglich der zur messenden Eigenschaft gleich ist, so spricht man von isomorpher Messung oder **Isomorphie**. Jedem Objekt kann dann umkehrbar eindeutig eine Zahl zugeordnet werden. In der Regel werden aber mehrere Objekte bezüglich einer gemessenen Eigenschaft in eine Äquivalenzklasse fallen, also gleich groß sein. Jeder Person kann zwar eindeutig eine bestimmte Meßgröße zugeordnet werden, aus der Menge der Meßgrößen läßt sich jedoch nicht mehr eindeutig auf die Person zurückschließen, da mehrere Personen gleich groß sind. In diesem Fall spricht man von homomorpher Messung oder **Homomorphie**.

Ferner läßt sich zwischen **fundamentaler** und **abgeleiteter Messung** unterscheiden. Fundamentale Messung bezeichnet die direkte Zuweisung von Zahlen zu Objekten. Es wird also, wie im Beispiel der Längenmessung, ein empirisches Relativ in einem numerischen Relativ abgebildet. Abgeleitete Messungen setzten dagegen weitere fundamentale oder auch abgeleitete Messungen voraus. Ein Beispiel für eine abgeleitete Messung ist die Geschwindigkeit (Verhältnis von Weg und Zeit), wobei zwei fundamentale Messungen miteinander verknüpft werden. Kennzeichen abgeleiteter Messungen ist also die Transformation einer Repräsentation in ein weiteres numerisches Relativ. In diesem Sinne lassen sich statistische Modelle als abgeleitete Messungen bezeichnen, da zur Beschreibung eines numerischen Relativs mittels statistischer Modelle das ursprüngliche numerische Relativ in ein weiteres transformiert wird.

Die Meßtheorie analysiert die Verbindung von Zahlen und Objekten anhand von vier grundlegenden Problemkreisen: dem Problem der Repräsentation, dem Problem der Eindeutigkeit, dem Problem der Skalierung und dem Problem der Bedeutsamkeit. In dieser Reihenfolge, wobei das Eindeutigkeitsproblem und das Skalierungsproblem wegen ihrer engen Verwandtschaft gemeinsam skizziert werden, will ich im folgenden vorgehen.

Um eine Messung durchführen zu können, bedarf es zunächst einer Antwort auf die Frage, ob für das empirische Relativ eine homomorphe Abbildung oder Repräsentation existiert. Diese Fragestellung wird als **Repräsentationsproblem** bezeichnet. Die Meßtheorie fordert, daß zur Lösung des Problems Bedingungen oder Axiome formuliert werden. Das Repräsentationstheorem umfaßt diese Axiome, welche die Eigenschaften ausdrücken, die zur Repräsentation erforderlich sind. Für das Beispiel der Längenmessung bzw. allgemein für extensive Größen werden fünf Bedingungen gefordert (Transitivität, Assoziativität, Monotonie, Positivität und Stetigkeit), die das empirische Relativ erfüllen muß, soll eine homomorphe Messung möglich sein.

Eine derartige Lösung des Repräsentationsproblems wird von der Meßtheorie als grundlegend für den Meßvorgang angesehen. „Erst die Angabe eines Repräsentationstheorems macht (...) ein Relativ zu einer Meßstruktur. Denn ein Repräsentationstheorem besagt, daß ein Homomorphismus bzw. eine Skala existiert, sofern ein empirisches Relativ bestimmte Eigenschaften (Axiome) erfüllt" (*B. Orth* 1974, S. 22). Festzuhalten ist, daß eine Meßstruktur die theoretische Formulierung der Eigenschaften einer Skala und den Nachweis ihrer empirischen Gültigkeit für die zu messenden Objekte umfaßt. Die Lösung des Repräsentationsproblems besagt, daß eine Skala zur Messung einer Eigenschaft spezifischer Objekte besteht. Dies impliziert keineswegs, daß nur eine einzige Skala existiert. In der Regel wird es mehrere

Skalen geben, welche ein Repräsentationstheorem erfüllen. Zur Messung der Länge sind eine Vielzahl von Skalen gängig, und es wären weitere denkbar.

Damit ist ein weiteres Problem angesprochen, das Problem der **Eindeutigkeit**. Die Menge der möglichen Skalen ist durch die zulässigen Transformationen bestimmt, welche die im Repräsentationstheorem definierten Eigenschaften der Skala invariant halten. So ist für die Temperaturskala jede lineare Transformation zulässig. Je eingeschränkter die Menge der zulässigen Transformationen ist, desto eindeutiger ist die homomorphe Abbildung und damit die Güte der Skala zu beurteilen. Ausgehend von der Eindeutigkeit lassen sich nun verschiedene Skalentypen unterscheiden, von denen einige in den Sozialwissenschaften gebräuchliche in Abbildung 3.3 aufgeführt sind.

Skalen-niveau	*zulässige Transformationen*	*invariante Eigenschaft*	*Beispiele*
nominal	jede eineindeutige Funktion	Eindeutigkeit der Meßwerte	Konto-nummern
ordinal	nur monoton steigende Funktionen	Rangordnung der Meßwerte	Windstärken, Schulnoten
intervall	nur lineare Funktionen ($f'(x) = af(x) + b$, mit $a > 0$)	Verhältnis der Intervalle zwischen den Meßwerten	Temperatur
rational	nur Ähnlichkeitsfunktionen ($f'(x) = af(x)$, mit $a > 0$)	Verhältnisse von Meßwerten	Längen, Winkel

Abb. 3.3: Wichtige Skalentypen und zulässige Transformationen

Nominales Meßniveau ist gewissermaßen das niedrigste in der Typologie der Skalen. Auf diesem Meßniveau werden keine Annahmen bezüglich der Relation zwischen den Werten gemacht; es handelt sich also um reine Klassifizierungen, wobei die gleiche Zahl nicht für verschiedene Klassen vergeben werden darf. Auf diesem Meßniveau sind folglich alle Transformationen zulässig, welche die Eindeutigkeit der Meßwerte invariant halten. **Ordinalskalen** erlauben eine Rangordnung der Objekte. So lassen sich die Mitarbeiter einer Organisation aufgrund ihrer Position in der Hierarchie in eine Rangordnung bringen. Die Rangordnung beinhaltet allerdings nicht, daß zwischen den hierarchischen Ebenen gleiche Abstände bestehen. Auf ordinalem Meßniveau sind daher alle Transformationen zulässig, die die Rangordnung der Meßwerte erhalten. So ließe sich die bekannte Schulnotenskala mit den Werten 1, 2, 3, 4, 5, 6 zulässig in eine Skala mit den Werten 2, 7, 15, 16, 17, 30 transformieren, da das Verhältnis zwischen den Meßwerten auf ordinalem Meßniveau ohne Belang ist. **Intervallskalen** zeichnen sich dadurch aus, daß sie die Meßwerte in einer Ordnung abbilden, die gleiche Intervalle besitzt. Diese Skalen besitzen allerdings keinen absoluten Nullpunkt. Zulässige Transformationen sind positive lineare Transformationen. So ergibt sich z. B. die Temperatur nach Fahrenheit aus der Celsius-Skala nach: Fahrenheit = 1,8 · Celsius + 32. **Rationales Skalenniveau** ist gegenüber Intervallskalen durch einen absoluten Nullpunkt gekennzeichnet, weshalb auf diesem Skalenniveau nur noch Ähnlichkeitsfunktionen zur Transformation der Skala zulässig sind. So entspricht eine britische Seemeile 1,853 Kilometern.

Die Klassifikation in Nominal-, Ordinal-, Intervall- und Verhältnisskalen geht auf *S. S. Stevens* (1946) zurück und hat weite Verbreitung gefunden. Es lassen sich weitere Skalenniveaus unterscheiden, die hier allerdings nicht diskutiert werden sollen. Nominales und ordinales Datenniveau werden häufig zusammenfassend als ‚nicht-metrisch' oder ‚topologisch' bezeichnet. Für höhere Niveaus ist dagegen das Attribut ‚metrisch' gebräuchlich.

Abschließend muß kurz das Problem der **Bedeutsamkeit** erläutert werden, das von erheblicher praktischer Relevanz ist. Auf der Basis unterschiedlicher Skalenniveaus sind, wie unmittelbar plausibel, nur bestimmte Aussagen sinnvoll. So ist es beispielsweise unsinnig davon zu sprechen, daß eine Person in Mathematik doppelt so gut sei wie eine andere, wenn die Aussage auf deren Zensuren beruht. Da die Informationsbasis der Aussage eine Ordinalskala ist, wäre mit gleicher Berechtigung zu behaupten, die Person sei dreimal so gut wie jene andere.

Offenbar stellt sich das Problem der Bedeutsamkeit also nicht im direkten Zusammenhang mit der Messung, sondern erst mit der Weiterverarbeitung der erhobenen Daten. Das Datenniveau ist also zu berücksichtigen, wenn Aussagen auf ihrer Basis mittels der Statistik getroffen werden. Das Bedeutsamkeitsproblem hat für die Forschungspraxis deshalb so große Relevanz, weil durch das jeweilige Skalenniveau die Zahl der statistischen Modelle, die zur Auswertung herangezogen werden können, eingeschränkt ist. Abbildung 3.4 zeigt die besprochenen Skalenniveaus und einige mögliche Statistiken auf ihrer Basis. Es ist jederzeit möglich, von einem hohen Skalenniveau auf ein niedrigeres zu wechseln und damit auch auf hohem Skalenniveau Statistiken zu benutzen, die für geringere vorgesehen sind. Bei dieser Vorgehensweise wird allerdings auf Information verzichtet.

Die Diskussion zulässiger Statistiken im Zusammenhang mit dem Meßniveau der Daten wurde durch die Beiträge von S. S. Stevens (1946, 1951) eröffnet und ist seither nicht mehr abgerissen. Obwohl das Konzept vor allem in Lehrbüchern der sozialwissenschaftlichen Methoden weite Verbreitung gefunden hat, ist es nicht unumstritten.

Ein Argument in diesem Zusammenhang lautet, daß meßtheoretische Überlegungen keineswegs für die statistische Vorgehensweise in der angesprochenen Form relevant sind. So stellt *H. F. Kaiser* (1960, S. 413) fest: "For it is clearly a matter of fact that assumptions about scales of measurement are irrelevant to statistical hy-

Skalen-niveau	*deskriptive Maßzahlen*	*Zusammenhangsmaße*	*Signifikanztests*
nominal	Modus, Spannweite	Kontingenzmaße, Phi, *C*	χ^2-Test, Cochran *Q*-Test, McNemar-Test
ordinal	Median, Perzentile	Rangkorr.-Koeff. (Rho, Tau, Gamma)	*U*-Test, K-S-Test, Vorzeichentest
intervall	arithm. Mittel, Varianz, Schiefe, Exzeß	Pearson Korr.	*t*-Test, *F*-Test
rational	geometr. Mittel, Variabilität		

Abb. 3.4: Wichtige Skalentypen und zulässige Statistiken

pothesis." Statistische Hypothesen beziehen sich auf die Wahrscheinlichkeitsverteilung beobachteter Zufallsvariablen, und die Zahlen verraten nichts über ihre Herkunft. Rein rechnerisch lassen sich die statistischen Operationen also mit beliebigen Daten durchführen, wie *F. M. Lord* (1953) in seiner humorvollen Kritik der Verbindung von Meßtheorie und Statistik zeigt. Daher, so diese Gruppe von Kritikern, spricht wenig für die Bevorzugung nicht-parametrischer Testverfahren auf topologischem Datenniveau, sofern die jeweiligen Verteilungsannahmen erfüllt sind (vgl. *J. Gaito* 1980). Die Argumentation vernachlässigt allerdings, inwieweit die Ergebnisse statistischer Analyse sinnvoll interpretiert werden können. So wäre die Bedeutung eines arithmetischen Mittels der ordinalen Variable ‚Stellung im Betrieb' (*v3*) ausgesprochen unklar und insofern wenig sinnvoll.

Ein anderes Argument ist in diesem Zusammenhang von größerer Bedeutung. So werden **Ratingskalen** in der Forschungspraxis vielfach als metrische Variablen behandelt, obwohl ihnen wohl am ehesten ordinales Datenniveau zuzusprechen ist. Ratingskalen finden sich im Datensatz z. B. bei den Einstellungsfragen zur Arbeitszufriedenheit (*v6* bis *v13*). Auf einer fünfstufigen Vorgabe, dem Rating, sollen die Befragten angeben, inwieweit sie einem Statement zustimmen oder nicht. In diesem Sinne lassen sich z. B. auch Schulnoten als Rating bezeichnen: auf einer sechsstufigen Ratingskala wird geschätzt, inwieweit die Leistungen der Personen einer der Kategorien entsprechen. Ein Argument, derartige Variablen als metrische zu behandeln, differenziert zwischen einer Ebene der Beobachtung, welcher die direkt gemessenen, **manifesten Variablen** — also die mit Ratingskalen versehenen Statements zur Arbeitszufriedenheit — zugeordnet werden, und einer konzeptionellen Ebene. Die konzeptionelle **latente Variable** wird nun als Variable auf Intervallniveau interpretiert, von der angenommen wird, daß sie in der Grundgesamtheit normalverteilt ist. Entscheidend ist nun, ob man bereit ist, der Argumentation zu folgen und damit annimmt, daß z. B. die latente Variable Arbeitszufriedenheit theoretisch auf Intervallskalenniveau meßbar wäre, deren operationale Messung jedoch nur auf ordinalem Niveau erfolgte. Auf der Basis dieser Annahmen wird weiter argumentiert, daß die manifesten Variablen zwar Intervalle messen, deren Abstände nicht gleich sind, diese aber ein zugrundeliegendes metrisches Konstrukt repräsentieren. Sofern die Meßfehler relativ gering sind, über deren Bestimmung wir im nächsten Abschnitt noch zu sprechen haben, repräsentieren die manifesten Variablen das latente Konstrukt in angemessener Weise. Eine positive Differenz zwischen zwei Skalierungspunkten der manifesten Variable reflektiert also eine positive Differenz der Skalierungspunkte der latenten Variable, ohne daß die Intervalle beider Skalen isomorph sind. Mit dieser Argumentation wird die Verwendung von Statistiken für Intervallniveau auch für manifeste, nicht perfekt intervallskalierte Variablen begründet (vgl. *G. W. Bohrnstedt* und *E. F. Borgatta* 1980 sowie *K. Holm* 1986b, S. 44 ff.).

Festzuhalten ist allerdings, daß die Begründung des Intervallniveaus der latenten Variablen lediglich auf plausiblen Argumenten beruhen kann, denn zur Bestimmung einer Skala bedürfte es aus Sicht der Meßtheorie der Angabe eines Repräsentationstheorems. Einer dritten Gruppe von Autoren, für die hier stellvertretend *J. Kriz* (1981, S. 131) zitiert werden soll, scheint daher „auf dem gegenwärtigen Stand der Sozialwissenschaften die Konsequenz angebracht, sich mit dem topologischen Niveau unserer Variablen abzufinden.“ Von diesem Standpunkt aus ist die Verwendung von statistischen Modellen für metrisches Niveau also nur in berechtigten Ausnahmen angezeigt.

Die Meßproblematik ist von erheblicher Relevanz für die statistische Analyse, und der Anwender entscheidet, welche Annahmen er bezüglich seiner Daten zu treffen bereit ist. Der Computer kann dem Anwender diese Entscheidung nicht abnehmen. Sofern topologische Variablen mittels metrischer Statistiken behandelt werden, was in einigen Fällen durchaus sinnvoll sein mag, sollte man sich allerdings der Fehlerquellen bewußt sein. “When only the rank order of data is known, we should proceed cautiously with our statistics, and especially with the conclusions we draw from them” (*S. S. Stevens* 1951, S. 26).

3.1.3 Skalierungsverfahren und Gütekriterien der Messung

Bislang wurde der Meßbegriff aus der Sichtweise der Meßtheorie betrachtet. Deren Definition des Messens schließt jedoch eine Vielzahl sozialwissenschaftlicher Messungen als unzureichend aus. In der Literatur werden zwar einige Repräsentationstheoreme vorgeschlagen, die zur Messung sozialwissenschaftlicher Erkenntnisobjekte von hohem Interesse sind, da sie auf schwächeren Axiomen beruhen als die skizzierte extensive Meßstruktur (vgl. *C. H. Coombs* et al. 1975). Für viele sozialwissenschaftliche Messungen existieren jedoch (noch) keine Repräsentationstheoreme. Insbesondere im Bereich der Einstellungsmessung werden sogenannte Skalierungsverfahren eingesetzt, deren Konstruktion auf anderen Überlegungen basiert. Solche Meßverfahren, aber auch die Konstruktion von Indikatoren, beruhen letztlich auf Vereinbarungen der scientific community, ohne daß sie den Kriterien der Meßtheorie genügen. Im Anschluß an *W. S. Togerson* (1958, S. 21 ff.) wird daher von **Messen per fiat** gesprochen. In diesem Abschnitt werden wir uns mit der Konstruktion eines Skalierungsverfahrens, das im Fragebogen ‚Arbeitszufriedenheit bei ADV' eingesetzt wurde, und mit Kriterien zur Beurteilung der Güte dieser Verfahren beschäftigen.

Komplexe Sachverhalte wie beispielsweise Arbeitszufriedenheit sind in der Regel nicht durch eine Frage meßbar. Vielmehr werden mehrere Fragen gestellt, die verschiedene Aspekte des Sachverhaltes ansprechen. Auf dieser Grundüberlegung basiert das **Verfahren der summierten Einschätzungen**, das von *R. Likert* (1977) vorgeschlagen wurde und zu den weitest verbreiteten Skalierungsverfahren gehört. Die Skala beruht auf einer Vielzahl von positiven und negativen Aussagen (Items) zum Einstellungsobjekt, die gemeinsam das Meßinstrument bilden. Jedem Item wird ein mehrstufiges Rating zugeordnet, auf dem die Befragten ihren Grad der Zustimmung zu den Aussagen ankreuzen können. Starke Zustimmung zu einer positiven Aussage wird mit einer hohen Punktzahl bewertet und reziprok geringe Zustimmung mit einer niedrigen Punktzahl. Zur Auswertung werden die Einzelwerte auf den Ratings zu einem Gesamtwert addiert, der dann der befragten Person zugewiesen wird. Die gesamte Skala versucht also, eine Einstellungsdimension zu messen. Likert-Skalen dienen der direkten Messung von Einstellungen der befragten Personen: in diesem Sinne werden sie als personenbezogenes Skalierungsverfahren klassifiziert.

Die Konstruktion einer **Likert-Skala** beginnt damit, daß eine Vielzahl von Items zum Einstellungsgegenstand gesammelt werden. *L. Fischer* und *H. E. Lück* (1972, S. 61 ff.) berichten, daß zur Messung der Arbeitszufriedenheit zunächst 160 Items teilweise aus anderen Untersuchungen übernommen und teilweise neuformuliert wurden. In einem Pretest werden aus dieser vorläufigen Itemsammlung geeignete Items für die endgültige Skala ausgewählt. Endgültige, validierte Likert-Skalen bestehen in der Regel aus 20 bis 25 Items. Das Verfahren der Likert-Skalierung beruht darauf, einzelne Einschätzungen (Ratings) zu summieren. Die Summation von Einschätzungen ist aber nur dann sinnvoll, wenn ein einzelnes Rating tendenziell die gleiche Einstellung mißt wie die gesamte Skala, oder anders ausgedrückt, die Skala eindimensional ist. Likert hat zwei Verfahren vorgeschlagen, um geeignete Items auf der Datenbasis des Pretestes herauszufiltern. Nach dem ersten Verfahren werden die Items nach ihrer Diskriminanzfähigkeit ausgewählt, nach dem zweiten auf Basis einer Item-Analyse.

- Um die **diskrimierendsten** Items herauszufinden, werden auf Datenbasis des Pretestes zunächst zwei Subgruppen von je 25 % gebildet, welche jeweils die höchsten bzw. niedrigsten Gesamtpunktwerte erreicht haben. Die Mittelwerte der einzelnen Items werden pro Gruppe gebildet und miteinander verglichen. Jene Ratings, für die die Mittelwertsunterschiede zwischen den Subgruppen am höchsten sind, welche diese also am stärksten diskriminieren, werden für die endgültige Skala ausgewählt. Zur statistischen Prüfung der Mittelwertsunterschiede wird auf den t-Test zurückgegriffen.

- Im Rahmen der klassischen Testtheorie werden zur Item-Analyse zunächst zwei Koeffizienten für die Items der vorläufigen Skala berechnet: **Item-Schwierigkeit** und **Trennschärfe**. Die Bedeutung der Schwierigkeit eines Items wird im Zusammenhang mit dichotomen Items, die wie mathematische Aufgaben nur richtig oder falsch gelöst werden können, einsichtig. In diesem Sinne schwierige Aufgaben werden nur von wenigen Personen, leichte Aufgaben von vielen richtig gelöst. Items mit äußerst hoher oder sehr niedriger Schwierigkeit, gemessen durch den Anteil von Personen, die ein Item richtig gelöst bzw. bejaht haben, sind zur Messung nur bedingt geeignet, da sie die Personen bezüglich der zu messenden Eigenschaft nur ungenügend unterscheiden. Die Trennschärfekoeffizienten der Items werden als Korrelation zwischen Gesamtpunktwert der Befragten und den einzelnen Items ermittelt. Die Items mit den höchsten Trennschärfekoeffizienten und mittleren Itemschwierigkeiten werden in die endgültige Skala aufgenommen.

Mittels beider Verfahrensweisen sollen Items ausgewählt werden, die in einer **Meßdimension** liegen, was nicht in jedem Fall gewährleistet ist. Zusätzlich werden daher symmetrische multivariate Verfahren (Faktorenanalyse, Verfahren der Multidimensionalen Skalierung und Clusteranalysen) eingesetzt, um die Dimensionalität der Items zu prüfen. Die Items einer Dimension werden im Anschluß oft einer Item-Analyse unterzogen, um sie genauer bestimmen zu können. Die Skala zur Arbeitszufriedenheit setzt sich in einer, hier nicht eingesetzten, langen Fassung aus 37 Items zusammen, die vier Dimensionen der Arbeitszufriedenheit (Selbstverwirklichung, Resignation, Bezahlung, Firma) abbilden. Die Items einer Dimension lassen sich in diesen Fällen als eigene Sub-skalen behandeln. Im Fragebogen ‚Arbeitszufriedenheit bei ADV' finden sich mehrdimensionale Likert-Skalierungen zur Erfassung der ADV-Attitüde und des Handlungsspielraums.

Likert-Skalen sind nicht zuletzt deshalb weit verbreitet, weil ihre Konstruktion im Vergleich zu anderen Skalierungsmodellen relativ einfach ist und auch bei kurzen Skalen mit wenigen Items hohe Reliabilitätswerte erreicht werden. Das Skalenniveau wird unterschiedlich beurteilt. Einige Autoren reklamieren für die Skala Intervallniveau, andere weisen diesen Anspruch zurück und sprechen nur von ordinalem Meßniveau. Aus meßtheoretischer Sicht kann diese Frage nicht entschieden werden, da diese Skala kein Repräsentationstheorem definiert. Am Beispiel der Likert-Skalierung kann ein weiteres Charakteristikum traditioneller Meßverfahren erläutert werden. Zur Erfassung derselben Einstellung in unterschiedlichen Populationen sind möglicherweise verschiedene Items geeignet. Derartige Skalierungen sind also **populationsabhängig**. Dies impliziert, daß die Meßwerte nur innerhalb einer bestimmten Population vergleichbar sind und damit auch die Eichung der Meßinstrumente populationsabhängig ist.

Eine wichtige theoretische Alternative zum Verfahren der summierten Einschätzungen ist die sogenannte Skalogramm-Analyse nach *L. Guttman* (1944). Die **Guttman-Skalierung** fordert eine gemeinsame Ordnung von Items und Personen auf Grund verschiedener Aufgaben-Schwierigkeiten. Schwierige Aufgaben werden nur von besonders befähigten Personen gelöst. Leichtere Aufgaben werden dagegen sowohl von befähigten als auch von weniger befähigten Personen gelöst. Die Zahl der gelösten Aufgaben ist ein eindeutiger Indikator, der die Personen nach ihrer Fähigkeit ordnet. Die Items können in eine Rangreihe gebracht werden, indem sie nach ihrem Schwierigkeitsgrad angeordnet werden.

Die Attraktivität der Guttman-Skalierung besteht darin, daß sie ein Repräsentationstheorem für ordinale Messungen definiert und in zweierlei Hinsicht stichprobenunabhängig ist. Diese Unabhängigkeit gilt zum einen gegenüber dem ‚Universum der Items'. Eine beliebige Teilmenge von Items einer perfekten Guttman-Skala genügt, um befähigte von weniger befähigten Personen zu trennen. Zum anderen gilt die Stichprobenunabhängigkeit gegenüber dem ‚Universum der Befragten'. Die Rangordnung der Items bleibt unabhängig von zufälligen Stichproben aus einer Population, für welche die Skala gilt, erhalten. Die theoretische Eleganz dieser einfachen Skalierung hat einen hohen Preis: In der Praxis erweist es sich als äußerst schwierig, Items zu finden, die eine Guttman-Skala bilden. Die Grundidee dieser Skalierung ist aber in einer Reihe von Skalierungsverfahren aufgegriffen und verbessert worden. Von besonderer Relevanz für die Praxis, weil auch zur explorativen Datenanalyse einsetzbar, ist eine probabilistische und verteilungsfreie Weiterentwicklung der Guttman-Skalierung, die *R. J. Mokken* (1971) vorgestellt hat.

In der Sozialforschung werden eine Vielzahl weiterer Skalierungsverfahren diskutiert, wobei die gebräuchlichsten in den gängigen Lehrbüchern (wie *J. Bortz* 1984, *J. Friedrichs* 1980 oder *E. Roth* und *K. Heidenreich* 1987) beschrieben sind. Zur intensiveren Beschäftigung mit **Skalierungsverfahren** sei auf das Buch von *I. Borg* und *T. Staufenbiel* (1989) hingewiesen, in dem auch neuere Skalierungen diskutiert werden. Unabhängig vom Verfahren ist die Konstruktion einer Skala mit erheblichem Aufwand verbunden. Für eigene Arbeiten ist es daher ratsam, zu prüfen, ob nicht auf erprobte Meßinstrumente, sei es direkt oder in modifizierter Form, zurückgegriffen werden kann. Die Suche wird durch Skalensammlungen wie das laufend ergänzte ZUMA-Handbuch sozialwissenschaftlicher Skalen (1983) erheblich erleichtert. Derartige Handbücher sind auch für andere Disziplinen und spezielle Fachgebiete zu finden. In diesem Zusammenhang ist auf die von *R. Brickenkamp* (1975) herausgegebene Sammlung psychologischer und pädagogischer Tests und die Zusammenstellung organisationstheoretischer Meßinstrumente durch *H. Kubicek* und *G. Welter* (1985) hinzuweisen.

Messungen sind im allgemeinen **fehlerbelastet**, weshalb mehrere Messungen eines Gegenstandes differieren. Die Differenzen der Meßwerte können verschiedene Ursachen haben. Sie können das Resultat ungenauer Meßinstrumente sein oder sind dem Umstand zuzuschreiben, daß die Instrumente dem Gegenstand nicht völlig angemessen sind. Für sozialwissenschaftliche Messungen ist auch von erheblicher Bedeutung, daß sich die Gegenstände der Messung im Zeitablauf verändern können. Die Veränderung der Objekte der Messung bleibt nicht ohne Auswirkung auf die Meßinstrumente. So ließen sich im Bereich der Einstellungsmessung leicht Beispiele finden, wo Meßinstrumente dem sozialen Einstellungswandel permanent angepaßt werden müssen. Die Meßinstrumente unterliegen also einem historischen Verschleiß (vgl. *W. Matiaske* und *F. A. Stein* 1992).

Der derzeit in der Forschungspraxis dominierende Ansatz zur Konstruktion und Beurteilung von Skalierungen, die sogenannte **klassische Testtheorie**, reflektiert die Fehlerbelastetheit von Messungen. Ausgangspunkt der klassischen Testtheorie ist die Annahme, daß der erhobene Wert einer Variablen nicht dem wahren Wert entspricht, sondern daß das konkrete empirische Datum mit einem Meßfehler behaftet ist. Das empirische Datum (x) setzt sich also aus dem wahren Wert (t, true score) und der Meßfehlerkomponente (e, error) zusammen:

$$x = t + e.$$

Die Bestimmung der wahren Werte ist nur möglich, wenn nicht von einer einzelnen Messung, sondern einer Vielzahl von Messungen ausgegangen wird. Dabei wird angenommen, daß die Meßfehlerkomponenten mit dem wahren Wert, den Meßfehlern verschiedener Tests sowie den Meßfehlern verschiedener Tests bezüglich einer Person unabhängig voneinander sind und der Erwartungswert der Fehlerkomponente $E(e) = 0$ ist. Diese Annahmen drücken zum einen aus, daß die Fehlerkomponente zufällig und nicht systematisch ist. Der Ansatz nimmt ferner an, daß der wahre Wert einer Beobachtung als erwarteter Mittelwert des empirischen Datums bei einer unendlich großen Zahl von Beobachtungen aufzufassen ist. Die aus dieser Auffassung resultierende Vorgehensweise war schon im frühen 17. Jhd. weit verbreitet. So zählten Astronomen eine Reihe von Meßwerten über vergleichbare Beobachtungen eines Himmelskörpers zusammen und bildeten das arithmetische Mittel, das, sofern sich die Fehlerkomponenten ausgleichen, den wahren Wert besser repräsentiert als ein einzelnes Datum. Ausgehend von diesen Annahmen wurden im Kontext der klassischen Testtheorie eine Reihe von **Kriterien** zur Beurteilung der **Güte** von Meßinstrumenten entwickelt. Dabei sind drei Hauptkriterien zu nennen: das Instrument soll objektiv, reliabel und valide sein.

Objektivität bezeichnet den Grad der Unabhängigkeit der Ergebnisse von der Durchführung der Messung. In dieser allgemeinen Formulierung kommt zum Ausdruck, daß die Situation der Messung das Ergebnis nicht systematisch verzerrt. Dabei erstreckt sich Objektivität nicht nur auf die Erhebung, sondern auch auf die Auswertung und Interpretation des Datenmaterials. Objektivität bedeutet, daß die Messungen reproduzierbar sind und ist Voraussetzung für Reliabilität und Validität.

Reliabilität oder Zuverlässigkeit bezeichnet das Ausmaß der Streuung eines Instrumentes bei wiederholtem Messen, d. h. die Meßgenauigkeit des Instrumentes. Formal läßt sich Reliabilität im Sinne der klassischen Testtheorie als das Verhältnis der Varianz des wahren Wertes zur Varianz des empirischen Datums bestimmen. Da die Varianzen der wahren Werte unbekannt sind, wird die Meßgenauigkeit praktisch mittels verschiedener Prozeduren überprüft, zu deren wichtigsten der Retest, die sogenannten Split-half-Verfahren und Verfahren zur Überprüfung der internen Konsistenz einer Skala gehören.

- Beim **Retest** wird das zu überprüfende Meßinstrument in einer identischen Situation bei derselben Stichprobe wiederholt eingesetzt. Als reliabel wird ein Instrument bezeichnet, das sich in beiden Situationen graduell gleich verhält. Der Grad der Reliabilität läßt sich als Korrelation der Meßwertreihen bestimmen. Wie oben angesprochen wurde, können sich die Gegenstände sozialwissenschaftlicher Messungen im Zeitablauf verändern, so daß Retest-Überprüfungen problematisch werden können. So können sich Einstellungen aufgrund äußerer Umstände verändern oder der Einsatz des Meßinstrumentes kann einen ‚pädagogischen' Effekt haben und Lernprozesse in Gang setzen. Andere Verfahren der Reliabilitätsbestimmung halten daher den Zeitpunkt der Messung konstant.

- Dazu können zwei Skalen oder Tests konstruiert werden, welche die gleiche Einstellung messen. Diese **Paralleltests**, die den gleichen wahren Wert erfassen sollen, werden einer Stichprobe von Personen vorgelegt. Die Korrelation der Tests gibt Aufschluß über deren Meßgenauigkeit. Da sie die gleichen wahren Werte erfassen, sind die Differenzen zwischen ihnen als Meßfehler zu interpretieren. Dieser Grundgedanke läßt sich auf Tests, die aus mehreren Items zusammengesetzt sind, übertragen. Beim sogenannten **Split-half-Verfahren** wird eine Reihe von einzelnen Messungen (Items) einer Dimension in zwei gleiche Teilmengen gesplittet. Die Korrelation der Fragebatterienhälften gilt dann als Reliabilitätskoeffizient. Zur Bestimmung der Meßgenauigkeit wurde nun aber nicht die gesamte Fragebatterie, sondern nur eine Testhälfte herangezogen. Es läßt sich zeigen, daß eine Erhöhung der Itemzahl die Reliabilität erhöht. Um die daraus resultierende Unterschätzung der Reliabilität zu korrigieren, werden in der Literatur verschiedene Korrekturformeln vorgeschlagen, von denen die gebräuchlichste das Verfahren nach Spearman-Brown ist.

- Die Split-Half-Verfahren sind allerdings mit beliebigen Testhalbierungen durchzuführen, weshalb sie theoretisch und praktisch unbefriedigend bleiben. Die dritte hier zu nennende Methode ist daher die Bestimmung der internen **Homogenität** einer Fragebatterie. Ein oft benutzter Koeffizient ist in diesem Zusammenhang Cronbachs α, der sich als Verallgemeinerung der möglichen Split-Half-Maße auffassen läßt. Dabei wird jedes Item der Fragebatterie als eigenständige Messung aufgefaßt, die das gleiche messen soll wie der Gesamttest. Rechnerisch wird die Varianz der einzelnen Items mit der Varianz der gesamten Fragebatterie, also der Summe aller Einzelwerte, in Beziehung gesetzt.

Unter der **Validität** oder Gültigkeit einer Messung wird das Entsprechungsverhältnis von faktisch gemessener und eigentlich angezielter Dimension verstanden. Theoretisch bestimmt sich die Validität als Korrelation des empirischen Datums mit dem wahren Wert. Eine Skala ist valide, wenn sie das mißt, was gemessen werden soll. Der wahre Wert ist allerdings unbekannt. Zur Beurteilung der Validität einer Skala werden daher verschiedene Kriterien vorgeschlagen, wobei gewöhnlich zwischen inhaltlicher, faktorieller, kriterienbezogener und Konstruktvalidität differenziert wird.

- **Inhaltliche Gültigkeit** wird einem Meßinstrument zugeschrieben, wenn sich das Instrument inhaltlich auf den Gegenstand der Messung bezieht. Ein Instrument zur Messung der Fähigkeit, arithmetische Aufgaben zu lösen, wäre sicherlich nicht valide, wenn es nur Aufgaben zur Addition enthielte, die anderen Grundrechenarten aber vernachlässigte. In der Literatur wird vorgeschlagen, zur Überprüfung der inhaltlichen Validität Experten des jeweiligen Fachgebietes zu konsultieren, weshalb in diesem Kontext auch von Experten-Validierung die Rede ist.

- Im Rahmen der Validitätsprüfung von Skalen werden häufig faktorenanalytische Verfahren eingesetzt. Von **faktorieller Validität** wird gesprochen, wenn ähnliche Items mit einem Faktor hoch korreliert sind und damit von anderen

Items unterschieden werden können, die auf anderen Faktoren hoch laden. Inhaltlich bedeutet dies, daß hohe Korrelationen innerhalb einer Itemgruppe und niedrige Korrelationen des durch sie gebildeten Tests mit unabhängigen Items als Beleg für Validität gewertet werden. Sofern konfirmatorische und nicht explorative Faktorenanalysen eingesetzt werden, ist die Vorgehensweise eng mit der Konstruktvalidität verwandt.

- **Kriteriumbezogene Validität** bezeichnet ein empirisches Konzept zur Prüfung der Gültigkeit einer Messung. Das Konzept basiert auf der Angabe eines Kriteriums, welches mit dem Gegenstand der Messung korrespondiert. Von innerer Validierung spricht man in diesem Zusammenhang, wenn die Ergebnisse des zu überprüfenden Meßinstrumentes mit denen eines anderen, ähnliche Eigenschaften messenden Instrumentes korreliert werden. Wenn also die Ergebnisse eines zu überprüfenden Intelligenztestes hoch mit denen eines anderen Tests korrelieren, wird auf innere Validität geschlossen. Äußere Validierung bezeichnet dagegen den Sachverhalt, daß ein Kriterium außerhalb von Testergebnissen herangezogen wird. Korrelieren die Ergebnisse des Fahrschultests hoch mit den Urteilen des Fahrprüfers über die tatsächlichen Fahrleistungen, so wird aufgrund der Korrelation mit dem externen Expertenurteil auf Validität des Tests geschlossen. Die bisher skizzierten Arten der kriteriumbezogenen Validierung werden zusammenfassend als Übereinstimmungsvalidität oder konkurrente Validität bezeichnet. Das Kriterium und die zu überprüfende Messung werden in diesen Fällen annähernd zeitgleich erhoben. Ist das Kriterium ein zukünftiges Ereignis, das aufgrund der Messung prognostiziert wird, spricht man dagegen von Vorhersagevalidität. Die Problematik der kriteriumbezogenen Validierung besteht vor allem darin, ein geeignetes und selbst reliabel und valide gemessenes Kriterium für die zu überprüfende Messung zu finden.

- Die kriteriumbezogene Validierung ist stark kritisiert worden, da sie auf einem blinden, empiristischen Konzept beruhe. Demgegenüber ist von *L. J. Cronbach* und *P. E. Meehl* (1955) das Konzept der **Konstruktvalidität** vorgeschlagen worden, das nicht praktische Rezepte zur Vorgehensweise bei der Validierung, sondern theoretische Überlegungen in den Vordergrund stellt. Der Grundgedanke besteht darin, daß aus einem theoretischen Bezugsrahmen prüfbare Hypothesen abgeleitet werden, die im Zusammenhang mit der zu validierenden Messung stehen. Wird die Hypothese zurückgewiesen, so könnte diese selbst falsch sein oder die zu ihrer Bewährung herangezogenen Messungen könnten unvalide sein. Die dritte Möglichkeit wäre, daß die Hypothese falsch und die Messungen unvalide sind. Wird die Hypothese dagegen bestätigt, so kann angenommen werden, daß sie selbst richtig und die Messungen gültig sind. Eher unwahrscheinlich ist dagegen, daß Hypothese und Messung falsch bzw. unvalide sind, die Messungen aber aufgrund ihrer Ungültigkeit die falsche Hypothese bestätigen. Im Rahmen des Konzeptes werden eine Vielzahl von Verfahren und Techniken zur Validierung miteinander verbunden, auf die hier nicht näher eingegangen werden kann.

Gegen die klassische Testtheorie und die auf ihren Annahmen konstruierten Instrumente sind eine Vielzahl kritischer Argumente vorgebracht worden. Von besonderer Bedeutung ist dabei das Argument, daß die wichtigen Gütekriterien (Trennschärfe, Reliabilität, Validität) populationsabhängig sind, da sie von der spezifischen Zusammensetzung der Stichprobe abhängen. Wegen der Ausrichtung an einer bestimmten Population werden die Messungen auch als normorientiert bezeichnet. Die erhobenen Meßwerte sind daher auch nur in bezug auf die jeweilige Population zu interpretieren. Moderne Meßansätze versuchen dagegen, Skalierungen unabhängig von der Population zu konstruieren und erlauben es, die Annahmen des jeweiligen Meßmodells empirisch zu überprüfen. Zur Diskussion der verschiedenen Meßansätze sei auf *G. W. Bohrnstedt* (1983) und *B. Wegener* (1983) verwiesen, zur Anwendung der klassischen Testtheorie siehe *G. A. Lienert* und *U. Raatz* (1994) sowie einführend das Buch von *J. Klapprott* (1975).

3.2 Univariate Verteilungen

3.2.1 Darstellung von Häufigkeitsverteilungen

Der folgende Abschnitt beschäftigt sich mit **univariaten Verteilungen**. Bezogen auf die Datenmatrix heißt dies, daß die Information jeweils einer ihrer Spalten zur Diskussion steht. Im Mittelpunkt der univariaten Datenanalyse stehen Häufigkeitsauszählungen, d. h. die Rohdaten werden derart organisiert, daß ersichtlich wird, wieviele der Beobachtungen oder Untersuchungseinheiten ($i = 1, \ldots, n$) auf die Ausprägungen ($j = 1, \ldots, k$) einer Variable x entfallen. Die so gewonnene Häufigkeitsverteilung wird typischerweise in einer **Häufigkeitstabelle** dargestellt, die in der Regel absolute (H_j), relative ($h_j = H_j/n$) und kumulierte relative Häufigkeiten ($S_n(x_j) = \sum_{j=1}^{k} h_j$) enthält. Die empirische Verteilungsfunktion $S_n(x_j)$ wird auch als Summenhäufigkeitsfunktion bezeichnet. Neben tabellarischen werden graphische Darstellungstechniken benutzt, um die Struktur der Daten zu visualisieren. Beispiele für graphische Darstellungen sind Histogramme, Polygonenzüge, Kreisdiagramme und Kartogramme. Die Abbildung 3.5 zeigt die Häufigkeitstabelle und ein **Histogramm** der prozentualen Häufigkeitsverteilung der Variable Stellung im Betrieb ($v3$).

Stellung im Betrieb ($v3$)

j		H_j	h_j	$S(x_j)$
1	Sachbearb.	98	65	65
2	Gruppenl.	32	21	87
3	Abt.-Leiter	20	13	100
	Σ	150		

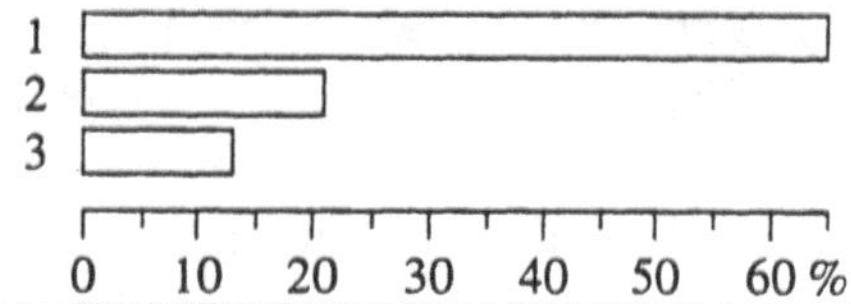

Abb. 3.5: Häufigkeitstabelle und Histogramm

Derartige tabellarische und graphische Darstellungen sind nur für Variablen mit wenigen Ausprägungen geeignet, da sie sonst ihre Übersichtlichkeit verlieren. Daher werden Variablen mit vielen Ausprägungen in **Klassen** eingeteilt. Die metrische Variable ‚Alter' läßt sich zur Erstellung einer Häufigkeitstabelle beispielsweise derart in Klassen gruppieren, daß die Daten zu Altersgruppen zusammengefaßt werden, wie dies in unserem Fall bereits bei der Erhebung geschehen ist. Die Gruppierung von Daten ist allerdings mit einem Verlust an Information verbunden.

Eine Darstellungstechnik, die die Struktur einer Verteilung ohne Informationsverlust gut erkennen läßt, ist das **Stem-and-Leaf-Diagramm**. Die folgende Darstellung beruht auf dem Datensatz einer anderen Untersuchung, bei der das Alter direkt, ohne Gruppierung erfragt wurde. Im Stem-and-Leaf-Diagramm werden die Daten derart organisiert, daß hinter einem Ast (stem), der einen gröberen Maßstab besitzt, die Blätter (leaf) notiert werden. Im Beispiel besitzt jeder Ast eine Breite von 2×5 Jahren. Die Blätter repräsentieren jeweils einen Fall. Dem Diagramm ist unmittelbar zu entnehmen, daß eine der befragten Personen 25 Jahre alt ist, während 2 Personen 28 Jahre alt sind.

j	Stem	Leaf
2	*	5
2	.	88
3	*	01223344
3	.	56666778889
4	*	1111112223344444
4	.	5555566667777777777888888999999
5	*	0000111111122223333333333344444444
5	.	555555556666667777888899999
6	*	0000011112244
6	.	7

Abb. 3.6: Stem-and-Leaf-Diagramm

Graphische Darstellungen wie das Stem-and-Leaf-Diagramm geben Aufschluß über die Form der Häufigkeitsverteilung einer Variable. Typische **Verteilungsformen** werden nach den Merkmalen ihres Kurvenverlaufs unterschieden. Von besonderer Bedeutung sind dabei die Anzahl der Häufigkeitsmaxima einer Verteilung, ihre Symmetrie und ihre Wölbung. Abbildung 3.7 zeigt einige typische Verteilungsformen. Bei unimodalen, linkssteilen (positiv-schiefen) Verteilungen ist der Modus größer als der Median, welcher größer ist als das arithmetische Mittel. Bei rechtssteilen (negativ-schiefen) Verteilungen verhält es sich umgekehrt.

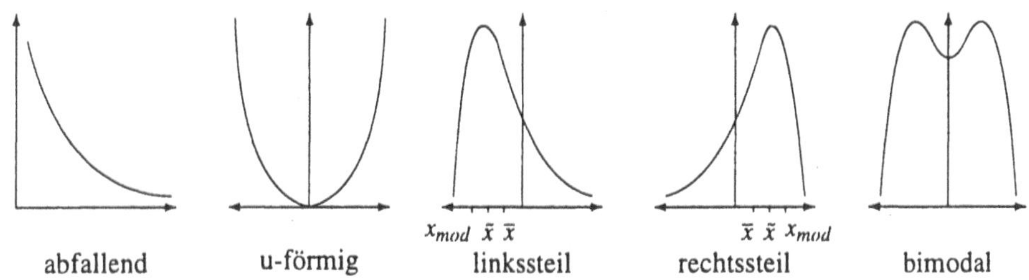

Abb. 3.7: Typische Verteilungsformen

3.2.2 Lokalisations- und Dispersionsmaße

Zentrale Aufgabe der deskriptiven Statistik ist die verdichtete Beschreibung der erhobenen Daten. Zur Deskription des Datenmaterials dienen Maßzahlen, auch Kennwerte oder Statistiken genannt, die sich in zwei Gruppen unterteilen lassen: Mittelwerte oder **Lokalisationsmaße** und Streuungswerte oder **Dispersionsmaße**. Die Maßzahlen geben in numerischer Form Auskunft über die Verteilung der Daten. Dabei kennzeichnen Mittelwerte die zentrale Tendenz einer Verteilung, Streuungsmaße beschreiben dagegen deren Breite.

Der **Modus** oder Modalwert (x_{mod}) einer Verteilung ist definiert als die am häufigsten auftretende Wertausprägung einer Variablen. Ein Modalwert kann nur für eingipflige Verteilungen angegeben werden. Mehrgipflige Verteilungen sind durch mehrere Häufigkeitsmaxima gekennzeichnet. Der Modus stellt keinerlei Anforderungen bezüglich des Datenniveaus und kann als Mittelwert nominaler Variablen aufgefaßt werden. Bei Variablen höheren Skalenniveaus ist der Modus allerdings kaum geeignet, um Verteilungen miteinander zu vergleichen, da er von Stichprobe zu Stichprobe erheblich schwanken kann. Vorteilhaft ist, daß die Bedeutung der Maßzahl offensichtlich und damit jeder Person verständlich ist. Im Beispiel einer Verteilung mit 10 Beobachtungen:

$$2,3,3,4,4,4,5,5,6,9$$

ist $x_{mod} = 4$, da dieser Wert häufiger auftritt als jeder andere Wert.

Der **Median** ($\tilde{x}$) eignet sich besonders zur Beschreibung ordinaler Variablen. Er ist definiert als derjenige Wert, der eine nach ihrer Größe geordnete Rangreihe von Meßwerten halbiert. Oberhalb und unterhalb des Medians liegen also jeweils 50 % der Meßwerte. Bei einer ungeraden Anzahl von Fällen ist der Median der Wert der Beobachtung $(n+1)/2$. Handelt es sich um eine gerade Anzahl von Beobachtungen, ist der Median als halbierter Wert der beiden mittleren Fälle, der Beobachtungen $n/2$ und $n/2+1$, definiert. Bezogen auf das obige Beispiel ist der Median also der halbierte Wert des fünften und des sechsten Falles, also: $\tilde{x} = (4+4)/2 = 4$.

Das **arithmetische Mittel** ist definiert als die Summe aller Meßwerte einer Variablen, dividiert durch ihre Anzahl n:

$$\bar{x} = \frac{1}{n}\sum_{i=1}^{n} x_i = \frac{2+3+3+4+4+4+5+5+6+9}{10} = 4{,}5. \tag{3.1}$$

Das arithmetische Mittel hat die Eigenschaft, daß die Summe aller Differenzen von Meßwerten und arithmetischen Mittel 0 ergibt

$$\sum_{i=1}^{n} x_i - \bar{x} = 0;$$

es ist also gewissermaßen der Schwerpunkt einer Verteilung. Die Berechnung der Statistik setzt intervallskalierte Variablen voraus. Sie ist nicht geeignet, die zentrale Tendenz einer Verteilung zu kennzeichnen, wenn diese mehrgipflig oder extrem schiefverteilt ist. Ferner ist er ungeeignet, extrem kleine Stichproben zu repräsentieren. In solchen Fällen kann auf den Median zurückgegriffen werden, der die zentrale Tendenz in solchen Situationen besser repräsentiert als das arithmetische Mittel. Dies gilt auch, wenn die Verteilung an den Enden offene Klassen oder extreme Werte und/oder ‚Ausreißer', d. h. einzelne, weit vom Zentrum der Verteilung entfernt liegende Werte, aufweist. Speziell zur Behandlung symmetrischer Verteilungen mit Extremwerten wurden Maximum-Likelihood-Schätzer für Lagemaße vorgeschlagen. Diese sind aufgrund der empirischen Verteilung gewichtete Mittelwerte (Mediane). Bei ihrer Berechnung werden Extremwerte und Ausreißer weniger stark berücksichtigt (vgl. *P. F. Velleman* und *D. C. Hoaglin* 1981).

Häufig sollen mehrere, verschieden große Stichproben einer metrischen Variable gemeinsam durch eine Kennzahl gekennzeichnet werden. Es sollen z. B. die Fehltage mehrerer Abteilungen mit unterschiedlichem Personalbestand durch einen gemeinsamen Mittelwert beschrieben werden. Ist der Rückgriff auf die Rohdaten nicht möglich, müssen zur Berechnung dieses Mittelwertes die mittleren Fehltage der Abteilungen mit der jeweiligen Personalstärke gewichtet werden, um Verzerrungen zu vermeiden. Das **gewogene arithmetische Mittel** ($\bar{x}_g$) berechnet sich als:

$$\bar{x}_g = \frac{1}{n}\sum_{j=1}^{k}\bar{x}_j n_j, \tag{3.2}$$

wobei im Beispiel n den gesamten Personalbestand, n_j den Personalbestand einer Abteilung, $\bar{x}_j$ den zugehörigen Mittelwert der Fehltage und k die Anzahl der Abteilungen bezeichnet.

Während Mittelwerte die zentrale Tendenz einer Verteilung in einer Maßzahl ausdrücken, informieren Dispersionsmaße darüber, wie nah der größte Teil der Meßwerte um einen Mittelwert verteilt ist. Wie das folgende Beispiel demonstriert, können Verteilungen mit gleichen Lokalisationsmaßen durchaus unterschiedliche Streuungen aufweisen. Die beiden Verteilungen beinhalten die Zahl krankheitsbedingter Fehltage der Mitarbeiter zweier Abteilungen:

Abt. A: $0, 2, 7, 11, 13, 15$
Abt. B: $4, 6, 8, 8, 10, 12$

In beiden Abteilungen beträgt das arithmetische Mittel der Fehltage $\bar{x} = 8$, die Streuung der Meßwerte um den Mittelwert differiert allerdings.

Zur Charakterisierung der Streuung einer Verteilung stehen eine Vielzahl von Statistiken zur Verfügung. Das einfachste Streuungsmaß ist die **Spannweite** oder der Range (R) einer Verteilung. Die Spannweite ist die Differenz zwischen dem größten und dem kleinsten Meßwert:

$$R = x_{max} - x_{min}. \tag{3.3}$$

Für das obige Beispiel ergibt sich ein Range von $R = 15 - 0 = 15$ bzw. $R = 12 - 4 = 8$ Fehltagen.

Stabiler als der auf den Extremwerten einer Verteilung basierende Range ist der sogenannte **Interquartilsabstand** (IQA). Mittels des Medians wird, wie beschrieben, die Verteilung einer Variablen halbiert. Teilt man eine Verteilung nun nicht in zwei, sondern in hundert Teile auf, so wird von **Perzentilen** gesprochen. Das Perzentil P_{10} ist also der Wert, für den 10 % der Verteilung kleiner bzw. 90 % der Verteilung größer sind. Mittels der Perzentile P_{25}, P_{50} und P_{75} wird eine Verteilung in vier gleiche Teile aufgeteilt, weshalb diese auch **Quartile** genannt werden. Das erste Quartil Q_1 oder P_{25} ist offensichtlich der Wert, unterhalb dessen 25 % der Verteilung liegen. Das zweite Quartil Q_2 oder P_{50} ist mit dem Median identisch. Zwischen dem ersten und dem dritten Quartil liegen also 50 % der Verteilung. Der Interquartilsabstand ist definiert als:

$$IQA = Q_3 - Q_1 \tag{3.4}$$

und drückt die Streuung in einem Kennwert aus. Der durch zwei dividierte Interquartilsabstand wird als mittlerer Quartilsabstand bezeichnet.

Da Median und Quartile kaum von Ausreißern einer Verteilung beeinflußt werden, lassen sie sich gemeinsam dazu einsetzen, um die Symmetrie einer Verteilung zu beurteilen. Bei symmetrischen Verteilungen ist der Abstand des ersten Quartils zum Median gleich dem Abstand vom Median zum dritten Quartil. Je größer die Differenz der Abstände zum Median, desto schiefer ist die Verteilung. Graphisch läßt sich dies mittels des **Box-and-Whisker-Plot** verdeutlichen. Die Grenzen der Box werden durch das untere und das obere Quartil gekennzeichnet. Die Box enthält also genau 50 % der Verteilung, wobei die Box umso größer ist, je stärker die Werte der Beobachtungen streuen. Die Lage des Medians wird durch ein Sternchen gekennzeichnet. Bei symmetrischen Verteilungen liegt der Median also genau in der Mitte der Box. Die Schnurrhaare (whiskers) kennzeichnen die Lage der übrigen Werte. Minimum und Maximum, die nicht als Ausreißer oder Extremwerte gelten, begrenzen die Schnurrhaare. **Extremwerte** sind Beobachtungen, die außerhalb der dreifachen Länge der Box liegen. Als **Ausreißer** gelten Werte, die zwischen diesem Punkt und der anderthalbfachen Länge der Box liegen. Die Darstellungsform veranschaulicht also, in welcher Richtung die Daten möglicherweise verzerrt sind.

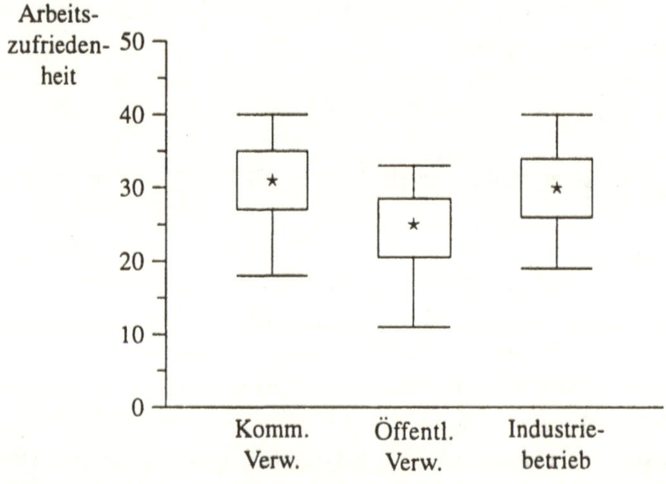

Abb. 3.8: Box-and-Whisker-Plots

Abbildung 3.8 zeigt die Verteilung der Arbeitszufriedenheit in drei Organisationsformen. Die Box-Plots zeigen, daß die Verteilungen annähernd symmetrisch sind. Die Arbeitszufriedenheit ist in der öffentlichen Verwaltung offensichtlich am geringsten. Um graphisch zu zeigen, daß sich die Mediane signifikant voneinander unterscheiden, sind die Mutungsintervalle (vgl. S. 91) der Mediane zu bestimmen. Die 95 % Konfidenzintervalle werden in der Box durch Kerben gekennzeichnet, die vom Anfang bzw. vom Ende des Intervalls bis zum Median verlaufen. Wenn sich die Einkerbungen überlappen, sind die Differenzen zwischen den Mittelwerten nicht signifikant (vgl. *A. D. Lovie* und *P. Lovie* 1991).

Die gebräuchlichsten Streuungsmaße, **Varianz** und **Standardabweichung**, basieren auf den quadrierten Abweichungen aller Meßwerte vom arithmetischen Mittel der Verteilung. Diese Streuungsmaße haben also metrisches Datenniveau zur Voraussetzung. Die Varianz (s^2) ist definiert als:

$$s^2 = \frac{1}{n}\sum_{i=1}^{n}(x_i - \bar{x})^2 = \frac{SS}{n}. \tag{3.5}$$

Die Differenzen aller Werte einer Verteilung vom Mittelwert werden quadriert und die Summe dieser Quadrate, auch **Summe der Abweichungsquadrate** (*SS*, sum of squares) genannt, durch die Anzahl der Fälle n dividiert. Wären alle Meßwerte identisch, so wäre die Varianz der Verteilung 0. Die Quadratwurzel aus der Varianz wird als Standardabweichung (s) bezeichnet.

$$s = +\sqrt{s^2}. \tag{3.6}$$

Im Gegensatz zur Varianz, die die Variation der Daten in quadrierten Maßeinheiten ausdrückt, besitzt die Standardabweichung dieselbe Dimension wie die Rohdaten.

Arithmetisches Mittel und Standardabweichung ermöglichen die Berechnung sogenannter **Standardwerte** oder **z-Werte**, die über die relative Lage eines Beobachtungswertes in der Verteilung informieren. Standardwerte werden berechnet, indem vom Wert x einer Beobachtung i das arithmetische Mittel subtrahiert und das Ergebnis durch die Standardabweichung dividiert wird.

$$z_i = \frac{x_i - \bar{x}}{s}. \tag{3.7}$$

Die Verteilung der durch die Standardisierung ermittelten Werte hat einen Mittelwert von $\bar{x} = 0$ und eine Standardabweichung von $s = 1$, wobei die Form der ursprünglichen Verteilung erhalten bleibt. Standardwerte erlauben es, Verteilungen aus unterschiedlichen Stichproben miteinander zu vergleichen, da die Maßstäbe der Beobachtungswerte mittels ihrer jeweiligen Verteilung relativiert werden.

3.2.3 Wahrscheinlichkeitsverteilungen

Die genannten Maßzahlen erlauben es, die **Normalverteilung**, eine wichtige theoretische Verteilung, zu beschreiben. Normalverteilungen sind symmetrisch, d. h. arithmetisches Mittel, Median und Modus nehmen denselben Wert an. Sie nähern sich asymptotisch der Abszisse. Normalverteilungen sind durch ihren Mittelwert ($\bar{x}$), im Fall stetiger Verteilungen spricht man auch vom Erwartungswert, und ihre Streuung (s^2) vollständig bestimmt. Die griechischen Buchstaben μ und σ dienen der Kennzeichnung dieser Parameter in der Grundgesamtheit. Die Dichtefunktion einer Normalverteilung lautet:

$$f(x) = \frac{1}{\sqrt{2\pi\sigma^2}} e^{-(x-\mu)^2/2\sigma^2} \tag{3.8}$$

mit dem Verhältnis von Kreisumfang zum Durchmesser $\pi = 3,145\ldots$ und der Basis der natürlichen Logarithmen $e = 2,718\ldots$.

Die normierte Normalverteilung hat einen Mittelwert von $\mu = 0$ und eine Streuung von $\sigma = 1$. Durch die Berechnung der z-Werte können beliebige Normalverteilungen standardisiert werden. Die Dichtefunktion der glockenförmigen Gaussschen Standardnormalverteilung wird mit $\varphi(z)$ bezeichnet und vereinfacht (3.8) zu:

$$\varphi(z) = \frac{1}{\sqrt{2\pi}} e^{-z^2/2}. \tag{3.9}$$

Die Fläche unterhalb der Standardnormalverteilung ist auf 1 oder 100 % normiert:

$$\int_{-\infty}^{+\infty} f(z)dz = \int_{-\infty}^{+\infty} \frac{1}{\sqrt{2\pi}} e^{-z^2/2} = 1. \tag{3.10}$$

Die Verteilungsfunktion $\Phi(z)$ der normierten Normalverteilung ist für das bestimmte Integral von $-\infty$ bis z im Anhang tabelliert. Im Bereich einer Standardabweichung um den Mittelwert liegen bei einer Normalverteilung 68 % der Fälle. 95 % der Meßwerte liegen im Bereich von zwei Standardabweichungen (exakt $\mu \pm 1,96\sigma$). Wird beim Signifikanztest auf die Normalverteilung als Prüfverteilung zurückgegriffen, ist bei 95 % statistischer Sicherheit ($\alpha = 0,05$) und zweiseitiger Fragestellung 1,96 der entsprechende z-Wert, wie der Abbildung 3.9 zu entnehmen ist.

Im folgenden wird häufiger auf Verteilungen zurückgegriffen, die aus der Standardnormalverteilung abgeleitet sind. Dies sind die χ^2-, die F- und die t-Verteilung. Die **χ^2-Verteilung** leitet sich aus der Normalverteilung ab, wenn die Summe der

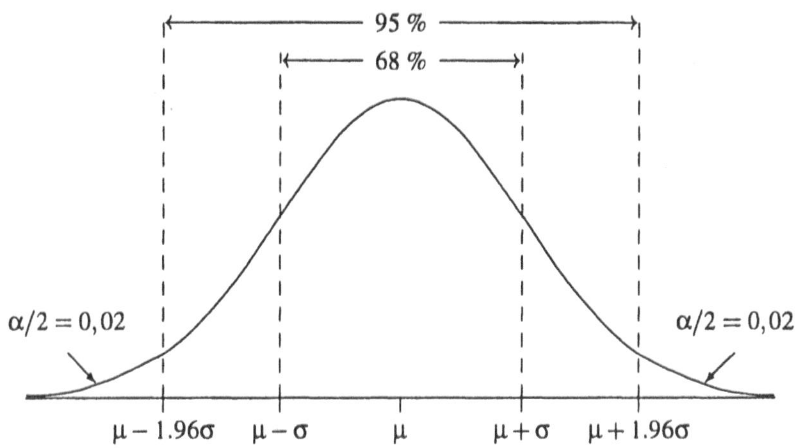

Abb. 3.9: Normalverteilung

Quadrate von m unabhängigen und standardnormalverteilten Variablen z gebildet wird. D. h.:

$$x_m^2 = z_1^2 + z_2^2, \ldots, z_m^2. \tag{3.11}$$

Die Form dieser asymmetrischen Dichtefunktion hängt davon ab, wieviele Variablen in die Gleichung eingehen. Genauer gesagt müßte man also im Plural von dieser Verteilung sprechen. Die Anzahl m wird als Zahl der **Freiheitsgrade** (d.f., degrees of freedom) bezeichnet und meint die Anzahl der Variablen, die unabhängig voneinander variieren. Die Freiheitsgrade sind der Mittelwert einer χ^2-Verteilung, und deren Streuung ist $\sigma = \sqrt{2n}$. Die Fläche unterhalb der asymmetrischen χ^2-Funktion wird auf 1 normiert und für bestimmte Signifikanzniveaus und Freiheitsgrade tabelliert. Ist ein empirischer Wert für χ^2 größer als der tabellierte Wert bei m Freiheitsgraden und a priori fixiertem Signifikanzniveau, dann ist dieses Testergebnis signifikant.

Sind χ_{m1}^2 und χ_{m2}^2 zwei unabhängige Variablen mit m_1 bzw. m_2 Freiheitsgraden, ergibt ihr Quotient multipliziert mit dem Kehrwert der Freiheitsgrade

$$F = \frac{\chi_{m1}^2}{\chi_{m2}^2} \frac{m_2}{m_1} \tag{3.12}$$

eine Dichtefunktion, die als Fischersche **F-Verteilung** bezeichnet wird. Die F-Verteilungen sind von der Anzahl der Freiheitsgrade beider Variablen abhängig.

Ist z eine standardnormalverteilte Variable und χ^2_m eine von z unabhängige und mit m Freiheitsgraden χ^2-verteilte Variable, so definiert

$$t_m = \frac{z}{\sqrt{\chi^2_m/m}} \tag{3.13}$$

Gossets sogenannte ‚Student'-**t-Verteilung**. Die t-Verteilung ist wie die Normalverteilung symmetrisch mit einem Mittelwert von $\mu = 0$ für $m > 1$. Ihre Streuung variiert in Abhängigkeit von den Freiheitsgraden $\sigma = \sqrt{m/(m-2)}$ für $m > 2$. Die t-Verteilung ist schmalgipfliger als die Normalverteilung, deren Form sie sich mit wachsendem n annähert.

3.2.4 Schätzungen von Parametern und Intervallen

Aufgrund der Kennwerte einer Zufallsstichprobe sollen häufig die entsprechenden Parameter in der Grundgesamtheit geschätzt werden. Ein Beispiel für eine Schätzfunktion ist das arithmetische Mittel ($\bar{x}$) einer Stichprobe, das als Schätzer des wahren Parameters μ in der Grundgesamtheit interpretiert werden kann. Allgemein soll eine Schätzfunktion ($\hat{\theta}$) den wahren Parameter (θ) in der Grundgesamtheit möglichst ‚gut' schätzen. Die Güte eines Schätzers wird anhand verschiedener Kriterien beurteilt.

In Abhängigkeit von der Stichprobenkonfiguration werden Schätzungen von den wahren Werten abweichen. Eine Schätzfunktion wird **erwartungstreu** genannt, wenn sie im Mittel über mehrere Stichproben den tatsächlichen Wert des Parameters erbringt. Der Stichprobenmittelwert $\bar{x}$ ist eine erwartungstreue Schätzung des Parameters μ in der Grundgesamtheit. Die Varianz einer Stichprobe s^2 ist dagegen um den Faktor $n/(n-1)$ zu korrigieren, um eine erwartungstreue Schätzung einer Populationsvarianz von σ^2 zu liefern. Ferner wird von einer Schätzfunktion **Konsistenz** gefordert. Konsistente Schätzfunktionen nähern sich mit wachsendem Stichprobenumfang dem Parameter, d. h. für $n \to \infty$ strebt der Kennwert $\hat{\theta}$ gegen den tatsächlichen Parameter θ, und die Streuung tendiert gegen Null. Schließlich sollten gute Schätzer **effizient** und **suffizient** sein. Dies meint zum einen, daß die Varianz einer Schätzung bei einem bestimmten Stichprobenumfang möglichst gering sein sollte. Ein Schätzer ist relativ zu einem anderen effizient, wenn seine Varianz bei gleichem Stichprobenumfang geringer ist. Zum anderen sollten die Schätzungen die gesamte Information einer Verteilung berücksichtigen.

In diesem Sinne sind das arithmetische Mittel und die korrigierte Varianz erwartungstreue, konsistente und erschöpfende Schätzer. Eine lineare Schätzfunktion, die erwartungstreu und absolut effizient ist, bezeichnet man als BLUE (best linear unbiased estimator).

Die Statistik kennt verschiedene Verfahren zur Konstruktion von **Parameterschätzungen**, auf die hier nur hingewiesen werden soll.

Die sogenannte **Momentenmethode** schätzt die Momente einer Grundgesamtheit aufgrund der empirischen Momente einer Stichprobe. Das r-Zentralmoment einer Verteilung ist als $M_r = 1/n\sum_{i=1}^{n}(x_i - c)^r$ definiert. Für $c = 0$ und $r = 1$ erhält man das arithmetische Mittel. Für $r = 2$ und $c = \bar{x}$ erhält man die Varianz. Momentenschätzer sind konsistente und mindestens asymptotisch erwartungstreue, aber nicht immer effiziente und erschöpfende Statistiken.

Nach der **Maximum-Likelihood-Methode** sucht man zunächst eine Funktion $L(a)$, die die Wahrscheinlichkeit für das Auftreten einer Stichprobenverteilung beschreibt. Dies setzt voraus, daß der Verteilungstyp in der Grundgesamtheit bekannt ist. Als Maximum-Likelihood-Schätzer bezeichnet man den Wert a, für den die Funktion $L(a)$ ein Maximum erreicht. Maximum-Likelihood-Schätzer sind immer erschöpfend, effizient und konsistent. Sie sind aber nicht notwendig erwartungstreu. So sind das arithmetische Mittel und die Varianz beste Schätzer im Sinne der Maximum-Likelihood-Theorie, die unkorrigierte Varianz ist aber keine erwartungstreue Statistik.

Das dritte wichtige Konstruktionsprinzip der Parameterschätzung ist die **Methode der kleinsten Quadrate**. Bei dieser Methode wird ein Wert für a gesucht, der die Funktion $f(a) = \sum_{i=1}^{n}(x_i - a)^2$ minimiert. Schätzungen nach der Methode der kleinsten Quadrate sind linear, erwartungstreu und unter bestimmten Umständen effizient.

Bei einer **Intervallschätzung** wird ein Bereich angegeben, in welchem der unbekannte Parameter in der Grundgesamtheit liegt. Zur Konstruktion von Intervallschätzungen benutzt man den sogenannten Standardfehler eines Koeffizienten. Der Standardfehler des Mittelwerts (standard error of mean, $SE_{\bar{x}}$) ergibt sich beispielsweise als Wurzel aus dem Quotienten von geschätzter Populationsvarianz ($\hat{\sigma}^2$) und der Fallzahl. Die Stichprobenvarianz wird mit $n/(n-1)$ multipliziert, um den Stichproben-Bias zu korrigieren und eine erwartungstreue Schätzung der Populationsvarianz zu erhalten.

$$SE_{\bar{x}} = \sqrt{\frac{\hat{\sigma}^2}{n}} = \sqrt{\frac{\sum_{i=1}^{n}(x_i - \bar{x})^2}{n(n-1)}}. \tag{3.14}$$

Der Standardfehler sinkt also bei Zunahme der Untersuchungseinheiten. Gleiches gilt, wenn die Variation der Daten gering ist. Der Standardfehler kann nun dazu benutzt werden, einen **Mutungsbereich** für den Mittelwert zu bestimmen, wobei für große Stichproben ($n > 30$) auf die Standardnormalverteilung zurückgegriffen werden kann, andernfalls ist die t-Verteilung zu benutzen. Für ein bestimmtes Sicherheitsniveau kann nun angegeben werden, innerhalb welcher Grenzen der Parameter der Grundgesamtheit liegt. Beispielsweise liegt der Parameter μ für große Stichproben mit 95 % Sicherheit, anders ausgedrückt für 95 von 100 gleichartigen Zufallsstichproben, in den Grenzen $\bar{x} \pm 1{,}96 SE_{\bar{x}}$.

Standardfehler können auch für andere statistische Kennwerte angegeben werden. Hier soll nur auf den Standardfehler des Medians hingewiesen werden, der zur Erstellung von Box-and-Whisker-Plots benutzt werden kann (Vgl. S. 87). Er lautet:

$$SE_{\tilde{x}} = 1{,}25\sqrt{\frac{\hat{\sigma}^2}{n}}. \tag{3.15}$$

3.2.5 Anpassungstests an die Normalverteilung

Inferenzstatistische Modelle für metrische Variablen haben regelmäßig zur Voraussetzung, daß die Form ihrer Verteilung der glockenförmigen Normalverteilung ähnlich ist. Zur Überprüfung, ob eine unimodale, metrische Variable als annähernd normalverteilt gelten kann, können die Kennwerte für **Schiefe** (g_1, Skewness) und **Wölbung** oder Exzeß (g_2, Kurtosis) nützlich sein. Ihre Berechnung beruht auf den zentralen Momenten einer Verteilung. Aus dem dritten und vierten Zentralmoment leitet man die Größen g_1 und g_2 ab und erhält:

$$g_1 = \frac{\sum_{i=1}^{n} z_i^3}{n}; \qquad g_2 = \frac{\sum_{i=1}^{n} z_i^4}{n} - 3. \tag{3.16}$$

Ist der Wert der Schiefe $g_1 = 0$, so ist die Verteilung symmetrisch. Bei einem positiven Wert liegt Linkssteilheit und bei einem negativen Rechtssteilheit vor. Hat eine Verteilung die gleiche Wölbung wie die Normalverteilung, so ist der Wert der Wölbung $g_2 = 0$. Für schmalgipflige (leptokurtische, hyperexzessive) Verteilungen ist ihr Wert positiv, für breitgipflige (platykurtische, hypexzessive) entsprechend negativ. Wenn beide Maßzahlen nahe bei 0 liegen, ist also davon auszugehen, daß eine Variable normalverteilt ist. ‚Nahe bei Null‘ heißt nach einer Faustregel, daß bei großen Stichproben ($n > 400$) die Maßzahlen im Wertebereich von $-0{,}5 \leq g_1 \leq +0{,}5$ bzw. $-1 \leq g_2 \leq +1$ liegen. Die näherungsweise normalverteilten Quotienten der Kennwerte und ihres Standardfehlers g_1/SE_{g_1} und g_2/SE_{g_2} können dazu genutzt werden, um einen Test auf Normalverteilung durchzuführen (vgl. *G. A. Lienert* und *U. Raatz* 1994, S. 147 ff.).

Besonders für kleinere Stichproben ($n \leq 100$) ist zur Überprüfung, ob eine Variable als normalverteilt gelten kann, der **Kolmogorov-Smirnov-Test** geeignet. Der Test vergleicht die kumulierte relative Häufigkeitsverteilung einer beobachteten mit einer stetigen theoretischen Verteilung, z. B. einer Normalverteilung. Die Parameter der theoretischen Verteilung, d. h. μ und σ^2 im Fall einer Normalverteilung, sollten bekannt sein. Die Prüfgröße basiert auf der größten absoluten Differenz zwischen beiden Verteilungsfunktionen.

$$\sqrt{n}D_n \quad \text{mit} \quad D_n = \max_{x_i} |S_n(x_i) - F_0(x_i)|, \tag{3.17}$$

wobei $S_n(x_i)$ die beobachtete Summenhäufigkeitsfunktion und $F_0(x_i)$ die theoretische Summenhäufigkeitsfunktion bezeichnet. Die Nullhypothese behauptet, daß die in der Grundgesamtheit unbekannte Verteilungsfunktion der beobachteten Variable $F(x)$ und die theoretische Verteilung $F_0(x)$ für alle x gleich sind: $H_0 : F(x) = F_0(x)$. Kann die Nullhypothese nicht zurückgewiesen werden, akzeptieren wir die Alternativhypothese, die besagt, daß die Verteilungen für mindestens einen Wert von x verschieden sind: $H_1 : F(x) \neq F_0(x)$.

Insbesondere im Fall eines Normalverteilungstests ist man bei praktischen Anwendungen im Regelfall nicht daran interessiert, ob die empirische Verteilung einer bestimmten Normalverteilung mit bekannten Parametern μ und σ^2 gleicht, sondern ob die beobachtete Variable einer Normalverteilung mit unbekannten Parametern folgt. Dies bedeutet, daß die Parameter μ und σ^2 aufgrund der Stichprobenparameter $\bar{x}$ und s^2 geschätzt werden müssen. Statt die Verteilungsfunktion einer bestimmten Normalverteilung $F_0 = \Phi((x - \mu_0)/\sigma_0)$ in Gleichung (3.17) einzusetzen, berechnet man daher

$$\sqrt{n}L_n \quad \text{mit} \quad L_n = \max_{x_i} |S_n(x_i) - \Phi(\frac{x - \bar{x}}{s^2})|. \tag{3.18}$$

L_n ist nicht in gleicher Weise verteilt wie D_n. Benutzt man Gleichung (3.18) unter Verwendung der kritischen Werte für D_n, dann ist der Test häufig unbrauchbar, da er extrem konservativ ist. Dies bedeutet, daß für größere Stichproben schon kleinste Abweichungen der empirischen von der Normalverteilung genügen, um die Nullhypothese zurückzuweisen. *H. W. Lilliefors* (1967) hat aufgrund von Verteilungsstudien korrigierte kritische Werte vorgeschlagen. Dieser sogenannte **Lilliefors-Test**, der in der explorativen Datenanalyse eingesetzt wird, empfiehlt sich also, wenn die Parameter der Normalverteilung aufgrund der Stichprobe geschätzt werden. Als weitere Anpassungstest sind **Shapiro-Wilks** W und **Anderson-Darlings** A^2 zu nennen. Die Shapiro-Wilks-Statistik gilt als sehr zuverlässiger Test und wird für kleinere Fallzahlen ($n \leq 2000$) empfohlen. Für sehr große Stichproben ($n \geq 2000$) kann dagegen A^2 benutzt werden. Beide Tests unterstellen mit der Nullhypothese, daß die beobachtete Variable normalverteilt ist.

Neben den genannten Darstellungstechniken sind zur Prüfung der Normalverteilungsannahme sogenannte **Normalverteilungsplots** besonders geeignet. Dabei werden die beobachteten Werte gemeinsam mit den erwarteten Werten der Normalverteilung in ein zweidimensionales Streudiagramm eingetragen. Scharen sich die Punkte eng um eine gedachte Gerade, so ist dies ein Hinweis auf Normalverteilung. Plottet man die Abweichungen einer annähernd normalverteilten Variablen von dieser Geraden, so wird in diesem Streudiagramm (detrended normal plot) kein Muster zu erkennen sein.

Abschließend ist darauf hinzuweisen, daß der Nachweis einer bestimmten Verteilungsform in keinem Fall zur Annahme eines bestimmten Skalenniveaus berechtigt, auch wenn häufig von der Erfüllung der Normalverteilungsbedingung auf Intervallskalenniveau geschlossen wird. Wie oben diskutiert, ist das Skalenniveau von vorgängigen, meßtheoretischen Überlegungen abhängig.

3.2.6 Weiterführende Hinweise

Für die in diesem Abschnitt diskutierten Statistiken sei auf die einführende statistische Literatur verwiesen. Normalverteilungsplot, Stem-and-Leaf-Diagramm und Box-and-Whisker-Plots sind Darstellungsformen, welche im Rahmen der **Explorativen Datenanalyse** (EDA) eingesetzt werden. In diesem Zusammenhang wurde eine Vielzahl graphischer und numerischer Verfahren entwickelt, mittels derer erhellt werden kann, welchen Erklärungswert ein Datensatz für eine Fragestellung besitzt. Zur Einführung in die Techniken und die ‚Philosophie' der EDA sei auf die Bücher von *J. W. Tukey* (1977) sowie *P. F. Velleman* und *D. C. Hoaglin* (1981) verwiesen.

Skalenniveau	*Lagemaße*	*Dispersionsmaße*	*Sonstige*
nominal	Modus (x_{mod})		
ordinal	Median ($\tilde{x}$)	Range (R), Perzentile (P), Quartile (Q)	
metrisch	arithm. Mittel ($\bar{x}$)	Varianz (s^2), Standardabweichung (s)	Schiefe (g_1), Wölbung (g_2)

Abb. 3.10: Deskriptive Maßzahlen für univariate Verteilungen

3.3 Analyse von Unterschieden

Eine typische Fragestellung sozialwissenschaftlicher Datenanalyse ist, ob und inwieweit sich Gruppen oder Teilgruppen bezüglich einer Variablen unterscheiden. So könnte gefragt werden, ob Abteilungs- und Gruppenleiter mit ihrer Arbeit zufriedener sind als Sachbearbeiter. Die Gruppierungsvariable (Stellung im Betrieb) wird in diesem Zusammenhang auch als **unabhängige Variable** bezeichnet, während die Variable, hinsichtlich welcher die Gruppen untersucht werden (Arbeitszufriedenheit), **abhängige Variable** genannt wird. Die unabhängige Variable wird als x, die abhängige als y notiert.

Zur Beantwortung derartiger Fragen wird in der statistischen Literatur eine Vielzahl von Modellen vorgeschlagen. Die Auswahl eines geeigneten statistischen Modells richtet sich dabei nach drei Kriterien:

- dem Datenniveau,
- der Anzahl der Stichproben und
- der Art der Stichproben.

Hinsichtlich des Datenniveaus werden die statistischen Modelle in sogenannte **parametrische** und **nicht-parametrische** Verfahren unterschieden. Parametrische oder verteilungsabhängige Verfahren beruhen auf Stichprobenparametern wie dem arithmetischen Mittel oder der Streuung. Sie haben daher zur Voraussetzung, daß die abhängige Variable metrisches Datenniveau besitzt und annähernd normalverteilt ist. Nicht-parametrische Verfahren haben dagegen nur nominales bzw. ordinales Datenniveau zur Voraussetzung.

Modelle für eine Stichprobe prüfen die Frage, ob diese aus einer bestimmten Grundgesamtheit — beispielsweise aus einer normalverteilten Grundgesamtheit — stammt. Beispiele für diese Fragestellung sind die zuvor diskutierten Anpassungstests. Bei der Frage nach den Differenzen zwischen Stichproben wird dagegen geprüft, ob diese aus einer **gemeinsamen Grundgesamtheit** stammen.

Im Hinblick auf die Art der Stichproben werden **abhängige** und **unabhängige Stichproben** unterschieden. Für abhängige Stichproben (dependent oder paired samples) sind Mehrfachmessungen beim selben Personenkreis typisch. Wird bei einer Gruppe von Studenten beispielsweise eine Lern- oder Lehrerfolgsmessung an zwei Zeitpunkten t_1 und t_2 durchgeführt, so handelt es sich offenbar um abhängige Stichproben. Derartige Gegebenheiten sind typisch für Paneluntersuchungen, prädiktive Studien wie beispielsweise zur Personalauswahl und experimentelle Forschungsdesigns. Bei nicht-experimentellen Untersuchungen überwiegen dagegen unabhängige Stichproben (independent samples), bei denen die Untersuchungseinheiten nicht identisch sind. Ein Beispiel ist die Fragestellung, ob sich Frauen und Männer bezüglich der geäußerten Arbeitszufriedenheit unterscheiden.

Die Frage, inwieweit Stichproben voneinander unabhängig sind, ist allerdings nicht immer ganz leicht zu beantworten. Werden beispielsweise Eheleute hinsichtlich ihrer Einstellung zu Erziehungsstilen befragt, so ist nicht ohne weiteres davon auszugehen, daß es sich um eine unabhängige Stichprobe handelt. Obwohl nichtidentische Untersuchungseinheiten vorliegen, ist zu vermuten, daß die Einstellungen von Frauen und Männern in diesem Fall nicht voneinander unabhängig sind. Um die Frage zu beantworten, inwieweit Stichproben bezüglich einer Variablen gemeinsam variieren, kann auf die Korrelation zwischen den Gruppen zurückgegriffen werden. Korrelieren die Einstellungen der Eheleute signifikant positiv miteinander, so ist anzunehmen, daß Frauen und Männer nicht als unabhängige Stichproben zu behandeln sind.

Stichproben		*Datenniveau*	
Zahl Art	nominal	ordinal	metrisch
1	Binominaltest, χ^2-Test	Iterationstest	Kolmogorov-Smirnov-Test, Lilliefors-Test, Konfidenzintervall, *t*-Test
2 unabh.	χ^2-Test, Fisher-Yates-Test	Mediantest, Mann-Whitney-*U*-Test, Wald-Wolfowitz-Test, Moses-Test, Kolmogorov-Smirnov-Test	*t*-Test
k unabh.	$\chi^2 - Test$	Mediantest, Kruskal-Wallis Rangvarianzanalyse	einfache Varianzanalyse (ANOVA)
2 abh.	McNemar-Test	Vorzeichentest, Wilcoxon-Test	*t*-Test
k abh.	Cochrans-Q	Friedman-Test, Kendalls-Konkordanz-Koeffizient	mehrfache Varianzanalyse (ANOVA, MANOVA)

Abb. 3.11: Signifikanztests

In Übersicht 3.11 sind wichtige Signifikanztests nach den diskutierten Kriterien zusammengestellt. Bezüglich der zugrundeliegenden Fragestellungen und besonderer Anwendungsvoraussetzungen sei auf die Literatur verwiesen. Verfahren der schließenden Statistik werden in allen gängigen Lehrbüchern diskutiert. Für die im sozialwissenschaftlichen Bereich wichtigen nicht-parametrischen Verfahren sei das Buch von *S. Siegel* (1976) empfohlen. Möglichkeiten der Varianzanalyse werden eingehend von *J. M. Diehl* (1978) diskutiert. Im Rahmen dieser Einführung werden nur einige Modelle für unabhängige Stichproben erläutert.

3.3.1 Vergleich zweier Mittelwerte: t-Test

Wird die Frage untersucht, ob sich zwei Gruppen bezüglich einer metrischen Variable unterscheiden, so ist es naheliegend, die beiden Mittelwerte — die Kennwerte der zentralen Tendenz einer Verteilung — miteinander zu vergleichen. Stammen beide Stichproben aus einer gemeinsamen Grundgesamtheit, so ist zu erwarten, daß sich ihre Mittelwerte nicht allzu stark voneinander unterscheiden. Der **t-Test** prüft, ob die Differenz zweier Mittelwerte als zufällig oder überzufällig anzusehen ist.

Konkret könnte eine zu prüfende Hypothese lauten, daß die Mittelwerte der Variable Arbeitszufriedenheit (SAZ) für die Gruppe der Frauen bzw. der Männer voneinander verschieden sind. In diesem Zusammenhang ist es wichtig, zwischen **ungerichteten** und **gerichteten Hypothesen** bzw. **zweiseitigen** und **einseitigen Fragestellungen** zu unterscheiden. Die oben formulierte Hypothese ist ungerichtet, da sie keine Spezifizierung zur Richtung der Differenz enthält. Eine einseitige Fragestellung oder gerichtete Hypothese läge dagegen bei folgender Formulierung der Hypothese vor: Der Mittelwert der Variable Arbeitszufriedenheit ist in der Gruppe der Frauen geringer als in der Gruppe der Männer. Gerichtete Hypothesen sind selbstverständlich falsifiziert, wenn der Mittelwertunterschied nicht in der erwarteten Richtung auftritt. Findet sich die erwartete Differenz, so stellt sich die Frage, ob diese zufällig aufgetreten sein kann. Da es sich um eine gerichtete Hypothese handelt, ist ein einseitiger Signifikanztest zu wählen. Datenanalysesysteme berechnen dagegen die Signifikanzen vielfach nur für zweiseitige Fragestellungen. Sofern die statistischen Testgrößen auf der symmetrischen Normalverteilung oder der t-Verteilung basieren, kann bei einseitigen Fragestellungen das ausgewiesene Signifikanzniveau halbiert werden.

Der t-Test für unabhängige Stichproben hat im einzelnen folgende Voraussetzungen:

- die beiden Gruppen x_1 und x_2 sind voneinander unabhängige Stichproben,
- die abhängige Variable y ist mindestens intervallskaliert,

- die abhängige Variable ist für beide Gruppen normalverteilt und
- die Varianzen der abhängigen Variable sind für die Gruppen ungefähr gleich.

Sofern die erste Voraussetzung nicht erfüllt ist (Meßwiederholungen, korrelierende Stichproben), ist bei gleicher Fragestellung das t-Test-Modell für abhängige Stichproben zu wählen. Liegt kein metrisches Datenniveau vor, so sind nichtparametrische Signifikanztests zu wählen. Der t-Test gilt zwar gegenüber Verletzungen der Normalverteilungsannahme als relativ robust, trotzdem sollte man mittels der oben beschriebenen Verfahren prüfen, ob die abhängige Variable annähernd normalverteilt ist. Dabei ist zu beachten, daß die abhängige Variable in beiden Gruppen normalverteilt sein soll. Die Überprüfung muß also für die Gruppen getrennt vorgenommen werden.

Die Annahme, daß die Varianz in beiden Teilgruppen annähernd gleich ist, kann mittels des **F-Tests** überprüft werden. Dazu wird die größere der beiden Varianzen durch die kleinere dividiert:

$$F = \frac{s^2_{max}}{s^2_{min}} \quad \text{mit} \quad d.f._1 = n_1 - 1;\ d.f._2 = n_2 - 1. \tag{3.19}$$

Die Nullhypothese lautet, daß die Varianzen in der Grundgesamtheit gleich sind: $H_0 : \sigma_1^2 = \sigma_2^2$. Die H_0 wird bei einem signifikanten Ergebnis zurückgewiesen, wobei sich ein Signifikanzniveau von $\alpha = 0,1$ empfiehlt, um den β-Fehler zu minimieren. Als alternativer Varianzhomogenitätstest wird der **Levene-Test** vorgeschlagen, welcher im Unterschied zur F-Statistik auf die Normalverteilungsannahme verzichtet und nur eine in der Grundgesamtheit stetige Verteilung voraussetzt. Für die k Gruppen werden die Mittelwerte $\bar{y}_j$ gebildet und die Meßwerte nach

$$L_{ij} = |y_{ij} - \bar{y}_j|, \quad \text{für} \quad 1 \leq i \leq n_j, 1 \leq j \leq k \tag{3.20}$$

transformiert. Diesen Werten werden Ränge R_{ij} zugeordnet. Haben mehrere L_{ij} gleiche Werte, wird die jeweilige Rangzahl gemittelt. Auf diese Rangreihen wendet man die Rangvarianzanalyse nach Kruskal und Wallis an (vgl. *J. Hartung* et al. 1993, S. 617 sowie Abschnitt 3.3.3, S. 108 ff.). Wird aufgrund des F-Tests oder des Levene-Tests die Alternativhypothese ($H_1 : \sigma_1^2 \neq \sigma_2^2$) akzeptiert, ist ein t-Test für unterschiedliche Varianzen durchzuführen.

Dem t-Test liegen folgende Überlegungen zugrunde: Vorausgesetzt wird, daß beide Stichproben mit dem Umfang n_1 und n_2 aus normalverteilten Grundgesamtheiten mit μ_1 und μ_2 und gleicher Streuung ($\sigma_1 = \sigma_2$) stammen. Da eine Normalverteilung durch ihren Mittelwert und ihre Streuung vollständig bestimmt ist, wird angenommen, daß die Stichproben aus derselben Grundgesamtheit stammen, sofern sich die Mittelwerte nicht zu stark voneinander unterscheiden: $H_0 : \mu_1 - \mu_2 = 0$. Die Alternativhypothese lautet entsprechend $H_1 : \mu_1 \neq \mu_2$. Zieht man aus einer Grundgesamtheit zufällig eine Reihe von Stichproben, so werden die Mittelwerte der Stichproben allerdings zufällig voneinander abweichen. Es ergibt sich also eine Verteilung der Mittelwertsdifferenzen $(\bar{y}_1 - \bar{y}_2)$. Es läßt sich zeigen, daß die Differenzen der Mittelwerte wiederum normal- bzw. für kleine Stichproben t-verteilt sind. Die Verteilung der Differenzen hat folglich einen Mittelwert von $\mu = 0$ und eine Streuung von:

$$\sigma_{\bar{y}_1 - \bar{y}_2} = \sqrt{\frac{\sigma^2}{n_1} + \frac{\sigma^2}{n_2}}. \tag{3.21}$$

Unter diesen Bedingungen läßt sich nun die relative Lage der Differenz der Stichprobenmittelwerte in der Verteilung der Mittelwertsdifferenzen bestimmen, indem der Standardwert z für die Mittelwertsdifferenz berechnet wird. Dieser ist gleichzeitig eine normalverteilte Prüfgröße, um zu testen, ob die Differenz der Stichprobenmittelwerte noch als zufällig zu betrachten ist. Setzt man Mittelwert und Streuung (3.21) in Formel (3.7) ein, erhält man den z-Wert:

$$z = \frac{\bar{y}_1 - \bar{y}_2 - 0}{\sigma_{\bar{y}_1 - \bar{y}_2}}. \tag{3.22}$$

Die Argumentation beruht nun darauf, daß sich die Streuung der normalverteilten Mittelwertsdifferenzen bestimmen läßt. Zu ihrer Bestimmung wird als Schätzung das gewogene arithmetische Mittel (3.2) der Stichprobenvarianzen herangezogen, woraus sich eine t-verteilte und damit für große Stichproben ($n > 30$) näherungsweise normalverteilte Prüfgröße nach folgender Formel ergibt:

$$t = \frac{\bar{y}_1 - \bar{y}_2}{\sqrt{s_p^2/n_1 + s_p^2/n_2}}, \quad \text{mit} \quad s_p^2 = \frac{s_1^2(n_1 - 1) + s_2^2(n_2 - 1)}{n_1 + n_2 - 2}. \tag{3.23}$$

Zur Berechnung des Signikanzniveaus sind neben dem t-Wert die Freiheitsgrade zu berücksichtigen, die eine Funktion der Stichprobengröße (d.f. $= n_1 + n_2 - 2$) sind.

Stützen F- bzw. Levene-Test die Annahme der Varianzhomogenität nicht, so wird folgende Formel zugrundegelegt:

$$t = \frac{\bar{y}_1 - \bar{y}_2}{\sqrt{s_1^2/n_1 + s_2^2/n_2}}. \tag{3.24}$$

Die Formeln verdeutlichen, daß im ersten Fall (3.23) die Varianzen zum Durchschnitt zusammengefaßt werden (pooled variance). Das Testmodell für ungleiche

Geschlecht v73		Arbeitszufriedenheit		
j		H_j	$\bar{y}$	s
1	Frauen	34	27,2	5,7
2	Männer	114	29,7	5,8

$$F = \frac{5,8^2}{5,7^2} = 1,04; \quad \text{bei} \quad \text{d.f.}_1 = 113,\ \text{d.f.}_2 = 33; \quad p = 0,97$$

$$s_p^2 = \frac{5,7^2(34-1)+5,8^2(114-1)}{34+114-2} \approx 33,4$$

$$t = \frac{27,2-29,7}{\sqrt{33,4/34+33,4/114}} \approx -2,22; \quad \text{bei} \quad \text{d.f.} = 148; \quad p = 0,03$$

Abb. 3.12: t-Test Arbeitszufriedenheit und Geschlecht

Varianzen (3.24) behandelt sie dagegen separat, weshalb zur Berechnung der Freiheitsgrade eine Korrekturformel benutzt wird (vgl. *J. Hartung* et al. 1993, S. 510). Sind beide Teilgruppen gleich groß, ergeben beide Formeln gleiche Ergebnisse.

Betrachten wir die Hypothese, daß sich Frauen und Männer hinsichtlich der Arbeitszufriedenheit voneinander unterscheiden. Die Tabelle 3.12 zeigt, daß die Mittelwerte beider Gruppen differieren. Danach ist die von Frauen geäußerte Arbeitszufriedenheit geringer. Zur Überprüfung des Unterschieds wird der t-Test herangezogen.

Zunächst wird ein F-Test auf Varianzhomogenität durchgeführt. Die H_0, daß die Varianzen gleich sind, kann bei einem Signifikanzniveau von $\alpha = 0,10$ nicht zurückgewiesen werden. Nutzt man die Tabelle der F-Verteilung im Anhang, ist ein theoretischer Wert von näherungsweise $F_{113/33;0,10} \approx 1,38$ abzulesen. Der empirische F-Wert von 1,04 ist kleiner, d. h. er liegt innerhalb des Intervalls der Verteilungsfunktion für den kritischen Wert. Entsprechend ist die in Abbildung 3.12 ausgewiesene Wahrscheinlichkeit $p = 0,97$ größer als die kritische Grenze von $\alpha = 0,10$.

Daher ist ein t-Test für homogene Varianzen zu berechnen. Für 146 d.f. ist im Anhang kein t-Wert vertafelt. Die Prüfgröße ist bei der Stichprobengröße von $n = 148$ näherungsweise normalverteilt und kann daher nach der Normalverteilungstabelle bestimmt werden. Der empirische Wert $t = 2,22$ ist absolut größer als der kritische z-Wert von 1,96. Er liegt also außerhalb des angenommenen Wahrscheinlichkeitsintegrals. Entsprechend ist die ausgewiesene Wahrscheinlichkeit $p = 0,03$ geringer als das geforderte Signifikanzniveau von $\alpha = 0,05$. Die Nullhypothese wird daher verworfen und die Alternativhypothese H_1 akzeptiert, daß sich Frauen und Männer bezüglich der Arbeitszufriedenheit unterscheiden. Bei einseitiger Fragestellung könnte die berechnete Wahrscheinlichkeit p halbiert werden.

3.3.2 Vergleich mehrerer Stichproben: Varianzanalyse

Der t-Test ist nur zum Vergleich von zwei Gruppen geeignet. Besitzt die unabhängige Variable mehr als zwei Ausprägungen, könnte man sie dichotomisieren, um dieses Modell zu nutzen. Interessiert beispielsweise der Zusammenhang zwischen Stellung im Betrieb (*v3*) und Arbeitszufriedenheit (*saz*), lassen sich Gruppenleiter und Abteilungsleiter zu einer Gruppe zusammenfassen und mit den Sachbearbeitern als zweiter Gruppe vergleichen. Mit der Verdichtung ist allerdings ein Informationsverlust verbunden. Man könnte daher auf den Ausweg verfallen, die Differenz der Mittelwerte bezüglich der Arbeitszufriedenheit zwischen Abteilungsleitern und Gruppenleitern, Gruppenleitern und Sachbearbeitern und schließlich zwischen Abteilungsleitern und Sachbearbeitern zu testen. Die Zahl der notwendigen Tests für k Stichproben ergibt sich nach $k(k-1)/2$. Bei 10 Stichproben müßten also bereits 45 Mittelwertsvergleiche durchgeführt werden. Abgesehen vom Aufwand ist dieses Vorgehen jedoch unzulässig.

Wird die Vorhersage einer Mittelwertdifferenz mit einem Signifikanzniveau von $\alpha = 0{,}05$ getestet, so bedeutet dies nichts anderes, als daß mit einer Fehlerwahrscheinlichkeit von 5 % die Mittelwertdifferenz als systematisch betrachtet wird. Bei der Prüfung von vielen Hypothesen kann dieses Signifikanzniveau allerdings nicht mehr korrekt angegeben werden. Auf lange Sicht gesehen werden nämlich bereits per Zufall 5 % der Tests signifikant, obwohl die Mittelwerte in der Grundgesamtheit gleich sind.

Sollen Mittelwertsvergleiche für mehrere unabhängige Gruppen überprüft werden, ist die **Varianzanalyse** das geeignete statistische Verfahren. Zur korrekten Anwendung des Modells müssen folgende Bedingungen erfüllt sein:

- metrisches Skalenniveau der abhängigen Variable y,
- Normalverteilung der abhängigen Variable y bezüglich der k Gruppen,
- annähernd gleiche Varianzen der abhängigen Variable bezüglich der Gruppen und
- annähernd gleiche Gruppenbesetzungen.

Metrisches Skalenniveau ist unabdingbare Voraussetzung des Modells. Ist die abhängige Variable nicht mindestens intervallskaliert, so ist die später besprochene Rangvarianzanalyse anzuwenden. Gegenüber Verletzungen der übrigen Annahmen ist die Varianzanalyse relativ robust. Sofern große Gruppen vorliegen ($n > 20$) und alle anderen Voraussetzungen erfüllt sind, hat die Verletzung der Normalverteilungsannahme zu vernachlässigende Konsequenzen bei der Berechnung des Signifikanzniveaus. Gleiches gilt für die Verletzung der Annahme homogener Varianzen und die Voraussetzung gleicher Gruppenbesetzungen. Sind die übrigen Bedingungen erfüllt, so wird auch in diesen Fällen das Signifikanzniveau nahezu korrekt geschätzt. Sind allerdings mehrere Bedingungen gleichzeitig verletzt, sollte auf nicht-parametrische Verfahren ausgewichen werden.

Zur Überprüfung der Annahme gleicher Varianzen können Bartletts Box-F-Test, Cochrans C oder Hartleys F-Max-Test eingesetzt werden. Letzterer betrachtet lediglich die Differenz zwischen der größten und der kleinsten Gruppenvarianz. **Cochrans** C sollte nur bei gleichen Gruppengrößen benutzt werden, während der **Bartlett-Test** auch bei ungleichen Gruppengrößen anwendbar ist. Es empfiehlt sich daher die Anwendung des letzteren Modells.

Tabelle 3.13 enthält die Mittelwerte der Variable Stellung im Betrieb (*v3*) — also der Gruppen Sachbearbeiter, Gruppenleiter und Abteilungsleiter — bezüglich der Variable Arbeitszufriedenheit. Die Mittelwerte unterscheiden sich erwartungsgemäß dahingehend, daß hierarchisch höher stehende Personen im Mittel eine höhere Arbeitszufriedenheit äußern. Die letzte Zeile enthält die von allen Befragten im Mittel geäußerte Arbeitszufriedenheit und deren Streuung.

Die Varianzanalyse erlaubt die Überprüfung, ob sich die Mittelwerte der Gruppen überzufällig unterscheiden. Die Nullhypothese lautet, daß die Mittelwerte in der Grundgesamtheit gleich sind. Die Alternativhypothese behauptet dagegen differierende Mittelwerte.

$$H_0 : \mu_1 = \mu_2 = \ldots = \mu_k; \quad H_1 : \text{ Es gibt } i, j \text{ mit } \mu_i \neq \mu_j.$$

Zur Operationalisierung der Stärke des Mittelwertunterschieds greift das Verfahren auf die Varianz zurück. Die Grundüberlegung ist, daß sich die gesamte Variation additiv aus zwei Komponenten zusammensetzt: der Variation innerhalb einer Gruppe um den Mittelwert derselben und der Variation zwischen den Gruppenmittelwerten. Ist die unabhängige Variable ohne Einfluß auf die abhängige Variable, so darf die Variation zwischen den Mittelwerten der Gruppen nicht größer werden als die Variation innerhalb der Gruppen erwarten läßt. Andernfalls wird die Variation zwischen den Gruppen auf den Einfluß der unabhängigen Variable zurückgeführt. Man spricht daher in diesem Zusammenhang auch von unerklärter (der Variation innerhalb einer Gruppe) und erklärter Variation (der Variation zwischen den Gruppen).

Die Variation zwischen den Gruppen (between groups) wird als die Summe der Abweichungsquadrate (*SS*) nach folgender Formel bestimmt:

$$SS_b = \sum_{j=1}^{k} n_j(\bar{y}_j - \bar{y}_{tot})^2, \tag{3.25}$$

wobei k die Anzahl der Gruppen, n_j die Fallzahl einer Gruppe, $\bar{y}_j$ ihren Mittelwert und $\bar{y}_{tot}$ das Mittel über alle Untersuchungseinheiten bezeichnet. Man spricht in diesem Zusammenhang auch von der Quadratsumme des Treatments.

Die Variation innerhalb der Gruppen (within groups) berechnet sich als:

$$SS_w = \sum_{j=1}^{k} \sum_{i=1}^{n_j} (y_{ij} - \bar{y})^2 = \sum_{j=1}^{k} (n_j - 1) s_j^2, \tag{3.26}$$

wobei s_{i^2} die Varianz um den jeweiligen Gruppenmittelwert bezeichnet. Diese Größe bezeichnet man auch als Fehlerquadratsumme. Die gesamte Variation SS_{tot} berechnet sich als Gesamtquadratsumme, die sich additiv aus der Variation zwischen den Gruppen und der Variation innerhalb der Gruppen zusammensetzt. Man spricht daher auch von Quadratsummenzerlegung.

$$SS_{tot} = \sum_{j=1}^{k} \sum_{i=1}^{n_j} (\bar{y}_{ij} - \bar{y}_{tot})^2 = SS_b + SS_w. \tag{3.27}$$

Gewichtet man die jeweiligen Quadratsummen mit den Freiheitsgraden, wobei sich die Freiheitsgrade zwischen den Gruppen als Anzahl der Gruppen minus einem Freiheitsgrad $(k-1)$ und innerhalb der Gruppen als Gesamtzahl der Untersuchungseinheiten abzüglich der Anzahl der Gruppen $(n-k)$ ergeben, so erhält man die sogenannten mittleren Quadratsummen (*MSS*, mean sum of squares), die eine Schätzung der jeweiligen Varianz in der Grundgesamtheit sind. Das Verhältnis der mittleren Quadrate zwischen den Gruppen und innerhalb der Gruppen ergibt eine F-verteilte Prüfgröße mit $k-1$ und $n-k$ Freiheitsgraden.

$$F = \frac{MSS_b}{MSS_w}. \tag{3.28}$$

Ist F größer als der theoretische Wert $F_{df1,df2;\alpha}$, schließen wir auf einen signifikanten Unterschied zwischen den Mittelwerten und weisen die Nullhypothese zurück. Für das Beispiel in Abbildung 3.13 berechnet sich ein Wert $F \approx 5{,}780$, der größer ist als der kritische Grenzwert für $F_{2,145;0,05} \approx 3{,}00$. Anders ausgedrückt ist die Wahrscheinlichkeit des empirischen F-Wertes mit $p = 0{,}004$ geringer als das gewählte Signifikanzniveau von $\alpha = 0{,}05$. Die Alternativhypothese, daß sich die Gruppen bezüglich der Arbeitszufriedenheit voneinander unterscheiden, wird daher akzeptiert. Es ist zu beachten, daß bei einseitiger Fragestellung das ausgewiesene Signifikanzniveau, wegen des Rückgriffs auf die asymmetrische F-Verteilung, nicht halbiert werden darf.

Das Ergebnis der Varianzanalyse gibt nur Aufschluß darüber, daß sich die Mittelwerte in der Grundgesamtheit überzufällig unterscheiden. Welche Gruppen sich

j	Stellung (*v3*)	Arbeitszufriedenheit *saz* H_j	$\bar{y}$	s
1	Sachbearbeiter	96	28,13	5,92
2	Gruppenleiter	32	30,09	4,58
3	Abteilungsleiter	20	32,65	5,99
	Gesamt	148	29,16	5,85

$$\begin{aligned}
SS_b &= 96(28,13-29,16)^2+32(30,09-29,16)^2+20(32,65-29,16)^2\\
&= 372,88\\
SS_w &= (96-1)5,93^2+(32-1)4,58^2+(20-1)5,99^2 = 4072,66\\
MSS_b &= \frac{372,88}{2} = 186,44; \quad \text{d.f.}_b = 3-1=2\\
MSS_w &= \frac{4072,66}{145} = 32,23; \quad \text{d.f.}_w = 148-3=145\\
F &= \frac{186,44}{32,23} \approx 5,78; \quad p = 0,0037
\end{aligned}$$

$$\begin{aligned}
|\bar{y}_1-\bar{y}_2| = 1,96 \quad \text{Diff}_{0,05} &= \sqrt{2\cdot 32,23\cdot 3,00\cdot(1/96+1/32)} = 2,90\\
|\bar{y}_1-\bar{y}_3| = 4,52 \quad \text{Diff}_{0,05} &= \sqrt{2\cdot 32,23\cdot 3,00\cdot(1/96+1/20)} = 3,56\\
|\bar{y}_2-\bar{y}_3| = 2,56 \quad \text{Diff}_{0,05} &= \sqrt{2\cdot 32,23\cdot 3,00\cdot(1/32+1/20)} = 4,11
\end{aligned}$$

Abb. 3.13: Varianzanalyse Arbeitszufriedenheit bezüglich der Stellung im Betrieb

signifikant voneinander unterscheiden, wissen wir nicht. Darüber können sogenannte **multiple** oder **post hoc-Vergleichstest** Auskunft geben. Bei der Berechnung ihrer Prüfgröße wird die gesamte unerklärte Varianz und die Zahl der Gruppen berücksichtigt. Damit wird vermieden, daß zuviele Differenzen als signifikant verschieden ausgewiesen werden, wie dies bei Anwendung eines Tests für Stichprobenpaare der Fall wäre. Die Modelle sind allerdings nicht unumstritten, wobei besonders gegen den Duncan-Test Bedenken vorgetragen werden. *J. M. Diehl* (1978, S. 58 ff.) empfiehlt aufgrund dieser Diskussion die Verwendung der Tests nach **Tukey** oder **Scheffé**. Beide Modelle gelten als konservativ, d. h. die Wahrscheinlichkeit, die Nullhypothese zu Unrecht zu verwerfen, ist gering. Soll die Wahrscheinlichkeit eines β-Fehlers gering gehalten werden, ist daher das Signifikanzniveau α zu erhöhen.

Die Anwendung des Tukey-Tests empfiehlt sich bei gleichen Gruppengrößen. Weichen die Besetzungen der Gruppen stark voneinander ab, sollte der Scheffé-Test benutzt werden.

Man berechnet zunächst die absoluten Differenzen aller Mittelwertspaare und vergleicht die Mittelwertdifferenz mit einem kritischen Wert. Ist die Mittelwertdifferenz größer als die Grenzdifferenz Diff_α, erkennt man den Unterschied zum Niveau α als signifikant an. Für den Scheffé-Test bestimmt sich die Grenzdifferenz nach folgender Formel:

$$\text{Diff}_\alpha = \sqrt{(k-1) \cdot MSS_w \cdot F_{df1,df2;\alpha} \cdot (1/n_j + 1/n_{j'})}. \tag{3.29}$$

Auf das Beispiel bezogen wird nur die Differenz zwischen Abteilungsleitern und Sachbearbeitern als signifikant eingestuft.

Bei Verwendung der Modelle ist darauf zu achten, daß ihr Ergebnis nicht unabhängig von der Anzahl der einbezogenen Stichproben ist. Werden beispielsweise drei Stichproben untersucht und findet sich zwischen den Stichproben 1 und 2 eine signifikante Mittelwertdifferenz von 10 Punkten, so muß dieselbe Differenz von 10 Punkten bei Einbezug von mehr als drei Stichproben nicht mehr signifikant sein. Dieser Nachteil der Verfahren fällt jedoch nur bei vergleichenden Analysen ins Gewicht.

Unbekannt ist bei signifikantem Ergebnis der Varianzanalyse auch, inwieweit die Variation der abhängigen Variable auf die unabhängige Variable zurückzuführen ist. Der Quantifizierung des erklärten Varianzanteils in der Stichprobe dient die deskriptive Maßzahl **Eta** (η). Sie berechnet sich als Quadratwurzel des Anteils der Summe der Abweichungsquadrate zwischen den Gruppen (3.25) durch die Gesamtzahl der Summe der Abweichungsquadrate (3.27).

$$\eta = \sqrt{\frac{SS_b}{SS_{tot}}}. \tag{3.30}$$

η^2 läßt sich als Anteil der erklärten Varianz interpretieren, wobei sich für das Beispiel ein $\eta^2 = 0,27$ bestimmen läßt. 27 % der Varianz der Variable Arbeitszufriedenheit werden also in dieser Stichprobe durch die Stellung in der Hierarchie des Betriebes bewirkt. Im Fall multipler Varianzanalyse läßt sich η für jeden Haupteffekt berechnen.

Das Modell der Varianzanalyse läßt sich für mehrere unabhängige Variablen erweitern. So könnte neben der Variable Stellung im Betrieb gleichzeitig die Variable Geschlecht mit in die Analyse einbezogen werden. Derartige Modelle werden auch multiple oder mehrfaktorielle Varianzanalysen genannt, wobei der varianzanalytische Terminus ‚Faktor' die unabhängige Variable bezeichnet. Bemerkenswert ist, daß in derartigen Modellen nicht nur die Wirkung der Faktoren unabhängig voneinander, sondern auch ihr **Interaktionseffekt**, also ihre gemeinsame Wirkung auf die abhängige Variable, betrachtet werden kann. Diese Modelle werden im Zusammenhang mit der Regressionsanalyse kurz diskutiert (vgl. Abschnitt 3.5.2, S. 167 ff.). Werden mehrere abhängige Variablen in die Analyse einbezogen, so wird das Verfahren als multivariate Varianzanalyse (MANOVA) bezeichnet.

3.3.3 Nicht-parametrische Testmethoden

U-Test

Der t-Test ist nicht anwendbar, wenn die Daten kein metrisches Niveau aufweisen oder nicht annähernd normalverteilt sind. Für mindestens ordinalskalierte Daten kann alternativ auf das **U-Test**-Modell von Mann-Whitney zurückgegriffen werden, welches auf der Ranginformation der Daten basiert. Die Daten zweier Stichproben (n_1, n_2) werden in eine gemeinsame Rangreihe gebracht und die Ränge beider Stichproben miteinander verglichen. Stammen beide Stichproben aus einer Grundgesamtheit, so ist zu erwarten, daß annähernd gleich viele Ränge der einen Stichprobe höher bzw. niedriger sind als in der anderen. Da $n_1 \cdot n_2$ Vergleiche durchzuführen sind, wird also im Mittel ein Wert von $n_1 \cdot n_2/2$ erwartet. Beim Vergleich bezeichnet U die Häufigkeit, mit welcher in einer Stichprobe ein höherer Rang auftritt als in der anderen Stichprobe, und U' die Summe der niedrigeren Ränge. U bestimmt sich also als:

$$U = n_1 n_2 - U'. \tag{3.31}$$

U läßt sich nun durch Auszählen der Vergleiche bestimmen, was allerdings für größere Stichproben mühselig und damit fehlerträchtig ist. Zur Berechnung von U wird daher die folgende, hier nicht hergeleitete Formel angewendet:

$$U = n_1 n_2 + \frac{n_1(n_1+1)}{2} - R_1, \tag{3.32}$$

wobei R_1 die Summe der Rangplätze einer Stichprobe bezeichnet. Weicht U stark vom Mittel $(n_1 n_2/2)$ ab, so sind offenbar in einer der Stichproben vorwiegend die höheren Ränge vertreten. Ab einer bestimmten Größe der Stichprobe $(n_1 + n_2 > 20)$ ist die Verteilung der Prüfgröße U annähernd normalverteilt mit den Parametern:

$$\mu_u = \frac{n_1 n_2}{2} \quad \text{und} \quad \sigma_u^2 = \frac{n_1 n_2 (n_1 + n_2 + 1)}{12}. \tag{3.33}$$

Gruppe 1		Gruppe 2	
Rohwerte	Ränge	Rohwerte	Ränge
8	3	6	1
13	7	7	2
14	8	9	4
17	10	10	5
24	13	12	6
26	14	16	9
28	16	21	11
30	17	23	12
33	20	27	15
38	23	31	18
39	24	32	19
46	27	34	21
47	28	36	22
50	29	42	25
52	30	45	26
R_1	269	R_2	196

$$U = 15.15 + \frac{15(15+1)}{2} - 269 = 76$$

$$z = \frac{76-(15,15/2)}{\sqrt{15,15(15+15+1)/2}} \approx -1,514; \quad p = 0,130$$

Abb. 3.14: U-Test für fiktive Daten

Durch Standardisierung von U ergibt sich die z-verteilte Prüfgröße:

$$z = \frac{U-\mu_u}{\sigma_u} = \frac{U-(n_1 n_2/2)}{\sqrt{n_1 n_2 (n_1+n_2+1)/2}}. \tag{3.34}$$

Die angegebenen Formeln gelten nur, wenn keine **verbundenen Ränge** (ties) auftreten, also die Ausprägung in den Stichproben jeweils nur einmal auftritt. Andernfalls würden zwei Meßwerte denselben Rangplatz erhalten, und es müssen Korrekturformeln verwendet werden, welche die Datenanalysesysteme der Berechnung allerdings zugrunde legen.

Die Werte im Beispiel 3.14 sind nicht dem Datensatz entnommen, sondern fiktiv. Man kann aber der Anschaulichkeit wegen annehmen, daß die Gruppen der Männer und Frauen wiederum bezüglich der Arbeitszufriedenheit verglichen werden. Zunächst werden die Rohwerte in Rangreihen überführt. Augenscheinlich überwiegen in Gruppe 2 die höheren Ränge. Wie die berechneten Statistiken zeigen, kann die Nullhypothese allerdings nicht zurückgewiesen werden, da das geforderte Signifikanzniveau nicht erreicht wird. Der Unterschied zwischen den Rangreihen ist also als zufällig anzusehen.

Weitere Testmodelle zum Vergleich zweier Stichproben

Der **Rang-Summen-Test** nach Wilcoxon basiert ebenfalls auf den Ranginformationen. Für unabhängige Stichproben ist das Ergebnis des Tests allerdings mit dem des U-Tests identisch. Ein weiteres Modell ist der **Median-Test**, der sich insbesondere für kleine Stichproben eignet. Die genannten Modelle sind mit dem t-Test insofern vergleichbar, als daß sie auf zentrale Tendenz prüfen. Sollen dagegen die Streuungen zweier Verteilungen verglichen werden, so kann man bei ordinalen Daten den **Moses-Test** benutzen. Zum Vergleich der Dispersion werden die Daten in eine gemeinsame Rangreihe gebracht und die Abstände zwischen den Extremwerten miteinander verglichen. Da der Range nur die extremsten Werte einer Verteilung berücksichtigt, sollten in der Regel rund 5 % der Extremwerte beider Enden der Verteilungen betrachtet werden. Ein weiteres Modell ist der **Squared-Ranks-Test**, der auf der gemeinsamen Rangfolge der absoluten Abstände vom Mittelwert der jeweiligen Verteilung basiert. Die normalverteilte Prüfgröße berechnet sich als Summe der quadrierten Ränge einer Verteilung. Dieses Testmodell auf Homogenität der Varianzen kann für k-Stichproben verallgemeinert werden, setzt aber metrisches Datenniveau voraus. Kann keine spezifische Hypothese bezüglich der Parameter formuliert werden, so lassen sich zwei Stichproben mittels sogenannter Omnibus-Tests vergleichen. Dazu zählen das Testmodell von **Kolmogorov-Smirnov**, welches in diesem Fall zwei empirische Verteilungen miteinander vergleicht, und der **Wald-Wolfowitz-Test**. Diese prüfen, ob sich zwei Verteilungen bezüglich aller Verteilungsparameter (Mittelwert, Streuung, Schiefe und Wölbung) unterscheiden.

Rangvarianzanalyse

Zum Vergleich von k-unabhängigen Stichproben in bezug auf eine ordinal skalierte Variable ist die **Rangvarianzanalyse** nach Kruskal und Wallis ein geeignetes Verfahren. Die Grundzüge des Modells sind dem besprochenen U-Test recht ähnlich. Zunächst werden alle Fälle in eine gemeinsame Rangreihe gebracht und anschließend Rangsummen für die einzelnen Gruppen gebildet. Die Rangsummen werden zur Berechnung der Prüfgröße H verwendet, die für größere Gruppen ($n > 5$) mit

$k-1$ Freiheitsgraden χ^2-verteilt ist:

$$H = \frac{1}{n(n+1)} \sum_{j=1}^{k} \frac{R_j^2}{n_j} - 3(n+1), \tag{3.35}$$

wobei R die Rangsumme der Gruppen und n_j die jeweilige Gruppengröße bezeichnet. Sind verbundene Rangplätze (ties) zu finden, wird eine Korrekturformel benutzt. Die Nullhypothese lautet, daß sich die Stichproben bezüglich ihrer zentralen Tendenz nur zufällig unterscheiden. Ein signifikantes Ergebnis bedeutet nur, daß die Stichproben unterschiedlich sind und läßt keinen Schluß bezüglich der Differenzen einzelner Stichproben zu.

3.4 Analyse von Zusammenhängen

Aufgabe der Korrelationsstatistik ist es, den Zusammenhang zwischen Variablen zu beschreiben. Während sich mittels eines Signifikanztests prüfen läßt, ob überhaupt ein Zusammenhang besteht, sollen die Korrelationsmaße die Stärke des Zusammenhanges quantifizieren. Die Modelle der Korrelationsstatistik lassen sich grundsätzlich nach dem Skalenniveau der betrachteten Variablen klassifizieren. Dabei ist es üblich, den Begriff Korrelation auf Modelle für metrische Daten zu beschränken, während im Falle nominaler und ordinaler Daten von Assoziation oder Kontingenz gesprochen wird. Wir werden uns im folgenden zunächst mit **Assoziationsmaßen**, die eng mit der Kreuztabellenanalyse verknüpft sind, und folgend mit **Korrelationskoeffizienten** beschäftigen.

3.4.1 Kreuztabellen und Assoziationsmaße

Der Zusammenhang bivariater Verteilungen läßt sich bei topologischen Variablen mit nicht allzuvielen Ausprägungen in Form einer Kontingenz- oder **Kreuztabelle** darstellen. Üblicherweise steht im Tabellenkopf die **unabhängige** Variable x, von welcher ein Einfluß auf die **abhängige**, am linken Tabellenrand notierte Variable y vermutet wird. Im einfachsten Fall zweier dichotomer oder dichotomisierter Variablen ergibt sich eine Vierfeldertafel oder 2×2 Tabelle. Allgemein ist das Ergebnis der Kreuztabellierung zweier Variablen eine $r \times c$ Tabelle, wobei r (row) für die Zeilen und c (column) für die Spalten der Tabelle steht. In den Zellen n_{rc} der Tabelle werden die Häufigkeiten der Untersuchungseinheiten mit der Merkmalsausprägung $y_r x_c$ notiert. Die summierten Werte der Zeilen oder Spalten heißen **Randhäufigkeiten** oder marginale Häufigkeiten und werden in der sogenannten Punktnotation als $n_{r.}$ bzw. $n_{.c}$ geschrieben.

		unabhängige Variable x			
		x_1	$\cdots$	x_c	
	y_1	n_{11}	$\cdots$	n_{1c}	$n_{1.}$
abhängige Variable y	$\vdots$	$\vdots$	$\ddots$	$\vdots$	$\vdots$
	y_r	n_{r1}	$\cdots$	n_{rc}	$n_{r.}$
		$n_{.1}$	$\cdots$	$n_{.c}$	$n_{..} = n$

Abb. 3.15: Allgemeiner Aufbau einer bivariaten Tabelle

Die Analyse von Kontingenztabellen zielt auf die Frage, ob überhaupt ein Zusammenhang zwischen den Variablen besteht und wenn dem so ist, wie stark der Zusammenhang ist. Die Kontingenztabelle in Abbildung 3.16 enthält den Zusammenhang von Gehalt (*v76*) und Arbeitszufriedenheit (*saz*). Dabei wird angenommen, daß die Einkommenshöhe einen positiven Einfluß auf die Arbeitszufriedenheit hat.

Beide Variablen wurden zum Aufbau der Vierfeldertafel am Median dichotomisiert, ein übliches Verfahren zur Kategorisierung von Variablen. An dieser Stelle muß darauf hingewiesen werden, daß die Kategorisierung von Variablen erhebli-

		Gehalt (*v76*)		
		niedrig	hoch	
Arbeitszufriedenheit (*saz*)	niedrig	64	20	84 56,8 %
	hoch	29	35	64 43,2 %
		93 62,8 %	55 37,2 %	148 100,0 %

Abb. 3.16: Arbeitszufriedenheit und monatliches Bruttoeinkommen

chen Einfluß auf die Größe aller Assoziationsmaße haben kann, da bei der Berechnung des Zusammenhangs die jeweilige Kontingenztafel zugrunde gelegt wird (vgl. *H. Benninghaus* 1985, S. 73 ff.). Daher sollte bei der Tabellenanalyse die jeweilige Kategorisierung der Variablen offengelegt werden.

Die Tabelle zeigt, daß rund 63 % der Befragten ein relativ niedriges Bruttogehalt von bis zu 2.400 DM monatlich beziehen. Hoch zufrieden mit ihrer Arbeit, definiert durch einen Wert auf der SAZ-Skala oberhalb des Medians von $\tilde{x} = 30$, sind 43 %. Die Frage lautet nun, ob ein Zusammenhang zwischen der Höhe des Gehalts der befragten Personen und deren geäußerter Arbeitszufriedenheit besteht. Im Fall einer Vierfeldertafel läßt sich ein solcher Zusammenhang bequem an einer Überkreuzung der Werte in der Tabelle erkennen. Darunter ist zu verstehen, daß die größeren bzw. die kleineren Werte der Spalten über Kreuz zueinander liegen. In unserem Beispiel ist dies der Fall. Die Mehrzahl derer, die ein relativ niedriges Einkommen beziehen, ist nicht sonderlich mit ihrer Arbeit zufrieden. Dagegen ist die Mehrzahl der Empfänger eines höheren Einkommens mit ihrer Arbeit hoch zufrieden.

3.4.2 Unabhängigkeitstests

Neben der visuellen Inspektion, die überdies bei größeren Tabellen nicht mehr möglich ist, wird für Kreuztabellen häufig **Pearsons χ^2_p-Test** angewandt, um den Zusammenhang der Variablen zu überprüfen. Die Logik des Verfahrens ist dergestalt, daß ausgehend von der empirischen Tabelle zunächst eine theoretische Tabelle unter der Annahme erstellt wird, daß die Variablen nicht miteinander assoziiert sind. Betrachten wir die Wahrscheinlichkeit für die Zugehörigkeit zur niedrigeren Gehaltsgruppe $p_{.1}$ und die Wahrscheinlichkeit geringer Arbeitszufriedenheit mit $p_{1.}$. Bei Unabhängigkeit beider Variablen müßte sich der Anteil einkommensschwacher und zugleich unzufriedener Mitarbeiter berechnen lassen als

$$p_{11} = p_{1.}p_{.1}.$$

Allgemein formuliert lautet die Nullhypothese des Testproblems, es besteht kein Zusammenhang zwischen den Variablen der Tabelle.

$$H_0 : p_{ij} = p_{i.}p_{.j}; \quad H_1 : \text{Es gibt } i, j \text{ mit } p_{ij} \neq p_{i.}p_{.j}.$$

Die Wahrscheinlichkeiten $p_{i.}$ und $p_{.j}$ in der Grundgesamtheit sind allerdings nicht bekannt und müssen aufgrund der empirischen Häufigkeiten geschätzt werden. Es läßt sich zeigen, daß die Schätzer $\hat{p}_{i.}$ und $\hat{p}_{.j}$ der Wahrscheinlichkeiten „beste" Schätzungen im Sinne der Maximum-Likelihood-Methode sind (vgl. *J. Hartung* et al. 1993, S. 126 ff.).

$$\hat{p}_{i.} = \frac{n_{i.}}{n} \quad \text{und} \quad \hat{p}_{.j} = \frac{n_{.j}}{n}. \tag{3.36}$$

Ausgehend von den Schätzungen (3.36) können wir die erwarteten Zellenhäufigkeiten E_{ij} unter der Annahme der Unabhängigkeit formulieren. Die erwarteten Häufigkeiten der Indifferenztabelle berechnen sich entsprechend aus den Randverteilungen der empirischen Tabelle nach der Formel:

$$E_{ij} = \frac{n_{i.}n_{.j}}{n}; \quad E_{11} = \frac{84 \cdot 93}{148} = 52{,}78. \tag{3.37}$$

Für den Zusammenhang von Arbeitszufriedenheit und Einkommen erhält man die Indifferenztabelle in Abbildung 3.17. Die theoretische Tabelle, auch Indifferenztabelle genannt, wird im zweiten Schritt mit der empirischen Tabelle verglichen. Differieren beide Tabellen, wird die Nullhypothese zurückgewiesen und gefolgert, daß die Variablen miteinander in Beziehung stehen, wobei hier ein Signifikanzniveau von $\alpha = 0{,}05$ gefordert wird.

		Gehalt (*v76*) niedrig	hoch
Arbeitszufriedenheit (*saz*)	niedrig	52,8	31,2
	hoch	40,2	23,8

$$\chi_p^2 = \frac{(64-52{,}8)^2}{52{,}8} + \frac{(20-31{,}2)^2}{31{,}2} + \frac{(29-40{,}2)^2}{40{,}2} + \frac{(35-23{,}8)^2}{23{,}8}$$

$$\chi_p^2 = 14{,}83; \quad p = 0{,}0001$$

Abb. 3.17: Indifferenztabelle zu Arbeitszufriedenheit und Gehalt

Die skizzierte Vorgehensweise findet ihren Ausdruck in der Formel für χ_p^2, der Prüfgröße des Tests:

$$\chi_p^2 = \sum_{i=1}^{r} \sum_{j=1}^{c} \frac{(n_{ij} - E_{ij})^2}{E_{ij}}, \tag{3.38}$$

wobei n_{ij} für die beobachtete Zellenhäufigkeit der empirischen Tabelle und E_{ij} für die erwartete Zellenhäufigkeit der Indifferenztabelle steht. Die Freiheitsgrade der Prüfgröße sind in Abhängigkeit von der Tabellengröße nach:

$$\text{d.f.} = (r-1)(c-1) \tag{3.39}$$

zu bestimmen, im Falle einer Vierfeldertafel ergibt sich folglich 1 Freiheitsgrad. Für das Beispiel berechnet sich ein Wert von $\chi_p^2 = 14,8$. Dieser Wert ist größer als der kritische Wert von $\chi^2_{1;0,05} = 3,841$, der das 95 %-Intervall begrenzt. Die Wahrscheinlichkeit für einen Wert von 14,8 für χ^2 beträgt bei einem d.f. $p = 0,0001$. Die Nullhypothese ist folglich zurückzuweisen und die Alternativhypothese, daß Arbeitszufriedenheit und Gehalt assoziiert sind, zu akzeptieren.

Die Prüfgröße χ_p^2 ist nur annähernd χ^2-verteilt, weshalb bei kleinen erwarteten Häufigkeiten verstärkt signifikante Ergebnisse auftreten. Einer Faustregel zufolge sollte keine der Zellen eine erwartete Häufigkeit kleiner als fünf aufweisen ($E_{ij} < 5$), ansonsten verliert der Test an Zuverlässigkeit. Eine schwächere Formulierung dieser Anforderung besagt, daß bei nicht mehr als 20 % der Zellen die erwartete Häufigkeit kleiner als fünf sein sollte. Die **Yates'-Korrektur** (continuity correction) sucht den Fehler für 2×2-Tabellen auszugleichen, indem diejenigen beobachteten Häufigkeiten (n_{ij}), die größer sind als ihr Erwartungswert (E_{ij}), vermindert und diejenigen, welche kleiner sind als ihr Erwartungswert, vergrößert werden. Der Betrag der Korrektur ist jeweils 0,5. Für Tafeln mit großer erwarteter Häufigkeit verändert sich das Ergebnis im Verhältnis zur skizzierten Vorgehensweise allerdings nur unwesentlich, im anderen Fall ist dem **Fisher-Yates-Test** der Vorzug zu geben. Dieser ist auch als Fishers exakter Test für 2×2-Tafeln in der Literatur beschrieben und basiert auf der hypergeometrischen Verteilung zur Berechnung der Wahrscheinlichkeit. Für den Fall beliebiger $r \times c$-Tabellen sind diese Korrekturen nicht möglich. In der Praxis werden daher häufig Kategorien zusammengefaßt, um kleine erwartete Häufigkeiten zu vermeiden. Diese Vorgehensweise hat zum einen die Folge, daß Information verloren geht. Zum anderen beeinflußt die Kombination von Kategorien möglicherweise die Zufälligkeit des Samples und widerspricht damit der Grundannahme des χ^2-Tests. Schließlich beeinflußt diese Verfahrensweise die Höhe der Assoziationsmaße. Man sollte daher Kategorien nur zusammenfassen, wenn dies unbedingt erforderlich ist, und dabei sehr sorgfältig vorgehen.

Eine Alternative zum traditionellen χ_p^2-Test ist der auf der Maximum-Likelihood-Theorie basierende **Likelihood-Quotienten-Test**. Die Prüfgröße des Tests χ_L^2 bestimmt sich nach der Formel:

$$\chi_L^2 = 2 \sum_{i=1}^{r} \sum_{j=1}^{c} n_{ij} \ln \frac{n_{ij}}{E_{ij}}. \tag{3.40}$$

Die Freiheitsgrade werden wie beim χ_p^2-Test nach Formel 3.39 bestimmt. Die χ_L^2-Statistik ist ebenfalls asymptotisch χ^2-verteilt, bei größeren Stichproben sind die Ergebnisse der Tests näherungsweise identisch. Die Statistik ist, im Unterschied zum heuristisch begründeten Pearsonschen Test, aus einem anerkannten, theoretisch fundierten Testprinzip abgeleitet. Aus diesem Grund wird die Verwendung dieser Prüfgröße in der Literatur empfohlen. Bei $r \times 2$-Tabellen gilt aber, daß χ_L^2 immer größer ausfällt als χ_p^2. In diesen Fällen führt der Likelihood-Quotientien-Test also eher zu einer Ablehnung der Nullhypothese. Für kleinere Tabellen gilt auch, daß Pearsons χ_p^2-Teststatistik häufig besser durch die χ^2-Verteilung abgebildet wird als χ_L^2 (vgl. *J. Hartung* et al. 1993, S. 439).

Werden ordinale oder besser metrische Daten in Kreuztabellen abgebildet, kann eine weitere Testgröße herangezogen werden. Die **Mantel-Haenszel** χ_{MH}^2-Statistik testet die Hypothese eines lineraren Zusammenhanges zwischen abhängiger und unabhängiger Variable. Diese Prüfgröße ist definiert als

$$\chi_{MH}^2 = (n-1)r^2 \tag{3.41}$$

bei einem Freiheitsgrad. Dabei steht r für die Produkt-Moment-Korrelation von x und y, die im folgenden Abschnitt 3.4.3 ausführlich besprochen wird (*N. Mantel* und *W. Haenszel* 1959).

Test	*Skalenniveau*	*Tabellengröße*
Pearsons χ_p^2-Test	nominal	$r \times c$
Likelihood-Quotienten-Test χ_L^2	nominal	$r \times c$
Yates' korrigiertes χ_{corr}^2	nominal	2×2
Fishers exakter Test	nominal	2×2
Mantel-Haenszel χ_{MH}^2	ordinal	$r \times c$

Abb. 3.18: Tests auf Unabhängigkeit in Kreuztabellen

Abschließend ist darauf hinzuweisen, daß die Tests bei beliebigen $r \times c$-Tabellen nur belegen, daß insgesamt eine Abhängigkeit der Variablen anzunehmen ist. Sie geben aber keinen Hinweis darauf, zwischen welchen Kategorien die Assoziation genau besteht. Um den Effekt in einer $r \times c$-Tabelle zu isolieren, sind verschiedene Techniken entwickelt worden (vgl. *B. S. Everitt* 1992). Eine effiziente Möglichkeit der multivariaten Kreuztabellenanalyse sind loglineare Modelle.

Maße der Assoziation für nominale Daten

Der χ_p^2-Wert reflektiert zwar den Grad des Zusammenhanges in einer Kontingenztabelle, er taugt allerdings, aufgrund seiner Abhängigkeit von n, nicht als Maß für die

Stärke des Zusammenhanges. So verdoppelt sich beispielsweise χ_p^2 bei proportional gleichem Effekt in der Tabelle, wenn sich n verdoppelt. Dies kann leicht überprüft werden, indem alle Häufigkeiten der Kontingenztabelle des Beispiels mit 2 multipliziert werden und χ_p^2 auf dieser Basis neu bestimmt wird. Aus diesem Grund wurde eine Vielzahl von Koeffizienten zur Normierung von χ_p^2 vorgeschlagen. Den einfachsten Weg beschreitet der sogenannte **Phi-Koeffizient** (ϕ), welcher χ_p^2 in Relation zur jeweiligen Anzahl der Fälle n in der Tabelle setzt.

$$\phi = \sqrt{\frac{\chi_p^2}{n}}; \quad \phi_{saz,v76} = \sqrt{\frac{14,8}{148}} = 0,32. \tag{3.42}$$

Die Maßzahl erreicht im Fall einer Vierfeldertafel den Wert 1, wenn χ_p^2 seinen maximalen Wert n erreicht. Dies ist der Fall, wenn eine Diagonale der Zellen einer Tafel unbesetzt ist. Sind die Variablen nicht assoziiert, nimmt ϕ den Wert 0 an. Der Koeffizient ϕ entspricht der Produkt-Moment-Korrelation r für zwei Variablen, deren Ausprägungen nur aus 0 und 1 bestehen. Für größere als 2×2-Tafeln ist ϕ allerdings kein geeigneter Koeffizient, da höhere Werte als 1 auftreten können. Häufiger findet man bei größeren Tabellen den Pearsonschen **Kontingenz-Koeffizienten** C.

$$C = \sqrt{\frac{\chi_p^2}{\chi_p^2 + n}}; \quad C_{saz,v76} = \sqrt{\frac{14,8}{14,8 + 148}} = 0,30. \tag{3.43}$$

Der Kontingenz-Koeffizient hat allerdings den Nachteil, niemals den Maximalwert von 1 zu erreichen. Der Maximalwert hängt von der Anzahl der Zeilen und Spalten der jeweiligen Tabelle ab und steigt mit zunehmender Größe der Tabelle. Für eine Vierfeldertafel beispielsweise kann C einen maximalen Wert $C = 0,87$ annehmen. Ein weiterer, in der empirischen Sozialforschung häufiger angewendeter Koeffizient ist die von **Cramér** vorgeschlagene Maßzahl V:

$$V = \sqrt{\frac{\chi_p^2}{n(\min\{r,c\} - 1)}}; \quad V_{saz,v76} = \sqrt{\frac{14,8}{148(2-1)}} = 0,32. \tag{3.44}$$

Der Ausdruck $\min\{r,c\}$ besagt, daß zunächst zu prüfen ist, ob die Anzahl der Zeilen oder der Spalten der Tabelle kleiner ist. Der jeweils geringere Wert geht dann in die Berechnung ein. V ist unabhängig von der jeweiligen Tabellenform, für Vierfeldertafeln ist V mit dem Koeffizienten ϕ identisch.

Alle auf χ_p^2 basierenden Maßzahlen sind vorzeichenlose Koeffizienten. Sie sagen also nichts über die Richtung eines Zusammenhanges aus, was bei nominalen Daten auch nicht erforderlich ist. Abgesehen von den erläuterten Einschänkungen variieren die Zahlenwerte der Koeffizienten zwischen 0 und 1, wobei eine 0 anzeigt, daß keine Assoziation vorliegt.

χ_p^2 vergleicht die empirischen mit den erwarteten Häufigkeiten unter der Annahme statistischer Unabhängigkeit. Die auf χ_p^2 basierenden Koeffizienten sind allerdings nicht leicht zu interpretieren, da die Stärke der Beziehung als Funktion von χ_p^2 ausgedrückt wird und nicht auf einem plausiblen Konzept der Assoziation beruht. Ein solches Konzept liegt dagegen dem von *L. A. Goodman* und *W. H. Kruskal* (1954) wiederentdeckten Koeffizienten **Lambda** (λ) zugrunde, den *L. Guttman* bereits 1941 vorgeschlagen hat. Der Koeffizient basiert auf der Idee, den Grad der Vorhersage einer Variable durch eine andere als Assoziation zu definieren. Entsprechend dem englischen Terminus ‚proportional reduction in error' werden λ und verwandte Koeffizienten als **PRE-Maße** bezeichnet.

PRE-Maße sind sogenannte **asymmetrische** Koeffizienten, da sie angeben, inwieweit sich die Vorhersage einer Variablen y verbessert, wenn zur Vorhersage eine Variable x herangezogen wird. Die Konstruktion der Maße basiert auf der allgemeinen Form:

$$PRE - Maß = \frac{P_1 - P_2}{P_1} = 1 - \frac{P_2}{P_1}. \tag{3.45}$$

Dabei ist P_1 die Wahrscheinlichkeit einer falschen Vorhersage von y, wenn auf die Information von x verzichtet wird. P_2 ist als Wahrscheinlichkeit einer falschen Vorhersage von y definiert, wenn zur Vorhersage von y auf x zurückgegriffen wird. Ist y vollständig durch x bedingt, so ist $P_2 = 0$ und folglich der Wert des PRE-Maßes 1. Sind die Variablen jedoch voneinander unabhängig, so ist $P_1 = P_2$, und das PRE-Maß nimmt den Wert 0 an. Zur Konstruktion eines PRE-Maßes sind nun neben dieser allgemeinen Definition zwei Regeln zur Vorhersage erforderlich. Diese werden im folgenden für den Koeffizienten $\lambda_{y,x}$ spezifiziert.

Es ist einleuchtend, daß bei der Vorhersage der Kategorien von y ohne Berücksichtung von x der geringste Fehler begangen wird, wenn man zur Vorhersage den Modalwert der marginalen Häufigkeiten von y heranzieht. Aufgrund der Daten im Beispiel 3.16 würden wir bei Unkenntnis der Gehaltsgruppe vorhersagen, daß ein Mitarbeiter unzufrieden ist, denn der Modalwert der Randhäufigkeit von $\max_i n_{i.} = 84$ fällt in die Kategorie niedriger Arbeitszufriedenheit. Wird er zur Vorhersage von y benutzt, sagt man in 84 von 148 Fällen richtig voraus, daß die Arbeitszufriedenheit niedrig ist. Die Wahrscheinlichkeit einer richtigen Aussage ist $\max_i p_{i.} = \max_i n_{i.}/n = 84/148$. Die Wahrscheinlichkeit eines Vorhersagefehlers ist folglich:

$$P_1 = 1 - \max_i p_{i.}; \quad P_{1(saz,v76)} = 1 - 84/148 = 0,43. \tag{3.46}$$

Die Regel zur Vorhersage von y auf der Basis von x bezieht sich auf die Modalwerte der Spalten der Kontingenztabelle. Unter Berücksichtigung von x begeht man den geringsten Fehler bei der Vorhersage der Kategorien der abhängigen Variable, wenn der Modus bezüglich der Kategorien der unabhängigen Variable herangezogen wird. Im Beispiel sind das die Werte 64 bzw. 35. Wenn wir die Gehaltsgruppe einer Person kennen, werden wir bei Personen mit niedrigem Gehalt in 64 von 93 Fällen korrekt Arbeitsunzufriedenheit prognostizieren und bei hohem Gehalt in 35 von 55 Fällen Zufriedenheit. Zur Ermittlung der Wahrscheinlichkeit der Vorhersage beziehen wir uns auf die Gesamthäufigkeit von 148. Die Wahrscheinlichkeit einer richtigen Vorhersage bei Kenntnis von x ist insgesamt $\sum_{j=1}^{c} \max_i p_{ij} = \sum_{j=1}^{c} \max_i n_{ij}/n = 64/148 + 35/148$. Der Vorhersagefehler P_2 beträgt entsprechend:

$$P_2 = 1 - \sum_{j=1}^{c} \max_i p_{ij}; \quad P_{2(saz,v76)} = 1 - (64/148 + 35/148) = 0,33. \tag{3.47}$$

Setzt man diese Rechenvorschriften in die allgemeine Formel eines PRE-Maßes ein, so erhält man für λ:

$$\lambda_{y,x} = \frac{(1 - \max_i p_{i.}) - (1 - \sum_{j=1}^{c} \max_i p_{ij})}{1 - \max_i p_{i.}} \tag{3.48}$$

$$= \frac{\sum_{j=1}^{c} \max_i n_{ij} - \max_i n_{i.}}{n - \max_i n_{i.}}; \tag{3.49}$$

$$\lambda_{saz,v76} = \frac{0,43 - 0,33}{0,43} = \frac{64 + 35 - 84}{148 - 84} = 0,23.$$

Die abgeleitete Formel (3.49) ist geeignet, um den Koeffizienten mit Papier und Bleistift zu berechnen. Assoziation ist für λ in einem prädiktiven Sinn definiert, d. h. in welchem Maß die Kenntnis der Verteilung einer unabhängigen Variablen x dazu beiträgt, die Verteilung einer abhängigen Variablen y vorherzusagen. Der Betrag für $\lambda_{saz,v76} = 0,23$ sagt also aus, daß bei Vorhersage der abhängigen Variablen 23 % weniger Fehler begangen werden, wenn die Information der unabhängigen Variable genutzt wird und die Vorhersage nicht allein auf Basis der abhängigen Variablen getroffen wird. Die Vorhersagegenauigkeit von y steigt bei Kenntnis von x um 23 % an. Bei vollständiger Abhängigkeit einer Variablen von der anderen nimmt λ den Wert 1 an, bei vollständiger Unabhängigkeit den Betrag 0, wobei λ nicht auf bestimmte Tabellenformate beschränkt ist.

Der Koeffizient ist unter der Annahme berechnet, daß im Beispiel Arbeitszufriedenheit tatsächlich als abhängige Variable des Einkommens betrachtet werden kann. λ läßt sich allerdings auch in reziproker Weise berechnen, wenn angenommen wird, daß die abhängige Variable im Kopf der Kontingenztafel notiert ist, und wird entsprechend als $\lambda_{x,y}$ bezeichnet. Läßt sich keine der Variablen als abhängige der anderen betrachten, so ist es auch möglich, eine symmetrische Form von λ zu berechnen, wozu die Formeln der beiden asymmetrischen Varianten gemittelt werden.

$$\lambda = \frac{\sum_{j=1}^{c} \max_i n_{ij} \sum_{i=1}^{r} \max_j n_{ij} - \max_i n_{i.} - \max_j n_{.j}}{2n - \max_i n_{i.} - \max_j n_{.j}}. \tag{3.50}$$

Da die Assoziation anders definiert ist als im Modell des χ^2-Tests, kann bei manchen bivariaten Verteilungen der Betrag 0 für λ auftreten, obwohl das Ergebnis des χ_p^2-Tests für die Abhängigkeit der Variablen spricht. In solchen Fällen kann allerdings nicht von prädiktiver Assoziation gesprochen werden. Der χ_p^2-Test kann daher nur bedingt als Signifikanztest dieser Maßzahlen herangezogen werden. *L. A. Goodman* und *W. H. Kruskal* (1963) haben für die asymptotisch normalverteilten λ-Maße allerdings Schätzungen ihrer Varianzen vorgeschlagen, die zur Konstruktion von Konfidenzintervallen herangezogen werden können.

Ganz ähnlich wie λ ist **Goodman und Kruskals Tau** (τ) definiert. Bei λ wird zur Definition der optimalen Vorhersage auf die Modalwerte zurückgegriffen. Diese Definition führt zwar zum geringsten Vorhersagefehler, die aus diesen Prognosen abgeleitete Verteilung der Kategorien wird aber in der Regel von den beobachteten Häufigkeiten abweichen. Gilt das Interesse der Konditionalverteilung, dann ist τ eine geeignete Maßzahl. Der Koeffizient nutzt die Information der Randhäufigkeiten, um die Verteilung der Kategorien zu prognostizieren. Ist x unbekannt, wird y allein aufgrund der Randverteilung vorhergesagt. Auf das Beispiel bezogen wird in 57 % der Fälle eine niedrige und in 43 % eine hohe Arbeitszufriedenheit prognostiziert. Unter der Annahme, daß sich die Kategorien zufällig verteilen, wird die Wahrscheinlichkeit einer falschen Vorhersage bei Unkenntnis von x definiert als:

$$P_1 = 1 - \sum_{i=1}^{r} p_{i.}^2; \quad P_{1(saz,v76)} = 1 - (84/148)^2 - (64/148)^2 = 0{,}49, \tag{3.51}$$

d. h. wir ordnen 51 % der Fälle korrekt zu. Bei bekanntem x wird y aufgrund der Zellenhäufigkeiten im Verhältnis zur Randhäufigkeit prognostiziert. In Kenntnis der niedrigen Gehaltsgruppe werden wir in 64 von 93 Fällen Unzufriedenheit und in 29 von 93 Fällen Zufriedenheit prognostizieren. P_2 ist definiert als

$$P_2 = 1 - \sum_{i=1}^{r}\sum_{j=1}^{c} p_{ij}^2/p_{.j};$$

$$Px_{2(saz,v76)} = (64/148)^2/(93/148) + \ldots + (35/148)^2(55/148) = 0,44,$$

d. h. wir klassifizieren 56 % der Fälle korrekt. Entsprechend den Definitionen von P_1 und P_2 erhalten wir $\tau_{y,x}$ als:

$$\tau_{y,x} = \frac{(1 - \sum_{i=1}^{r} p_{i.}^2) - (1 - \sum_{i=1}^{r}\sum_{j=1}^{c} p_{ij}^2/p_{.j})}{1 - \sum_{i=1}^{r} p_{i.}^2} = \frac{\sum_{i=1}^{r}\sum_{j=1}^{c} n_{ij}^2/n_{.j} - \sum_{i=1}^{r} n_{i.}^2}{n - \sum_{i=1}^{r} n_{i.}^2/n}. \quad (3.52)$$

Für den Zusammenhang von Gehalt und Arbeitszufriedenheit ergibt sich ein Wert von

$$\tau_{saz,v77} \frac{0,50 - 0,44}{0,50} = 0,10,$$

d. h. wir verbessern unsere Vorhersagegenauigkeit der Arbeitszufriedenheit um 10 % bei Kenntnis des Gehalts. Auch für diese Maßzahl läßt sich eine symmetrische Variante τ konzipieren. Die τ-Maße sind näherungsweise χ^2-verteilt, d. h. der χ^2-Test kann zur Prüfung auf Unabhängigkeit verwendet werden. Wie im Fall von λ können Schätzungen des Standardfehlers angegeben werden, die man zur Konstruktion eines Mutungsbereiches nutzen kann.

Maße der Assoziation für ordinale Daten

Die bisher diskutierten Koeffizienten sind primär Maßzahlen für **nominales** Datenniveau. Handelt es sich bei den zu analysierenden Variablen um solche **ordinalen** Datenniveaus, würde bei Rückgriff auf diese Maße Information vernachlässigt. Ordinale Variablen sind durch eine Rangreihe gekennzeichnet, weshalb bei Korrelation zweier Variablen zwischen positiven und negativen Zusammenhängen unterschieden werden kann. Ein positiver Zusammenhang bedeutet, daß bei hohen Werten der einen Variablen auch die zweite Variable zu hohen Ausprägungen tendiert bzw. zu kleinen Ausprägungen, wenn auch die erste Variable kleine Werte aufweist. Negativ ist eine Korrelation, wenn der Zusammenhang zwischen den Variablen gegenläufig ist: bei hohen Werten einer Variable tendiert die zweite zu niedrigen und umgekehrt. Ordinale Maßzahlen reflektieren diesen Zusammenhang. Sie können

Werte zwischen -1 und $+1$ annehmen, wobei ein positiver Wert auf einen positiven, ein negativer Wert entsprechend auf einen negativen Zusammenhang verweist. Der Wert von 0 besagt, daß kein Zusammenhang zwischen den Variablen besteht.

In den folgenden Beispielen berechnen wir die Koeffizienten für Tabelle 3.19, die die Variablen Einkommen (*v76*) und Alter (*v77*) kreuztabelliert. Die ursprünglichen Kategorien beider Variablen wurden aufgrund der Quartile zusammengefaßt. Die Neugruppierung der Variablen bleibt nicht ohne Effekt für die Werte der Koeffizienten.

Gehalt *v76*	Alter *v77*: bis 30	31–40	41–50	über 50 J.	
bis 1.800 DM	31	7	4	5	47 31,3 %
bis 2.400	10	16	16	6	48 32,0 %
bis 3.000	5	11	6	8	30 20,0 %
>3.000	2	11	9	3	25 16,7 %
	48 32,0 %	45 30,0 %	35 23,3 %	22 14,7 %	150 100 %

Abb. 3.19: Monatliches Bruttoeinkommen und Alter

Die im folgenden beschriebenen ordinalen Assoziationsmaße basieren auf dem Vergleich der Ausprägungen zweier Variablen für alle möglichen Paare von Untersuchungseinheiten. Das Ergebnis des Vergleichs wird **konkordant** genannt, wenn die Ausprägungen beider Variablen im ersten Fall höher bzw. niedriger sind als im zweiten Fall ($x_i > x_j$ und $y_i > y_j$ oder $x_i < x_j$ und $y_i < y_j$). Das Ergebnis ist **diskordant**, wenn die Untersuchungseinheit *i* bei einer Variablen eine höhere Ausprägung aufweist und bei der anderen einen niedrigeren Wert hat als die Untersuchungseinheit *j* ($x_i > x_j$ und $y_i < y_j$ oder $x_i < x_j$ und $y_i > y_j$). Die Summe der konkordanten Paare wird im folgenden als *P*, die Anzahl der diskordanten Paare als *Q* bezeichnet.

Zur Berechnung der konkordanten Paare *P* multipliziert man in der Kontingenztabelle jede Zelle mit denjenigen Zellen, die rechts unterhalb von ihr liegen und summiert die Produkte. Zur Berechnung der diskordanten Paare *Q* verfährt man umgekehrt und multipliziert jede Zelle mit denjenigen, die links unterhalb von ihr liegen.

$$P = \sum_{i=1}^{r} \sum_{j=1}^{c} n_{ij} \cdot \left(\sum_{h>i}^{r} \sum_{k>j}^{c} n_{hk} \right); \quad Q = \sum_{i=1}^{r} \sum_{j=1}^{c} n_{ij} \cdot \left(\sum_{h>i}^{r} \sum_{k<j}^{c} n_{hk} \right). \tag{3.53}$$

$$\begin{aligned} P &= 31(16+16+6+11+6+8+11+9+3) \\ &\quad +7(16+6+6+8+9+3)+4(6+8+3) \\ &\quad +10(11+6+8+11+9+3)+16(6+8+9+3)+16(8+3) \\ &\quad +5(11+9+3)+11(9+3)+6(3) = 4407 \\ Q &= 5(16+16+10+6+11+5+9+11+2) \\ &\quad +4(16+10+11+5+11+2)+7(10+5+2) \\ &\quad +6(6+11+5+9+11+2)+16(11+5+11+2)+16(5+2) \\ &\quad +8(9+11+2)+6(11+2)+11(2) = 1885. \end{aligned}$$

Überwiegen die konkordanten Paare, so ist der Zusammenhang zwischen den Variablen positiv. Die Assoziationsmaße nehmen dagegen einen negativen Wert an, wenn die diskordanten Paare überwiegen. Im Zähler enthalten die Maßzahlen daher den Ausdruck $(P-Q)$, wobei P für die Anzahl der konkordanten Paare und Q für die Anzahl der diskordanten Paare steht. Die Maßzahlen unterscheiden sich darin, wie der Ausdruck im Zähler normiert wird. Im einfachsten Fall von **Kendalls Tau-a** (τ_a) wird der Ausdruck durch die Anzahl der möglichen Paare dividiert:

$$\tau_a = \frac{P-Q}{N(N-1)/2}. \tag{3.54}$$

τ_a nimmt nur Werte zwischen -1 und $+1$ an, wenn alle Vergleiche in konkordante bzw. diskordante Paare geschieden werden können. Dies ist nicht immer der Fall. Weist ein Paar von Untersuchungseinheiten beim Vergleich auf einer der beiden Variablen x oder y oder auf beiden den gleichen Wert auf ($x_i = x_j$ oder $y_i = y_j$), so ist es nicht eindeutig zu klassifizieren. Man spricht in diesem Zusammenhang von Bindungen, Verknüpfungen oder **Ties**. Zur Berechnung der Ties von x bzw. y werden alle Zellenhäufigkeiten berücksichtigt. Dabei wird die Zahl der Beobachtungen einer Zelle mit der jeweils folgenden Zahl der Beobachtung in einer Spalte bzw. Zeile multipliziert und das Ergebnis addiert.

$$T_x = \sum_{i=1}^{r} \sum_{j=1}^{c} n_{ij} \cdot \sum_{h>i}^{r} n_{hj}; \quad T_y = \sum_{i=1}^{r} \sum_{j=1}^{c} n_{ij} \cdot \sum_{k>j}^{r} n_{ik}, \tag{3.55}$$

wobei T_x die Zahl der Bindungen bei der Variable x und nicht bei y und umgekehrt T_y die Anzahl der Bindungen nur bei y angibt.

$$\begin{aligned}
T_x &= 31(10+5+2)+10(5+2)+5(2)\\
&\quad +7(16+11+11)+16(11+11)+11(11)\\
&\quad +4(16+6+9)+16(6+9)+6(9)\\
&\quad +5(6+8+3)+6(8+3)+8(3)=1939;\\
T_y &= 631(7+4+5)+7(4+5)+4(5)\\
&\quad +10(16+16+6)+16(16+6)+16(6)\\
&\quad +5(11+6+8)+11(6+8)+6(8)\\
&\quad +2(11+9+3)+11(9+3)+9(3)=1939.
\end{aligned}$$

Liegen Bindungen vor, so ist der Wertebereich des Koeffizienten τ_a eingeschränkt, weshalb andere Maßzahlen bei der Normierung diese Bindungen berücksichtigen. So berücksichtigt **Kendalls Tau-b** (τ_b) die Bindungen, falls sie für x oder y auftreten, nicht aber, sofern Ties für beide Variablen vorkommen.

$$\tau_b = \frac{P-Q}{\sqrt{(P+Q+T_x)(P+Q+T_y)}}; \qquad (3.56)$$

$$\tau_{b_{v77,v76}} = \frac{4407-1885}{\sqrt{(4407+1885+1939)(4407+1885+1939)}} = 0,31.$$

Bei quadratischen Tabellen kann τ_b die maximalen Werte von $+1$ oder -1 erreichen. Im Hinblick auf das Problem nicht-symmetrischer Kontingenztafeln hat *A. Stuart* (1953) einen Vorschlag von *M. G. Kendall* (1949) aufgegriffen und einen dritten τ-Koeffizienten vorgeschlagen. **Kendalls tau-c** (τ_c) berücksichtigt bei der Normierung die Zahl der Spalten bzw. Zeilen der Tafel.

$$\tau_c = \frac{2\min\{r,c\}(P-Q)}{n^2(\min\{r,c\}-1)}; \quad \tau_{c_{v76,v77}} = \frac{8(4407-1885)}{1502(4-1)} = 0,30, \qquad (3.57)$$

wobei $\min\{r,c\}$ für die kleinere Anzahl der Zeilen oder Spalten der Kontingenztabelle steht. τ_c kann für beliebige Tabellenformen berechnet werden, ohne daß der Wertebereich der Maßzahl sonderlich eingeschränkt ist. Bei vielen Tabellen nimmt τ_c höhere Werte als τ_b an. In der sozialwissenschaftlichen Tabellenanalyse ist die Verwendung von τ_b allerdings verbreiteter. τ_b und τ_c sind analog einem Korrelationskoeffizienten entwickelt und lassen sich als Grad der Übereinstimmung zweier Datenrangreihen interpretieren.

Eng mit den diskutierten Koeffizienten verwandt ist das von *L. A. Goodman* und *W. H. Kruskal* vorgeschlagene und häufig benutzte **Gamma**:

$$\gamma = \frac{P-Q}{P+Q}; \quad \gamma_{v76,v77} = \frac{4407-1885}{4407+1885} = 0,40. \tag{3.58}$$

Wie ersichtlich, berücksichtigt der Koeffizient keine Bindungen, weshalb er regelmäßig die höchsten Werte der ordinalen Maßzahlen annimmt. γ ist nicht nur aus diesem Grund ein beliebter Koeffizient, sondern auch weil es als PRE-Maß zu interpretieren ist. Der γ-Wert von 0,4 im Beispiel besagt zum einen, daß zwischen den Variablen Alter ($v77$) und Gehalt ($v76$) eine mäßig starke, positive Beziehung besteht. Interpretiert man γ als PRE-Maß, so besagt der Wert zum anderen, daß bei der Vorhersage der Rangordnung der Gehaltsgruppe der Vorhersagefehler um 40 % reduziert wird, wenn sich die Vorhersage auf die Kenntnis der Rangordnung ihres Alters stützt. Da γ ein symmetrisches Maß ist, kann dieser Zusammenhang auch reziprok interpretiert werden, was bei Annahme eines Senioritätsprinzips weniger sinnvoll wäre. γ nimmt Werte von nahe 1 an, wenn alle Werte entlang der Diagonalen von n_{11} zu n_{rc} konzentriert sind. γ kann aber auch dann nahe bei diesem Höchstwert liegen, wenn sich die Werte in einer Ecke der Kontingenztafel ballen, also beipielsweise nur die erste Spalte und die letzte Zeile besetzt wären.

Da γ keine Bindungen berücksichtigt, steigt der Wert des Koeffizienten relativ stark an, wenn die Kategorienzahl der Variablen verringert wird. Bei der Berechnung von γ sollte daher, ganz im Gegensatz zum Beispiel, die ursprüngliche Kategorisierung der Variablen beibehalten werden. Im Beispiel liegen die Werte der Koeffizienten, mit Ausnahme von γ, nah beieinander. Werden der Berechnung von γ die ungruppierten Häufigkeiten der Variablen zugrundegelegt, so sinkt der Wert des Koeffizienten auf $\gamma = 0,36$.

Der γ verwandte Koeffizient **Somers' d** ist im Gegensatz zu den anderen Koeffizienten als asymmetrisches Maß konzipiert (*R. H. Somers* 1962). Somers' d berücksichtigt wie τ_b mögliche Ties, wobei diese allerdings nur für die abhängige Variable korrigiert werden.

$$d_{x,y} = \frac{P-Q}{P+Q+T_y}; \quad d_{v76,v77} = \frac{4407-1885}{4407+1885+1939} = 0,31. \tag{3.59}$$

Eine symmetrische Variante berücksichtigt im Nenner den Mittelwert der Ties in x und y. Ein Nachteil besteht darin, daß Somers' d nur bei quadratischen Tabellen Werte von $+1$ und -1 annehmen kann. Der Koeffizient ist nicht wie ein Korrelationskoeffizient, sondern wie ein Regressionskoeffizient zu interpretieren. Produktmomentkorrelation und Regressionskoeffizienten stehen im gleichen Verhältnis zueinander ($r^2 = b_{yx}b_{xy}$) wie Somers' d zu Kendalls τ_b. Es gilt:

$$tau_b^2 = d_{yx}d_{xy}. \tag{3.60}$$

Abschließende Hinweise

Die bisherige Diskussion ging von der Annahme aus, daß bei der Tabellenanalyse keine metrischen Variablen Verwendung finden. Ist dies der Fall, so kann zur Berechnung der Korrelation auf den im nächsten Abschnitt besprochenen Produkt-Moment-Koeffizienten zurückgegriffen werden. Ein weiterer Koeffizient für metrische Variablen ist das asymmetrische Maß **Eta** (η), welches im Gegensatz zur **Produkt-Moment-Korrelation** keinen linearen Zusammenhang zwischen den Variablen unterstellt. Bei der Berechnung von η wird angenommen, daß die abhängige Variable metrisches Niveau aufweist, während die unabhängige Variable auf nominalem oder ordinalem Datenniveau gemessen wurde. η^2 kann als der durch die unabhängige Variable erklärte Anteil der Varianz der abhängigen Variablen interpretiert werden.

Koeffizient	*Skalenniveau der Variablen*	*Tabellengröße*	*Wertebereich*
Phi-Koeffizient ϕ	nominal	2×2	$0 \leq \Phi \leq 1$
Kontingenzkoeffizient C	nominal	$r \times c$	$0 \leq C \leq 1$
Cramers V	nominal	$r \times c$	$0 \leq V \leq 1$
Goodman & Kruskals λ	nominal	$r \times c$	$0 \leq \lambda \leq 1$
Goodman & Kruskals τ	nominal	$r \times c$	$0 \leq \tau \leq 1$
Unsicherheitskoeffizient U	nominal	$r \times c$	$0 \leq U \leq 1$
Kendalls τ_b	ordinal	$r \times c$	$-1 \leq \tau_b \leq +1$
Kendalls τ_c	ordinal	$r \times c$	$-1 \leq \tau_c \leq +1$
Goodman & Kruskals γ	ordinal	$r \times c$	$-1 \leq \gamma \leq +1$
Somers' d	ordinal	$r \times c$	$-1 \leq d \leq +1$
Eta-Koeffizient η	metrisch/nominal	$r \times c$	$-1 \leq \eta \leq +1$
Produkt-Moment-Korrelation r	metrisch	$r \times c$	$-1 \leq r \leq +1$

Abb. 3.20: Koeffizienten zur Kreuztabellenanalyse

Die abschließende Übersicht 3.20 stellt die behandelten Koeffizienten zur Tabellenanalyse zusammen. Zur Tabellenanalyse und der detaillierten Diskussion wichtiger Maßzahlen kann das Buch von *H. Benninghaus* (1985) empfohlen werden, auf das sich auch dieser Abschnitt häufig bezieht. Ferner sei auf das Werk von *B. S. Everitt* (1992) hingewiesen. *Everitt* behandelt neben der multivariaten Tabellenanalyse, auf die an dieser Stelle nicht näher eingegangen werden kann, auch einführend loglineare Modelle.

3.4.3 Korrelationsanalyse

Im folgenden wollen wir uns mit Korrelationsmaßen beschäftigen, welche im wesentlichen für metrisches Datenniveau geeignet sind. Anschließend werden einige Maßzahlen vorgestellt, die zur Beschreibung von Zusammenhängen zwischen Variablen unterschiedlichen Datenniveaus geeignet sind. Zum Schluß dieses Abschnittes wird die Technik der Partialkorrelation kurz skizziert, die es ermöglicht, Zusammenhänge zwischen mehr als zwei Variablen zu analysieren.

Graphisch lassen sich die Zusammenhänge zweier metrischer Variablen in einem **Streudiagramm** oder Scatterplot darstellen. Abbildung 3.21 zeigt den Zusammenhang zwischen den Variablen ‚Freude an der Arbeit' (*v7*) und ‚Befriedigung aus der Arbeit' (*v9*). Beide Variablen sind Items der Fragebatterie zur Messung der Arbeitszufriedenheit.

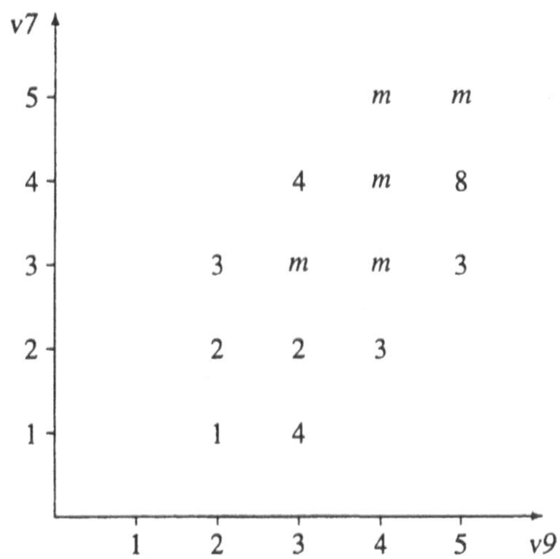

$1 \equiv 1, 2 \equiv 2, \ldots, m \equiv$ mehr als 10 Fälle

Abb. 3.21: Streudiagramm der Variablen *v7* und *v9*

Zwischen den Variablen *v7* und *v9* besteht ein positiver, linearer Zusammenhang. Positiv bedeutet in diesem Kontext, daß eine Variable y tendenziell hohe Werte annimmt, wenn auch x hohe Ausprägungen aufweist, und umgekehrt beide Variablen gleichsinnig zu niedrigeren Werten tendieren. Ein negativer Zusammenhang bedeutet also, daß eine Variable hohe Werte aufweist, während die andere zu niedrigeren Ausprägungen tendiert. Linear wird der Zusammenhang genannt, da die Punktwolke im Streudiagramm gut durch eine Gerade repräsentiert werden kann. Das Modell der Geraden ist keineswegs zur Repäsentation beliebiger Zusammenhänge zwischen Variablen geeignet. So besteht beispielsweise zwischen der Informationsmenge und der Effizienz der auf diesen Informationen basierenden Entscheidungen zweifellos ein Zusammenhang. Dieser Zusammenhang ist jedoch regelmäßig nicht linear, sondern umgekehrt u-förmig. Die Entscheidung über die Beschaffung der EDV-Anlagen, mit denen sich die befragten Personen täglich auseinandersetzen müssen, basiert auf einer Fülle von Informationen. Die Entscheidungsgrundlage wird mit zunehmender Information sicherlich besser, allerdings ist die Kapazität zur Verarbeitung von Informationen in den entscheidenden Gremien begrenzt. Man kann sich daher leicht vorstellen, daß es eine ‚optimale' Informationsmenge gibt, die nicht überschritten werden darf, soll nicht die Effizienz der Entscheidung durch eine Flut von Informationen gefährdet werden (vgl. *E. Witte* 1972, S. 32). Ein perfekter linearer Zusammenhang ist gegeben, wenn die Ausprägungen der Variablen exakt auf der Geraden liegen. Im Beispiel streuen die Punkte dagegen um die Gerade, welche daher so durch den Punktschwarm gelegt wird, daß sie ihn ‚ideal' repräsentiert. Dies ist der Fall, wenn die Summe der Abstände der einzelnen Punkte von der Geraden ein Minimum ist, wie im Zusammenhang der Regressionsanalyse noch näher erläutert wird.

Produkt-Moment-Korrelation

Zur Beschreibung linearer Zusammenhänge zwischen metrischen Variablen wird häufig die **Produkt-Moment-Korrelation** (oder Bravais-Pearson-Korrelation) r berechnet. Die Produkt-Moment-Korrelation bezieht sich auf die gemeinsame Varianz oder Kovarianz (cov) der Verteilungen zweier Variablen, welche durch die jeweils spezifische Streuung der Variablen normiert wird.

$$r = \frac{cov_{xy}}{ns_x s_y} = \frac{\sum_{i=1}^{n}(x_i - \bar{x})(y_i - \bar{y})}{n\sqrt{\sum_{i=1}^{n}(x_i - \bar{x})^2 \sum_{i=1}^{n}(y_i - \bar{y})^2}} \tag{3.61}$$

$$= \frac{1}{n}\sum_{i=1}^{n} z_{x_i} z_{y_i}. \tag{3.62}$$

Der Koeffizient r variiert zwischen den Größen -1 und $+1$. Dabei besagt ein Wert von 0, daß kein oder zumindest kein linearer Zusammenhang vorliegt, und ein Betrag von $|1|$, daß ein vollständig linearer Zusammenhang besteht. Die Richtung des Zusammenhanges wird durch das Vorzeichen des Koeffizienten angegeben.

Die zweite Gleichung (3.62) verdeutlicht, daß die Berechnung des Koeffizienten auf standardisierten Variablen beruht. Die Struktur der Punktwolke einer bivariaten Verteilung bleibt durch die Transformation in Standardwerte völlig unberührt, es verändern sich lediglich die Skaleneinheiten der Achsen im Streudiagramm. Die Maßstäbe beider Variablen werden über die Standardabweichungen vereinheitlicht, weshalb die Punktwolke gewissermaßen zentriert wird. Daraus ergibt sich eine geometrisch höchst anschauliche Interpretation des Koeffizienten. So besagt ein Korrelationskoeffizient von +1 geometrisch, daß die Gerade die Winkelhalbierende zwischen den durch die Variablen aufgespannten Achsen ist. Abbildung 3.22 veranschaulicht diesen Zusammenhang. Interpretiert man die Variablen als Vektoren, entspricht r dem Skalarprodukt der auf Einheitslänge normierten Vektoren. Das Skalarprodukt ist identisch mit dem Cosinus des Winkels zwischen den Vektoren. Diese Interpretation wird im Kontext mit der Faktorenanalyse näher erläutert (vgl. 3.5.3 S. 177 f.).

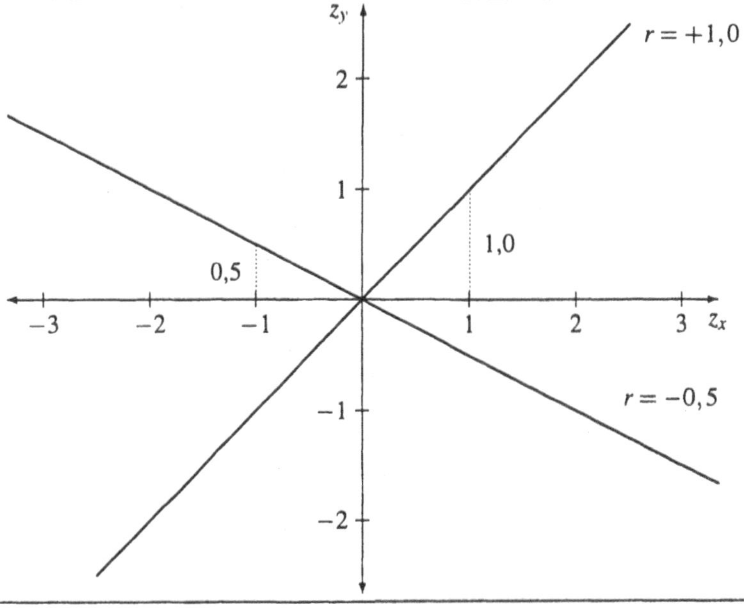

Abb. 3.22: Korrelationskoeffizient und Steigung der Regressionsgeraden bei standardisierten Variablen

Für die Variablen *v6* und *v8* berechnet sich ein Korrelationskoeffizient von $r_{v6,v8} = 0,69$. Die Höhe der Korrelation ist allerdings nur ein relatives Maß. Die Bedeutung der Höhe des Koeffizienten hängt davon ab, welche Fragestellung untersucht wird. Analysiert man z. B. den Zusammenhang von Umsatz und Gewinn von Unternehmen, so ist eine Korrelation von $r = 0,40$ wohl eher als niedrig zu beurteilen. Findet man einen Koeffizienten gleicher Höhe für den Zusammenhang eines spezifischen Führungsstils mit dem Gewinn, so ist dies wohl als erstaunlich hohe Korrelation zu werten. Wichtig zur Beurteilung ist also die Kenntnis vergleichbarer empirischer Ergebnisse und die theoretische Relevanz eines Zusammenhanges. Zur Interpretation ist es hilfreich zu wissen, daß zwar nicht der Koeffizient r, wohl aber der **Determinationskoeffizient** r^2 als Prozentwert der Varianz gedeutet werden kann. Der Determinationskoeffizient läßt sich als PRE-Maß interpretieren, so daß für die Variablen im Beispiel die Aussage getroffen werden kann, daß 48 % ($r = 0,69, r^2 = 0,48$) der Varianz beider Variablen determiniert sind.

Einen weiteren Hinweis auf die Bedeutung des Korrelationskoeffizienten kann ein **Signifikanztest** geben, mittels dessen überprüft wird, ob r signifikant von 0 verschieden ist. Wenn die Variablen x und y normalverteilt sind, kann eine t-verteilte Prüfgröße mit $n-2$ Freiheitsgraden bestimmt werden:

$$t = r_{xy}\sqrt{\frac{n-2}{1-r_{xy}^2}}. \tag{3.63}$$

Die Nullhypothese lautet, daß sich die Korrelation ρ in der Grundgesamtheit nicht signifikant von 0 unterscheidet; $H_0 : \rho = 0$. Ist die Wahrscheinlichkeit, daß r den Wert 0 annehmen kann, geringer als das gewählte Signifikanzniveau, so wird die Nullhypothese zurückgewiesen und die Alternativhypothese akzeptiert. Testet man eine Vielzahl von Korrelationen auf ihre Signifikanz, sollte man allerdings im Auge behalten, daß auch bei stochastischer Unabhängigkeit aller Variablen eine Reihe von Korrelationen zufällig signifikant werden können. Bei einem Signifikanzniveau von $\alpha = 0,05$ werden bei Durchführung vieler Tests 5 % der Nullhypothesen nur aufgrund des Zufalls verworfen. Ferner ist die Entscheidung über die Signifikanz eines Korrelationskoeffizienten abhängig von der Stichprobengröße. So wird beispielsweise eine Korrelation von $r = 0,10$ auf dem 5 %-Niveau schon bei einer Stichprobengöße von $N = 100$ signifikant. Der Determinationskoeffizient besagt aber in diesem Fall, daß lediglich 1 % der Varianz der einen Variablen durch die andere determiniert wird. Obwohl der Korrelationskoeffizient also statistisch signifikant ist, wird ihm in den meisten Forschungszusammenhängen wenig Relevanz zuzusprechen sein.

Die Produkt-Moment-Korrelation hat drei **Voraussetzungen** ihrer Anwendung:

- linearer Zusammenhang zwischen den Variablen,
- Normalverteilung der Variablen in der Grundgesamtheit und
- metrisches Datenniveau beider Variablen.

Diese Anwendungsvoraussetzungen sollen im folgenden kurz diskutiert werden. Unabdingbare Voraussetzung ist das Skalenniveau der zu korrelierenden Variablen. Wird der Korrelationskoeffizient als deskriptive Maßzahl eingesetzt, ist es nicht erforderlich, daß die Variablen normalverteilt sind. Dabei ist allerdings zu beachten, daß der Wertebereich des Koeffizienten regelmäßig eingeschränkt ist, wenn eine oder beide Variablen schief verteilt sind. Liegen keine symmetrischen Verteilungen vor, so ist häufig auch der Zusammenhang zwischen den Variablen nichtlinear. In diesen Fällen ist, da Anlaß zu der Vermutung besteht, daß zwischen zwei Variablen kein linearer Zusammenhang besteht, die Voraussetzung mittels eines Streudiagramms zu prüfen. Soll das Mutungsintervall eines Korrelationskoeffizienten bestimmt werden, sind normalverteilte Daten Voraussetzung, da zur Berechnung des Signifikanztests auf die Normalverteilung zurückgegriffen wird. Zur Prüfung der annähernden Normalverteilung beider Variablen in der Grundgesamtheit können die oben beschriebenen Tests oder Normalverteilungsplots herangezogen werden (vgl. 3.2.5 S. 92 f.).

Dem Leser wird nicht entgangen sein, daß bei der Berechnung des Korrelationskoeffizienten zwischen den Variablen *v6* und *v8* gegen die dritte Anwendungsvorausetzung verstoßen wurde. Es ist schon eingangs darauf hingewiesen worden, daß Rating-Skalen häufig als metrische Skalen behandelt werden. In der Forschungspraxis ist daher die Berechnung von Produkt-Moment-Korrelationen für Ratings regelmäßig anzutreffen. Die Vorgehensweise ist auch dadurch begründet, daß wichtige Konzepte der klassischen Testtheorie auf der Korrelationsrechnung beruhen.

Rangkorrelation

Sofern man nicht bereit ist, bei Ratingskalen metrisches Datenniveau zu unterstellen, sollte man auf Koeffizienten für ordinale Variablen zurückgreifen. In diesem Fall empfehlen sich Koeffizienten wie die schon diskutierten τ-Maße nach Kendall oder Spearmans **Rangkorrelationskoeffizient** Rho (r_s). Der Koeffizient r_s wird berechnet, indem für die Werte der Variablen x und y Rangplätze vergeben werden, so daß die jeweils höchste Ausprägung der Variablen den Rang $R(x_i) = R(y_i) = j$ erhält. Setzt man diese Rangzahlen in die Gleichung (3.61) ein, so erhält man die Formel

$$r_s = \frac{\sum_{i=1}^{n}(R(x_i) - \overline{R(x)})(R(y_i) - \overline{R(y)})}{\sqrt{\sum_{i=1}^{n}(R(x_i) - \overline{R(x)})^2 \sum_{i=1}^{n}(R(y_i) - \overline{R(y)})^2}}. \tag{3.64}$$

Der Rangkorrelationskoeffizient r_s variiert zwischen -1 und $+1$. Spearmans Rho beruht auf den Differenzen, die zwischen den Rangplätzen der Variablen bestehen, wobei r_s starke Differenzen begünstigt. Die Prüfung der Nullhypothese H_0 : $\rho_s = 0$ kann für Stichproben mit $n \geq 10$ nach Gleichung (3.63) erfolgen.

Koeffizienten für verschiedene Datenniveaus

Neben den bisher genannten Maßen gibt es einige Koeffizienten für bivariate Verteilungen mit Variablen unterschiedlichen Datenniveaus, wobei es sich um Modifikationen oder Schätzungen der Produkt-Moment-Korrelation handelt. Die **tetrachorische Korrelation** (r_{tet}) wird berechnet, wenn die Variablen eigentlich einer Normalverteilung unterliegen, aber nur dichotom gemessen oder dichotomisiert wurden. Ein Beispiel könnten die dichotomisierten Variablen Einkommen und Alter sein.

$$r_{tet} = \cos\left(\frac{180°}{1+\sqrt{n_{12}n_{21}/n_{11}n_{22}}}\right), \tag{3.65}$$

wobei n_{rc} die Zellen einer Vierfeldertafel bezeichnen.

Eine Verallgemeinerung der tetrachorischen Korrelation für zwei mehrfach gestufte, ordinale Variablen ist der **polychorische Korrelationskoeffizient** (r_{pc}). Dieser Koeffizient kann als ein Schätzer der Korrelation zwischen zwei latenten Variablen interpretiert werden. Es wird angenommen, daß die gemessenen ordinalen Variablen stellvertretend für latente, nicht direkt meßbare metrische Variablen stehen, wobei Normalverteilung angenommen wird. Letztere Annahme ist statistisch prüfbar (vgl. *U. Olsson* 1979). Bislang ist der Koeffizient nur im Programm PRELIS verfügbar (*K. G. Jöreskog* und *D. Sörbom* 1988).

Für den Fall, daß nur eine der an sich normalverteilten, metrischen Variablen dichotomisiert oder dichotom gemessen wurde, ist der **biseriale Korrelationskoeffizient** (r_{bis}) vorgeschlagen worden.

$$r_{bis} = \frac{\overline{y_1}-\overline{y_2}}{s_y}\,\frac{n_1 n_2}{\varphi(z)(n_1+n_2)^2}, \tag{3.66}$$

wobei $\overline{y_1}$ und $\overline{y_2}$ die Mittelwerte der metrischen Variable y in den Kategorien 1 und 2 der binären Variable x bezeichnen. Das Symbol $\varphi(z)$ bezeichnet die Dichte der Standardnormalverteilung an der Stelle z, die die Grenze zwischen den Teilflächen n_1/n und n_2/n bildet. In Erweiterung der biserialen Korrelation sind **polyseriale** Korrelationen entwickelt worden, bei denen die Variable y mehrfach gestuft ist.

Beim Modell der **punktbiserialen Korrelation** (r_{pb}) werden keine Annahmen über die Verteilungsform der dichotomen Variablen gemacht. Dieser Koeffizient ist daher in sozialwissenschaftlichen Zusammenhängen häufig sinnvoll einsetzbar. Ein

Beispiel wäre die Korrelation einer echt dichotomen Variable wie Geschlecht mit der tatsächlich metrischen Variable Einkommen. Auf die Angabe einer Definitionsgleichung kann an dieser Stelle verzichtet werden, da die punktbiseriale Korrelation nach der Formel (3.61) für die Produkt-Moment-Korrelation berechnet werden kann, wenn für das dichotome Merkmal die Werte 0 oder 1 eingesetzt werden.

Abbildung 3.23 enthält eine Übersicht der bivariaten Korrelationskoeffizienten.

Koeffizient	*Datenniveau der Variablen*
Produkt-Moment-Korrelation (r)	beide metrisch
punktbiseriale Korrelation (r_{pb})	metrisch und dichotom
biseriale Korrelation (r_{bis})	metrisch und dichotom gemessene, normalverteilte Variablen
polychorische Korrelation (r_{pc})	beide ordinal gemessene, normalverteilte Variablen
Spearmans Rangkorrelation *Rho* (r_s)	beide ordinal
Kendalls τ Maße (τ_b, τ_c)	beide ordinal
tetrachorische Korrelation (r_{tet})	beide dichotom gemessene, normalverteilte Variablen
Phi-Koeffizient (ϕ)	beide dichotom

Abb. 3.23: Korrelationskoeffizienten für unterschiedliches Datenniveau

Abschließend ist es wichtig darauf hinzuweisen, daß die Korrelationskoeffizienten symmetrische Maßzahlen sind, also **keinerlei kausale Interpretation** erlauben. Um eine Korrelation kausal zu interpretieren, bedarf es immer eines zusätzlichen, inhaltlichen Argumentes. So läßt die oben angesprochene fiktive Korrelation zwischen Führungsstil und Gewinn keineswegs den Schluß zu, daß beispielsweise ein kooperativer Führungsstil tatsächlich positive Wirkung auf den Gewinn hat. Möglicherweise bewirkt umgekehrt eine gute Ertragslage ein entspanntes Klima zwischen Mitarbeitern und Führungskräften.

Partialkorrelation

An dieser Stelle ist eine weitere Maßzahl vorzustellen, der sogenannte **Partialkorrelationskoeffizient**, mit der wir das Gebiet der bivariaten Statistik verlassen. Der Koeffizient drückt die Höhe der Korrelation zwischen zwei Variablen x und y aus, wenn beide Variablen vom Einfluß einer dritten Variable z bereinigt sind, d. h. deren Einfluß herauspartialisiert wurde. Verfahrenslogisch wird, wie bei der Diskussion der Regressionsanalyse deutlich werden wird, jeweils eine Regression der Variablen x bzw. y auf z berechnet und nur die Residuen beider Variablen x und y miteinander korreliert (vgl. S. 155). Von Partialkorrelation höherer Ordnung spricht man, wenn der Einfluß mehrerer Variablen aus dem korrelativen Verhältnis zweier

Variablen herausgefiltert wird. Der Koeffizient läßt sich aus den jeweiligen bivariaten Korrelationskoeffizienten berechnen, wobei hier ohne weitere Herleitung nur die Formel für den trivariaten Fall angegeben werden soll.

$$r_{xy/z} = \frac{r_{xy} - r_{xz} r_{yz}}{\sqrt{1 - r_{xz}^2}\sqrt{1 - r_{yz}^2}}, \tag{3.67}$$

wobei z die konstant gehaltene dritte Variable bezeichnet. Betrachten wir als Beispiel den Zusammenhang zwischen der Arbeitszufriedenheit (*saz*) und dem Einkommen (*v76*). Zwischen den Variablen berechnet sich eine mittelstarke Korrelation von $r_{xy} = 0,40$. Als dritte Variable sei der Entscheidungsspielraum (*esr*) herangezogen, die sowohl mit der Arbeitszufriedenheit ($r_{xz} = 0,53$) als auch mit dem Einkommen ($r_{yz} = 0,51$) deutlich positiv korreliert. Für den Partialkorrelationskoeffizienten zwischen y (*saz*) und x (*v76*) unter Konstanthaltung von z (*esr*) berechnet sich:

$$r_{xy/z} = \frac{0,40 - 0,53\ 0,51}{\sqrt{1 - 0,53^2}\sqrt{1 - 0,51^2}} = 0,18.$$

Die Korrelation zwischen Arbeitszufriedenheit und Einkommen fällt also erheblich niedriger aus, wenn bei der Korrelation die Wirkung des Entscheidungsspielraums konstant gehalten wird. Die Korrelation ist also wesentlich auf die Wirkung der Drittvariablen zurückzuführen, weshalb die Korrelation zwischen x und y auch als **Scheinkorrelation** bezeichnet wird. Derartige Scheinkorrelationen lassen sich mittels der Partialkorrelation erkennen. Für praktische Anwendungen der genannten Formel ist es hilfreich zu wissen, daß Partialkorrelationen mit einer Vielzahl von Koeffizienten durchgeführt werden können, so mit tetrachorischen Koeffizienten für dichotome Variablen und mit Spearmans r_r oder mit Kendalls τ-Maßen für ordinale Daten. Im letzten Fall ist die Verteilung der Prüfgröße allerdings nicht bekannt, so daß kein Signifikanztest berechnet werden kann.

3.4.4 Anwendung der Korrelationsrechnung: Item-Analyse

In diesem Abschnitt sollen wichtige Schritte der Item-Analyse am Beispiel der Kurzskala zur Messung der Arbeitszufriedenheit vorgestellt werden. Man muß sich dazu vergegenwärtigen, daß die Analyse normalerweise der Auswahl von Items aus einem vorläufigen Itempool zur Konstruktion des endgültigen Erhebungsinstrumentes dient. Da die Koeffizienten der Item-Analyse aber stichprobenabhängig sind, ist es sinnvoll, auch beim Einsatz erprobter Meßinstrumente die wichtigsten Koeffizienten der Item-Analyse — Item-Schwierigkeit, Trennschärfe und Reliabilität — zu bestimmen.

Bei dichotomen Items läßt sich die **Item-Schwierigkeit** (*IS*) als Anteil derjenigen Personen bestimmen, die ein Item positiv beantwortet bzw. gelöst haben. Ein Schwierigkeitsindex von 0,56 für das Item „Wenn ich zwei Arbeiten nicht erledigt habe und ich habe nur für eine Zeit, entscheide ich mich für die schwierigere Aufgabe“ aus dem Leistungsmotivationstest von *G. Mikula* et al. (1976) bedeutet, daß 56 % der von *W. Matiaske* und *F. A. Stein* (1992) mit diesem Instrument befragten Studenten dem Statement zugestimmt haben. Im Fall dichotomer Items läßt sich die Item-Schwierigkeit als Anteil der ‚Lösungen‘ oder ‚Zustimmungen‘ interpretieren. Das Ziel der Fragen besteht darin, die befragten Personen bezüglich der zu messenden Eigenschaft zu unterscheiden. Daher sollten die Items eine mittlere Schwierigkeit aufweisen. Fragen, die von fast allen Personen positiv oder negativ beantwortet werden, eignen sich nur wenig zur Differenzierung der Befragten. In der Regel werden Items ausgewählt, deren Schwierigkeit zwischen 0,3 und 0,7 liegt, bei Einstellungsmessungen werden verschiedentlich auch weitere Grenzen akzeptiert. In einigen Fällen, beispielsweise wenn ein besonders leichtes Item als ‚Aufmacher‘ zu Beginn einer Skala gesucht wird, ist es allerdings sinnvoll, von dieser Regel abzuweichen.

Wird die Zustimmung zu einem Item graduell mittels Ratingskalen erhoben, kann der Mittelwert Auskunft über die Schwierigkeit eines Items geben. Der Mittelwert sollte nicht zu stark von der mittleren Kategorie der Ratings, im Beispiel ist dies der Wert 3, abweichen. Das Item *v9* „Insgesamt gesehen: würden Sie sagen, daß Ihre Arbeit wirklich interessant und befriedigend ist?“ weist einen Mittelwert von $\bar{x} = 4,08$ auf. 81,1 % der Befragten in der Stichprobe stimmen dieser Frage zu. Gegebenenfalls kann der Trennschärfekoeffizient normiert werden, indem der theoretische Mittelwert der verwendeten Skala auf die mittlere Itemschwierigkeit 0,50 geeicht wird.

$$IS = \frac{\bar{x} - \min x_k}{\max x_k - \min x_k}, \tag{3.68}$$

wobei k die Anzahl der Stufen eines Ratings, $\min x_k$ die niedrigste und $\max x_k$ die höchste Ausprägung bezeichnet. Für die Variable *v9* bedeutet dies $(4,08-1)/(5-1) = 0,77$. Bei der Auswahl von geeigneten Items zur Konstruktion einer Skala wäre diese Frage also, der oben genannten Faustregel entsprechend, nicht berücksichtigt worden. Das Item weist allerdings eine recht hohe Trennschärfe ($r_{it} = .64$) auf.

Die **Trennschärfe** (r_{it}), der wichtigere der beiden Koeffizienten, wird als Korrelation zwischen einem Item und dem Gesamtwert der Skala bestimmt. Ein einzelnes Item soll das Gleiche messen wie die gesamte Skala. Je ähnlicher die Messung des einzelnen Items und des Gesamtwertes ist, wenn also Item und Gesamtskala die Personen in gleicher Weise differenzieren, desto höher ist die Trennschärfe.

Zur Bestimmung der Trennschärfe wird auf die Produkt-Moment-Korrelation zwischen Item und Gesamtwert zurückgegriffen, bei dichotomen Items auf die punktbiseriale Korrelation. Bei dieser Vorgehensweise überschätzt der Trennschärfekoeffizient allerdings den tatsächlichen Zusammenhang, da das jeweilige Item selbst in den Gesamtwert eingegangen ist. Die exakte Trennschärfe eines Items wird dadurch bestimmt, daß das entsprechende Item bei der Berechnung des Gesamtwertes der Skala unberücksichtigt bleibt. Zur Berechnung der Trennschärfe des Items *v6* wurden also jeweils die Werte der Fragen *v7* bis *v13* zu einem Gesamtwert addiert und die Korrelation zwischen diesem und dem Item bestimmt.

Variable	$\bar{x}$	s	r_{it}	Antworthäufigkeiten in %				
				1	2	3	4	5
v6	3,63	1,33	0,44	7,4	16,2	19,6	19,6	37,2
v7	3,93	1,02	0,66	3,3	4,7	20,9	37,8	33,1
v8	3,40	1,45	0,60	14,2	16,9	16,9	18,9	33,1
v9	4,08	0,79	0,76	0,0	4,1	14,9	50,0	31,1
v10	3,53	1,05	0,64	0,7	18,2	31,1	27,7	22,3
v11	3,18	1,11	0,49	9,5	17,6	25,7	39,9	7,4
v12	3,62	0,93	0,23	2,0	10,8	25,0	48,0	14,2
v13	3,80	1,23	0,43	6,1	15,5	4,1	40,5	33,8
saz	29,16	5,85						

Abb. 3.24: Item-Analyse der Kurzskala zur Arbeitszufriedenheit

Per Konvention sollten Trennschärfekoeffizienten nicht unter $r_{it} = 0,30$ liegen. Das Item *v12* „Sind Sie mit dem Arbeitstempo zufrieden?" weist in der Stichprobe einen niedrigeren Wert ($r_{it} = .23$) auf. Das Arbeitstempo spielt für die Mehrzahl von Angestellten im Bereich der EDV offensichtlich keine große Rolle im Zusammenhang mit der Arbeitszufriedenheit. Bei der Konstruktion einer Skala wäre das Item also nicht berücksichtigt worden, wodurch die Trennschärfe der übrigen Items gewachsen wäre. *L. Fischer* und *H. E. Lück* (1972), die Konstrukteure der Skala, berichten für das Item allerdings einen Trennschärfekoeffizienten von $r_{it} = 0,66$, was deutlich über der genannten Schwelle liegt. Derartige Verschiebungen von Koeffizienten sind bei Messungen in verschiedenen Subpopulationen nicht ungewöhnlich; die Koeffizienten der klassischen Testtheorie sind populationsabhängig. Will man die Messungen verschiedener Populationen miteinander vergleichen, ist es allerdings sinnvoll, ein erprobtes Meßinstrument und damit ein solches Item beizubehalten.

Festhalten läßt sich, daß bei der Konstruktion einer Skala Schwierigkeit und Trennschärfe der Items berücksichtigt werden sollen. Dabei sind diese Koeffizienten nicht unabhängig voneinander. Extrem ‚leichte' bzw. ‚schwierige' Items erweisen sich in der Regel als wenig trennscharf. Erstellt man ein Streudiagramm der Trennschärfekoeffizienten (Ordinate) gegen die Item-Schwierigkeiten (Abszisse), läßt sich daher ein annähernd bogenförmiger Verlauf des Punktschwarms erkennen. Diese graphische Darstellung erweist sich bei der Auswahl von Items mittlerer Schwierigkeit und hoher Trennschärfe als ausgesprochen nützlich.

Der Item-Analyse liegt die Annahme zugrunde, daß eine Batterie trennscharfer Items auch annähernd eindimensional ist. Es läßt sich allerdings zeigen, daß dies nicht unbedingt zutreffen muß. Befinden sich innerhalb einer Skala beispielsweise zwei annähernd gleich große Gruppen von Items, die voneinander unabhängig sind, innerhalb der Gruppen aber hoch korrelieren, werden sich relativ hohe Trennschärfekoeffizienten ergeben, obwohl die Skala keineswegs eindimensional ist. Vor der Item-Analyse werden daher häufig dimensionsanalytische, multivariate Verfahren eingesetzt, um derartige Gruppierungen von Items innerhalb einer Skala aufzudecken. Die Problematik wird von *J. P. McIver* und *E. Carmines* (1981, S. 30 ff.) eingehend diskutiert. Ferner ist zu beachten, daß die Koeffizienten der Item-Analyse nach der klassischen Testtheorie stichprobenabhängig sind. Daher muß zur Konstruktion einer Skala eine Stichprobe gewonnen werden, die für den Personenkreis, in dem die endgültige Skala eingesetzt werden soll, repräsentativ ist. Weitere Schritte der Item-Analyse und Skalenkonstruktion werden detailliert von *G. A. Lienert* und *U. Raatz* (1994) behandelt.

Liegt nur eine Stichprobe vor, so läßt sich die **Reliabilität** (r_{tt}) einer Skala bestimmen, indem Methoden der internen Konsistenzbestimmung herangezogen werden. Bei der ersten Verfahrensgruppe dieser Art werden die Items einer Skala per Zufall oder nach geraden bzw. ungeraden Itemnummern (odd-even) in zwei Hälften geteilt und für jede Hälfte ein Skalenwert berechnet. Die Korrelation beider Skalenwerte ergibt den Split-Half-Koeffizienten der Reliabilität. Es läßt sich allerdings zeigen, daß die Zuverlässigkeit einer Skala steigt, je mehr Items sie enthält. Bei der Testhalbierung wird die Reliabilität einer Skala also unterschätzt, weshalb Formeln zur Längenkorrektur vorgeschlagen wurden. Am häufigsten wird dabei die sogenannte **Spearman-Brown-Korrektur** benutzt. Danach bestimmt sich die Reliabilität der gesamten Skala als:

$$r_{rr} = \frac{2r_{12}}{1 + r_{12}} \tag{3.69}$$

wobei r_{12} den Split-Half-Koeffizienten bezeichnet. Die Split-Half-Maße sind allerdings nicht eindeutig, da die Aufteilung der Items auf die Testhälften prinzipiell beliebig ist. Die zweite Gruppe von Verfahren zur Bestimmung der Reliabilität teilt die Items daher nicht in zwei, sondern so viele Teile, wie Items in der Skala enthalten sind. Der gebräuchlichste, von *L. J. Cronbach* (1951) vorgeschlagene Koeffizient

Alpha setzt die Varianzen der Items in Beziehung zur Varianz des Gesamtskalenwertes.

$$\alpha = \frac{k}{k-1} \frac{s_{tot}^2 \sum_{i=1}^{k} s_i^2}{s_{tot}^2}, \tag{3.70}$$

wobei k die Anzahl der Items, s_i^2 ihre Varianz und s_{tot}^2 die Varianz des Gesamtskalenwertes bezeichnet. Neben dieser Variante läßt sich ein standardisierter Wert für Alpha berechnen, der sich ergibt, wenn die Varianzen der Items auf 1 standardisiert worden sind. Für den Fall dichotomer Items ist Cronbachs α mit dem Koeffizienten Formel-20 nach *G. F. Kuder* und *M. W. Richardson* (1937) zur Bestimmung der internen Konsistenz identisch. Die Höhe des Koeffizienten ist abhängig von der Korrelation der Items untereinander und der Länge der Skala. Tabelle 3.25, die *B. Wegener* (1983) entnommen ist, verdeutlicht diesen Zusammenhang.

Anzahl	Mittlere Interitem-Korrelation								
der Items	0,100	0,200	0,300	0,400	0,500	0,600	0,700	0,800	0,900
2	0,182	0,333	0,462	0,572	0,676	0,750	0,824	0,889	0,947
3	0,250	0,428	0,563	0,667	0,750	0818	0,875	0,922	0,965
4	0,308	0,500	0,632	0,727	0,800	0,857	0,903	0,941	0,973
5	0,358	0,556	0,682	0,769	0,833	0,883	0,921	0,953	0,979
6	0,400	0,600	0,720	0,800	0,858	0,900	0,933	0,960	0,982
7	0,437	0,636	0,750	0,824	0,875	0,914	0,943	0,966	0,985
8	0,471	0,666	0,774	0,842	0,889	0,924	0,949	0,970	0,986
9	0,500	0,692	0,794	0,857	0,900	0,932	0,954	0,973	0,988
10	0,526	0,714	0,811	0,870	0,909	0,938	0,959	0,976	—

Abb. 3.25: Cronbachs α in Abhängigkeit von der Interitem-Korrelation und der Anzahl der Items

Alpha selbst ist wie ein Korrelationskoeffizient zu interpretieren. Für gute Skalen werden in der methodischen Literatur Reliabilitäten von 0,85 gefordert. Vielfach finden sich aber auch Werte unterhalb dieser Grenze. Für die Kurzskala zur Arbeitszufriedenheit ergibt sich ein Wert für Alpha von 0,80, was für eine Skala mit wenigen Items als befriedigend angesehen werden kann.

$$\alpha = 8(8-1)(5,85^2 - (1,33^2 + \ldots + 1,23^2)/5,85^2) = 0,80$$

Die Reliabilität einer Skala ist abhängig von der Schwierigkeit und Trennschärfe ihrer Items. Wenn nach sorgfältiger Itemanalyse die Reliabilität einer Skala unbefriedigend bleibt, besteht eine Möglichkeit zur Erhöhung der Reliabilität darin, die Skala um weitere, geeignete Items zu verlängern.

3.5 Multivariate Analyseverfahren

3.5.1 Ein Überblick

Viele Untersuchungsziele implizieren die Analyse mehrerer Variablen. Multivariate Analyseverfahren erlauben die simultane Betrachtung einer Vielzahl von Variablen ohne die Schwierigkeiten, die bei der wiederholten Anwendung bivariater Verfahren auf einen Datensatz bezüglich der Fehlerwahrscheinlichkeiten auftreten. Allen multivariaten Verfahren ist gemeinsam, daß sie die Information eines Datensatzes einerseits verdichten und möglichst einfach darstellen, andererseits aber ein möglichst genaues und vollständiges Bild geben sollen. Das Spannungsverhältnis der beiden Zielsetzungen bedingt, daß regelmäßig mehrere Modelle denkbar sind, welche einen Datensatz angemessen repräsentieren. Inferenzstatistische Überlegungen werden daher als Hilfsmittel herangezogen, um ein geeignetes Modell zu bestimmen.

Eine Klassifizierung multivariater statistischer Verfahren kann nach verschiedenen Kriterien vorgenommen werden, wobei diese, wegen der Vielfalt möglicher Varianten der Verfahren, nicht überschneidungsfrei sein kann. Hier sollen die Verfahren zunächst danach unterschieden werden, ob die in den Modellen betrachteten Variablen in abhängige, zu erklärende **Zielvariable** und unabhängige, die Zielvariable erklärende **Prädiktorvariable** differenziert werden. Gegenüber asymmetrischen Verfahren, welche auf dieser Differenzierung basieren, lassen sich solche unterscheiden, die eine Vielzahl von Variablen ausgewogen in die Analyse einbeziehen und daher als symmetrische Verfahren bezeichnet werden können.

Abbildung 3.26 veranschaulicht die Unterscheidung von **asymmetrischen** und **symmetrischen** Verfahren in bezug auf die Datenmatrix. Beispielhaft für die Gruppe der asymmetrischen Verfahren wird die multiple Regressionsanalyse vorgestellt. Die Analyse basiert auf der Information der Spalten und geht, aufgrund von theoretischen Überlegungen, von einer Struktur der Variablen dergestalt aus, daß die Variable x_1 durch die Variablen x_2 und x_3 bedingt ist. Die Clusteranalyse, als Beispiel eines symmetrischen Verfahrens, basiert in dieser Darstellung dagegen auf der Information der Zeilen der Matrix. Dabei wird keine vorgegebene Struktur überprüft, sondern versucht, die Information im Hinblick auf plausibel abgrenzbare Gruppen oder Cluster von Beobachtungen zu strukturieren.

Ein weiteres Kriterium zielt weniger auf den Charakter der statistischen Verfahren, sondern stärker auf die gewählte Forschungsstrategie. Wird aufgrund theoretischer Überlegungen ein Strukturmodell aufgestellt, welches die Beziehungen zwischen den betrachteten Variablen spezifiziert und dieses mittels eines geeigneten Verfahrens überprüft, soll von **konfirmatorischer** Vorgehensweise gesprochen werden. Wählt man dagegen ein statistisches Verfahren zur Strukturierung von Daten,

Ziel-var.	Prädiktoren			
x_{11}	x_{12}	x_{13}	$\cdots$	x_{1m}
x_{21}	x_{22}	x_{23}	$\cdots$	x_{2m}
x_{31}	x_{32}	x_{33}	$\cdots$	x_{3m}
$\vdots$	$\vdots$	$\vdots$	$\ddots$	$\vdots$
x_{n1}	x_{n2}	x_{n3}	$\cdots$	x_{nm}

Regressionsanalyse

x_{11}	x_{12}	x_{13}	$\cdots$	x_{1m}	
x_{21}	x_{22}	x_{23}	$\cdots$	x_{2m}	C_1
x_{31}	x_{32}	x_{33}	$\cdots$	x_{3m}	
$\vdots$	$\vdots$	$\vdots$	$\ddots$	$\vdots$	C_2
x_{n1}	x_{n2}	x_{n3}	$\cdots$	x_{nm}	

Clusteranalyse

Abb. 3.26: Vergleich asymmetrischer und symmetrischer Analyseverfahren am Beispiel von Regressions- und Clusteranalysen

wird die Vorgehensweise **explorativ** genannt. Verfahren, die zur Aufdeckung von Strukturzusammenhängen eingesetzt werden können, sind symmetrische Verfahren wie die Clusteranalyse, die Faktorenanalyse oder die Multidimensionale Skalierung (im folgenden MDS). Zur Prüfung von Strukturen können Verfahren wie die Regressionsanalyse und daraus ableitbare Verfahren, aber z. B. auch faktorenanalytische Vorgehensweisen eingesetzt werden. Auch bei Anwendung von Verfahren, die zur Prüfung von Strukturen geeignet sind, wird man häufig mehrere Modelle berechnen, ihre Angemessenheit prüfen und ein ‚bestes' Modell zur Repräsentation der Daten auswählen. Die Verfahren sind also auch in explorativen Forschungsstrategien anwendbar. Wird ein Modell jedoch im Wechselspiel von Theorie und Erkundung der Daten entwickelt, muß zur Prüfung derselben eine zweite, unabhängige Datenbasis herangezogen werden. Diese steht aber nur selten zur Verfügung. Man kann sich bei großen Stichproben dadurch helfen, daß die Daten zufällig geteilt werden und nur eine Hälfte zur explorativen Formulierung der Modelle genutzt wird. Die andere Hälfte der Daten dient dann der Prüfung der Modelle. Diese Forschungsstrategie wird als ‚Jack-Knifing' bezeichnet.

Ein drittes Kriterium der Kategorisierung multivariater Analysemodelle ist die Qualität des Datenniveaus der im Modell betrachteten Variablen. Für sozialwissenschaftliche Anwendungszusammenhänge ist es von besonderer Bedeutung, daß seit den 60er Jahren eine Vielzahl multivariater Analyseverfahren entwickelt worden ist, die ohne die restriktive Annahme metrischen Skalenniveaus der klassischen Verfahren auskommen.

Asymmetrische Analyseverfahren

Als Prototyp asymmetrischer Verfahren kann die **multiple Regressionsanalyse** bezeichnet werden, weshalb sie an späterer Stelle eingehender beschrieben wird. Ziel der Analyse ist es, eine metrische Zielvariable durch mehrere, voneinander unabhängige und ebenfalls metrische Prädiktorvariablen zu erklären. Von multivariater Regression spricht man, wenn mehrere Zielvariablen in das Regressionsmodell einbezogen werden. In sozialwissenschaftlichen Untersuchungen wird die Regression häufig zur Ursachenanalyse eingesetzt. Beispielsweise soll die Bedeutung der hierarchischen Position einer Person (*pos*) und ihres Entscheidungsspielraums (*esr*) für die Arbeitszufriedenheit (*saz*) geklärt werden. Die Fragestellung betrachtet die Stärke des Einflusses der Prädiktorvariablen (*pos*, *esr*) auf die Zielvariable (*saz*). Läßt sich von einem gesicherten Beziehungszusammenhang ausgehen, so wird die Regressionsanalyse auch prognostisch eingesetzt, um Aussagen über die Wirkungen der Prädiktoren auf die Zielvariable zu treffen. Die Fragestellung lautet dann: Wie verändert sich die Zielvariable bei Änderung der Prädiktoren? Spielt die Zeit als Variable im betrachteten Modell eine Rolle, kann die Regression zur Zeitreihenanalyse genutzt werden. Zur Einführung in die Regressionsanalyse seien die Bücher von *M. Küchler* (1979) und *D. Urban* (1982) empfohlen.

Als Variante der Regressionsanalyse läßt sich die **Varianzanalyse** interpretieren. Die unabhängigen Variablen sind in diesem Fall nominale, (multi)kategoriale Variablen, die in varianzanalytischer Terminologie auch als Faktoren bezeichnet werden, während die Zielvariable metrisches Skalenniveau besitzt. Wird lediglich eine Prädiktorvariable betrachtet, spricht man auch von einfaktorieller Varianzanalyse und dementsprechend von mehrfaktorieller Varianzanalyse, falls mehrere unabhängige Variablen in das Modell einbezogen werden. Neben der (mehr)faktoriellen Varianzanalyse (ANOVA), die lediglich eine Erweiterung des schon besprochenen Modells der einfachen Varianzanalyse darstellt, wird die multivariate Varianzanalyse (MANOVA) unterschieden, bei der mehr als eine Zielvariable untersucht werden. Sind auf der Seite der unabhängigen Variablen auch metrische Variablen vorhanden, werden die Kovarianzen zur Ausgangsbasis des Modells. Folglich spricht man von **Kovarianzanalyse** (auch: ANCOVA bzw. MANCOVA). Typischer Anwendungszusammenhang der Varianzanalyse ist die experimentelle Forschung, bei der mehrere unabhängige Stichproben alternativen, kontrollierten Versuchsbedingungen unterworfen werden. Man fragt beispielsweise in medizinischen Untersuchungen nach der Wirkung unterschiedlicher Behandlungsmethoden auf den Heilungserfolg bei einer Krankheit. Varianzanalytische Fragestellungen können allerdings analog auf Datensätze, die mit anderen Erhebungsmethoden gewonnen wurden, übertragen werden, wie am Beispiel der einfachen Varianzanalyse diskutiert wurde. Die vielfältigen Möglichkeiten der

Varianzanalyse werden eingehend von *J. M. Diehl* (1978) erörtert. Ferner sei auf das Buch von *E. Zimmermann* (1976) verwiesen.

Das Ziel der **Diskriminanzanalyse** ist es, Gruppen von Beobachtungen in bezug auf eine Zielvariable optimal zu differenzieren. Die Zielvariable ist in diesem Fall eine nominale, (multi)kategoriale Variable, welche die Gruppenzugehörigkeit beinhaltet, während die Prädiktorvariablen metrisches Niveau aufweisen. Ein typischer Anwendungsfall der Diskriminanzanalyse findet sich in der Wahlforschung. Im Hinblick auf die Einstellung zu verschiedenen politischen Themen wird gefragt, inwieweit die Einstellung der Wähler verschiedener Parteien signifikant unterschiedlich ist. Im Zusammenhang mit unserem Datensatz könnte gefragt werden, ob die Einstellung zu bestimmten Aspekten der EDV-Anwendung für Frauen und Männer unterschiedlich ausgeprägt ist. Ließen sich derartige Unterschiede feststellen, so könnte dies Anlaß zur unterschiedlichen Gestaltung von Schulungen je nach Geschlecht der EDV-Benutzer sein.

Die bisher diskutierten Modelle analysieren die Wirkung einer Variable oder einer Gruppe von Variablen auf eine andere Variable oder eine Gruppe von Variablen. Die postulierte Kausalitätsbeziehung ist also derart, daß im einfachsten Fall eine Variable *x* eine zweite Variable *y* beeinflußt. Betrachtet man einen Fall von drei Variablen, so sind allerdings verschiedene Kausalitätsbeziehungen denkbar. Die Arbeitszufriedenheit (*saz*) kann beispielsweise in Abhängigkeit vom Entscheidungsspielraum (*esr*), dem Tätigkeitsspielraum (*tsr*) und der hierarchischen Position der befragten Person (*pos*) betrachtet werden. Die Regressionsanalyse erlaubt, den Einfluß der Variablen Entscheidungsspielraum, Tätigkeitsspielraum und Position auf die Arbeitszufriedenheit zu überprüfen.

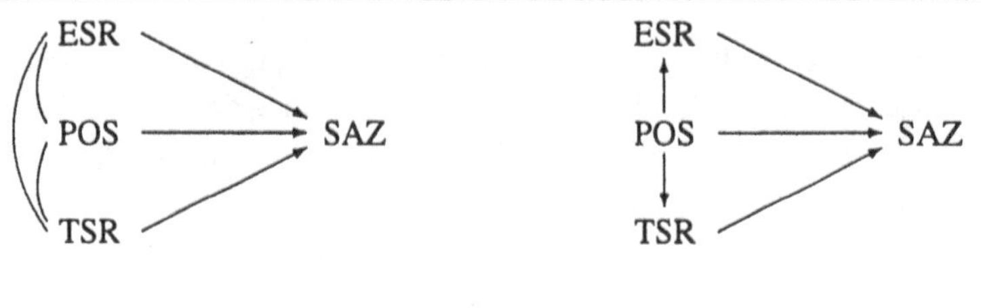

Abb. 3.27: Multiple Regression und Pfadanalyse

Theoretische Überlegungen legen es jedoch nahe, eine Beziehung zwischen Position und Entscheidungsspielraum derart anzunehmen, daß Entscheidungs- und Tätigkeitsspielraum entscheidend von der hierarchischen Position abhängig sind. Das Muster der Kausalbeziehungen wäre also wie in 3.27 b) zu erweitern. Die Analyse derartig komplexer Kausalbeziehungen ist mittels der **Pfadanalyse**, einer mehrfachen Anwendung der Regressionsanalyse, möglich. Die Effekte werden dadurch bestimmt, daß ein System mit so vielen Gleichungen wie möglichen Zielvariablen formuliert wird. Das Modell der Regression enthält lediglich eine Zielvariable, und der Zusammenhang kann in einer einzigen Gleichung ausgedrückt werden. Das pfadanalytische Modell enthält mehrere Zielvariablen: Entscheidungsspielraum (*esr*) und Tätigkeitsspielraum (*tsr*), Prädiktorvariablen in bezug auf die Arbeitszufriedenheit (*saz*), sind abhängig von der Position (*pos*). Zur Gleichung (3.71), die mit dem Modell der Regressionsrechnung im Beispiel 3.27 a) identisch ist, treten also zusätzlich die Gleichungen (3.72) und (3.73), die den Zusammenhang zwischen Entscheidungs- bzw. Tätigkeitsspielraum und Position spezifizieren.

$$SAZ = b_o + b_1 ESR + b_2 POS + b_3 TSR \tag{3.71}$$

$$ESR = a_o + a_1 POS \tag{3.72}$$

$$TSR = c_o + c_1 POS \tag{3.73}$$

Die Variable Arbeitszufriedenheit wird im oben diskutierten Pfadmodell behandelt, als ob sie direkt gemessen wäre. Die Variable wurde aber tatsächlich durch acht Items operationalisiert, die gemeinsam die Variable Arbeitszufriedenheit bilden. Während die Pfadanalyse nur Modellbildungen mit manifesten, d. h. direkt gemessenen Variablen oder Indikatoren erlaubt, lassen kausalanalytische Methoden wie **LISREL** (Analysis of Linear Structural Relationships) die Überprüfung kausaler Beziehungen auch bei Einbezug latenter, nicht direkt gemessener Variablen zu. Die latenten Variablen werden mittels eines sogenannten Meßmodells spezifiziert, das dem noch vorzustellenden faktorenanalytischen Konzept folgt. Im Moment mag es genügen, die Faktorenanalyse gewissermaßen als Umkehrung des kausalen Zusammenhangs in der Regressionsanalyse zu verstehen. Im Unterschied zur später besprochenen explorativen Faktorenanalyse bilden die Meßmodelle eine theoretische Struktur der Variablen ab und sind statistisch überprüfbar.

LISREL erlaubt sowohl die konfirmatorische Überprüfung faktorenanalytischer Meßmodelle als auch ihre Einbindung in pfadanalytische Strukturmodelle. Abbildung 3.28 skizziert ein mögliches Modell. Es sollen die Einflüsse (ϕ) zwischen den exogenen Prädiktoren, deren Wirkungen (γ) auf die endogenen Zielvariablen und deren Beziehungen untereinander (β) bestimmt werden. Die latenten exogenen Variablen (ξ_m) und die latenten endogenen Variablen (η) sind durch die manifesten Variablen x_m und y_m gemessen. Für sozialwissenschaftliche Anwendungen ist es von besonderer Bedeutung, daß verallgemeinerte Schätzfunktionen den Einbezug nicht-metrischer Variablen in die Modelle ermöglichen. Eine leicht verständliche Einführung in die Pfadanalyse und die konfirmatorische Faktorenanalyse geben die Aufsätze von *E. Weede* (1970, 1972) bzw. *E. Weede* und *W. Jagodzinski* (1977). Zur

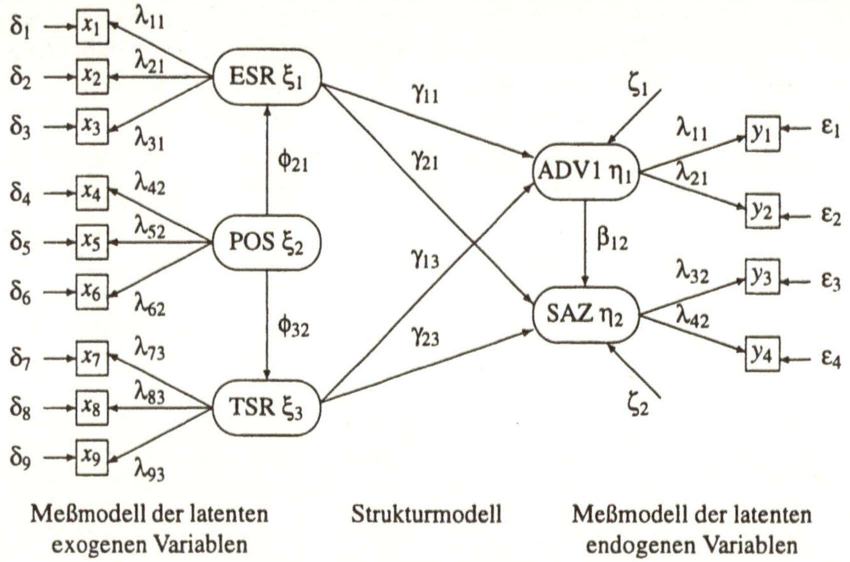

Abb. 3.28: LISREL-Modell

Arbeit mit LISREL sei auf *A. Pfeifer* und *P. Schmidt* (1987) und *K. Backhaus* et al. (1994) hingewiesen.

Die bisher angesprochenen Verfahren haben eigentlich metrische Variablen zur Voraussetzung, eine für sozialwissenschaftliche Datensätze häufig nicht zu erfüllende Bedingung. Ausgehend von der Kreuztabellenanalyse wurde eine Reihe von multivariaten Analysemodellen entwickelt, die für nicht-metrische Daten zugeschnitten sind. *J. E. Grizzle* et al. (1969) haben ein Modell zur multivariaten Analyse diskreter Daten vorgeschlagen, das sich in Analogie zur Regression verstehen läßt. Der nach seinen Autoren benannte **GSK-Ansatz** ermöglicht die Analyse des Beziehungszusammenhanges mehrerer, nicht-metrischer Prädiktorvariablen und einer nicht-metrischen Zielvariable. Auf der Analyse von Kontingenztafeln basieren ebenfalls die sogenannten **loglinearen Modelle**. Sie unterscheiden sich vom GSK-Ansatz wesentlich durch die Metrisierung der Variablen. Diese werden im Unterschied zum leichter interpretierbaren GSK-Ansatz, welcher die Betrachtung von Anteilswerten ermöglicht, logarithmiert. Das loglineare Modell ist in gewisser Weise als nicht-metrisches Pendant zur Varianzanalyse zu verstehen. Die Anwendung des GSK-Ansatzes und loglinearer Modelle wird einführend von *M. Küchler* (1979) im Zusammenhang mit den Programmen NONMET und dem etwas veralteten ECTA erläutert.

Die Diskussion multivariater Verfahren differenzierte diese in verschiedene Analysemodelle. In der jüngeren Entwicklung der statistischen Theoriebildung wurden Versuche unternommen, die Modelle zu integrieren. Das von *J. A. Nelder* und *R. W. M. Wedderburn* (1972) vorgeschlagene **generalisierte lineare Modell** verbindet die klassischen Analyseverfahren wie Regressions-, Varianz- und Kovarianzanalyse sowie loglineare und logistische Modelle und ist mit dem Programmpaket GLIM für praktische Anwendungen verfügbar. Zur Einführung in das Modell und das Programm GLIM sei auf *H.-J. Andreß* (1986) verwiesen.

Symmetrische Analyseverfahren

Die Zielsetzung symmetrischer Verfahren ist es, Gruppen von Elementen, also Variablen oder Beobachtungen, zusammenzufassen. Verfahren aus der Gruppe der **Faktorenanalyse** werden dazu eingesetzt, die Spalten eines Datensatzes, also Variablen, zu gruppieren. Da explorative faktorenanalytische Verfahren an späterer Stelle eingehend besprochen werden, sollen sie hier nur von der konfirmatorischen Vorgehensweise abgegrenzt werden. Es wurde schon gesagt, daß kausalanalytisch betrachtet die Faktorenanalyse in gewisser Weise als reziprokes Verfahren zur Regression interpretiert werden kann. Im skizzierten konfirmatorischen LISREL-Meßmodell (Abbildung 3.28) wird angenommen, daß drei Items x_1, x_2 und x_3 gemeinsam die latente Variable Entscheidungsspielraum ξ_1 bilden. Die Aufgabe der Faktorenanalyse besteht darin, den Einfluß der hypothetisch angenommenen, latenten Variable, also des Faktors, auf die Meßvariablen zu schätzen, d. h. die Koeffizienten λ_{11}, λ_{21} und λ_{31} zu bestimmen. Ferner sind Kriterien dafür zu liefern, inwieweit das angenommene Modell den Daten angemessen ist. Dies ist im Fall der explorativen Faktorenanalyse anders. Dabei handelt es sich um ein symmetrisches Verfahren. Es wird also keine auf theoretischen Grundlagen formulierte Struktur getestet, sondern versucht, eine Struktur der Variablen zu finden. Den Ausgangspunkt des Verfahrens visualisiert Abbildung 3.29. Von den Variablen des Beispiels wird angenommen, daß sie sich auf gemeinsame Faktoren zurückführen lassen, weil sie möglicherweise eine gemeinsame Dimension abbilden sollen. Im ersten Schritt unterstellt das Verfahren der explorativen Faktorenanalyse ein Modell derart, daß soviele Faktoren angenommen werden, wie Variablen Eingang in die Analyse finden.

Das Ziel der Datenreduktion, also der Bündelung von Variablen wäre aber verfehlt, wollte man lediglich das Gleichungssystem der Kausalbeziehungen lösen und die Gewichte der Variablen auf den Faktoren bestimmen. Im zweiten Schritt wird daher aufgrund plausibler Kriterien die Zahl der Faktoren im Modell reduziert. Die Reduktion muß allerdings keineswegs zu einer theoretisch wünschenswerten Struktur führen. Anschließend wird der Einfluß der im Modell verbliebenen Faktoren auf alle Variablen als Korrelation der Variablen mit den Faktoren bestimmt und das er-

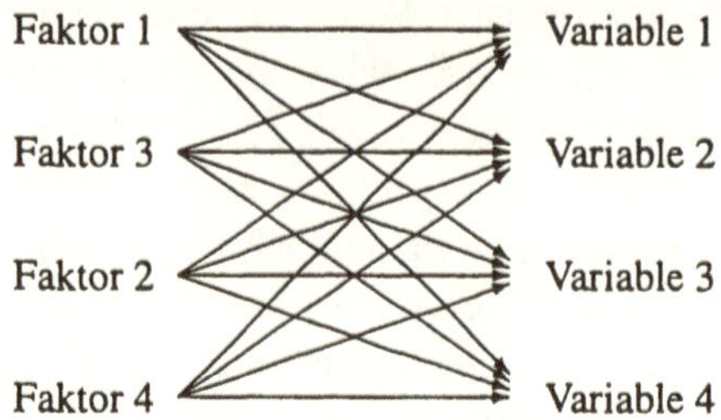

Abb. 3.29: Ausgangspunkt explorativer Faktorenanalysen

mittelte Muster zum Zweck der leichteren Interpretation rotiert. Korrelieren Gruppen von Variablen jeweils hoch bzw. niedrig mit einem Faktor (vgl. Abbildung 3.39) wird angenommen, daß die Variablen mit dem Faktor verbunden sind und dieser die Variablen repräsentieren kann. Zum Einstieg in die Faktorenanalyse empfiehlt sich besonders der Text von *J.-O. Kim* und *C. W. Mueller* (1978). Einen guten Überblick für Leser mit einigen Vorkenntnissen gibt *G. Arminger* (1979).

Gegenüber der explorativen faktorenanalytischen Vorgehensweise ist vielfältige Kritik geäußert worden. Das Modell verlangt metrisches Datenniveau, liefert, im Gegensatz zur konfirmatorischen Analyse, keine eindeutigen Ergebnisse und ist nicht sonderlich anschaulich. In jüngeren empirischen Untersuchungen wird daher häufig auf alternative explorative Techniken, wie Verfahren der MDS und Clusteranalysen, zurückgegriffen.

Mit der Bezeichnung **MDS** wird eine Gruppe von multivariaten Verfahren belegt, deren Zielsetzung es ist, latente Strukturen in Datenmatrizen im metrischen Raum darzustellen. Wie bei der Faktorenanalyse handelt es sich um eine Verfahrensgruppe. Die unterschiedlichen Algorithmen sind entscheidend von der Art der Eingangsmatrix, den zulässigen Transformationen der Daten und dem Distanzmodell des Raumes der Konfiguration abhängig. Als wichtigste Alternative zur Faktorenanalyse können nicht-metrische Ansätze der MDS gelten. Interpretiert man die faktorenanalytische Vorgehensweise geometrisch, so zeigt sich die Ähnlichkeit beider Verfahren. Ziel beider Verfahren ist es, eine Matrix von Proximitäts- oder Nähemaßen, beispielsweise eine Korrelationsmatrix, im möglichst niederdimensionalen Raum darzustellen, so daß die Beziehungen zwischen den Elementen der Matrix ohne zu großen Informationsverlust sichtbar werden. Das Ähnlichkeitsmaß muß aber im Fall der Faktorenanalyse ein Korrelationskoeffizient sein. Jedes andere Assoziationsmaß wäre, ganz im Gegensatz zur nicht-metrischen MDS, die diesbezüglich voraussetzunglos ist, als Verstoß gegen die Anwendungsvoraussetzungen zu werten. Ausgehend von einer vorgegebenen Dimensionenzahl nutzt die MDS lediglich die Rangordnung der Ähnlichkeiten in der Eingangsmatrix, um eine Konfiguration der Elemente im Raum zu ermitteln. Die Ähnlichkeitsmatrix kann auf verschiedene Weise in eine sogenannte Startkonfiguration umgesetzt werden, wobei diese eine erste mögliche Verteilung der Elemente im Raum ist. Im zweiten Schritt wird die Rangfolge der Distanzen der Elemente in der Konfiguration mit der Rangfolge der Ähnlichkeiten in der Ausgangsmatrix verglichen. Entsprechen die Rangfolgen einander nicht, so wird die Konfiguration verändert. Dieser Prozeß wird iterativ solange fortgesetzt, wie eine Verbesserung des Fits, d. h. des Grades der Übereinstimmung zwischen Ähnlichkeitsmatrix und Konfiguration, möglich ist.

Die vollständig fehlerfreie Abbildung von Ähnlichkeiten zwischen Objekten im niederdimensionalen Raum ist regelmäßig nicht möglich. Vielmehr sind die Lösungen mit einem Fehler behaftet, der im sogenannten Streßmaß ausgedrückt wird. Streßmaße dienen gleichzeitig als Zielkriterium der iterativen Verbesserung und zur Beurteilung der Güte der endgültigen Konfiguration. Bei der Interpretation einer Lösung ist neben dem Streßmaß die Zahl der Dimensionen zu berücksichtigen, da die Anpassungsgüte durch die Hinzunahme weiterer Dimensionen deutlich verbessert werden kann. Daher werden bei praktischen Anwendungen mehrere Lösungen mit abnehmender Zahl der Dimensionen berechnet und nur soviele Dimensionen zur endgültigen Bestimmung der Lösung herangezogen, wie die Güte durch Hinzunahme einer weiteren Dimensionen nicht wesentlich verbessert werden kann. Eine gute Einführung aus erster Hand geben *J. B. Kruskal* und *M. Wish* (1978). Ferner sei auf den Sammelband von *S. S. Schiffman* et al. (1981) hingewiesen, in welchem die wichtigsten Verfahren der MDS anhand von zahlreichen Beispielen und den entsprechenden Computerprogrammen vorgestellt werden.

Gegenüber den skizzierten symmetrischen Verfahren ist die Verfahrensgruppe der **Clusteranalyse** als dimensionslose Methode zu kennzeichnen. Ziel der Analyse ist es, Gruppierungen von Elementen, die Beobachtungen oder Variablen sein können, zu finden. Ausgangspunkt der eigentlichen Clusteranalyse ist nicht die $n \times m$ Rohdatenmatrix, sondern eine Proximitätsmatrix. Die Nähe der einzelnen Beobachtungen bzw. Variablen zueinander wird in einer Maßzahl ausgedrückt, die dann in die symmetrische Proximitätsmatrix eingeht. Sogenannte Profilclusteranalysen zur Klassifizierung von Beobachtungen bzw. Clusteranalysen zur Datenreduktion unterscheiden sich also darin, ob sie von einer $n \times n$ bzw. von einer $m \times m$ Proximitätsmatrix ausgehen.

Proximitätsmaße lassen sich grundsätzlich in Distanzmaße und korrelative Ähnlichkeitsmaße differenzieren. Distanzmaße drücken die Nähe zweier Elemente in einer Maßzahl aus, wobei ein hoher Wert eine hohe Distanz oder reziprok eine geringe Ähnlichkeit der Elemente bezeichnet. Bei vollkommener Ähnlichkeit ergibt sich eine Distanz von 0. Im Falle von Ähnlichkeitsmaßen bezeichnet eine 0 dagegen völlige Unähnlichkeit der Elemente, eine hohe Maßzahl große Ähnlichkeit der Objekte. Die Proximitätsmaße sind in erster Linie vom zugrundeliegenden Daten-

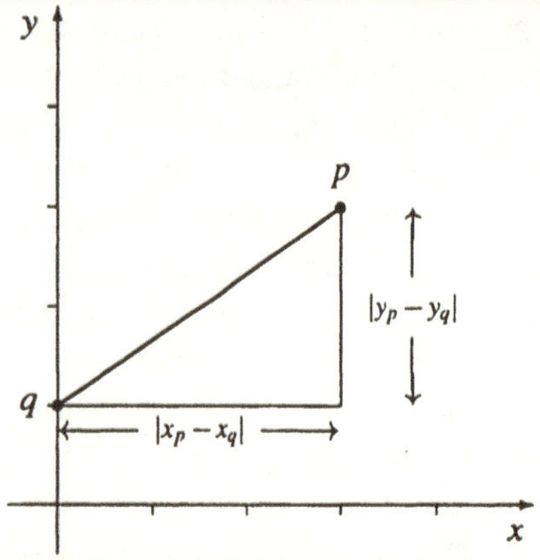

Abb. 3.30: Euklidische Distanz in der Ebene

niveau abhängig, wobei eine Vielzahl von Maßzahlen für die verschiedenen Datenniveaus vorliegt. Bei der Wahl eines Proximitätsmaßes ist allerdings auch darauf zu achten, daß bestimmte Clusteralgorithmen nicht für alle Proximitätsmaße geeignet sind.

Ein häufig benutztes und anschauliches Distanzmaß für metrische oder binäre Merkmale ist die sogenannte Euklidische Distanz. Das Maß ist als direkte Entfernung zwischen Punkten im Raum definiert (Luftlinie) und läßt sich im zweidimensionalen Raum mittels des Satzes des Pythagoros herleiten. Die Dimensionen des Handlungsspielraums (*esr*, *tsr*) sind in Abbildung 3.30 als unbhängige Vektoren dargestellt. Person p hat einen relativ großen Handlungsspielraum mit den Ausprägungen $tsr_p = 3$ und $esr_p = 3$. Person q verfügt dagegen nur über einen sehr geringen Handlungsspielraum. Der Satz des Pythagoras besagt, daß die Summe der Kathetenquadrate dem Hypotenusenquadrat entspricht. Die Euklidische Distanz ist entsprechend definiert als

$$d_{p,q} = \sqrt{\sum_{i=1}^{m}(p_i - q_i)^2}; \quad d_{p,q} = \sqrt{(3-1)^2 + (3-0)^2} = 3,46. \tag{3.74}$$

Eine Verallgemeinerung der Euklidischen Distanz erhält man mit der sogenannten Minkowki-Metrik (L_r),

$$d_{p,q} = \left(\sum_{i=1}^{r}|p_i - q_i|^r\right)^{1/r} \tag{3.75}$$

die für $r = 2$ der Euklidischen Distanz und für $r = 1$ der sogenannten City-Block-Metrik entspricht. Dieses Maß beschreibt den Weg über die Katheten. Die City-

Block-Metrik wichtet, im Unterschied zur euklidischen Distanz, die größeren Differenzen implizit ein größeres Gewicht verleiht, alle Unterschiede gleich.

Zur Klassifikation wird in der Literatur eine Vielzahl von Algorithmen vorgeschlagen, wobei am gebräuchlichsten die sogenannten agglomerativ hierarchischen Verfahren sind. Der Ablauf dieser Verfahren ist leicht zu beschreiben. Im ersten Schritt bildet jedes Element der Proximitätsmatrix ein eigenes Cluster. Schrittweise werden nun jeweils die einander ähnlichsten Elemente so lange zusammengefaßt, bis sämtliche Elemente in einem Cluster vereinigt sind, woraus sich das Problem eines geeigneten Abbruchkriteriums ergibt. Einmal zu einem Cluster zusammengefaßte Elemente können dieses im weiteren Verlauf nicht mehr verlassen. Die Algorithmen dieser Verfahrensgruppe unterscheiden sich in der Art und Weise, wie die Ähnlichkeit der in einem Cluster vereinigten Elemente bezüglich der übrigen Elemente oder Cluster der Matrix bestimmt wird. Beim Single-Linkage, der auch als Algorithmus der kleinsten Distanz bezeichnet werden kann, wird die Distanz zwischen einem Cluster und den übrigen Elementen als die kleinste Distanz zwischen einem Element des Clusters und den anderen Elementen bestimmt. Beim Complete-Linkage wird dagegen die Distanz zwischen den Elementen eines neuen Clusters und den übrigen Elementen als größte Distanz der Elemente im neugebildeten Cluster zu den übrigen Elementen oder Clustern bestimmt. Verschiedene Möglichkeiten der Mittelbildung zur Distanzberechnung zeichnen die Avarage-Linkage-Algorithmen aus. Neben diesen hierarchischen Verfahren, die den Vorteil bieten, verschiedenste Proximitätsmaße verarbeiten zu können, findet der Ward-Algorithmus häufig Verwendung, der im wesentlichen für Matrizen auf der Basis quadrierter euklidischer Distanzen geeignet ist. Beim Ward-Verfahren werden die Elemente oder Cluster dann zu einem weiteren Cluster vereinigt, wenn sie den kleinsten Zuwachs an Heterogenität im resultierenden Cluster liefern. Das Ziel des Algorithmus ist es also, die Varianz im resultierenden Cluster möglichst wenig zu erhöhen.

Hierarchische Clusteralgorithmen, mit Ausnahme des Ward-Verfahrens, werden häufig zur Datenreduktion eingesetzt. Im Gegensatz zur Faktorenanalyse, die nach hinter den Variablen liegenden latenten Dimensionen fragt, ist die Clusteranalyse deskriptiv darauf gerichtet, homogene Gruppen von Variablen zu finden. Hierarchische Algorithmen bilden aufgrund ihrer Konstruktion, daß ein einmal gebildetes Cluster nicht mehr zerstört werden kann, insbesondere die Feinstrukturen eines Datensatzes reliabel ab. Sie werden daher recht häufig in Verbindung mit der non-metrischen MDS zusammen eingesetzt, da diese besonders grobe Strukturen abzubilden erlaubt.

Abbildung 3.31 veranschaulicht eine Kombination von Clusteranalyse und MDS. Das Beispiel zeigt die Ergebnisse einer nicht-metrischen MDS und einer hierarchischen Clusteranalyse nach dem Complete-Linkage über die Distanzen

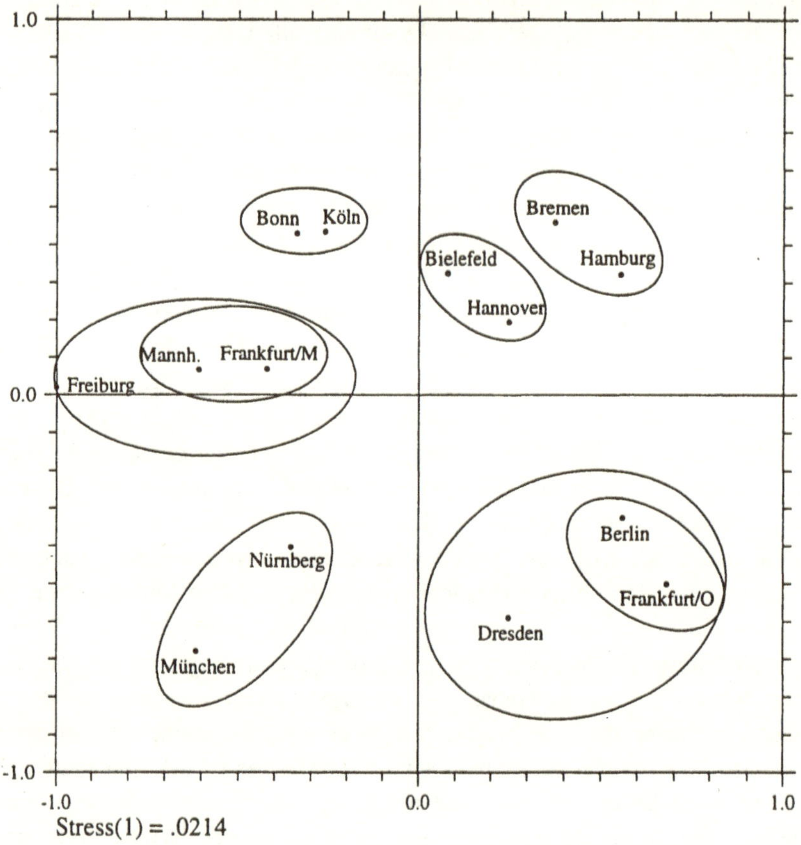

Abb. 3.31: MDS und hierarchische Clusteranalyse von Entfernungsdaten

zwischen einigen deutschen Städten. Die Schritte der Clusterbildung sind durch Kreise angedeutet. Die Abbildung verdeutlicht, daß die Verfahren gut geeignet sind, die Struktur eines Datensatzes zu visualisieren.

Neben den hierarchischen Algorithmen werden Verfahren wichtig, die überlappende Cluster erlauben, da sich sozialwissenschaftliche Daten nicht immer in einer hierarchischen Struktur abbilden lassen. Insbesondere zur Analyse großer Datensätze dienen Verfahren, die, ausgehend von einer festgelegten Clusterzahl, eine Startkonfiguration in bezug auf ein Optimierungskriterium iterativ verbessern. Ferner wurden beschleunigte hierarchische Algorithmen vorgeschlagen, die ebenfalls zur Analyse großer Datensätze geeignet sind. Zur Clusteranalyse sei neben *D. Steinhausen* und *K. Langer* (1977) auf das Buch von *J. Bacher* (1994) verwiesen.

Abschließend sei auf ein symmetrisches multivariates Verfahren zur Analyse von Kontingenztafeln hingewiesen, welches hierzulande erst in den letzten Jahren Verbreitung gefunden hat, insbesondere in der französischen Sozialwissenschaft aber eine bedeutende Rolle spielt. Die **Korrespondenzanalyse** hat große Ähnlichkeit mit der Hauptkomponentenanalyse. Die Variation der Daten in einer zweidimensionalen Kontingenztafel wird mittels orthogonal aufeinanderstehender Vektoren zerlegt. Die Lage der Variablen im niederdimensionalen Raum, aufgespannt durch die Vektoren, wird durch deren Korrelation mit den Achsen bestimmt. Die Metrik des Verfahrens ist datenabhängig. Gegenüber loglinearen Modellen hat die Korrespondenzanalyse keine Probleme mit schwachen Zellenbesetzungen. Insbesondere zur Analyse großer Kontingenztafeln, bei denen die Effekte nur schwer zu interpretieren sind, kann das Verfahren ein wichtiges Hilfsmittel sein, da die Zusammenhänge durch die graphische Darstellung anschaulich werden. Die Korrespondenzanalyse wird einführend von *A. Linder* und *W. Berchthold* (1982) behandelt. Ferner ist auf die umfassenden Monographien von *M. J. Greenacre* (1984) *J.-P. Benzécri* (1992) und *M. Jambu* (1992) hinzuweisen.

Neben den Texten zu speziellen Verfahren sei auf einige umfassende Lehrbücher hingewiesen. Einen Einstieg in die wichtigsten Verfahren bietet das praxisorientierte Buch von *K. Backhaus* et al. (1994). Die Verfahren werden überwiegend im Zusammenhang mit der Nutzung von SPSS erklärt, wobei der Schwerpunkt bei den klassischen Verfahren liegt. Ferner werden LISREL und Verfahren der MDS erläutert. Einen umfassenden Überblick über die wichtigsten Bereiche der multivariaten Statistik geben die Lehr- und Handbücher von *J. Hartung* und *B. Elpelt* (1992) sowie *L. Fahrmeir* und *A. Hamerle* (1984). Beide Werke sind allerdings für Leser ohne Vorkenntnisse nicht zu empfehlen.

3.5.2 Regressionsanalyse

Regression bezeichnet sinngemäß das Zurückführen der Ausprägungen einer abhängigen Variable auf die Ausprägungen einer oder mehrerer unabhängiger Variablen. Das regressionsanalytische Modell setzt dabei voraus, daß zunächst die Zielvariable der Analyse und ihre Prädiktorvariablen aufgrund theoretischer Überlegungen bestimmt worden sind. Zielsetzung der Analyse ist, die unabhängige Variable mittels der erhobenen Daten zu beschreiben und ferner deren Verhältnis in der Grundgesamtheit zu bestimmen. Die deskriptive Zielsetzung verlangt die möglichst genaue Bestimmung der abhängigen Variable durch möglichst wenige Prädiktorvariablen. Wie bei allen multivariaten Analyseverfahren wird also ein befriedigender Kompromiß zwischen Genauigkeit und Einfachheit des Modells gesucht, indem die Haupteinflußfaktoren herausgefiltert werden. Voraussetzung der Analyse ist zunächst metrisches Datenniveau der Variablen. Soll das Modell in der Grund-

Verfahren	*Zielvariable*	*Prädiktor*
Regressionsanalyse	eine metrische	mehrere metrische
Varianzanalyse	eine metrische	mehrere non-metrische
Kovarianzanalyse	eine metrische	mehrere metrische und non-metrische
Diskriminanzanalyse	eine non-metrische	mehrere metrische
Pfadanalyse	mehrere metrische	mehrere metrische
LISREL	mehrere metrische oder non-metrische	mehrere metrische oder non-metrische
GSK-Ansatz	eine non-metrische	mehrere non-metrische
loglineare Modelle	mehrere non-metrische	mehrere non-metrische
GLIM	mehrere metrische oder non-metrische	mehrere metrische oder non-metrische
Faktorenanalysen	symmetrische Verfahren für metrische Variablen	
MDS	symmetrische Verfahren zur räumlichen Darstellung von Untersuchungsobjekten oder Variablen für metrische und non-metrische Maße	
Clusteranalysen	symmetrische Verfahren zur Klassifizierung von Untersuchungsobjekten oder Variablen für metrische und non-metrische Maße	
Korrespondenz-analyse	symmetrisches Verfahren zur räumlichen Darstellung von Zusammenhängen in Kontingenztafeln und anderen Tabellen	

Abb. 3.32: Übersicht multivariater Analyseverfahren

gesamtheit bestimmt werden, so sind eine Reihe weiterer Annahmen erforderlich. Im folgenden wird der Versuch unternommen, die von den Befragten geäußerte Zufriedenheit mit ihrer Arbeit auf eine bestimmte Ausprägung organisatorischer Merkmale, wie die Dimensionen des Handlungsspielraums (Entscheidungs-, Freiheits-

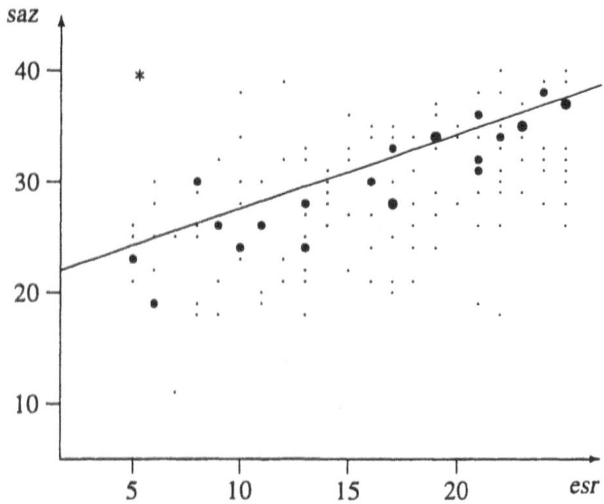

Legende: · ≡ 1 Fall; • ≡ 2 Fälle; ● ≡ mehr als 3 Fälle.

Abb. 3.33: Streudiagramm der Variablen *saz* und *esr*

und Tätigkeitsspielraum) und die hierarchische Position, zurückzuführen. Dabei beschäftigen wir uns zunächst nur mit der Regression als deskriptivem Analysemodell, bevor inferenzstatistische Überlegungen diskutiert werden.

Das Streudiagramm zeigt den Zusammenhang von Arbeitszufriedenheit (*saz*) und Entscheidungsspielraum (*esr*) der befragten Personen. Wie Abbildung 3.33 zu entnehmen ist, besteht ein linearer Trend dahingehend, daß mit wachsendem Entscheidungsspielraum die Arbeitszufriedenheit anwächst. Nur derartige Trends lassen sich mittels der linearen Regression genauer bestimmen. Indiziert ein Streudiagramm einen nicht-linearen Zusammenhang der Variablen, können die Daten vielfach durch Transformation linearisiert werden. Andernfalls ist auf nicht-lineare Ansätze der Regression zurückzugreifen.

Das Streudiagramm weist häufig noch auf ein zweites Problem hin. Bei genauer Betrachtung finden sich oft Beobachtungen, die extrem vom Gros der übrigen abweichen. So äußert eine der befragten Personen (*) eine extrem hohe Arbeitszufriedenheit, obwohl ihr Entscheidungsspielraum äußerst gering ist. Derartige Ausreißer sind in sozialwissenschaftlichen Untersuchungen keine Seltenheit. Ihre Behandlung erfordert allerdings genaueste Kenntnis der Daten. Sofern Eingabe- oder Codierungsfehler vorliegen, was im Einzelfall stets geprüft werden sollte, lassen sich diese recht einfach korrigieren. Eine alternative Erklärung kann die Wirkung von

Drittvariablen sein. In unserem Fall handelt es sich um einen Sachbearbeiter, der seinen Entscheidungsspielraum folglich gering beurteilt, aber einen großen Tätigkeits- und Freiheitsspielraum besitzt und darüber hinaus recht gut verdient. Finden sich für einen Ausreißer keine plausiblen Erklärungen, so ist zu erwägen, ob die Fragen ernsthaft beantwortet wurden und ob im Zweifelsfall die Beobachtung von der Analyse ausgeschlossen werden kann.

Das Grundmodell der bivariaten Regression

Der lineare Zusammenhang von Arbeitszufriedenheit und Entscheidungsspielraum kann durch eine Gerade beschrieben werden. Die Gleichung lautet in allgemeiner Form:

$$y = b_0 + b_1 x, \tag{3.76}$$

wobei die abhängige Variable y auf der Ordinate abgetragen wird. Den Schnittpunkt der Geraden mit der y-Achse bezeichnet b_0, auch konstantes Glied genannt. Die Steigung der Geraden, d. h. die Änderung in vertikaler Richtung bei Anstieg der unabhängigen Variable um eine Einheit, bezeichnet b_1. Nun ist es nur in den seltensten Fällen möglich, alle Punkte des Diagramms durch eine Gerade zu verbinden, vielmehr werden sie um eine Gerade streuen. Die Gleichung ist also um einen Fehlerterm e zu ergänzen.

$$y = b_0 + b_1 x + e. \tag{3.77}$$

Es ist plausibel, die Gerade zur Repräsentation der Punktwolke möglichst zentral durch diese zu legen, so daß die Fehler minimiert werden. Dieser Forderung kommt das Standardschätzverfahren — die **Methode der kleinsten Quadrate** (**OLS**, ordinary least squares) — nach. Dabei werden die Abstände der Punkte von der Geraden in vertikaler Richtung betrachtet, die sich nach:

$$y_i - b_0 - b_1 x_i, \tag{3.78}$$

ergeben, wobei y_i und x_i die Koordinaten eines Punktes sind. Die Summe der quadrierten Abstände aller Punkte soll nun ein Minimum werden, d. h.:

$$\sum_{i=1}^{n} (y_i - b_0 - b_1 x_i)^2 \to \min! \tag{3.79}$$

Durch die Quadrierung der Abstände wird verhindert, daß sich die Abstände nach oben und unten gegenseitig aufheben. Implizit werden damit aber kleine Abstände weniger stark gewichtet als größere Abstände. Die OLS-Schätzung ist deshalb relativ stark von ‚Ausreißern' beeinflußt und dies umso stärker, je weniger ein weit entfernt liegender Datenpunkt durch eine Vielzahl normal streuender kompensiert wird. Aus diesem Grund sind robuste Regressionsschätzungen vorgeschlagen worden, die große Abweichungen weniger stark berücksichtigen. Unter bestimmten Bedingungen läßt sich allerdings zeigen, daß die OLS-Methode die wünschenswerten Eigenschaften einer BLUE-Schätzung (best linear unbiased estimator) besitzt.

Die Regressionsgerade ließe sich mittels Versuch und Irrtum so bestimmen, daß das OLS-Kriterium ein Minimum erreicht. Mit Hilfe der Differentialrechnung läßt sich der Suchprozeß umgehen, indem folgende Gleichungen für Schnittpunkt und Steigung der Geraden abgeleitet werden:

$$b_0 = \bar{y} - b_1\bar{x}; \qquad b_1 = \frac{\sum_{i=1}^{n}(x_i - \bar{x})(y_i - \bar{y})}{\sum_{i=1}^{n}(x_i - \bar{x})^2}. \tag{3.80}$$

Da die Berechnung der Koeffizienten nicht sonderlich instruktiv, aber ausgesprochen ermüdend ist, sei auf ihre Wiedergabe verzichtet. Für das Beispiel ergibt sich folgende Regressionsgleichung:

$$\widehat{SAZ} = 20,9 + 0,51ESR,$$

wobei $\widehat{SAZ}$ diejenigen Werte der abhängigen Variablen bezeichnet, welche genau auf der Gerade liegen. Diese werden auch als **Prädiktorwerte** bezeichnet. Die Prädiktorwerte der Variablen *saz* ergeben sich nach dem Regressionsmodell also dadurch, daß die Variable *esr* mit 0,51 multipliziert und 20,9 addiert wird. Der Koeffizient b_1, auch **Regressionskoeffizient** genannt, drückt die Steigung im Maßstab der unabhängigen Variable *esr* aus. Dies ist von Vorteil, wenn die Ergebnisse mit einer Regressionsanalyse der gleichen Variablen eines anderen Datensatzes verglichen werden sollen. Nachteilig ist es dagegen, wenn mehrere unabhängige Variablen mit verschiedenen Maßstäben in das Regressionsmodell einbezogen werden. Um vergleichbare Regressionskoeffizienten zu erhalten, kann man die Regression mit z-standardisierten abhängigen und unabhängigen Variablen durchführen, deren Verteilungen dann einen Mittelwert 0 und eine Standardabweichung von 1 haben. Der Koeffizient b_0 nimmt in diesem Fall den Wert 0 an. Bei bivariater Regression verläuft die Gerade also durch den Ursprung des Koordinatenkreuzes, da die gemeinsame Verteilung der Variablen durch die Standardisierung gewissermaßen zentriert wird. Die resultierenden **standardisierten Regressionskoeffizienten** werden mit **Beta** bezeichnet. Beta läßt sich allerdings auch bei Analyse der unstandardisierten Rohdaten berechnen, wenn der unstandardisierte Regressionskoeffizient mit

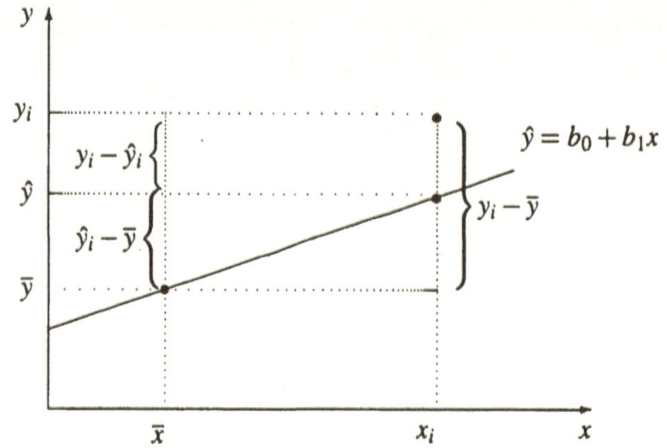

Abb. 3.34: Komponenten der Variation

dem Quotienten der Standardabweichungen von unabhängiger ($ESR, s_x = 6,05$) und abhängiger Variable ($SAZ, s_y = 5,82$) multipliziert wird.

$$\text{beta}_p = b_p \frac{s_p}{s_y}; \quad \text{beta}_{esr} = 0,51 \frac{6,05}{5,82} = 0,53, \tag{3.81}$$

wobei der Index p die jeweilige unabhängige Variable bezeichnet. Allgemein ausgedrückt sagt der Beta-Koeffizient, daß sich die abhängige Variable um den Anteil von beta_p einer Standardabweichung s_y bei Veränderung der Prädiktorvariablen x_p um eine Standardabweichung s_x verändert. Bei der Regression mit nur zwei Variablen ist Beta gleich dem Korrelationskoeffizienten beta $= r$. Werden mehrere unabhängige Variablen in das Modell einbezogen, läßt sich anhand der standardisierten Koeffizienten die relative Bedeutung der unabhängigen Variablen abschätzen. Dabei ist jedoch zu beachten, daß die standardisierten Koeffizienten oft nicht unabhängig von den übrigen Variablen im Modell sind und durch Korrelationen zwischen diesen beeinflußt werden. Die Beta-Koeffizienten lassen daher vielfach keinen Schluß auf die absolute Bedeutung der unabhängigen Variablen zu.

Es ist daher wünschenswert, ein Maß für die **Anpassungsgüte** des Modells zu bestimmen. Betrachten wir zunächst die vertikalen Abstände der beobachteten Werte der abhängigen Variable (y_i) von den auf der Regressionsgraden liegenden, vorhergesagten Werten ($\hat{y}_i$). Die Abstände ($y_i - \hat{y}_i$) werden als **Residuen** (y_i^{res}) bezeichnet und geben Aufschluß über die Güte der Anpassung des Regressionsmodells. Sind die Residuen insgesamt klein, so ist das Modell den Daten offenbar gut angepaßt. Da sich die Abstände von der Regressionsgeraden nach oben und unten ausgleichen — die OLS-Schätzung hat die Eigenschaft, daß die Summe der Residuen 0 ergibt —, wird zur Bestimmung der Größe der Residuen ihre Quadratsumme herangezogen. Damit erhält man ein Maß für die im Modell nicht erklärte Variation. Die gesamte Variation der abhängigen Variablen ist die Summe der Abweichungsquadrate der empirischen Werte (y_i) von ihrem Mittelwert ($\bar{y}$). Die durch das Modell erklärte Variation ergibt sich folglich als Differenz von gesamter Variation und nichterklärter Variation, also als Quadratsumme der Prädiktoren ($\hat{y}_i$) von ihrem Mittelwert. Die gesamte Variation (SS_{tot}) läßt sich als in die im Regressionsmodell erklärte Variation (SS_{reg}) und die nicht erklärte oder Residualvariation (SS_{res}) aufteilen.

$$\sum_{i=1}^{n}(y_i-\bar{y})^2 = \sum_{i=1}^{n}(\hat{y}_i-\bar{y})^2+\sum_{i=1}^{n}(y_i-\hat{y}_i)^2; \tag{3.82}$$

$$SS_{tot} = SS_{reg}+SS_{res}. \tag{3.83}$$

Dividiert man die Gleichung durch SS_{tot}, ergibt der linke Term 1. Das Verhältnis von SS_{reg}/SS_{tot} ist der **Determinationskoeffizient** R^2, der den prozentualen Anteil der im Modell erklärten Varianz angibt. Das Verhältnis von SS_{res}/SS_{tot} wird als **Alienationskoeffizient** $(1-R^2)$ bezeichnet und drückt entsprechend den nicht determinierten Varianzanteil aus. Im Beispiel nimmt R^2 den Wert 0,28 an, es werden also 28 % der Varianz der abhängigen Variable (*saz*) durch die unabhängige Variable (*esr*) determiniert.

Multiple Regression

Bezieht man eine weitere Variable in das Modell ein, wird mittels der OLS-Schätzung nicht mehr eine Gerade, sondern eine Ebene im dreidimensionalen Raum bestimmt; im Fall von n Variablen entsprechend eine (äußerst unanschauliche) Hyperebene im n-dimensionalen Raum. Erweitern wir die Analyse auf drei Variablen, so lautet die Regressionsgleichung:

$$\hat{y} = b_0+b_1x_1+b_2x_2. \tag{3.84}$$

Betrachten wir kurz die Logik des Vorgehens, wenn auch nicht die Berechnung selbst, bei der Bestimmung der Regressionskoeffizienten. Ziel der Analyse ist es, den Einfluß der Prädiktorvariablen auf die Zielvariable unabhängig voneinander zu bestimmen. Zwischen den unabhängigen Variablen wird aber in der Regel eine korrelative Beziehung bestehen. Dieser lineare Einfluß zwischen den unabhängigen Variablen muß also zur Berechnung der multiplen Regression herausgefiltert oder partialisiert werden (vgl. S. 131). Die multiple Regression wird zu diesem Zweck in eine doppelte bivariate Regression aufgeteilt. Zunächst wird nur der lineare Zusammenhang zwischen einer unabhängigen Variablen und den übrigen bestimmt. Die Regressionsgleichung lautet also:

$$\hat{x}_1 = b_0 + b_1 x_2. \tag{3.85}$$

Die Residuen von x_1 bei der Regression auf x_2:

$$x_1^{res} = x_1 - \hat{x}_1 \tag{3.86}$$

sind genau der Anteil, der nicht linear von x_2 abhängig ist. Nur mit diesen Residuen wird also im zweiten Schritt eine bivariate Regression mit der Zielvariable y durchgeführt:

$$y = b_0 + b_1 x_1^{res}. \tag{3.87}$$

Der in dieser Gleichung bestimmte Koeffizient b_1 ist gleichzeitig der Koeffizient b_1 im multiplen Fall. Analog werden die Schritte für die weiteren unabhängigen Variablen vollzogen. Nur die vom Einfluß der übrigen Prädiktoren bereinigten unabhängigen Variablen finden also in der multiplen Regression Berücksichtigung. Die Regressionskoeffizienten werden im multiplen Fall daher auch als **partielle Regressionskoeffizienten** bezeichnet.

Aufgrund der Verfahrensweise bei multipler Regression kann die Situation eintreten, daß im Fall der bivariaten Regression zwischen den Variablen y und x_1 nur ein schwacher Zusammenhang besteht, aber bei Einbezug einer dritten Variable x_2 ein hoher Einfluß von x_1 auf y geschätzt wird. Der Grund für dieses Phänomem ist, daß x_2 als sogenannte **Suppressor-Variable** wirkt. Die Variable x_2 korreliert nicht mit y, dagegen hoch mit x_1. Wie sich im bivariaten Modell zeigt, korrelieren auch x_1 und y nur schwach miteinander. Wird nun x_2 in das Modell aufgenommen, wird die Korrelation zwischen x_2 und x_1 auspartialisiert. Im trivariaten Modell wird daher zwischen y und x_1 ein hoher Zusammenhang festgestellt, da x_1 von dem nicht mit y, sondern mit x_2 korrespondierenden Varianzanteil bereinigt wird. Dies ist ein Grund, warum keinesfalls rein empiristisch unabhängige Variablen in ein Regressionsmodell aufgenommen werden sollten, die hoch miteinander korrelieren. Zusammenfassend läßt sich festhalten, daß die Ergebnisse einer Regressionsanalyse immer modellspezifisch sind und daher nur im Zusammenhang des spezifizierten Modells interpretiert werden können. Beim Wechsel von einem Modell zu einem anderen müssen nicht notwendig vergleichbare Zusammenhänge aufgedeckt werden.

Nehmen wir nun in das Beispiel als zusätzliche Prädiktoren der Arbeitszufriedenheit die weiteren Dimensionen des Handlungsspielraums, nämlich den Freiheitsspielraum (*fsr*) und den Tätigkeitsspielraum (*tsr*), auf:

$$\widehat{SAZ} = b_0 + b_1 ESR + b_2 FSR + b_3 TSR.$$

Für diese Gleichung lassen sich folgende Koeffizienten bestimmen, wobei die Beta-Koeffizienten in Klammern angegeben sind.

$$\begin{array}{llllllll} SAZ = 14,73 & + & 0,40ESR & + & 0,05FSR & + & 0,43TSR; \\ & & (0,41) & & (0,04) & & (0,25). \end{array}$$

Der Koeffizient für *esr* ist im Vergleich zum bivariaten Modell leicht gesunken, was ein Indiz für eine korrelative Beziehung zwischen den Prädiktoren sein kann. Die unstandardisierten Koeffizienten der Variablen *esr* und *tsr* haben nahezu die gleiche Größe. Die Betrachtung der Beta-Koeffizienten zeigt aber, daß der Einfluß des Tätigkeitsspielraums auf die Arbeitszufriedenheit geringer ist als der des Entscheidungsspielraums. Der Freiheitsspielraum ist für die Arbeitszufriedenheit nahezu bedeutungslos. R^2 nimmt einen Wert von 0,33 an. Es werden also insgesamt 5 % mehr Varianz erklärt als im bivariaten Fall.

Zwischen den unabhängigen Variablen und der Zielvariable läßt sich auch im Fall der multiplen Regression ein Korrelationskoeffizient bestimmen. Da die Zielvariable als lineare Kombination mehrerer Prädiktoren bestimmt wird, gehen diese in die Bestimmung des **multiplen Korrelationskoeffizienten** (Multiple R) mit ein. Sofern die Beta-Koeffizienten bekannt sind, kann R über folgende Formel bestimmt werden:

$$R = \sqrt{\sum_{i=1}^{p} \text{beta}_p r_{yp}}, \tag{3.88}$$

wobei p die Anzahl der Prädiktoren und r_{yp} die Korrelation der unabhängigen Variable mit der Zielvariable bezeichnet. Der Determinationskoeffizient läßt sich auch als Quadrat des multiplen Korrelationskoeffizienten berechnen. Das Beispiel basiert auf folgender Korrelationsmatrix:

	SAZ	*ESR*	*FSR*	*TSR*
SAZ	1,00			
ESR	0,53	1,00		
FSR	0,22	0,45	1,00	
TSR	0,42	0,40	0,02	1,00

Dementsprechend ist:

$$R^2 = (0,41)(0,53) + (0,04)(0,22) + (0,25)(0,42) = 0,33.$$

Der Determinationskoeffizient wird auf der Basis der Stichprobe bestimmt; er gibt also an, wie gut das Modell den erhobenen Daten entspricht. Zur Schätzung des Determinationskoeffizienten in der Grundgesamtheit wird eine Korrektur vorgenommen. Bei der Bestimmung des **adjustierten** R^2 (adjustet R^2) werden die Freiheitsgrade berücksichtigt, weshalb dieser Koeffizient etwas niedriger ausfällt.

Signifikanztests

Bisher ist die Regression nur als deskriptives Instrument der Datenanalyse diskutiert worden. Es kann aber von Interesse sein, von den Ergebnissen der Stichprobe auf die Grundgesamtheit zu schließen. Die Fragestellung lautet also, ob die aufgestellte Regressionsgleichung brauchbar ist, den Zusammenhang in der Grundgesamtheit zu beschreiben. Zur deskriptiven Analyse ist lediglich metrisches Datenniveau der Variablen vorausgesetzt worden. Die Anwendung der im folgenden beschriebenen Testverfahren ist aber nur sinnvoll, wenn eine Reihe weiterer Bedingungen erfüllt ist. Die Testverfahren erfordern **normalverteilte Residuen** mit einem Mittelwert von 0 und konstanter Varianz für die Ausprägungen der unabhängigen Variablen. Auf die Überprüfung der Annahmen und mögliche Fehlerquellen wird später näher eingegangen.

Der multiple Korrelationskoeffizient drückt aus, daß zwischen abhängiger und unabhängigen Variablen eine Beziehung besteht. Um diesen Zusammenhang auch in der Grundgesamtheit zu überprüfen, wird die Nullhypothese getestet, ob dieser Koeffizient in der Grundgesamtheit 0 ist. Die Nullhypothese behauptet also, daß alle partiellen Regressionskoeffizieten in der Grundgesamtheit, die mit β bezeichnet werden, gleich 0 sind:

$$H_0: \beta_1 = \beta_2 = \ldots \beta_p = 0; \quad H_1: \text{Es gibt } i \text{ mit } \beta_i \neq 0. \tag{3.89}$$

Kann diese Nullhypothese nicht mit einer bestimmten Wahrscheinlichkeit zurückgewiesen werden, so ist davon auszugehen, daß das aufgestellte Regressionsmodell insgesamt statistisch nicht abgesichert ist. Bei der Konstruktion des Signifikanztests wird auf varianzanalytische Überlegungen zurückgegriffen. Die F-verteilte Prüfgröße des Tests ergibt sich als Quotient der erklärten Variation und der im Modell nicht-erklärten Residualvariation gewichtet mit den jeweiligen Freiheitsgraden. Als Maß der Variation dienen die Quadratsummen, wobei die Freiheitsgrade für SS_{res} als Anzahl der unabhängigen Variablen (p) und für SS_{reg} als Anzahl der Stichprobengröße minus der Zahl aller Variablen im Modell $(n-p-1)$ ergeben. Die so gewichteten Quadratsummen werden als mittlere Quadrate (MSS) bezeichnet.

$$\begin{aligned} F &= \frac{SS_{reg}/p}{SS_{res}(n-p-1)} = \frac{MSS_{reg}}{MSS_{res}}; \\ &= \frac{1659,77/3}{3374,34/(148-3-1)} = \frac{553,26}{23,43} = 23,61. \end{aligned} \tag{3.90}$$

Die für den multiplen Fall beispielhaft berechnete Prüfgröße ist mit p und $(n-p-1)$ F-verteilt. Der theoretische F-Wert beträgt $F_{3,144;0,05} = 2,68$, ist also kleiner als der empirische Wert für $F = 23,61$, für den sich ein ein Signifikanzniveau von $p = 0,0000$ ergibt. Die Nullhypothese wird daher verworfen. Wir können davon ausgehen, daß der multiple Korrelationskoeffizient auch in der Grundgesamtheit größer ist als Null.

Ein signifikantes Ergebnis der Prüfung der gesamten Gleichung besagt im multiplen Fall nicht, daß die einzelnen Regressionskoeffizienten bezogen auf die Grundgesamtheit als signifikant gelten können. Die Regressionskoeffizienten werden von Stichprobe zu Stichprobe schwanken, die Fragestellung lautet also, ob der Bereich der Streuung den Wert Null einschließt oder nicht. Unter bestimmten Annahmen läßt sich eine mit $(n-p)$ Freiheitsgraden t-verteilte Prüfgröße als Quotient von Regressionskoeffizient und zugehörigem Standardfehler konstruieren.

$$t = \frac{b_p}{SE_{b_p}}. \tag{3.91}$$

Die Nullhypothese lautet, daß der Regressionskoeffizient in der Grundgesamtheit 0 ist. Kann sie mit genügend hoher Wahrscheinlichkeit zurückgewiesen werden, so ist die Alternativhypothese zu akzeptieren, daß der Regressionskoeffizient signifikant von 0 verschieden ist. Für größere Stichproben kann auf die Standardnormalverteilung zurückgegriffen werden. Innerhalb des Intervalls von ± 2 Standardfehlern um den Regressionskoeffizienten sollte dabei der Wert 0 nicht vorkommen, soll mit $\alpha = 0,05$ angenommen werden, daß der Regressionskoeffizient signifikant ist. Damit ist gleichzeitig auch ein Mutungsintervall für den Regressionskoeffizienten bestimmt.

Betrachten wir beispielsweise das Mutungsintervall für die Variable *fsr*, für die sich ein Standardfehler von 0,1 berechnet. Das Mutungsintervall für *fsr* bestimmt sich als:

$$0,05 - 1,96(0,1) \leq \beta_{FSR} \leq 0,05 + 1,96(0,1). \tag{3.92}$$

Der ‚wahre' Regressionskoeffizient β ist mit 95 % Wahrscheinlichkeit im Intervall von $-0,15$ und 0,25 in der Grundgesamtheit zu finden. Die Nullhypothese kann daher nicht zurückgewiesen werden. Der Variablen kommt, im Gegensatz zu den übrigen, keine signifikante Bedeutung als Prädiktor der Arbeitszufriedenheit zu.

Modellannahmen der Regression

Das lineare Modell der Regression umfaßt fünf **Annahmen**, die im folgenden kurz besprochen werden. Ferner werden einige Probleme diskutiert, die sich aus der Verletzung der Modellannahmen ergeben. Die Erläuterung des theoretischen Hintergrunds der Annahmen soll hier nicht erfolgen, dazu sei auf *D. Urban* (1982) verwiesen. Die Annahmen des Modells bzw. die jeweilige Modellverletzung lauten im einzelnen:

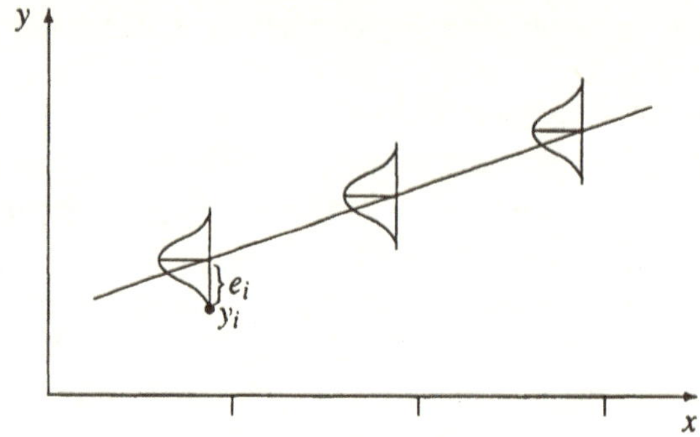

Abb. 3.35: Annahmen der Regression

- Die Beziehung zwischen abhängiger und unabhängigen Variablen ist linear. Die Verletzung der Prämisse wird folglich als **Nichtlinearität** bezeichnet.
- Die unabhängigen Variablen sind linear unabhängig voneinander. Korrelieren die unabhängigen Variablen miteinander, spricht man von **Multikollinearität**.
- Die abhängige Variable besitzt für ihre konditionalen Verteilungen, konditional bezüglich bestimmter, fester Werte der unabhängigen Variablen, gleiche Streuungen. Liegt keine Streuungsgleichheit vor, wird von **Heteroskedastizität** gesprochen.
- Die Werte der abhängigen Variable dürfen nicht von vorhergehenden oder nachfolgenden Werten beeinflußt sein. Ein niedriger Wert der abhängigen Variable darf also nicht niedrig sein, weil der vorhergehende oder der nachfolgende Wert niedrig ist, andernfalls spricht man von **Autokorrelation**.
- Für bestimmte, feste Werte der unabhängigen Variable soll die konditionale Verteilung der abhängigen Variable der **Normalverteilung** folgen.

Abbildung 3.35 verdeutlicht die Annahmen der Linearität, der Streuungsgleichheit und der Normalverteilung.

Für die praktische Arbeit ist es wichtig zu wissen, daß sich die genannten Modellannahmen auf die Residuen übertragen lassen. Die **Residuenanalyse** ist daher ein wichtiges Hilfsmittel zur Aufdeckung von Modellverstößen. Von diesen wird gefordert, daß sie unabhängig voneinander und von der abhängigen Variable sind,

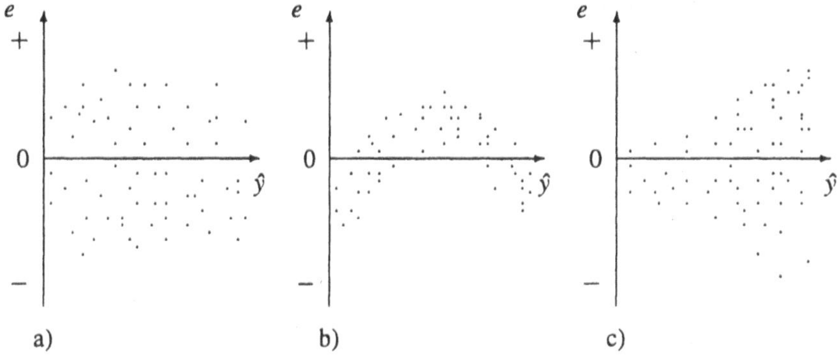

Abb. 3.36: Typische Residuen-Streudiagramme

mit einem Erwartungswert von null und gleicher Varianz. Unter diesen Bedingungen, die den ersten vier Annahmen entsprechen, besitzt die OLS-Methode die Eigenschaft einer BLUE-Schätzung. Man erhält also beste, lineare und erwartungstreue Schätzwerte. Die fünfte Annahme fordert normalverteilte Residuen und ist zur Durchführung der Signifikanztests und zur Berechnung von Konfidenzintervallen erforderlich.

Um Modellverletzungen besser erkennen zu können, werden die Residuen vielfach, wie jede andere Variable auch, standardisiert, so daß sie einen Mittelwert von 0 und eine Standardabweichung von 1 besitzen. Im Streudiagramm von Residuen und geschätzten Werten der abhängigen Variable wird deutlich, inwieweit ein Regressionsmodell den Daten angemessen ist. Abbildung 3.36 zeigt drei typische Streudiagramme der standardisierten Residuen. Darstellung (a) gibt ein ideales Streudiagramm wieder, bei dem die Modellvoraussetzungen erfüllt sind. Die Werte streuen ohne deutliche Regelmäßigkeit um den Mittelwert, wobei keine Ausreißer zu erkennen sind. Als Ausreißer können Fälle bezeichnet werden, die außerhalb der doppelten Standardabweichung liegen. Derartige Fälle verzerren die Regressionsschätzung, weshalb sie gegebenenfalls von der Analyse ausgeschlossen werden sollten. Das Streudiagramm (b) verweist auf einen nicht-linearen Zusammenhang, dem ein lineares Regressionsmodell nicht angemessen ist. Die Daten sind daher zu transformieren oder es ist ein nicht-lineares Regressionsmodell zu wählen. Das dritte Streudiagramm (c) zeigt mit den geschätzten Werten ansteigende Varianzen der Residuen. Streuungsungleichheit kann gegebenenfalls durch Anwendung einer Schätzmethode für ungleiche Varianzen beseitigt werden.

Nicht-Linearität läßt sich visuell leicht in Streudiagrammen erkennen. Entdeckt man dabei einen nicht-linearen Zusammenhang, ist dieser vielfach durch geeignete Transformation in eine lineare Funktion zu überführen. Das Streudiagramm

(3.36 b) zeigt beispielsweise einen nicht-linearen Zusammenhang, der sich durch eine polynominale Funktion 2. Ordnung beschreiben läßt:

$$y = b_0 + b_1 x_1 + b_2 x_1^2. \tag{3.93}$$

Um zur Schätzung der Koeffizienten die lineare Regression zu nutzen, wird zunächst eine Hilfsvariable x_{1t} definiert, die x_1^2 entspricht:

$$x_{1t} = x_1^2. \tag{3.94}$$

Der Index t verweist darauf, daß es sich um eine transformierte Variable handelt. Diese wird in die Gleichung eingesetzt und für die transformierte Funktion eine lineare Regressionsanalyse durchgeführt.

$$y = b_0 + b_1 x_1 + b_2 x_{1t}. \tag{3.95}$$

Bei der Interpretation des Ergebnisses ist zu beachten, daß x_{1t} für x_1^2 steht. Mit wachsendem x_1 steigt (fällt) die Variable y zunächst, bis x_1 den Wert $-b_1/2b_2$ erreicht. An dieser Stelle liegt der Extrempunkt der Funktion, wie sich mittels ihrer Ableitung bestimmen läßt. Wächst x_1 über diese kritische Grenze hinaus, so fällt (steigt) y. Ein schon zitiertes Beispiel für einen solchen Zusammenhang ist der zwischen Informationsmenge und der Effizienz der auf ihrer Basis getroffenen Entscheidungen (vgl. S. 126).

Nicht-lineare Zusammenhänge zwischen Variablen finden sich in sozialwissenschaftlichen Anwendungen relativ häufig. Wird Regression als deskriptives Analyseinstrument eingesetzt, sind Transformationen nicht-linearer Funktionen, sofern ein geeigneter Funktionstyp bestimmt werden kann, relativ unproblematisch. Derartige linearisierbare Funktionstypen wie Exponential-, polynominale, hyperbolische und logarithmische Funktionen, werden auch als intrinsisch lineare Funktionen bezeichnet. Teststatistiken sind aber nur unter bestimmten, zusätzlichen Annahmen anwendbar, die hier nicht besprochen werden können. Ausführlich werden mögliche Transformationen nicht-linearer Funktionen und die damit verbundenen Probleme bei *N. R. Draper* und *H. Smith* (1981, S. 128 ff.) und *T. H. Wonnacott* und *R. J. Wonnacott* (1981, S. 120 ff.) behandelt. Zur Schätzung intrinsisch nicht-linearer Zusammenhänge stellen die Datenanalysesysteme ebenfalls Prozeduren zur Verfügung. Die Algorithmen versuchen, schrittweise eine Funktion zu bestimmen, die die Summe der Residuen minimiert (vgl. *N. R. Draper* und *H. Smith* 1981, S. 263 ff.). Die Schätzungen nicht-linearer Regressionen sind häufig von ‚guten' Ausgangswerten abhängig und führen nicht unbedingt zu eindeutigen Lösungen.

Auch auf ein der Nicht-Linearität verwandtes Problem, das in der Literatur unter dem Stichwort Nichtadditivität oder **Interaktivität** beschrieben wird, kann hier nur hingewiesen werden. Dabei geht es darum, daß in einem Regressionsmodell nicht nur der isolierte Einfluß mehrerer unabhängiger Variablen auf eine Zielvariable betrachtet wird, sondern deren gemeinsame Wirkung. Ein unmittelbar plausibles Beispiel ist der Zusammenhang zwischen der Zielvariable Fahruntüchtigkeit und den unabhängigen Variablen Alkohol- und Schmerzmittelkonsum (vgl. *M. Küchler* 1979, S. 91 ff.). Beide unabhängigen Variablen wirken positiv auf die Zielvariable. Zwischen den unabhängigen Variablen besteht zusätzlich ein Interaktionseffekt. Der gemeinsame Genuß beider Drogen in bestimmter Menge wirkt stärker auf die Fahruntüchtigkeit als die Einnahme derselben Menge jeweils einer Droge. Die Wirkung derartiger Interaktionseffekte kann mittels der Regressionsanalyse geschätzt werden, indem eine zusätzliche Hilfsvariable in das Modell eingeführt wird, die als Produkt der interagierenden unabhängigen Variablen definiert wird. Interaktionseffekte sind in der Regressionsanalyse vor allem in solchen Fällen von großer Bedeutung, wenn die unabhängigen Variablen nicht-metrisches Datenniveau aufweisen (Varianzanalyse), worauf an späterer Stelle eingegangen wird.

Die Aufnahme von Hilfsvariablen, zur Transformation intrinsisch nicht-linearer Funktionen oder zur Spezifikation von Interaktionseffekten, hat vielfach hohe **Multikollinearität** zur Folge. Die unabhängigen Variablen werden im seltensten Fall vollständige Orthogonalität aufweisen. Liegt jedoch eine starke Abhängigkeit zwischen ihnen vor, was mit Multikollinearität bezeichnet wird, kann dies erhebliche Probleme mit sich bringen. Mathematisch sind Regressionsmodelle nur im unwahrscheinlichsten Fall einer perfekten Korrelation von ± 1 zwischen den unabhängigen Variablen nicht mehr lösbar, Datenanalysesysteme bescheren dem Anwender aber schon zuvor Fehlermeldungen.

Inhaltlich bedeutet Multikollinearität, daß die Varianz der geschätzten Regressionskoeffizienten ansteigt, die Schätzungen also instabil werden. Da bei Berechnung der Varianz der Regressionskoeffizienten die Fallzahl berücksichtigt wird, tritt das Problem bei kleinen Fallzahlen umso deutlicher auf. Dies kann zur Folge haben, daß sich die Regressionskoeffizienten beträchtlich verändern, wenn Variablen in das Modell aufgenommen oder ausgeschlossen werden. Derartige Veränderungen können auch auftreten, wenn Fälle aus dem Modell ausgeschlossen werden. Die Ergebnisse sind daher nur mit Vorsicht zu interpretieren, denn geringfügige Veränderungen der Rohdaten können andere Regressionsschätzungen mit sich bringen. Eine Möglichkeit zur Beseitigung von Multikollinearität ist daher, den Stichprobenumfang zu erhöhen, so daß die Schätzung — aufgrund der damit verfügbaren, größeren Informationsbasis — stabiler wird.

Die OLS-Schätzung verliert bei Multikollinearität zwar nicht ihre BLUE-Eigenschaften, da die Koeffizienten mit der geringsten Varianz weiterhin unverzerrt geschätzt werden. Allerdings ist die kleinstmögliche Varianz relativ hoch, und dies hat Auswirkungen auf die Anwendung der Signifikanztests. Zwar ist der F-Test vom

Problem der Multikollinearität nicht betroffen, die Ergebnisse des t-Tests werden aber unzuverlässig. Mit zunehmenden Standardfehlern der Regressionskoeffizienten sinkt deren Vertrauenswahrscheinlichkeit. Daher kann der Fall eintreten, daß der multiple Korrelationskoeffizient signifikant ist, obwohl alle Regressionskoeffizienten nicht signifikant sind.

Das Problem resultiert daraus, daß sich in der Gleichung Variablen finden, deren Variation bezüglich der abhängigen Variable weitgehend deckungsgleich ist. Betrachtet man z. B. den Entscheidungsspielraum und das Einkommen als Prädiktoren der Arbeitszufriedenheit. Beide Variablen sind in vielen Organisation abhängig von der Hierarchie, mithin variieren sie gemeinsam. Das Problem tritt bei hoch aggregierten Indizes, deren Meßbereiche sich überschneiden, häufig auf. Bei der theoriegeleiteten Auswahl von unabhängigen Variablen sollte darum sorgfältig geprüft werden, inwieweit die Variablen gleiche Gegenstände messen. Keinesfalls sollte rein empiristisch in der Weise verfahren werden, daß nach Berechnung der bivariaten Korrelationen nur Variablen mit hohen Koeffizienten in die Gleichung aufgenommen werden.

Einen Hinweis auf Multikollinearität kann die Inspektion der Korrelationsmatrix geben. Hohe Korrelationen ($r \geq 0,5$) sind ein Anhaltspunkt für Multikollinearität. Da Korrelationen nur bivariate lineare Abhängigkeiten messen, kann Multikollinearität auch bei niedrigeren Korrelationen vorliegen. Die Datenanalysesysteme berechnen allerdings einen **Toleranz** genannten Koeffizienten, der weiteren Aufschluß gibt. Zur Bestimmung des Koeffizienten wird eine Regression jeder unabhängigen Variable x_p auf alle übrigen berechnet. Ein $R_p^2 = 1$ besagt, daß die Variable ein Vielfaches der anderen ist, also perfekte Abhängigkeit vorliegt. R_p^2 sollte also möglichst niedrig ausfallen bzw. die Toleranz, welche als $1 - R_p^2$ definiert ist, möglichst hoch, wenn Multikollinearität vermieden werden soll. Will man also möglichst verschiedene Variablen finden, die Einfluß auf die Zielvariable ausüben, sollten nur Variablen in das Modell aufgenommen werden, die eine hohe Toleranz besitzen.

Das Streudiagramm in Abbildung 3.36 c indiziert Streuungsungleichheit oder **Heteroskedastizität**. Die Streuung der Residuen ist in diesem Fall nicht konstant, womit gegen die dritte Annahme des linearen Regressionsmodells verstoßen wird. Sind die Varianzen homogen, sollte sich ein Bild wie in Abbildung 3.36 a zeigen. Bei multiplen Regressionsmodellen sollten die Residuen nicht nur gegen $\hat{y}$, sondern gegen jede unabhängige Variable des Modells geplottet werden, um Heteroskedastizität aufzudecken. Bei kleinen Stichproben zeigt sich allerdings, daß die Varianz der Residuen auch bei Homoskedastizität nicht für alle Ausprägungen der abhängigen Variable gleich ist. In diesen Fällen werden die Varianzen in der Nähe des Mittelwerts der Verteilung größer sein als an ihren Rändern, der Verlauf der Streuungen nimmt also die Form einer Ellipse an. In anderen Fällen, wenn also die Residuen mit den Werten der unabhängigen Variablen steigen und/oder fallen, ist von Streuungsungleichheit auszugehen.

Heteroskedastizität tritt häufig in Zeitreihenuntersuchungen auf, wenn unabhängige Variablen mit der Zeit verbunden sind und die Meßfehler im Zeitablauf anwachsen. Streuungsungleichheit ist aber auch in Querschnittsanalysen anzutreffen. Sie tritt häufig auf, wenn die Untersuchungseinheiten aggregierte Einheiten, wie beispielsweise Abteilungen, sind. Die Streuungen der in den Abteilungen erhobenen Variablen hängen davon ab, wie genau die Daten in den einzelnen Abteilungen erhoben wurden und gegebenenfalls wieviele Meßwerte je zu einem Abteilungsdatum verdichtet wurden. Nicht selten findet sich Heteroskedastizität auch dann, wenn eine hohe Ausprägung der unabhängigen Variable notwendige, aber nicht hinreichende Bedingung für eine hohe Ausprägung der Zielvariable ist (vgl. *W. D. Berry* und *S. Feldman* 1985, S. 73 ff.). Freiwillige Sozialleistungen von Unternehmen sind sicherlich abhängig von ihrer Ertragslage. Ist diese relativ günstig, werden Unternehmen in der Lage sein, ihre Sozialleistungen zu erhöhen. Dies bedeutet aber nicht notwendigerweise, daß die Sozialleistungen steigen, da in einer solchen Situation auch der Spielraum für andere Investitionen wächst. In einem Regressionsmodell beider Variablen ist daher zu erwarten, daß die Höhe der Sozialleistungen zwar positiv von der Ertragslage beeinflußt wird, mit dem Steigen der unabhängigen Variablen aber auch ein Ansteigen der Residuen verbunden ist.

Streuungsungleichheit bewirkt, daß die Varianzen der Koeffizienten mittels der OLS-Methode nicht mehr unverzerrt geschätzt werden. Die Schätzung der Koeffizienten selbst ist zwar weiterhin unverzerrt, Signifikanztests der Koeffizienten sind allerdings nicht mehr anwendbar. Da die OLS-Methode bei Heteroskedastizität die Varianz der Koeffizienten nicht mehr unverzerrt schätzt, wird vorgeschlagen, zur Beseitigung von Streuungsungleichheit auf alternative Schätzmethoden zurückzugreifen. Bei der **WLS-Methode** (Weighted Least Squares) werden die Varianzen der Residuen bei den zu minimierenden Abständen von der Regressionsgeraden berücksichtigt:

$$\sum_{i=1}^{n} \frac{1}{\sigma_1^2}(y_i - b_0 - b_1 x_i)^2 \to \text{min!} \tag{3.96}$$

Die Gewichtung durch die Residuenvarianz bewirkt, daß Abstände mit großer Varianz geringer gewichtet werden als Abstände mit kleiner Varianz. Das Problem besteht nun aber darin, daß die Varianzen normalerweise unbekannt sind. Sofern jedoch spezifische Annahmen getroffen werden können, warum Streuungsungleichheit auftritt, läßt sich das Problem durch Transformation der Variablen lösen. Es ist also zunächst eine Beziehung zwischen der Varianz und einer Variablen des Regressionsmodells oder einer zusätzlichen Variable zu formulieren. Für den Zusammenhang zwischen Sozialleistungen (y) und Ertragslage (x) kann angenommen werden, daß die Streuung proportional mit x ansteigt:

$$\sigma_i = kx_i. \tag{3.97}$$

Um die Gleichung nach der Konstante k aufzulösen, ist durch x zu dividieren. Es läßt sich zeigen, daß bei Anwendung dieser Transformation auf das ursprüngliche Regressionsmodell ein Modell mit konstanter Varianz aufgestellt wird, das mittels der Standardschätzung OLS geschätzt werden kann.

$$\frac{y}{x} = \frac{b_0}{x} + b_1 \frac{e}{x}. \tag{3.98}$$

Zur Durchführung einer WLS-Schätzung können also die Ausgangsdaten transformiert werden (im Beipiel: $y_t = y/x$ und $x_t = 1/x$. Der Regressionskoeffizient für $1/x$ ist dann b_0, die Konstante b_1, die Koeffizienten sind also vertauscht). Das neue Modell ist mit den normalen Regressionsprozeduren zu berechnen. Zur Durchführung von WLS-Schätzungen mittels der Transformation von Variablen vgl. *D. Urban* (1982, S. 199 ff.) sowie *T. H. Wonnacott* und *R. J. Wonnacott* (1981, S. 208 ff.). Ferner sei darauf hingewiesen, daß die Statistikpakete über eigenständige Prozeduren verfügen, welche die Durchführung gewichteter kleinster Quadrate Schätzungen erleichtern.

In den Annahmen des linearen Regressionsmodells wird gefordert, daß die Residuen unkorreliert sind. Ist diese Voraussetzung nicht erfüllt, spricht man von **Autokorrelation**. Bei Querschnittsanalysen, wie in unserem Fall, tritt Autokorrelation nur selten auf. Das Phänomen ist aber häufig bei Zeitreihenanalysen anzutreffen, wenn Daten für identische Untersuchungseinheiten über einen längeren Zeitraum erhoben werden. Ein möglicher Grund für Autokorrelation ist, daß die Werte der Variablen und die Meßfehler in einer Zeitreihenuntersuchung einem gemeinsamen Trend unterliegen. Die Residuenwerte sind dann nicht mehr zufällig, sondern von den Abweichungen des vorhergehenden Beobachtungswertes abhängig. In diesem Zusammenhang spricht man von Autokorrelation 1. Ordnung. Hier kann nur darauf hingewiesen werden, daß Autokorrelation auch in anderer Form, beispielsweise zeitversetzt, auftreten kann.

Liegt Autokorrelation vor, werden die Regressionskoeffizienten zwar weiterhin unverzerrt geschätzt, deren Varianz bei Anwendung der OLS-Methode aber unterschätzt. Mithin werden Standardfehler und Konfidenzintervalle der Regressionskoeffizienten nicht korrekt eingeschätzt. Die Ergebnisse des t-Tests für die einzelnen Regressionskoeffizienten sind daher nicht mehr zuverlässig.

Autokorrelation ist im Streudiagramm der Residuen gegen die Beobachtungen im Zeitablauf nur schwer zu erkennen. Es existieren allerdings einige rechnerische Verfahren. Mit den Datenanalysesystemen läßt sich der sogenannte **Durbin-Watson-Koeffizient** berechnen, um Autokorrelation 1. Ordnung aufzudecken. Dieser nimmt den Wert 2 an, falls keine Autokorrelation vorliegt. Nach einer Faustregel sollte der Koeffizient keine kleineren Werte als 1,5 und keine größeren als 2,5 annehmen, die genauen Grenzen sind allerdings von der Stichprobengröße und von der Anzahl unabhängiger Variablen im Modell abhängig. Für kleinere Werte indiziert der Koeffizient positive, für größere Werte negative Autokorrelation. Eine genaue Beschreibung der Teststatistik und eine standardisierte Tabelle der Signifikanzniveaus für den Durbin-Watson-Test findet man bei *T. H. Wonnacott* und *R. J. Wonnacott* (1981). Autokorrelation läßt sich oft schon durch andere Spezifizierung des Regressionsmodells beheben, indem die Variablen zusätzlich in die Regressionsgleichung aufgenommen werden, die die Autokorrelation bewirken. Ferner kann auf alternative Schätzverfahren zurückgegriffen werden.

Die Annahme **normalverteilter** y-Werte bzw. Residuen ist zur Durchführung der Signifikanztests notwendig. Bei großen Stichproben ist diese Annahme unproblematisch, zumal die Teststatistiken relativ robust gegenüber Verletzungen der Normalverteilungsannahme sind. Zur Überprüfung der Normalverteilung kann auf graphische oder numerische Techniken zurückgegriffen werden, wie sie im Abschnitt 3.2.1 beschrieben sind.

Varianz- und Kovarianzanalyse

Bisher wurde vorausgesetzt, daß alle ins Regressionsmodell einbezogenen Variablen metrisches Datenniveau besitzen. Die Regression ist allerdings auch in Fällen sinnvoll einzusetzen, in denen die abhängige Variable metrisches, die unabhängigen Variablen dagegen nur topologisches Datenniveau aufweisen. In diesem speziellen Fall ist das Modell mit der oben besprochenen **Varianzanalyse** identisch. Dabei wird auf sogenannte **Dummy-Variablen** zurückgegriffen. Im einfachsten Fall ist eine Dummy-Variable ein nominales Merkmal wie Geschlecht, das binär codiert wird. So könnte einer Frau die Ausprägung 0 zugewiesen werden, während ein Mann mit 1 codiert wird. Prinzipiell lassen sich für die Ausprägungen derartiger Variablen beliebige Zahlen vergeben, da diese keine Rangfolge kennzeichnen. Es hat aber insbesondere interpretative Vorteile, die Werte 0 und 1 zu benutzen.

Mehrere Dummies ermöglichen es mehrkategoriale Variablen codieren. Dabei ist allerdings zu beachten, daß die Anzahl der Dummy-Variablen immer um 1 geringer sein muß als die Anzahl der Ausprägungen der zu codierenden Variablen. Betrachten wir z. B. die Variable ‚Stellung im Betrieb' (*v3*), die als ordinale Variable nicht in die Regression aufgenommen werden darf, aber in zwei Dummies zerlegt werden kann.

	D_1	D_2
3 = Abteilungsleiter	1	0
2 = Gruppenleiter	0	1
1 = Sachbearbeiter	0	0

Die Codierung beider Dummies mit 0 besagt also, daß es sich bei der betreffenden Person um einen Sachbearbeiter handelt. Man hätte auch eine dritte Dummy hinzuziehen können, so daß für die Gruppe der Sachbearbeiter $D_1 = 0, D_2 = 0, D_3 = 1$ zu codieren wäre. Die Regressionsgleichung ist allerdings in diesem Fall nicht mehr lösbar, wie im Zusammenhang mit dem Problem der Multikollinearität diskutiert. Bei Kenntnis der Ausprägung auf zwei Dummies ist die dritte vorhersagbar, zwischen den Variablen bestünde also ein lineares Abhängigkeitsverhältnis.

Die Regression von Arbeitszufriedenheit auf die Dummies der Variable Stellung im Betrieb läßt sich durch die Gleichung ausdrücken:

$$\widehat{SAZ} = b_0 + b_1 D_1 + b_2 D_2, \tag{3.99}$$

wofür sich folgende Koeffizienten ergeben:

$$\widehat{SAZ} = 28,13 + 4,53 D_1 + 1,97 D_2. \tag{3.100}$$

Das Ergebnis besagt, daß sich für die Gruppe der Sachbearbeiter ein Mittelwert von 28,13 auf der Skala zur Arbeitszufriedenheit ergibt. Für die Gruppenleiter ($D_1 = 0, D_2 = 1$) ergibt sich im Mittel ein Wert von $28,13 + 1,97 = 30,1$ für die Arbeitszufriedenheit. Die Mittelwertsdifferenz zwischen Abteilungsleitern und Sachbearbeitern bezüglich der Variable *saz* beträgt 4,53. Der Regression mit Dummies kann also eine äußerst anschauliche Interpretation abgewonnen werden.

Die Annahmen, die bezüglich des Signifikanztests der gesamten Regressionsgleichung gemacht wurden, gelten auch im Zusammenhang mit Dummy-Variablen. Der F-Test ergibt für das Beispiel folgendes Ergebnis:

$$F = \frac{MSS_{reg}}{MSS_{res}} = \frac{187,17}{32,14} = 5,82; \quad p = 0,04. \tag{3.101}$$

Die Nullhypothese, daß der Zusammenhang von Stellung im Betrieb und Arbeitszufriedenheit in der Grundgesamtheit gleich 0 ist, muß also zurückgewiesen werden. Das Ergebnis des F-Tests ist selbstverständlich bis auf Rundungsfehler mit dem der Varianzanalyse identisch (vgl. Abbildung 3.13, S. 104). Mittels der Regression können aber nicht nur **Varianzanalysen**, sondern auch **Kovarianzanalysen** durchgeführt werden, indem metrische und topologische Variablen in Form

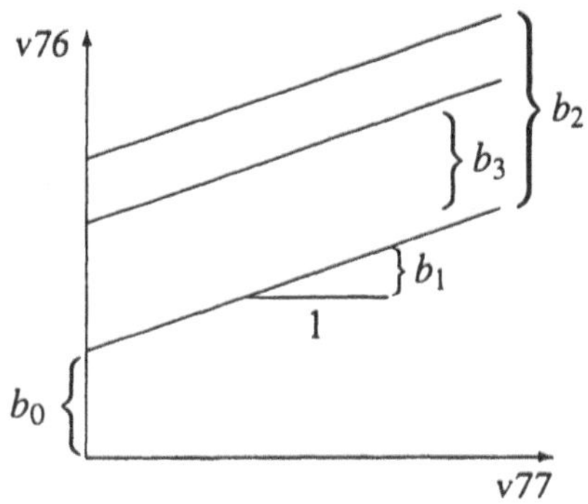

Abtl.: $\widehat{v76} = (b_0 + b_2) + b_1 v77$

Gl.: $\widehat{v76} = (b_0 + b_3) + b_1 v77$

Sb.: $\widehat{v76} = b_0 + b_1 v77$

Abb. 3.37: Modell mit metrischer und Dummy-Variable

von Dummies in die Gleichung einbezogen werden. Derartige Analysen sind sinnvoll, wenn zwischen metrischen Variablen ein linearer Zusammenhang angenommen werden kann, dieser aber gruppenspezifisch verschieden ausgeprägt ist. Betrachten wir dazu den Zusammenhang von Einkommen ($v76$) und Alter ($v77$). Mit steigendem Alter ist aufgrund des Senioritätsprinzips ein höheres Einkommen zu erwarten. Dieses wird aber je nach Stellung im Betrieb (D_1, D_2) unterschiedlich hoch sein. Bezogen auf das Regressionsmodell bedeutet dies, daß mehrere gruppenspezifische Regressionsgeraden geschätzt werden, wie die folgende Gleichung zeigt:

$$\widehat{V76} = b_0 + b_1 V77 + b_2 D1 + b_3 D2. \tag{3.102}$$

Daraus folgen bezüglich der drei Gruppen folgende Gleichungen:

Sachbearbeiter: $\widehat{V76} = b_0 + b_1 V77$

Gruppenleiter: $\widehat{V76} = b_0 + b_1 V77 + b_3 D_2$

Abteilungsleiter: $\widehat{V76} = b_0 + b_1 V77 + b_2 D_2$

Die Regressionsschätzung hat zum Ergebnis:

$$\widehat{V76} = 3,42 + 0,21 V77 + 2,96 D_1 + 1,71 D_2, \tag{3.103}$$

was in Abbildung 3.37 veranschaulicht wird.

Vielfach ist es sinnvoll, **Interaktionseffekte** in ein Modell einzubeziehen, was am Beispiel eines Modells mit einer Dummy-Variablen erläutert sei. Nehmen wir

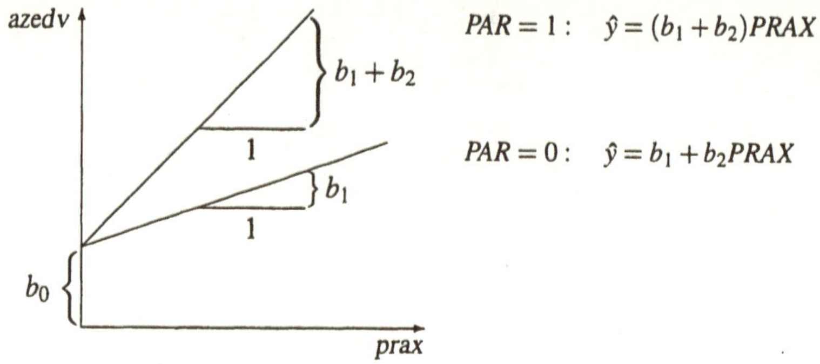

Abb. 3.38: Modell mit interaktiver Dummy-Variable

dazu an, daß mit zunehmender Erfahrung an EDV-Arbeitsplätzen (*prax*) die Zufriedenheit mit der Arbeitsform (*azedv*) wächst. Ein weiterer wichtiger Einflußfaktor sei die Möglichkeit zur Partizipation (*par*) bei der Gestaltung des Systems, wobei diese Variable nominal gemessen wird. Dabei zeige sich, daß diejenigen Personen, deren Erfahrungen bei der Gestaltung des Systems berücksichtigt werden, mit wachsender EDV-Praxis weitaus höhere Zufriedenheit äußern als die andere Gruppe. Ein additiv spezifiziertes Modell, analog zum vorhergehenden Beispiel, würde in diesem Fall den Daten nicht gerecht. Die Geraden laufen für die beiden Gruppen nämlich nicht parallel zueinander, sondern entfernen sich mit zunehmender EDV-Praxis. Zwischen der Erfahrung mit dem System und der Partizipation besteht ein Interaktionseffekt, der im Regressionsmodell folgendermaßen spezifiziert wird:

$$A\widehat{ZED}V = b_0 + b_1 PRAX + b_2(PRAX \times PAR). \qquad (3.104)$$

In Abbildung 3.38 ist die Wirkung des Interaktionseffektes graphisch dargestellt.

Abschließend einige Literaturhinweise. Zur Einführung in die Regressionsanalyse sei das Buch von *D. Urban* (1982) empfohlen. Zur Behandlung von Modellen mit nicht-metrischen Variablen als Zielvariablen sind LOGIT-Modelle geeignet, die *D. Urban* (1993) diskutiert. Zur Anwendung der Regression in der Pfadanalyse sei auf *E. Weede* (1977) sowie *K.-D. Opp* und *P. Schmidt* (1976) verwiesen.

3.5.3 Faktorenanalyse

Unter dem Begriff Faktorenanalyse wird eine Gruppe von multivariaten statistischen Modellen zusammengefaßt, deren Aufgabe es ist, latente Strukturen in Daten aufzudecken bzw. zu überprüfen. Es läßt sich also zwischen **konfirmatorischen** und **explorativen Faktorenanalysen** unterscheiden. Konfirmatorische Analysen, die sich im Forschungsprozeß dem Begründungszusammenhang zuordnen lassen, dienen dazu, hypothetische Zusammenhänge zwischen latenten und direkt beobachteten Variablen zu überprüfen. Werden Faktorenanalysen auf einen Datensatz angewandt, ohne daß explizit Zusammenhänge zwischen Variablen und Faktoren formuliert sind, so spricht man von explorativer Vorgehensweise. Letztere, welche dem Entdeckungszusammenhang zugeordnet werden kann, soll im Anschluß näher betrachtet werden. Zur Einführung in die konfirmatorische Analyse sei auf *E. Weede* und *W. Jagodzinski* (1977) verwiesen.

Wichtigstes **Ziel** der Faktorenanalyse ist die Strukturierung von Variablen eines Datensatzes. Es wird eine möglichst einfache beschreibende Struktur angestrebt, d. h. die Anzahl der Faktoren oder Dimensionen soll geringer sein als die Anzahl der Variablen. Faktorenanalysen werden daher als Verfahren zur Dimensions- bzw. Datenreduzierung bezeichnet. Zur Datenreduktion werden aus der Korrelationsmatrix der direkt beobachteten Variablen einige Faktoren abgeleitet, die die Kovarianz der Variablen mit möglichst geringem Informationsverlust beschreiben. Die Ergebnisse der Analyse können daher nicht als richtig oder falsch erachtet, sondern lediglich als mehr oder weniger brauchbar bezeichnet werden.

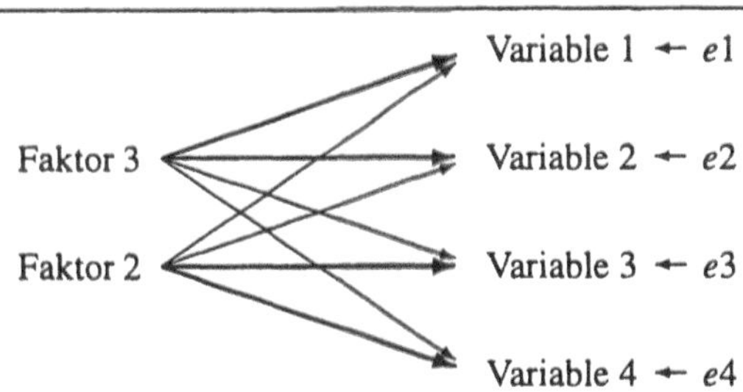

Abb. 3.39: Ziel explorativer Faktorenanalysen

Die Skizze 3.39 verdeutlicht das bisher Gesagte. Ziel der Analyse ist es, eine Reihe von Variablen auf wenige gemeinsame Faktoren zurückzuführen. Der Zusammenhang zwischen Faktoren und Variablen ist dabei nur mehr oder minder stark ausgeprägt. Die Abbildung zeigt, daß der Faktor I mit den Variablen 1 bis 2 stark, mit den übrigen dagegen schwach zusammenhängt. Starke Zusammenhänge werden dahingehend interpretiert, daß ein Faktor diese Variablen gut repräsentiert. Je nach Verfahren werden neben den latenten Faktoren noch weitere Einflüsse auf die Variablen geschätzt, die als Fehlerterm (e) angenommen werden. Während ein derartiges Modell im Idealfall Ergebnis einer explorativen Analyse ist, wird bei konfirmatorischer Vorgehensweise vorab ein Modell spezifiziert und seine Gültigkeit überprüft.

Hauptsächliches Anwendungsgebiet der Faktorenanalyse ist die **Skalenkonstruktion**. Einstellungen gegenüber einem bestimmten Gegenstand sind häufig recht komplex, weshalb das Konstrukt der Einfachheit halber in mehrere Dimensionen aufgespalten wird. Der Einsatz von EDV kann von den betroffenen Personen als Bedrohung, Arbeitserleichterung oder als Mittel zur besseren Entfaltung der eigenen Fähigkeiten empfunden werden. Die einzelnen Dimensionen sind aber selbst reich an Facetten, so daß zur Repräsentation jeder Zieldimension eine Vielzahl metrischer Fragen gestellt werden. Ein Hilfsmittel, um Kenntnis darüber zu erlangen, ob die Items auch von den befragten Personen der Zieldimension zugeordnet werden, ist die Faktorenanalyse. Sind die Items einer Dimension tatsächlich mit einem Faktor hoch korreliert, so nimmt man an, daß sie die jeweilige Zieldimension repräsentieren. Selbst bei wohldurchdachten Befragungsinstrumenten sind jedoch regelmäßig eine Reihe von Items mit einem Faktor hoch korreliert, die inhaltlich nicht konsistent interpretierbar sind. Solche Faktoren werden als Fremddimension bezeichnet und von der letztendlichen Skala ausgeschlossen. Neben der dimensionalen Analyse kann das Verfahren ferner genutzt werden, um den Zusammenhang von Item und Zieldimension zu quantifizieren und so eine genauer gewichtete Skala zu konstruieren. Festzuhalten ist, daß auch die Anwendung explorativer Faktorenanalysen eine Vielzahl inhaltlicher Überlegungen voraussetzt, worauf an dieser Stelle nicht näher eingegangen werden kann. Dazu sei insbesondere auf *K. Holm* (1986a) sowie *J. P. McIver* und *E. Carmines* (1981) verwiesen.

Da das Ausgangsmaterial der Faktorenanalyse eine Korrelationsmatrix ist, sind damit auch die **Voraussetzungen** der Faktorenanalyse formuliert. Die Rohdaten müssen mindestens intervallskaliert sein, sonst wäre eine Berechnung der Korrelationskoeffizienten nicht zulässig. Zur Diskussion von Faktorenanalysen mit topologischen Variablen sei auf *G. Arminger* (1979, S. 147 ff.) verwiesen. Soll die Faktorenanalyse nur dazu eingesetzt werden, Gruppierungen von Variablen zu finden, zwischen denen starke Zusammenhänge bestehen, so kann auf andere Verfahrensgruppen wie Clusteranalysen oder nicht-metrische Verfahren der multidimensionalen Skalierung zurückgegriffen werden, in denen die Verwendung von Assoziationskoeffizienten keinen Regelverstoß bedeutet. Die zu faktorisierende Korrelationsmatrix sollte darüber hinaus deutliche Zusammenhänge zwischen den Variablen enthalten. In vielen Fällen ist es zweckmäßig, Variablen, die mit keiner anderen Variablen deutlich korrelieren, von der Analyse auszuschließen.

Das Modell der Hauptkomponentenanalyse

Betrachten wir zunächst kurz die Modellannahmen des allgemeinsten Falls der Faktorenanalyse, der sogenannten **Hauptkomponentenanalyse** (PCA, principal components analysis), um zu zeigen, daß Korrelationsmatrizen durch Faktoren repräsentiert werden können. Mathematisch formuliert weist das Grundmodell der Hauptkomponentenanalyse eine gewisse Ähnlichkeit mit dem oben besprochenen Modell der linearen Regression auf. Im Fall der multiplen Regression wird allerdings eine Zielvariable durch eine lineare Kombination direkt beobachteter Variablen erklärt, während bei Faktorenanalysen eine Variable auf nicht direkt gemessene Faktoren zurückgeführt wird. Aus mathematischen Überlegungen werden die Beobachtungswerte (x_{ij}) der Beobachtung i und der Variablen j zunächst mittels der z-Transformation nach (3.7) standardisiert. Für jeden standardisierten Beobachtungswert läßt sich die Überlegung formalisiert ausdrücken:

$$z_{ij} = a_{j1}f_{1i} + a_{j2}f_{2i} + \ldots + a_{jr}f_{ri}. \tag{3.105}$$

Dabei werden a_{j1} bis a_{jr} als **Faktorladungen** bezeichnet. Diese sind Korrelationen zwischen den Faktoren und den Variablen; sie drücken also den Zusammenhang zwischen Variablen und Faktoren aus. Die f_{1i} bis f_{ri} werden als Faktorwerte bezeichnet und geben die Werte der Beobachtung i auf den einzelnen Faktoren an. Jeder standardisierte Beobachtungswert wird also als das Ergebnis des Zusammenhangs zwischen Variablen und Faktoren sowie des Zusammenhanges zwischen Beobachtung und Faktoren gedeutet. In Matrixform lautet die Gleichung:

$$\mathbf{Z} = \mathbf{AF}, \tag{3.106}$$

wobei **F** die Matrix der Faktorwerte und **A** die Matrix der Faktorladungen darstellt, die auch als Faktorenmuster oder Faktorenstruktur bezeichnet wird. Letztere sind nur unter einer bestimmten Bedingung — nämlich orthogonaler Rotation — identisch. Das Grundmodell der Faktorenanalyse, so läßt sich zusammenfassend sagen, nimmt also einen linear additiven Zusammenhang zwischen Faktoren und Variablen an. Ob diese Modellannahme dem empirischen Datensatz adäquat ist, muß im jeweiligen Anwendungsfall geprüft werden.

Da **Z** eine standardisierte Datenmatrix darstellt, ist die Korrelationsmatrix **R** der Variablen gleich der Kovarianzmatrix. Es gilt daher:

$$\mathbf{R} = \frac{1}{n-1}\mathbf{ZZ'}. \tag{3.107}$$

Setzt man (3.106) in (3.107) ein, so erhält man:

$$\mathbf{R} = \frac{1}{n-1}\mathbf{AFA'F'}. \tag{3.108}$$

Im folgenden Schritt wird definiert:

$$\mathbf{C} = \frac{1}{n-1}\mathbf{F}\mathbf{F}', \tag{3.109}$$

wobei **C** eine Korrelationsmatrix zwischen den Faktoren darstellt. Es wird gefordert, daß die gesuchten Faktoren voneinander unabhängig sein sollen. **C** ist folglich eine Einheitsmatrix, d. h. in der Hauptdiagonalen befinden sich nur die Elemente 1 und an allen anderen Stellen die Elemente 0. Unter dieser Bedingung läßt sich (3.108) als

$$\mathbf{R} = \mathbf{A}\mathbf{A}' \tag{3.110}$$

schreiben. Dies bedeutet, daß durch Multiplikation der Faktorladungsmatrix mit ihrer Transponierten die Korrelationsmatrix berechnet werden kann. Damit ist gezeigt, daß sich die Faktorenanalyse dazu benutzen läßt, eine Korrelationsmatrix zu beschreiben. Für jeden einzelnen Korrelationskoeffizienten zwischen den Variablen j und k sowie r gemeinsamen Faktoren folgt daraus:

$$r_{jk} = a_{j1}a_{k1} + a_{j2}a_{k2} + \ldots + a_{jr}a_{kr}. \tag{3.111}$$

Die Gleichung (3.110) wird häufig als **Fundamentaltheorem** der Hauptkomponentenanalyse bezeichnet. Wichtig ist es, an dieser Stelle festzuhalten, daß (3.110) nur unter der Bedingung der Unabhängigkeit der Faktoren gilt. Es ist also keineswegs Ergebnis der Analyse, daß unabhängige Faktoren ‚entdeckt' werden, sondern Modellvoraussetzung.

Ablauf einer Faktorenanalyse

Nachdem dieser umständliche Weg zur Berechnung von Korrelationen vorgestellt wurde, sollen die darauf basierenden Schritte der Faktorenanalyse und ihre Probleme nachvollzogen werden. Der Ablauf einer Faktorenanalyse gliedert sich in folgende Verfahrensschritte:

- Berechnung der Korrelationsmatrix,
- gegebenenfalls Reduktion dieser Matrix (Kommunalitätenproblem),
- Berechnung der Faktorladungsmatrix (Extraktionsproblem),
- Rotation der Faktorladungsmatrix (Rotationsproblem),
- Berechnung der Faktorwerte.

Berechnung der Korrelationsmatrix

Zur weiteren Diskussion wird auf 6 ausgewählte Items der ADV-Skala zurückgegriffen. Bei der ADV-Skala handelt es sich um ein mehrdimensionales Meßinstrument auf Basis der Likert-Skalierung, mittels dessen die vielschichtige Einstellung gegenüber der ADV zergliedert wird. Um Gewißheit darüber zu erlangen, ob die Variablen wirklich in der jeweiligen Zieldimension liegen, wird die Faktorenanalyse angewandt.

	v30	*v31*	*v33*	*v34*	*v37*	*v41*
v30	1,00					
v31	0,64	1,00				
v33	0,51	0,43	1,00			
v34	0,22	0,37	0,12	1,00		
v37	0,25	0,34	0,26	0,41	1,00	
v41	0,21	0,27	0,23	0,47	0,52	1,00

Abb. 3.40: Korrelationsmatrix

Ausgangspunkt unserer Überlegungen ist die Korrelationsmatrix in Abbildung 3.40. Bei der Inspektion der Korrelationsmatrix fallen die Cluster von Korrelationen zwischen den Variablen *v30*, *v31* und *v33* sowie *v34*, *v37* und *v41* auf. In der praktischen Anwendung sind, gerade bei größeren Korrelationsmatrizen, solche Zusammenhänge nur schwer zu entziffern. Die Faktorenanalyse kann auch als ein Instrument interpretiert werden, Variablenbündel in Korrelationsmatrizen aufzuzeigen.

Das Kommunalitätenproblem

Von der symmetrischen Korrelationsmatrix der ausgewählten Items wird nur die untere Dreiecksmatrix und die Diagonale wiedergegeben, welche die **Autokorrelation** der Variablen enthält. Die tatsächliche Korrelation jeder Variable mit sich selbst wäre eigentlich nur durch zwei unabhängige Messungen zu bestimmen, wobei diese empirischen Korrelationen aufgrund des Meßfehlers sicherlich kleiner als 1 wären. Bei einigen faktorenanalytischen Verfahren werden dieser Überlegungen folgend die **Reliabilitäten**, also die Korrelation der Variablen mit sich selbst, zunächst geschätzt. Betrachten wir dieses Problem etwas genauer.

In der Grundgleichung der Hauptkomponentenanalyse wird angenommen, daß die gesamte Varianz einer Variablen, die durch die Standardisierung auf 1 normiert ist, durch Faktoren erklärt werden kann. Die linearen Gewichte (a_{jr}) wurden als Korrelationskoeffizienten zwischen Variablen und Faktor eingeführt. Der quadrierte Korrelationskoeffizient (a_{jr}^2), der Determinationskoeffizient, gibt also den Varianzerklärungsanteil des Faktors an der Variablen an. Die Summe der quadrierten Faktorladungen einer Variablen j über alle Faktoren des Modells wird als **Kommunalität** h_j^2 bezeichnet und gibt den durch die gemeinsamen Faktoren erklärten Anteil der Varianz an.

$$h_j^2 = \sum_{i=1}^{p} a_{ij}^2 \tag{3.112}$$

Im Gegensatz zur Hauptkomponentenanalyse gehen andere Modelle der Faktorenanalyse davon aus, daß in der Linearkombination noch Fehleranteile enthalten sind, wobei diese **Einzelrestfaktoren** (U, uniqueness) untereinander und zu den übrigen Faktoren unkorreliert sind. Die Gleichung (3.110) muß also um einen Fehlerterm ergänzt werden:

$$\mathbf{R} = \mathbf{A}\mathbf{A}' + \mathbf{E}. \tag{3.113}$$

Daraus ergibt sich das sogenannte **Kommunalitätenproblem**. Im Fall der **Hauptachsenanalyse** (PAF, principal axis factoring) ist die Kommunalität aufgrund der Annahme einer durch die Faktoren nicht zu erklärenden Fehlervarianz kleiner als 1. Das bisher nicht zufriedenstellend gelöste Problem besteht nun darin, daß zu Beginn der Hauptachsenanalyse die Kommunalitäten unbekannt und das Gleichungssystem damit undeterminiert ist. Die Kommunalitäten müssen also zunächst geschätzt werden, bevor mit der Faktorenextraktion begonnen werden kann. Dazu werden im wesentlichen drei Schätzverfahren angewandt:

- es wird die stärkste Korrelation, die eine Variable mit einer anderen besitzt, als Ausgangsschätzung verwendet,
- als Ausgangsschätzung dienen die quadrierten multiplen Korrelationen,
- ausgehend von den quadrierten multiplen Korrelationen werden die Faktoren ermittelt und auf Basis dieser vorläufigen Lösung die Kommunalitäten erneut berechnet. Der Vorgang wird solange iterativ berechnet, bis eine bestimmte Anzahl von Iterationen erreicht ist bzw. die Abweichung zur letzten Berechnung einen bestimmten Wert unterschreitet.

Die geschätzten Kommunalitäten werden in die Diagonale der Korrelationsmatrix eingesetzt (vgl. 3.41). Die so reduzierte Korrelationsmatrix bildet dann die Ausgangsbasis der Faktorenextraktion.

	v30	*v31*	*v33*	*v34*	*v37*	*v41*
v30	.47					
v31	.64	.48				
v33	.51	.43	.30			
v34	.22	.37	.12	.32		
v37	.25	.34	.26	.41	.33	
v41	.21	.27	.23	.47	.52	.36

Abb. 3.41: Reduzierte Matrix mit quadrierten multiplen Korrelationen in der Diagonalen

Die genannten Kriterien zur Kommunalitätenschätzung sind nur mehr oder weniger plausibel. Lediglich für die Anwendung des multiplen Korrelationskoeffizienten läßt sich ein theoretisches Argument finden: er kann als untere Grenze der Reliabilität bestimmt werden. Steht die dimensionale Analyse im Vordergrund, empfiehlt sich für praktische Anwendungen die Hauptkomponentenanalyse, zumal die Ergebnisse beider Verfahren bei Einbezug vieler Variablen in die Analyse ($m \geq 15$) kaum differieren. Soll jedoch nicht der Grenzfall unterstellt werden, daß die gesamte Varianz durch die Faktoren erklärt werden kann, sondern nimmt man realistischerweise Meßfehler an, so ist die iterative Hauptachsenanalyse das Standardverfahren. Für eine vorgegebene Faktorenzahl läßt sich zeigen, daß die Hauptachsenanalyse der Methode der kleinsten Quadrate entspricht, wobei die Fehlerquadrate zwischen erhobenen und reproduzierten Korrelationen minimiert werden.

Das Extraktionsproblem

Ausgehend von der Korrelationsmatrix besteht der zweite Schritt der Analyse darin, die Faktoren zu extrahieren. Dabei wird auf das Verfahren zurückgegriffen, Eigenwerte und Eigenvektoren einer Matrix zu berechnen. Geometrisch läßt sich die Vorgehensweise folgendermaßen veranschaulichen: Variablen lassen sich als Vektoren im Raum darstellen, wobei die Länge der Vektoren durch Standardisierung der Variablen auf 1 normiert ist und der von den Vektoren eingeschlossene Winkel die Korrelation zwischen den Variablen angibt. Der Korrelationskoeffizient läßt sich als Cosinus des Winkels ausdrücken. Die Vektoren der Variablen in Skizze 3.42 umschließen einen Winkel von 60°. Zur Berechnung des Cosinus fällt man vom Punkt C das Lot auf den Vektor $\overline{AB}$. Der Cosinus ist definiert als das Verhältnis von Ankathete zur Hypothenuse $\overline{AD}/\overline{AC}$. Da $\overline{AC}$ auf 1 normiert ist, entspricht der Cosinus von 60° der Strecke $\overline{AD}$; mithin ist der Korrelationskoeffizient $r = 0,5$.

Der erste Faktor wird nun so positioniert, daß dieser möglichst zentral durch

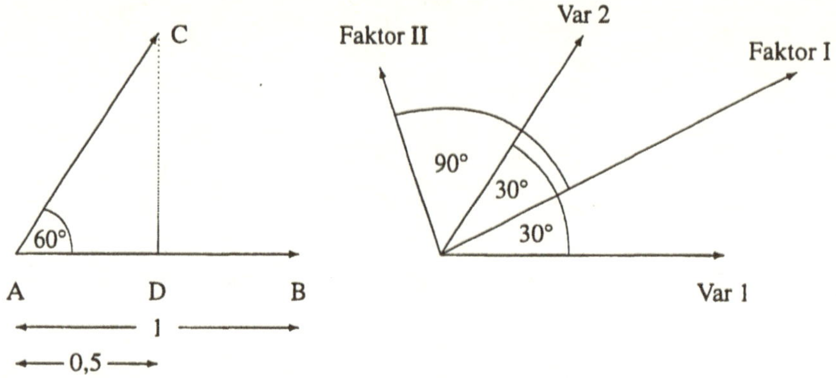

Abb. 3.42: Faktorlösung bei zwei Variablen

das Vektorbündel der Variablen verläuft. Die Winkel zwischen Variablen und Faktor sind wiederum als Korrelationen zu deuten ($\cos 30° = 0,87$) und sind nichts anderes als die Faktorladungen. Der zweite Faktor wird aufgrund der Annahmen des Verfahrens orthogonal, d. h. unkorreliert zum ersten Faktor extrahiert.

Die Korrelationsmatrix **R** läßt sich bei Anwendung der Hauptkomponentenanalyse selbstverständlich dann vollständig reproduzieren, wenn so viele Faktoren extrahiert werden wie Variable vorhanden sind. Wie schon angesprochen, wird der erste Faktor so in die durch die Variablen gebildete Punktwolke gelegt, daß er den größten Varianzerklärungsanteil besitzt. Der Varianzerklärungsanteil eines Faktors wird im sogenannten **Eigenwert** desselben ausgedrückt und ergibt sich aus der Summe der quadrierten Faktorladungen. Die folgenden Faktoren werden, gemäß der Forderung der Unkorreliertheit der Faktoren, orthogonal zu den bisher ermittelten Faktoren extrahiert.

Tabelle 3.43 zeigt die Matrix der Faktorladungen aller Faktoren bei Anwendung der Hauptkomponentenanalyse. Die Varianzerklärungsanteile lassen sich aus den jeweiligen Eigenwerten berechnen. Bei sechs Variablen mit jeweils normierter Varianz ist die Gesamtvarianz im Beispiel gleich 6. Daran hat der erste Faktor einen Anteil von $(2,76 \cdot 100)/6 = 46\%$. Die Kommunalität jeder Variablen ist gleich 1, da alle möglichen Faktoren ermittelt wurden und das Modell keinen Fehleranteil enthält. Folglich lassen sich auch die Korrelationen vollständig reproduzieren.

Dem Ziel der Analyse, mittels der Faktoren eine vereinfachte Beschreibung der Daten zu gewinnen, sind wir allerdings noch nicht näher gekommen. Das Problem der **Faktorenextraktion** besteht darin, den entstandenen hyperdimensionalen Raum auf die notwendigen Dimensionen zu reduzieren. Es wird daher nur die Anzahl von Faktoren extrahiert, die die ursprünglichen Werte noch genügend gut

Faktor	I	II	III	IV	V	VI
v30	0,71	−0,52	−0,15	−0,08	−0,24	0,38
v31	0,77	−0,32	−0,33	−0,17	−0,05	−0,40
v33	0,62	−0,47	0,45	0,33	0,28	−0,05
v34	0,62	0,48	−0,46	0,28	0,28	0,12
v37	0,68	0,40	0,30	−0,49	0,20	0,07
v41	0,65	0,52	0,25	0,23	−0,43	−0,08
Eigenwerte	2,76	1,25	0,70	0,52	0,44	0,33
Varianz in %	46,0	20,8	11,6	8,7	7,4	5,5
Kumuliert	46,0	66,8	78,4	87,1	94,5	100,0

Abb. 3.43: Faktorladungsmatrix

approximieren. Über die mathematische Operationalisierung dieses verbalen Gütekriteriums existieren allerdings eine Reihe unterschiedlicher Auffassungen.

Ein Ansatzpunkt zur Reduktion der Dimensionen ist der Varianzerklärungsanteil. Dem **Kaiser-Kriterium** folgend sollen nur die Faktoren extrahiert werden, deren Eigenwert größer ist als 1. Das Kriterium gründet darauf, daß die Varianz einer standardisierten Variablen genau 1 beträgt und ein Faktor mindestens so viel erklären sollte wie eine Variable. Da die Gesamtvarianz aber von der Gesamtzahl der Variablen abhängig ist, besteht insbesondere bei großen Itemmengen die Gefahr, daß zu viele und reziprok bei geringen Itemmengen zu wenige Faktoren extrahiert werden.

Eine flexiblere Lösung wurde von *R. B. Cattel* (1966) mit dem sogenannten **Scree-Test** vorgeschlagen. Zunächst werden die Eigenwerte der Faktoren in absteigender Reihenfolge in ein Diagramm eingetragen, das auf der Ordinate die Eigenwerte und auf der Abzisse die Faktorenzahl enthält. Gibt es im Verlauf dieser Werte einen deutlichen Knick, so bedeutet dies, daß durch Hinzunahme eines weiteren Faktors der Varianzerklärungsanteil nicht mehr deutlich verbessert werden kann.

Bei Festlegung der Anzahl der Faktoren sollten allerdings inhaltliche Gesichtspunkte nicht außer acht gelassen werden. Bei praktischen Anwendungen der explorativen Analyse werden daher häufig Lösungen mit verschiedener Anzahl von Faktoren bestimmt. Die verschiedenen Modelle werden auch auf ihre Interpretierbarkeit hin überprüft, und ein gut interpretierbares Modell wird letzlich beibehalten.

Im Beispiel werden nach dem Kaiser-Kriterium zwei Faktoren extrahiert. Auf dieser Basis wird die reduzierte Faktorladungsmatrix in Tabelle 3.44 ermittelt. Eigenwerte und Faktorladungen ändern sich bei der Hauptkomponentenanalyse gegenüber der vollständig faktorisierten Matrix nicht, selbstverständlich sinken aber

	Faktor I	Faktor II	Kommunalität
v30	0,71	−0,52	0,77
v31	0,77	−0,32	0,70
v33	0,62	−0,47	0,61
v34	0,62	0,48	0,61
v37	0,68	0,40	0,62
v41	0,65	0,52	0,69
Eigenwerte	2,76	1,25	

Abb. 3.44: Reduzierte Faktorladungsmatrix

der Erklärungsanteil des Modells an der Gesamtvarianz und die Kommunalitäten. Insgesamt erklärt das Modell mit zwei Faktoren rund 67 % der gesamten Varianz. Die Kommunalitäten der Variablen und die auf der Basis der zweifaktoriellen Lösung geschätzten Korrelationen zwischen den Variablen berechnen sich nach (3.111). So ist die Kommunalität der Variable *v31*:

$$r_{31,31} = (0,77)^2 + (-0,32)^2 = 0,70.$$

Es werden also insgesamt 70% der Varianz der Variable *v31* durch zwei Faktoren erklärt. Für die Korrelation der Variablen *v30* und *v31* ergibt sich folgende Schätzung:

$$r_{30,31} = (.71)(.77) + (-.52)(-.32) = 0,71$$

Zur empirischen Korrelation der Variablen von 0,64 ergibt sich also eine Differenz von 0,07, die als **Residuum** bezeichnet wird.

Abbildung 3.45 zeigt die graphische Darstellung der Lösung. Die Variablen gruppieren sich in zwei dicht beieinanderliegende Punktwolken. Der erste Faktor, im Plot die horizontale Achse, ist zwischen den Punktwolken positioniert, so daß dieser den größten Varianzerklärungsanteil besitzt. Die Lage der Variablen ergibt sich aus ihren Faktorladungen. Die mit beiden Faktoren positiv korrelierten Items finden sich im oberen rechten Quadranten. Inhaltlich ist die gefundene Lösung kaum zu interpretieren. Alle Variablen laden relativ hoch auf dem ersten Faktor und sind mit dem zweiten nur mit mittleren, teilweise negativen Korrelationen verbunden.

Das Rotationsproblem

Nehmen wir dagegen an, daß die betrachteten Variablen nicht der ADV-Skala, sondern einem Intelligenztest entnommen wären. Die Variablen *v34*, *v37* und *v41*

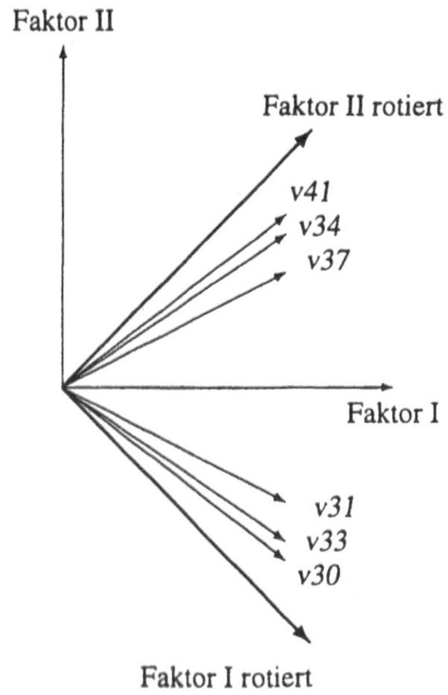

Abb. 3.45: Plot der unrotierten und der rotierten Lösung

wären mathematische Aufgaben; die Items *v30*, *v31* und *v33* dagegen Aufgaben, die sprachliche Fähigkeiten prüften. Die unrotierte Lösung in Abbildung 3.45 ergäbe dann möglicherweise einen Sinn: Faktor I könnte als sogenannter ‚Generalfaktor' der Intelligenz interpretiert werden. Die Idee eines allgemeinen Faktors der Intelligenz geht auf *C. Spearman* (1904) zurück, der die Faktorenanalyse begründet hat. Die Faktorenanalyse von Intelligenzaufgaben sollte die These belegen, daß es eine grundlegende Form von Intelligenz — den Generalfaktor — gibt. Selbstverständlich läßt ist diese kausale Interpretation durch die explorative Faktorenanalyse nicht zu begründen. Genausowenig wie die Korrelation zwei empirischer Variablen *r* eine kausale Interpretation stützt, begründet die Korrelation zwischen der latenten Variablen und der empirischen Variablen einen Kausalnexus.

Nehmen wir im Unterschied zu *C. Spearman* an, daß es nicht nur mehr oder weniger intelligente Menschen gibt, sondern verschiedene Arten von Intelligenz. Bezogen auf das Beispiel gäbe es also sowohl begnadete Dichter, die wenig von Mathematik verstehen, als auch gute Mathematiker, denen es an sprachlichem Vermögen mangelt, ferner dichtende Mathematiker und gänzlich anders begabte Menschen. Faktorenanalytisch gedacht liegt es nahe, die Faktoren so in den Raum zu legen, daß sie die unterschiedlichen Intelligenzen abbilden. *L. L. Thurstone* (1947), der diese Auffassung vertrat, schlug zur Stützung seiner Idee die Rotation der Faktoren zur sogenannten **Einfachstruktur** vor. Durch orthogonale oder schiefwinklige Rotation des durch die Faktoren gebildeten Achsenkreuzes kann dieses so positioniert werden, daß die Punktwolken jeweils durch einen der beiden Faktoren recht gut repräsentiert werden.

Gleichung (3.111) läßt keine eindeutige Lösung zu, da nur die Korrelationsmatrix **R** gegeben ist. Daraus ergibt sich die Möglichkeit, ein ermitteltes Faktorenmuster ohne Informationsverlust zur sogenannten Einfachstruktur zu rotieren. Unter Konstanthaltung der Kommunalitäten versucht man, das durch die Faktoren gebildete Achsensystem so im Raum zu positionieren, daß die einzelnen Faktoren jeweils eine der durch die Variablen gebildeten Punktwolken repräsentieren. Es verändern sich also die Faktorladungen der Variablen, mithin der Varianzerklärungsanteil der Faktoren. Zur Rotation wurden eine Vielzahl analytischer Lösungsverfahren vorgeschlagen, von denen hier nur einige angesprochen werden sollen: die orthogonalen Rotationsverfahren **Varimax**, **Quartimax** und **Equimax** sowie Verfahren der schiefwinklingen Rotation wie **Oblimin** und **Promax**. Bei der üblicherweise benutzten Varimax-Rotation sollen hohe Faktorladungen eines Faktors größer werden, während kleine Faktorladungen tendenziell gegen 0 streben sollen. Die Quartimax-Rotation hat dagegen das Ziel, die Variablen auf einem Faktor möglichst hoch und auf anderen möglichst niedrig zu laden. Die Varimax-Rotation sucht also die Spalten der Faktor-Matrix zu vereinfachen, während die Quartimax-Rotation an den Zeilen der Faktormatrix ansetzt, oder anders formuliert: mittels der Quartimax-Methode wird die Interpretation der Variablen erleichtert, da sie die Zahl der Faktoren reduziert, welche benötigt werden, um eine Variable zu erklären, während die Varimax-Methode die Interpretation der Faktoren erleichtert. Das Equimax-Prinzip verbindet die beiden zuvor genannten Rotationsverfahren. Für praktische Anwendungen empfiehlt sich das Varimax-Verfahren, für das gezeigt werden konnte, daß die Lösungen bei Faktorisierung von Untergruppen einer Variablenmenge stabiler blieben als bei Anwendung des Quartimax-Prinzips.

Bei der Faktorisierung einer Korrelationsmatrix kommt es nicht selten vor, daß auch nach der Rotation keine interpretierbaren Ergebnisse erzielt werden, da die hypothetischen Faktoren nicht voneinander unabhängig sind. In solchen Fällen wird zunehmend auf die **schiefwinklige** oder oblique **Rotation** zurückgegriffen, wobei darauf hinzuweisen ist, daß die schiefwinklige Rotation in der Literatur nicht unumstritten ist. Bei schiefwinkliger Rotation können die Faktorladungen nicht mehr als Korrelationen zwischen Variablen und Faktoren aufgefaßt werden, zudem können Ladungen größer als 1,0 auftreten. Daher wird eine **Faktorladungsmatrix** (Faktorenmuster) ermittelt, die den Zusammenhang zwischen schiefwinkligen Faktoren und Variablen ausdrückt, und eine **Faktorenstrukturmatrix** ermittelt, die die Korrelationen zwischen den Variablen und den Faktoren enthält. Ferner muß die Korre-

	Faktor I	Faktor II	h^2
v30	0,87	0,11	0,77
v31	0,78	0,30	0,70
v33	0,78	0,09	0,62
v34	0,12	0,78	0,62
v37	0,21	0,76	0,62
v41	0,12	0,82	0,69
Eigenwerte	2,05	1.97	

Abb. 3.46: Faktorladungsmatrix der Varimax-rotierten Lösung

lationsmatrix **C** zwischen den Faktoren ermittelt werden. Insofern klar ist, daß auch rotierte Faktoren keinerlei Kausalität begründen, spricht nichts gegen schiefwinklige Rotationen, wenn sie die Interpretation erleichtern.

Abschließend sei kurz auf die **Interpretation** der rotierten Lösung des Beispiels eingegangen, die in Abbildung 3.46 wiedergegeben ist. Faktor I erklärt $(2,05 \cdot 100)/6 = 34,27\%$ und Faktor II $(1,97 \cdots 100)/6 = 32,83\%$ der Varianz. Die insgesamt im Modell erklärte Varianz ändert sich ebenso wie die Kommunalitäten — mit Ausnahme von Rundungsfehlern — nicht. Die Ladungen der Variablen haben sich verschoben, so daß *v30*, *v31* und *v34* deutlich mit dem ersten Faktor, die übrigen Variablen deutlich mit dem zweiten Faktor verbunden sind. Lediglich die Variable *v31* weist eine leichte Doppelladung auf. Per Konvention werden Faktorladungen ab 0,5 interpretiert. Bei dieser Konvention wird vernachlässigt, welchen Anteil der Faktor überhaupt an der Varianz einer Variable erklärt. *E. Fürntratt* (1969) hat mit dieser Begründung ein Kriterium vorgeschlagen, nachdem eine Variable nur dann als mit einem Faktor verbunden interpretiert werden sollte, wenn deren Ladung gewichtet mit ihrer Kommunalität nicht kleiner oder gleich 0,5 ist.

Betrachtet man die Items inhaltlich, so läßt sich der erste Faktor als Bedrohung bezeichnen, da auf ihm Items hoch laden, „die eine Bedrohung des Arbeitsplatzes, des Arbeitsinhaltes und damit verbunden eine Dequalifikation der Benutzer (von ADV-Systemen, W. M.) zum Ausdruck bringen“ (*D. Müller-Böling* 1978, S. 102). Faktor II faßt dagegen Items zusammen, die sich mit den Wirkungen von ADV auf die Arbeitsorganisation beschäftigen. Der Faktor wird daher kurz mit dem Titel Arbeitsorganisation benannt.

Berechnung der Faktorwerte

Nachdem eine befriedigende Faktorlösung eines Variablensatzes gefunden ist, ist es häufig wünschenswert, die Ergebnisse auf die Beobachtungen rückzubeziehen.

Dabei wird häufig der Weg eingeschlagen, die in einer Dimension liegenden Variablen zu einem gewichteten Summenindex über die Rohwerte zu verrechnen. Das allgemeine Faktorenmodell beinhaltet jedoch die Annahme, daß der standardisierte Meßwert einer Beobachtung als additive Linearkombination von Faktorwerten, gewichtet mit den jeweiligen Faktorladungen der Items, aufzufassen ist. Die individuellen Faktorwerte der Beobachtungen lassen sich also aus den ermittelten Ergebnissen erschließen. Nur bei Anwendung der Hauptkomponentenanalyse können die Faktorwerte exakt berechnet werden, bei anderen Verfahren der Kommunalitätenbestimmung müssen sie geschätzt werden. Eine Möglichkeit ist die Methode der multiplen Regression, wobei als Prädiktoren der Faktorwerte die gewichteten Linearkombinationen der Itemwerte benutzt werden. Auf die unterschiedlichen Berechnungsverfahren sei hier nicht näher eingegangen. Für Anwendungszwecke ist allerdings zu bedenken, daß bei Berechnung der Faktorwerte alle Items eines Faktors, also auch die weniger bedeutenden, in die Berechnung eingehen.

Weiterführende Hinweise

Die nicht befriedigend gelösten Probleme der Kommunalitätenschätzung und der Zahl der zu extrahierenden Faktoren hat eine Reihe von neuen Entwicklungen auf dem Gebiet der Faktorenanalyse angeregt, von denen einige hier nur angesprochen werden können. Die **ULS-Methode** (unweighted least squares) sucht, ausgehend von einer vorgegebenen Faktorenanzahl, eine Faktormatrix, welche die Summe der quadrierten Differenzen zwischen beobachteter und reproduzierter Korrelationsmatrix minimiert. Dabei werden die Einzelrestfaktoren vernachlässigt. Die GLS-Methode (generalized least squares) minimiert ebenfalls die Residuen, wobei aber die Korrelationen mit den Einzelrestfaktoren gewichtet werden. Korrelationen zwischen Variablen mit großen Einzelrestfaktoren kommt dabei ein kleineres Gewicht zu als Variablen mit hoher Reliabilität. Die **ML-Faktorenanalyse** (Maximum-Likelihood) produziert, unter der Annahme einer bestimmten Faktorenzahl, eine Faktorladungsmatrix, welche die größte Wahrscheinlichkeit besitzt, die beobachtete Korrelationsmatrix zu reproduzieren. Dabei werden die Einzelrestfaktoren wiederum als Gewichtung der Korrelationen berücksichtigt. Für die Lösung läßt sich eine Teststatistik berechnen, die für große Fallzahlen annähernd χ^2-verteilt ist und mittels derer die Signifikanz der Anzahl der Faktoren geprüft werden kann. Voraussetzung ist allerdings eine multivariate Normalverteilung der Variablen. In explorativen Analysen wird, von der Annahme ausgehend, daß ein Faktor die Daten repräsentieren kann, die Faktorenzahl schrittweise erhöht, bis ein befriedigender Fit erreicht ist. Vom statistischen Standpunkt betrachtet ist die ML-Faktorenanalyse als befriedigendste Lösung anzusehen. In der Praxis taucht jedoch häufig das Problem auf, daß mehr Faktoren extrahiert werden als sinnvoll zu interpretieren sind.

Die bisherigen Überlegungen beschränkten sich auf den sogenannten **R-Typ** der Faktorenanalyse, der zur Bündelung von Variablen eingesetzt wird. Neben diesem R-Typ ist der sogenannte **Q-Typ** der Faktorenanalyse von Bedeutung. Bei der Q-Technik werden nicht Variable, sondern Beobachtungen, also die Zeilen der Rohdatenmatrix zusammengefaßt. Zur Q-Technik und den mit ihr verbundenen Problemen vgl. *D. Steinhausen* und *K. Langer* (1977, S. 138 ff.).

Schließlich ist darauf hinzuweisen, daß die explorative Faktorenanalyse wohl zu den umstrittensten Verfahren der Datenanalyse zu zählen ist. Die **Kritik** entzündet sich nicht nur an den rigiden Voraussetzungen des Modells (Skalenniveau, Linearität), sondern auch an der Unverbindlichkeit faktorenanalytischer Ergebnisse. Diese sind nicht zuletzt davon abhängig, welche Entscheidung der Anwender bezüglich des Kommunalitäten-, des Extraktions- und des Rotationsproblems fällt. Bei Anwendung des Verfahrens sollten diese Entscheidungen daher wohl begründet und für Dritte nachvollziehbar sein. Dem Anwender ohne weiteres Hintergrundwissen sei die von *H. F. Kaiser* (1979) vorgeschlagene, ‚Little Jiffy' der ersten Generation genannte Vorgehensweise empfohlen, die eine Hauptkomponentenanalyse, die Auswahl von Faktoren mit Eigenwerten größer als 1 und anschließende Varimax-Rotation umfaßt.

Neben den genannten Autoren sei zur Einführung in die Faktorenanalyse insbesondere auf *F. J. Geider* et al. (1982) sowie *J.-O. Kim* und *C. W. Mueller* (1978) hingewiesen. Letztere diskutieren neben den genannten Verfahren der Faktorenanalyse auch die Alpha-Faktorenanalyse und das Image-Verfahren. *S. J. Gould* (1988, S. 259 ff.) gibt eine leicht verständliche Einführung in die Logik der Faktorenanalyse und diskutiert deren historische Entwicklung, weshalb dieser Text nicht nur für den Einsteiger von Interesse ist. Ferner seien die umfangreichen Lehrbücher von *H. H. Harman* (1976) und *D. Revenstorf* (1980) erwähnt.

4. DATENANALYSE MIT P-STAT

4.1 Grundlagen

Die einführende Programmbeschreibung des Datenanalysesystems P-STAT basiert auf dem Release 2.18 für IBM-PC und kompatible Mikrocomputer unter dem Betriebssystem DOS. Die Programmbeschreibung läßt sich auch für Installationen unter anderen Betriebssystemen nutzen, da die Versionen kaum differieren. Auf einige Unterschiede zur Installation unter UNIX wird im folgenden hingewiesen. P-STAT sollte in einem eigenen Verzeichnis auf einer Festplatte des Mikrocomputers installiert sein. Arbeiten sollte man mit dem System aber in einem Verzeichnis, in welchem sich die Arbeitsdateien befinden. Zunächst wechselt man also mit dem Betriebssystembefehl `cd` in das Arbeitsverzeichnis und startet dort das Datenanalysesystem durch die Eingabe von `PSTAT`. Dazu muß dem Betriebssystem der Pfad des P-STAT-Heimat-Verzeichnisses mitgeteilt worden sein. Unter graphischen Benutzeroberflächen wie Windows oder OS/2 PM sollte (mit dem Programm-Manager) ein sogenanntes Arbeitsverzeichnis eingestellt werden.

4.1.1 Syntax und Programmablauf

Zur Arbeit mit P-STAT bedient man sich einer Kommandosprache, deren **Syntax** kurz erläutert werden soll:

- Die Kommandos können in Klein- oder Großschreibung eingegeben werden. Hier sind sie in großen Buchstaben notiert, um sie von benutzerspezifischen Angaben zu unterscheiden.
- Die Kommandos können an beliebiger Stelle einer Zeile beginnen. Jedes neue Kommando muß aber mit einer neuen Zeile anfangen.
- Kommandos können über mehrere Zeilen fortgesetzt werden und sind mit dem Befehlsende-Zeichen ($) abzuschließen.
- Die Kommandos besitzen in der Regel eine Vielzahl von Optionen (Identifier). Die einzelnen Satzteile eines Kommandos sind durch Kommata zu trennen. Unterkommando- und Datenblöcke werden dagegen durch ein Semikolon eingeleitet.

- Werden in Anweisungen Zeichenketten als Argumente benutzt, sind diese in Hochkommata einzuschließen. Dies ist nicht erforderlich, wenn P-STAT-Systemdateien spezifiziert werden.

- P-STAT besitzt eine eigene Programmiersprache, PPL (P-STAT Programming Language) genannt, die der Bearbeitung von Daten dient. Die PPL-Anweisungen sind in runde Klammern einzuschließen `(PPL-Anweisung)` ... `(PPL-Anweisung)`. Mehrere Anweisungen können zum einem Block zusammengefaßt werden, dessen Beginn und Ende durch eckige Klammern gekennzeichnet wird. Die einzelnen Anweisungen sind bei dieser Schreibweise durch Semikolon zu trennen: `[PPL-Anweisung; ... PPL-Anweisung;]`.

P-STAT kennt eine Fülle von Kommandos, die sich in vier Gruppen (Systemkommandos, Kommandos zur Definition und Modifikation von Daten, Statistikprozeduren und PPL-Anweisungen) unterscheiden lassen. Im folgenden findet man eine Übersicht wichtiger Kommandos, mit Ausnahme der PPL-Anweisungen. Diese werden in einem gesonderten Abschnitt näher erläutert.

Systemkommandos zeichnen sich dadurch aus, daß sie keinerlei Einfluß auf die zu bearbeitenden Daten haben. Sie dienen dazu, Informationen über die Systemumgebung einzuholen (`STATUS`), diese gegebenenfalls zu modifizieren und den Programmablauf zu steuern. Auf die Bedeutung der Kommandos zur Modifikation der Systemumgebung wird im Zusammenhang mit den Betriebsarten näher eingegangen.

P-STAT ist ein sogenanntes Mehr-Dateien-System. Kommandos, die der Bearbeitung von Daten dienen, beziehen sich immer auf eine Systemdatei, in der Daten in einem speziellen, binären Format gespeichert sind. Das Ergebnis der Bearbeitung wird normalerweise wieder in einer Datei abgelegt, die wiederum, sofern es sich um eine Systemdatei handelt, als Eingabedatei für weitere Prozeduren benutzt werden kann. In einer Arbeitssitzung kann daher eine Vielzahl von Dateien erzeugt werden, weshalb einige Kommandos von besonderer Bedeutung sind, um die Übersicht nicht zu verlieren. `FILES` informiert über die während einer Sitzung bearbeiteten Dateien. `SHOW` '*fn*' listet die Variablen und ihre Position in einer Systemdatei auf. Genauere Informationen über eine Variable erhält man mittels `LOOK`.

Externe Programme können während einer interaktiven P-STAT-Sitzung mittels des Kommandos `SYSTEM` oder gegebenenfalls `DOS` ausgeführt werden. Das Kommando:

```
DOS 'DIR *.TRN' $
```

listet beispielsweise alle externen Dateien mit P-STAT-Kommandos (Batch-Jobs) auf und kehrt danach in das Datenanalysesystem zurück.

Info zur Systemumgebung	STATUS
Modifizieren der Umgebung	COMMAND.WIDTH, DEFAULT.SETTINGS, ERROR, ERROR.FILE, LINES, OUTPUT.WIDTH, PIL, PR, PRINT, PRINT.PARAMETERS, PROMPT, SCREEN, VERBOSITY, PACK
Batch-Verarbeitung	BATCH, ECHO, MAXERROR, PRINT.INPUT, RETURN TRANSFER
Interaktive-Verarbeitung	AGAIN, INTERACTIVE, MENU
Editor	E[DITOR]
Hilfe	HELP, IDEN
Info über Dateien	AUTOFILES, CHECK, FILES, LOOK, SHOW, SHOWBYTES
Dateihandhabung	CLOSE, ERASE, EQUATE, FORGET, LOCATE, PACK, PSAUTO, REWIND, SHOWBYTES
Ausführen von Programmen	DOS, SYSTEM
X Windows-Ausgabe	XWINDOW
PostScript-Ausgabe	POSTSCRIPT, POSTSCRIPT.CLOSE, POSTSCRIPT.RESET, POSTSCRIPT.SETUP
Beenden	END

Abb. 4.1: System-Kommandos

Die zweite Gruppe von Kommandos dient der **Definition** und **Manipulation** von Daten. BUILD ist ein sehr komplexes Kommando, das es ermöglicht, Systemfiles zu erstellen. Die Daten können dabei direkt über Tastatur oder extern aus einer Datei eingelesen werden. Der erstellte Systemfile trägt normalerweise das Suffix *'PS1'*. Wird die Datei in späteren Arbeitsschritten verändert und erneut gespeichert, legt P-STAT zusätzlich eine Sicherungskopie der unveränderten Form unter demselben Dateinamen mit dem Suffix *'PS2'* an. Auf diese sogenannte AUTOSAVE-Funktion des Datenanalysesystems beziehen sich eine Reihe von Kommandos, die hier nicht näher behandelt werden. Mittels UNBUILD läßt sich ein Systemfile wieder in eine normale ASCII-Datei übersetzen, die neben den Daten auch eine Dateibeschreibung in Form eines BUILD-Kommandos enthält. Auf diese Weise ist es möglich, Dateien zwischen verschiedenen P-STAT-Systemen auszutauschen. Dateien im ASCII-Format können auch mittels der Befehle FILE.IN bzw. FILE.OUT gelesen oder geschrieben werden. Ferner unterstützt P-STAT einige spezielle Formate. DIF.IN und DIF.OUT lesen oder schreiben Daten im Data-Interchange-Format. P-STAT unterstützt die Formate der Datenanalysesysteme BMDP, SAS und SPSS. BMDP-Jobs können bei einigen Implementationen von P-STAT direkt an BMDP übergeben werden. Die Datenbankformate dBASE und RDB können gelesen und geschrieben werden. Unter UNIX umfaßt das System einige weitere Schnittstellen

Lesen von Daten	BUILD, DATA.ENTRY, FILE.IN, DB3.IN, DIF.IN, INFORMIX.IN, READ.BMDP.FILE, SAS.IN, SPSS.IN, RDB.IN
Schreiben von Daten	UNBUILD, FILE.OUT, DB3.OUT, DIF.OUT, WRITE.BMDP.FILE, SAS.OUT, SPSS.OUT, RDB.OUT
Aktualisieren von Dateien	REVISE, UPDATE
Erweitern von Dateien	CONCAT
Verknüpfen von Dateien	COLLATE, JOIN, LOOKUP, MERGE
Mischen von Dateien	INTERLEAVE
Aufspalten in Unterdateien	SEPERATE
Vergleichen von Dateien	COMPARE
Dublettenbearbeitung	DUPLICATE
Erstellen von Dateien mit zusammenfassenden Statistiken für Untergruppen	AGGREGATE, LOCATE.GROUPS
Sortieren	SORT
Modifizieren von Daten	MODIFY, RANK, MAP, REVISE, C.TRANSPOSE
Übernahme von Variablen- und Werteetiketten	SUBSTITUTE.XL, SUBSTITUTE.VL
Formatieren	TITLES, SAVE.LABELS, HEAD

Abb. 4.2: Kommandos zur Definition und Manipulation von Daten

(INFORMIX, RDB, ORACLE) und verfügt über ein Modul namens P-RADE (P-STAT Random Access Data Enhancement), das als relationales Datenbanksystem konzipiert ist.

P-STAT kennt verschiedene Befehle zum Datenbankmanagement, die in Abbildung 4.2 tabellarisch aufgelistet sind. Der Modifikation von Daten dienen die Kommandos MODIFY, RANK, MAP und REVISE. MODIFY wird im Zusammenhang mit PPL-Anweisungen genutzt, um einen Systemfile zu modifizieren. MAP wandelt automatisch alphanumerische Variablen in numerische Variablen um, so daß sie in Prozeduren für numerische Variablen, wie PLOT, TABLES usw., verwendet werden können. Ferner lassen sich numerische Variablen mittels MAP automatisch recodieren. RANK erstellt eine Rangordnung der Variablen eines Systemfiles. REVISE erlaubt es, im Dialog die Werte von Datensätzen zu ändern.

Die Kommandos der dritten Gruppe dienen der tabellarischen und graphischen Ausgabe von Daten sowie der Berechnung von Statistiken. Diese speziellen Kommandos werden als **Prozeduren** bezeichnet und stehen in jeder P-STAT-Installation zur Verfügung. Der Leistungsumfang der Prozeduren hängt allerdings von der jeweiligen Version des Datenanalysesystems ab. Ferner sind für P-STAT soge-

Tabellarische Ausgaben	L[IST], SURVEY, BPRINT
Reportgenerator	TEXT.WRITER
Graphische Darstellungen	HIST, PLOT, BOXPLOT, XGRAPH
Deskriptive Statistiken	COUNTS, DES, FREQ, PERCENTILES, STANDARDIZE
Explorative Datenanalyse	EDA
Kreuztabellenanalyse	TABLES, SURVEY
Stichprobenbalancierung	BALANCE
Mittelwertsvergleiche und Varianzanalysen	TTEST, PAIRED.TTEST, ANOVA
Nonparametrische Tests und nonparametrische Korrelation	NP.TESTS, NP.COR, RANK
Korrelation und Regression	CORRELATE, BISERIAL, TET, INVERT, REGRESSION, RESIDUALS, POLY.FIT, PRE.POST, DURWAT, NL.REGRESSION
sonstige multivariate Verfahren	Q.CLUSTER, H.CLUSTER*, PROXIMITIES*, DISCRIM, FACTOR, ROTATE, PROMAX, CANONICAL.COR, ITEM.ANALYSIS*, COR.ANALYSIS*
Zeitreihenanalyse	FORECAST, ARIMA
Qualitätskontrolle	CU.CHART, NP.CHART, XR.CHART
Sterbetafelanalyse	SURVIVAL, LIFE.TABLE, PRODUCT.LIMIT
Matrixoperationen	E.ADD, E.DIVIDE, E.MULTIPLY, E.SUBSTRACT, CHOLESKY, EIGEN, INVERT, MULTIPLY, NORM.COL, NORM.ROW, SJOIN, TRANSPOSE, C.TRANSPOSE

*Makroprozeduren

Abb. 4.3: Statistikprozeduren

nannte Makros, d. h. Prozeduren, die in der PPL geschrieben sind, verfügbar. Die Makros sind in der Regel in öffentlichen Programmbibliotheken erhältlich (z. B. ftp://lib.stat.cmu.edu).

Von besonderer Bedeutung ist das Kommando LIST, da P-STAT Ergebnisse ebenfalls in Systemdateien speichert. LIST, das der formatierten Ausgabe von Systemdateien dient, erlaubt die Erstellung druckreifer Ausgabetabellen. Die vielfältigen Möglichkeiten des Kommandos werden in dieser Einführung allerdings nur anhand einiger Beispiele erläutert, weshalb zusätzlich auf das Systemhandbuch verwiesen sei.

Einige Kommandos werden im folgenden als **interaktive Prozeduren** bezeichnet. Diese sind dadurch gekennzeichnet, daß die einzelnen Analysen wie Kreuztabellen, Plots oder Regressionsgleichungen innerhalb eines Unterkommandoblocks

Programmlisting	Output der Prozedur LIST

<pre>BUILD erste,
  MISSING '.';
  VARS v1 v2 v3 ;
  READ;
1 5 3
1 3 10
3 8 2 4 3 5
5 1 5
6 1 12
7 . 3
$
 	
LIST erste (GENERATE neu = v2/v3)
       (KEEP v2 TO neu), PLACES 2 $
 	
END $</pre>
	<pre>v2 v3 neu
	
	 5 3 1.67
	 3 10 0.30
	 8 2 4.00
	 3 5 0.60
	 1 5 0.20
	 1 12 0.08
	 - 3 -</pre>

Beispiel 4.1: Einführendes Programmbeispiel

definiert werden. Nach deren Erstellung verbleibt man auf der Subkommandoebene und kann dort weitere Analysen anfordern. Die Prozeduren wechseln also nicht automatisch in die P-STAT-Kommandoebene zurück.

Betrachten wir im folgenden kurz den **Ablauf** eines P-STAT-Programms anhand eines ersten Beispiels. Prozeduranweisungen beziehen sich grundsätzlich auf P-STAT-Systemdateien. Der erste Arbeitsschritt besteht also darin, Daten in eine Systemdatei zu transformieren. Rohdaten können mittels des Kommandos `BUILD` in eine Systemdatei umgewandelt werden. Nach der Anweisung `BUILD` ist ein Name für die Systemdatei anzugeben, die mittels des Kommandos erzeugt werden soll. Im Anschluß an den Dateinamen werden, durch Kommata getrennt, die Optionen der Prozedur spezifiziert. Die Option `MISSING` im Beispiel besagt, daß ein Punkt für alle Variablen als fehlender Wert interpretiert werden soll. Es folgen zwei Unterkommandos: `VARS` und `READ`. `VARS` legt die Namen der Variablen fest (*v1*, *v2*, *v3*), die in der Datei enthalten sein sollen. Das Unterkommando `READ` kündigt die Eingabe der Daten an. Standardmäßig werden die Daten im sogenannten freien Format gelesen. Die Datenwerte sind im freien Format lediglich durch ein oder mehrere Leerzeichen zu trennen. Erfolgt die Eingabe der Daten im Dialog, so zeigt die Eingabeaufforderung des Systems an, welche Variable und welcher Fall erwartet wird. Das Kommando schließt mit dem Befehlsendezeichen ab, und P-STAT meldet die Anzahl der eingelesenen Fälle. Mit Abschluß des Befehls ist die Datei erstellt, es müssen also keine weiteren Anweisungen zum Schreiben und Schließen der Datei erfolgen.

Die folgende Anweisung `LIST` gibt Systemdateien auf den Monitor aus. Im Beispiel ist die Eingabedatei für das Kommando `LIST` die Datei *'erste'*. Auf diese Datei beziehen sich die folgenden PPL-Anweisungen. `GENERATE` initialisiert eine neue Variable und weist ihr als Wert den Quotienten der Variablen *v2* und *v3* zu. Die Anweisung `KEEP` bewirkt, daß die erste Variable nicht ausgegeben wird. Nach Abschluß der PPL-Anweisungen wird durch das Komma angekündigt, daß eine Option des Kommandos `LIST` erfolgt. Die Anweisung verlangt, daß nur zwei Dezimalstellen ausgeben werden. Der Gedankenstrich steht im Output für einen fehlenden Datenwert. Wie ersichtlich, wird der Variablen *neu* bei der Berechnung mit `GENERATE` für den 7. Fall automatisch der fehlende Wert zugewiesen.

In der Instruktion `KEEP` wird das Schlüsselwort `TO` als abkürzende Schreibweise zur Definition der Variablenliste benutzt. Alle Variablen der Eingabedatei von *v2* bis zur Variablen *neu* werden beibehalten. Das reservierte Schlüsselwort `TO` darf, um Verwechslungen mit einer Variablen zu vermeiden, nicht als Variablenname vergeben werden. Neben `TO` ist es empfehlenswert, die folgenden Schlüsselwörter **nicht** zur Bezeichnung von Variablen zu verwenden: `BY OUT H Q E V`.

Legale **Variablennamen** müssen mit einem Buchstaben beginnen und dürfen nur aus Buchstaben, Zahlen und dem Punkt zusammengesetzt werden. Dem Punkt kommt eine besondere Bedeutung zu, er wird zur Gestaltung der Ausgabe als Trennstelle benutzt. Die Länge der Namen darf 16 Zeichen nicht überschreiten. Man kann also bei der Vergabe von Variablennamen recht großzügig sein und ‚sprechende' Bezeichnungen wählen. Lange Namen bedeuten nicht unbedingt viel Schreibarbeit, um diese in Anweisungen anzusprechen. Variablen können regelmäßig auch über ihre Position im Datensatz angesprochen werden. Dazu ist in die Position *n* in Klammern nach dem Buchstaben `V` (für Variable) anzugeben, wie das folgende Kommando zeigt.

```
LIST erste (GENERATE neu = v(2)/v(3))
        (KEEP v(2) TO v(4)), PLACES 2 $
```

4.1.2 Betriebsarten und Systemumgebung

Um mit P-STAT arbeiten zu können, muß man sich zunächst mit seinem Dateienkonzept vertraut machen. Folgende Dateitypen sind von besonderer Bedeutung:

- **Systemdateien** enthalten Daten im binären Format des Systems. Statistische Prozeduren können nur mit Systemdateien durchgeführt werden. Daher muß man die Rohdaten des Arbeitsdatensatzes zunächst in eine Systemdatei transformieren. Der Output fast aller Prozeduren wird wiederum in Systemdateien gespeichert.

- **Druckdateien** enthalten den Output der Prozeduren im ASCII-Format. Sie lassen sich also mit Textverarbeitungsprogrammen bearbeiten oder auf einem Drucker ausgeben.
- Im interaktiven Betrieb protokolliert P-STAT alle eingegebenen Befehle in einer temporären **Editordatei**. Diese kann im binären Format des Editors gespeichert und in späteren Sitzungen erneut eingelesen werden, um die Arbeit mit den in dieser Datei gespeicherten Kommandos fortzusetzen. Im ASCII-Format abgespeichert, kann man die Datei als sogenannte **Transferdatei** zur Batchverarbeitung nutzen.
- **Labeldateien** enthalten ausführliche Variablennamen, die von den Prozeduren zur Gestaltung des Outputs genutzt werden.

P-STAT erlaubt dem Benutzer drei Betriebsarten. Das Datenanalysesystem kann durch Menüs gesteuert und im Dialog- oder Batchbetrieb benutzt werden. Je nach Installation gelangt man nach dem Systemaufruf direkt in das Menü oder in den interaktiven Modus. Im letzten Fall führt die Eingabe des Kommandos `MENU $` in dasselbe. Die einzelnen Punkte des Menüs werden über die Cursortasten und die Taste Enter (↵) oder einen Buchstaben ausgewählt. Ist ein Kommando vollständig, kann es direkt an P-STAT zur Abarbeitung übergeben oder in eine externe Transferdatei geschrieben werden. Nach der Ausführung des Kommandos führt die Betätigung der Enter-Taste in das Menü zurück. Da das **Menüsystem** selbsterklärend ist, wird es hier nicht weiter beschrieben.

Ist man mit der Kommandosprache vertraut, empfiehlt es sich, P-STAT im **Dialog** zu betreiben. P-STAT ist ausgesprochen ‚mitteilsam' und erläutert in den Eingabeaufforderungen recht ausführlich, was es vom Benutzer erwartet. Zudem kann der Anwender auf verschiedene Weise Hilfestellungen anfordern. Die einfachste Möglichkeit besteht selbstverständlich darin, in das Menü zu wechseln. Ferner stehen ausführliche, hierarchisch geordnete Hilfstexte zur Verfügung. Dazu ist das Kommando `HELP`, gefolgt von einem Schlagwort, z. B. einem Prozedurnamen, einzugeben. Die Eingabe von `HELP HELP $` informiert über die Möglichkeiten der Hilfefunktion. Spezielle Hilfstexte stehen auch auf der Subkommandoebene der interaktiven Prozeduren zur Verfügung. Häufig benötigt man lediglich kurze Information bezüglich der Optionen (Identifier) eines Kommandos. Jede P-STAT-Prozedur gibt eine Liste möglicher Optionen aus, wenn die globale Option `IDEN` spezifiziert wird. Die Optionen des Kommandos `BUILD` erhält man beispielsweise durch die Eingabe von:

```
BUILD, IDEN $
```

`BOT[TOM]`	Setzt den Zeiger hinter das letzte Kommando der Protokolldatei.
`TOP`	Setzt den Zeiger vor das erste Kommando.
`DO[WN] [n]`	Bewegt den Zeiger um *n* Kommandos abwärts. Voreinstellung für *n* ist 1.
`U[P] [n]`	Bewegt den Zeiger um *n* Kommandos aufwärts. Voreinstellung für *n* ist 1.
`L[OCATE] n`	Setzt den Zeiger auf das *n*-te Kommando.
`L[OCATE] /string`	Bewegt den Zeiger zur Zeichenkette *string*.
`T[YPE] [{n *}]`	Listet *n* bzw. alle * Kommandos. Voreinstellung ist das aktuelle Kommando.
`DELETE [n]`	Löscht das aktuelle Kommando oder die *n* nachfolgenden Kommandos.
`C[HANGE] /alt/neu/[A]`	Ändert eine Zeichenkette.
`SY[NTAX] [n]`	Nimmt eine Syntaxprüfung vor.
`X [{n *}]`	Führt *n* Kommandos oder * das aktuelle und alle folgenden Kommandos aus. Voreinstellung ist das aktuelle Kommando.
`Q[UIT]`	Verläßt den Editor.
`BACKUP fn`	Sichert die Protokolldatei im binären Format.
`RESTORE fn`	Einlesen einer binären Editordatei.
`EXPORT`	Sichert die Protokolldatei im ASCII-Format.
`IMPORT`	Lädt eine Editordatei im ASCII-Format.
`H[ELP]`	Gibt eine kurze Gebrauchsanleitung aus.

Abb. 4.4: Editor-Kommandos

Bemerkt man bei der Eingabe eines Kommandos einen Fehler, so kann dieser durch Nutzung der Backspace-Taste (←) korrigiert werden. Ist ein Kommando vom System nicht interpretierbar, gibt P-STAT eine Fehlermeldung aus und wechselt in den Systemeditor. In der temporären Protokolldatei des Editors kann nun das zuletzt eingegebene Kommando bearbeitet werden. Möglicherweise wird nur ein Teil des aktuellen Kommandos am Bildschirm angezeigt; die Eingabe des Buchstaben T (TYPE) veranlaßt die Auflistung des kompletten Kommandos. Eine fehlerhafte Zeichenkette läßt sich durch das `CHANGE`-Kommando ändern. Dazu sind der Buchstabe `C`, ein Trennzeichen, der fehlerhafte Text, ein weiteres Trennzeichen und der neue Text einzugeben. Das Trennzeichen, normalerweise der Schrägstrich, darf selber nicht in der zu ändernden Zeichenkette vorkommen. Gegebenenfalls ist ein anderes Trennzeichen, wie das $-Zeichen, zu wählen. Ferner muß man beachten, daß `CHANGE` die erste identifizierbare Zeichenkette durch die neue Zeichenkette ersetzt. Die folgenden Beispiele erläutern diesen Befehl.

`C/alt/neu`	*alt* wird durch *neu* ersetzt
`C/alt/neu/A`	*alt* wird so oft wie es im Kommando vorkommt durch *neu* ersetzt
`C//neu`	*neu* wird am Anfang eingefügt
`C/alt//`	*alt* wird gelöscht.

Nach der Korrektur des Kommandos kann dieses durch Eingabe des Befehls X (EXECUTE) erneut zur Ausführung gebracht werden. Der P-STAT-Systemeditor verfügt über ein eigenes Hilfskommando, das gegebenenfalls Rat gibt. In Übersicht 4.4 sind zusätzlich einige wichtige Kommandos des Editors zusammengestellt.

Standardmäßig erfolgt die Ausgabe auf den Bildschirm oder in eine P-STAT-Systemdatei, deren Ausgabe das Kommando LIST dient. Überschreitet die Länge der Ausgabe eine Bildschirmseite, pausiert das System und wartet auf die Betätigung der Taste Enter. Die Anzahl der Ausgabezeilen kann für spezielle Bildschirmformate gegebenenfalls mittels des Kommandos SCREEN *n* $ angepaßt werden.

Im folgenden werden kurz einige Möglichkeiten der **Druckerausgabe** skizziert. Dazu ist die wiederholte Ausführung des zuletzt eingegebenen Kommandos durch die Eingabe von AGAIN dienlich, da mittels AGAIN zusätzlich Optionen an das Kommando übergeben werden. Diese Funktion kann genutzt werden, um die endgültige Ausgabe einer Prozedur in eine Druckdatei zu leiten. Im folgenden Beispiel wird eine Systemdatei, die deskriptive Maßzahlen enthält, aufgelistet. AGAIN fordert die Wiederholung des Kommandos LIST an, wobei der Output in eine Druckdatei geleitet wird.

```
LIST desazedv $
AGAIN, PR 'des.lst' $
```

Das Schlüsselwort PR kann nicht nur als Option in allen Prozeduren benutzt, sondern auch als eigenständiges Kommando verwendet werden. Als Kommando eingesetzt, leitet PR *'fn'* $ die Ausgabe aller folgenden Kommandos in eine Druckdatei um. Die Eingabe von PR $ schließt die Druckdatei und leitet die Ausgabe wieder auf die Standardausgabeeinheit. Wird dieselbe Druckdatei später erneut angesprochen, so wird die Datei nicht überschrieben, sondern der Output angehängt. Auf diese Weise ist es möglich, nur die endgültigen Ergebnisse zu protokollieren.

```
PR 'des.lst' $
LIST desazedv $
PR $
```

Die Ausgabe von Druckdateien auf den Systemdrucker ist bei Installationen unter UNIX innerhalb von P-STAT mit dem Kommando PRINT möglich. Bei Installationen unter DOS ist stattdessen die Druckroutine des Betriebssystems einzusetzen (vgl. Abschnitt 1.2, S. 24).

Statt eines Dateinamens im Kommando PR kann bei der DOS-Version auch der Name der Schnittstelle spezifiziert werden, an welche der Systemdrucker angeschlossen ist. Häufig wird dies die 1. parallele Schnittstelle sein. Der Output erfolgt dann nicht in eine Datei, sondern direkt auf den Drucker.

```
LIST azedv, PR 'LPT1' $
```

Die Standardwerte zur Ausgabe lassen sich mit den Kommandos LINES und PRINT.PARAMETERS (abgekürzt PP) ändern. LINES *n* legt die Seitenlänge einer Druckseite fest, wobei die Standardlänge einer Druckseite 59 Zeilen beträgt. PP legt fest, in welche Datei die Ausgabe erfolgt, ob die Kommandos im Ausdruck wiedergegeben werden und wie breit die Ausgabe sein soll. Ferner kann ein Zeichen zur Darstellung vertikaler Begrenzungen und optional die Unterstreichung von Überschriften angefordert werden.

```
PRINT.PARAMETERS 'fn',ECHO {OFF*}, OUTPUT.WIDTH n,
                           {ON  }
                     VBAR {':'       }, UNDERLINE {OFF*}
                          {'zeichen'}             {ON  }
```

Allgemeine Form: PRINT.PARAMETERS

Abschließend einige Hinweise zur **Batchverarbeitung**, die sich immer dann empfiehlt, wenn zeitaufwendige Auswertungen durchgeführt werden. Zur Erstellung von Batchjobs oder Transferdateien ist es vorteilhaft, den P-STAT-Systemeditor zu benutzen, da mit diesem eine Syntaxprüfung vorgenommen werden kann. Vielfach führen aber nicht nur syntaktische Fehler zu unerwünschten Resultaten. Zur Erprobung von Batchjobs ist es daher sinnvoll, die Anzahl möglicher Fehler bis zum Abbruch des Programms mittels des Kommandos MAXERROR *n* $ auf wenige zu begrenzen. Werden Dateien mit großen Fallzahlen bearbeitet, sollte man in der Erprobungsphase ferner nur einige Fälle mittels der PPL-Anweisung CASES auswählen, um lange Rechenzeiten zu vermeiden. Die Behebung von Fehlern ist leichter, wenn die Kommandos im Output wiedergegeben werden, was man durch die Angabe der Kommandos ECHO ON oder PRINT.INPUT anfordert.

Typischerweise wird man daher am Anfang einer Transferdatei folgende Kommandozeilen einfügen:

```
BATCH $
OW 80 $
PRINT.INPUT $
MAXERROR 1 $
```

Das Kommando BATCH stellt die auf interaktiven Betrieb voreingestellte Systemumgebung auf Batchverarbeitung ein. Da das Kommando standardmäßig eine Ausgabebreite von 132 Spalten anfordert, ist hier zusätzlich OW (OUTPUT.WIDTH) spezifiziert, um die Ausgabe auf Druckern mit schmalem Standardpapier zu ermöglichen. Ein Batchjob endet mit dem Kommando END oder RETURN. Bei Spezifikation von RETURN bleibt P-STAT aktiv, und die Arbeit kann interaktiv fortgesetzt werden. Dazu ist die Systemumgebung mittels des Kommandos INTERACTIVE $ erneut umzustellen.

Innerhalb von P-STAT kann ein Batchjob durch das Kommando TRANSFER *'fn'* $ gestartet werden. Eine weitere Möglichkeit besteht darin, die Umleitung der Transferdatei auf der Ebene des Betriebssystems vorzunehmen:

```
PSTAT < transfer.trn  > output.pst
```

Der Output des Systems auf die Standardausgabeeinheit erfolgt in die Datei *'output.pst'*. Wird diese Form des Aufrufs benutzt, so sollte das Menusystem ausgeschaltet sein. Man erreicht dies durch das Kommando NO MENU $. Fügt man dieses Kommando in eine Datei namens *'pstart'* ein, die sich bei der Installation unter DOS im Heimatverzeichnis des Datenanalysesystems befinden muß, so wird das Menusystem beim Systemaufruf grundsätzlich nicht aktiviert. P-STAT sucht beim Programmaufruf im Heimatverzeichnis nach dieser Datei und führt die in ihm enthaltenen Kommandos aus. Auf UNIX-Maschinen wird P-STAT über eine Umgebungsvariable namens *pstart* mitgeteilt, wo gegebenenfalls eine Datei *'.pstatrc'* mit Kommandos zur individuellen Konfiguration des Programms zu finden ist. Unter UNIX ist dazu eine Definition der Umgebungsvariable und die Spezifikation des Kommandos export notwendig. Speichert man die Angaben in einer Datei namens *'.profile'*, stehen sie bei jedem Login zur Verfügung (vgl. Abschnitt 1.2, 25). Die P-STAT-spezifische Konfigurationsdatei enthält beispielsweise Angaben zur XWindow-Umgebung:

```
PSTAT.FONT=courier-12
PSTAT.TERMSIZE=72x20
```

4.1.3 P-STAT Programming Language

Mit der P-STAT-Programmiersprache PPL steht dem Anwender ein üppig ausgestatteter Werkzeugkasten zur Verfügung. Neben den hier skizzierten Anweisungen umfaßt die PPL eine Vielzahl von Operatoren, Funktionen und Systemvariablen. Im Rahmen dieser Einführung werden nur wenige wichtige Möglichkeiten der PPL beispielhaft erklärt, wobei auf das einführende Programmbeispiel zurückgegriffen wird.

Die PPL-Anweisungen erlauben die Auswahl von Fällen oder Variablen, Transformationen von Daten und die Erzeugung neuer Daten. Abbildung 4.5 gibt eine Übersicht, wobei auf die Wiedergabe der vielfältigen Anweisungen zur Behandlung von Zeichenketten verzichtet wird. Die Anweisungen beziehen sich normalerweise auf Eingabedateien und sind temporär, wenn nicht eine neue Ausgabedatei spezifiziert wird. Wie bereits erwähnt, sind PPL-Anweisungen in Klammern einzuschließen. Es können mehrere Anweisungen nacheinander spezifiziert werden, die jeweils durch runde Klammern einzuschließen sind und nicht durch Kommata oder andere Zeichen getrennt werden dürfen. Die Anweisungen können alternativ durch ein Semikolon getrennt werden und sind mittels eckiger Klammern zu einem Block zusammenzufassen.

Ausführen	PPL, PROCESS
Variablenauswahl	DROP, KEEP
Fallauswahl	CASES
Modifizieren und Generieren von Variablen	DECREASE, INCREASE, NCOT, RENAME, SET, GENERATE
Modifikation von Fällen	COLLECT, SPLIT
Kontrollstrukturen	DO-ENDDO, CONTINUE, EXCLUDE, FIRST, FOR, GOTO, IF, IF-THEN-ELSE-ENDIF, LAST, QUITOP, QUITRUN, QUITFILE, RETAIN
Erweiterte Kontrollstrukturen	EXECUTE, DIALOG, BRANCH, SUBFILES-ENDSUBFILES
Ausgaben	PUT, PUTL

Abb. 4.5: PPL-Anweisungen

Anweisungen KEEP und DROP:
P-STAT-Prozeduren beziehen sich generell auf alle Variablen einer Eingabedatei. Es ist daher vielfach notwendig, nur bestimmte Variablen auszuwählen. Die Anweisungen KEEP und DROP ermöglichen die **Variablenauswahl**. Nach den Anweisungen ist jeweils zu spezifizieren, welche Variablen einer Datei beibehalten werden sollen. Das folgende Kommando schließt die Variable *v1* aus.

```
LIST erste (DROP v1) $
```

Bei einigen statistischen Prozeduren ist es notwendig, die Reihenfolge der Variablen in der Eingabedatei festzulegen. Im folgenden Beispiel wird zusätzlich eine **Systemvariable** namens .OTHERS. benutzt. Die Systemvariable bezeichnet die übrigen, nicht explizit spezifizierten Variablen einer Datei. Systemvariablen sind immer durch Punkte einzugrenzen, was sie von Benutzervariablen unterscheidet.

.N.	Anzahl der Fälle.
.NV.	Anzahl der Variablen.
.ON.	Höchste Fallzahl oder Variablenzahl (FOR (I: 1 .ON.), SET V(I) = V(I)**2).
.HERE.	Aktuelle Fallzahl.
.NUMERIC.	Numerische Variablen einer Datei (DROP .NUMERIC.).
.CHARACTER.	Alphanumerische Variablen einer Datei (DROP .CHARACTER.).
.NEW.	Neu erzeugte Variablen (KEEP .NEW.).
.G.	Nicht fehlende (good) Werte.
.M.	Fehlender Wert (Missing).
.M1., .M2., .M3.	Typen fehlender Werte.
.OTHERS.	Nicht explizit spezifizierte Variablen (KEEP v1 .OTHERS. v3 v4).
.GEN.	In einer vorhergehenden GENERATE Anweisung spezifizierte Variable.
.IF.	In IF-Anweisung spezifizierte Variable (IF ident.nr = MISSING, SET .IF. = 0).
.SET.	In SET-Anweisung spezifizierte Variable.
.ERRORS.	Fehler im vorhergehenden Kommando (0 oder 1).
.RUNERRORS.	Zähler der bisherigen Fehler.
.FILE.	Aktuelle Systemdatei.
.SUBFILEPASS.	Zahl der Iterationen in einer SUBFILE-Anweisung.
.PI.	π (3.1415...).
.E.	e (2.7182...).
.PAGE.	Aktuelle Seitenzahl.
.RPAGE.	Zähler der bisherigen Seiten.
.DATE.	Datum.
.TIME.	Zeit.

Abb. 4.6: Wichtige Systemvariable

Mit der folgenden Anweisung wird die Reihenfolge der Variablen dahingehend verändert, daß die Variable v3 die erste Position und die übrigen die folgenden Positionen einnehmen.

```
LIST erste (KEEP v3 .OTHERS.) $ oder
LIST erste (KEEP v3 v1 v2) $
```

Anweisung CASES:
CASES dient der **Fallauswahl**. Das folgende Kommando behält die Fälle 2 sowie 4 bis 7 bei.

```
LIST erste (CASES 2 4 TO 7)  $
```

Auch in Verbindung mit dieser Anweisung ist eine Systemvariable von besonderer Bedeutung. Statt des Schlüsselwortes TO kann zur Formulierung des Kommandos die Systemvariable .ON. benutzt werden. Sie bewirkt in diesem Zusammenhang, daß alle weiteren Fälle bis zum letzten Fall der Datei ausgewählt werden.

```
LIST erste (CASES 2 4 .ON.)  $
```

Weitere Systemvariablen von größerem Interesse sind in Abbildung 4.6 zusammengestellt.

Anweisung RENAME:
RENAME dient der **Umbenennung** von Variablen. Als Argument ist der alte und folgend der neue Variablenname zu spezifizieren.

```
LIST erste (RENAME v1 TO Variable.eins)  $
```

RENAME kann im Zusammenhang mit DO-Schleifen verwendet werden. Zu diesem Zweck steht eine erheblich erweiterte Syntax zur Verfügung, die als Maskierung bezeichnet wird. Zu den umfangreichen Möglichkeiten der Maskierung sei auf die Handbücher oder die ausführliche Online-Hilfe verwiesen.

Anweisung SET:
Die Anweisung SET dient der **Modifikation** vorhandener Variablen. Dabei ist folgende Syntax zu beachten: die Zielvariable einer Transformation muß immer links vom Gleichheitszeichen stehen. Dieser wird der Wert des nach dem Gleichheitszeichens angegebenen Ausdrucks zugewiesen.

```
(SET vn = ausdruck)
```

Der Variable *v1* soll die Summe der Variablen *v2* und *v3* zugewiesen werden. Dazu können folgende Anweisungen gewählt werden:

```
LIST erste (SET v1 = v2 + v3) $ oder
LIST erste (SET v1 = SUM(v2 v3)) $
```

Variable *v3* besitzt für den 7. Fall den Wert 3, der Wert der Variablen *v2* fehlt. Das Ergebnis der Addition ist daher wiederum ein fehlender Wert. Sollen die nichtfehlenden Werte bei der Addition berücksichtigt werden, so ist der Funktion SUM das Suffix GOOD anzufügen. Die folgende Anweisung bewirkt, daß der Variablen *v1* für den 7. Fall der Wert 3 zugewiesen wird.

```
LIST erste (SET v1 = SUM.GOOD(v2 v3)) $
```

Eine außerordentlich wichtige Funktion im Zusammenhang mit SET ist RECODE, die der Recodierung von Variablen dient. Dabei ist folgender syntaktischer Aufbau zu beachten:

```
RECODE(exp, werte.liste = neue.werte.liste, ... )
```

Die folgende Anweisung rundet die Variable *preis* auf ihren Ganzteil und recodiert sie. Die alten Wertebereiche 0 bis 20 und 20 bis 50 werden in 1 und 2 umcodiert. Das Schlüsselwort X besagt, daß alle übrigen, nicht-fehlenden Werte durch die Zahl 3 ersetzt werden.

```
(SET preis = RECODE(ROUND(preis),
                    0 TO 20 = 0, 20 TO 50 = 1, X = 3))
```

Standardmäßig werden fehlende Werte nicht recodiert, es sei denn, man führt sie explizit als Argument an. Dazu dienen die Schlüsselwörter M oder M1, M2 sowie M3. In der folgenden Anweisung wird allen Missings vom Typ 1 der Wert 9 zugewiesen, und alle übrigen Werte werden als Missing vom Typ 3 codiert.

```
(SET preis = RECODE(ROUND(preis),
                    0 TO 20 = 0, 20 TO 50 = 1, M1 = 9, X = M3))
```

Die Funktion NCOT erspart Schreibarbeit, wenn numerische Variablen mit vielen Ausprägungen in neue Variable eingeteilt werden sollen. Als Argument für NCOT sind die Grenzwerte zu spezifizieren, für welche die neuen Werte gelten. Letztere sind Ganzzahlen, beginnend mit 1.

```
(SET alter = RECODE(alter, 0 TO 20 = 1, 21 TO 30 = 2,
             31 TO 40 = 3, 41 TO 50 = 4, 51 TO 60 = 5,
             60 TO 100 = 6, X = M))
```

oder

```
(SET alter = NCOT(alter, 20 30 40 50 60))
```

Die Werte alphanumerischer Variablen müssen zur Recodierung in Hochkommata eingeschlossen werden.

```
(SET religion = RECODE (religion, 'rk' = 0, 'ev' = 1))
```

Numerische Operatoren:

+	Addition	*	Multiplikation		
-	Subtraktion	/	Division	**	Exponentation

Numerische Funktionen:

ABS(exp)	Absoluter Wert	LOC(vn)	Stellung der Variable
ACOS(exp)	Arcuscosinus		in der Systemdatei
ASIN(exp)	Arcussinus	LOG(exp)	Natürlicher Logarithmus
ATAN(exp)	Arcustanges	LOG10(exp)	Dekadischer Logarithmus
COS(exp)	Cosinus	ROUND(exp)	Rundung auf ganze Zahlen
EXP(exp)	Exponentional	SIN(exp)	Sinus
FRAC(exp)	Dezimalteil	SQRT(exp)	Quadratwurzel
INT(exp)	Ganzteil	TAN(exp)	Tangens

DAYS(exp,'DDMMYY')	Datumsfunktion
DIF(exp,n)	Differenz
LAG(exp,n)	Wert des vorhergehenden Falls
MOD(exp,n)	Modulo
NCOT(exp, n n ...)	Mehrfache Dichotomisierung
NUMEX(exp,'XX00')	Extrahiert Ziffern
PLACES(exp,n)	Dezimalstellen

Statistische Funktionen:

MAX(vliste)	größter Wert	MIN(vliste)	kleinster Wert
MEAN(vliste)	arithmetisches Mittel	SDEV(vliste)	Standardabweichung
SUM(vliste)	Summe		

Wird diesen Funktionen die Endung .GOOD angefügt, berücksichtigen sie die Fälle ohne fehlenden Wert (z. B. MAX.GOOD).

Zufallszahlen und Verteilungsfunktionen:

RANNORM(exp)	Normalverteilte Zufallszahlen
RANUNI(exp)	Gleichverteilte Zufallszahlen
PROBBIN(n,p,n)	Binominal-Verteilung
PROBCHI(n,df)	χ^2-Verteilung
PROBF(n,df1,df2)	F-Verteilung
PROBIT(n)	Inverse der kumulativen Normalverteilung
PROBNORM(n)	Kumulative Normalverteilung
PROBPOIS(n,lambda)	Poisson-Verteilung
PROBT(n,df)	t-Verteilung

Funktionen für alphanumerische und numerische Variablen:

COUNT.GOOD(vn,vn)	Anzahl nicht-fehlender Werte der Variablen
FIRST.GOOD(vn,vn)	Werte der ersten Variablen ohne fehlenden Wert
LAST.GOOD(vn,vn)	Werte der letzten Variablen ohne fehlenden Wert
FIRST(.FILE. oder vn)	Bezeichnet den ersten Fall
LAST(.FILE. oder vn)	Bezeichnet den letzten Fall
RECODE(exp, codierung)	Recodierung

Abb. 4.7: Numerische Operatoren und Funktionen

P-STAT stellt eine Vielzahl von Operatoren und Funktionen zur Formulierung von Ausdrücken zur Verfügung. In der Übersicht 4.7 sind eine Reihe wichtiger Funktionen aufgeführt. Funktionen, die ausschließlich der Behandlung alphanumerischer Variablen dienen, sind in der Übersicht nicht enthalten. Beim Aufbau komplexer Ausdrücke ist darauf zu achten, in welcher Reihenfolge die Operationen ausgeführt werden. Zuerst werden die Funktionen bewertet, dann Multiplikation und Division, schließlich Addition und Subtraktion ausgeführt. Gegebenenfalls sind die Ausdrücke zu klammern.

Anweisung GENERATE:
Die Anweisung GENERATE (abgekürzt GEN) ist in gleicher Weise wie SET zu nutzen, **erzeugt** allerdings **neue Variablen**. Standardmäßig nimmt GENERATE an, daß eine numerische Variable erzeugt werden soll. Andernfalls ist dem Variablennamen die Formatierung :C anzufügen.

```
LIST erste (GENERATE name:C = 'Nie.Namd') $
```

Anweisung IF:
Bedingte Ausführungen von Anweisungen sind mittels IF möglich. IF vergleicht zwei Ausdrücke, die durch einen Vergleichsoperator miteinander verknüpft sind. In Abhängigkeit vom Ergebnis des Vergleichs, das wahr oder falsch sein kann, werden die nachfolgend spezifizierten Anweisungen ausgeführt oder nicht.

```
(IF exp Vergleich exp [exp Vergleich exp] [...], Anweisung)
```

Das folgende Kommando bewirkt, daß diejenigen Fälle ausgeschlossen werden, für die der Wert der Variablen *v2* größer ist als der Wert der Variablen *v3*.

```
LIST erste (IF v2 > v3, EXCLUDE) $
```

Genau diese Fälle werden beibehalten, wenn statt EXCLUDE das Schlüsselwort CONTINUE spezifiert wird.

```
LIST erste (IF v2 > v3, CONTINUE) $
```

Ein Ausdruck kann eine Variable, Konstante, Funktion, ein numerischer oder logischer Ausdruck sein. So können mehrere Vergleiche durch logische Operationen miteinander verknüpft werden. Im folgenden Beispiel wird der alphanumerischen Variable fehlend die Zeichenkette missing zugewiesen, wenn eine der Variablen *v1*, *v2* oder *v3* einen fehlenden Wert aufweist.

```
LIST erste (IF v1 = .M. OR v2 = .M. OR v3 = .M.,
                   GENERATE fehlend = 'missing') $
```

Stattdessen könnte auch spezifiziert werden:

```
LIST erste (IF ANY (v1 v2 v3) = .M.,
                  GEN fehlend = 'missing') $
```

AMONG und NOTAMONG sind Vergleichsoperatoren, die eine Serie von Vergleichen ersparen. Das folgende Kommando listet nur die Fälle 4 bis 7 auf.

```
LIST (IF v1 AMONG (1 TO 7), EXCLUDE) $
```

Abschließend sei angemerkt, daß in Abhängigkeit von IF mehrere Anweisungen spezifiziert werden dürfen, die der allgemeinen Syntax entsprechend durch Kommata zu trennen sind.

Vergleichsoperatoren

EQ oder =	gleich	NE oder ^=	ungleich
LT oder <	kleiner als	LE oder <=	kleiner als oder gleich
GT oder >	größer als	GE oder >=	größer als oder gleich
AMONG (werteliste)		NOTAMONG (werteliste)	
INRANGE(min, max)		OUTRANGE (min, max)	

Logische Operatoren

AND	und	ALL (vliste)	Ersetzt eine Serie von AND
OR	oder	ANY (vliste)	Ersetzt eine Serie von OR
NOT	nicht		

Abb. 4.8: Vergleichsoperatoren und logische Operatoren

Anweisung IF-THEN-ELSE-ENDIF:

Eine **Erweiterung** der einfachen **IF-Abfrage** sind sogenannte IF-Blöcke. Diese Kontrollstruktur erlaubt eine übersichtliche Fassung bedingter Verzweigungen, die mehrere Kommandos betreffen. Der Block beginnt mit einem IF, das die Bedingungen der Verzweigung spezifiziert. Das Schlüsselwort THEN leitet die Verzweigung ein. Trifft die Bedingung nicht zu, werden die nach ELSE spezifizierten Kommandos ausgeführt. Der Block wird mit der Anweisung ENDIF abgeschlossen. Das folgende Beispiel nutzt die bereits erwähnte neue Schreibweise, bei der mehrere PPL-Anweisungen durch Semikolon getrennt in eckigen Klammern gebündelt werden.

```
LIST erste [GENERATE fehlend = .M.;
            IF v1 = .M. OR v2 = .M., THEN;
               SET v1 = 0;
               SET v2 = 0;
               SET fehlend = 1;
            ELSE;
               SET fehlend = 0;
            ENDIF;] $
```

IF-Blöcke können bis zu neun Ebenen tief verschachtelt werden und sind auch innerhalb von DO-Schleifen verwendbar. Die Anweisung GENERATE ist innerhalb eines IF-Blockes nicht anwendbar.

Anweisung FOR:

FOR-Schleifen dienen der **wiederholten Ausführung** von Anweisungen. Nach FOR ist in Klammern eine Zählervariable sowie eine Variablenliste zu definieren, welche die Anzahl der Wiederholungen definieren. Alternativ kann auch ein Startwert und ein Endwert vereinbart werden. Bei dieser Art der Formulierung greift man auf die Möglichkeit zurück, die Variablen über ihre Position in der Systemdatei anzusprechen. Die Definition kann gegebenenfalls mit einem Präfix (NUMERIC, CHARACTER, GOOD oder MISSING) versehen werden, um die spezifizierte Variablenliste gezielt einzugrenzen. Die allgemeine Form der FOR-Schleife lautet:

```
(FOR [Präfix] (zähler: {vliste           }, anweisung)
                       {{vn} [TO] {vn}}
                       {{n}  [TO] {n}}
```

Die folgenden Anweisungen recodieren jeweils alle Variablen der ersten Datei.

```
L erste(FOR (I:v1 .ON.), RECODE (V(I), 1 TO 5 = 1, X = 2))$
```

oder

```
L erste (FOR (I:1 TO 3), RECODE (V(I), 1 TO 5 = 1, X = 2))$
```

Bei der Formulierung von Instruktionen in einer FOR-Schleife ist zu bedenken, daß diese nun für mehrere Variablen Gültigkeit besitzen. GENERATE erzeugt beispielsweise mehrere neue Variablen, wozu das Universalzeichen ? anzuwenden ist. Die folgende Anweisung erzeugt drei neue Variablen, deren Wert sich als Quadratwurzel der Variablen *v1*, *v2* und *v3* berechnet. Die Namen der neuen Variablen werden aus dem Präfix SQRT und dem ursprünglichen Variablennamen als Suffix gebildet.

```
L erste (FOR (I: v1 TO v3), GEN (SQRT.?) = SQRT( V(i)))$
```

Anweisung DO-ENDDO:
Die PPL unterstützt ferner sogenannte DO-Schleifen, die eine strukturierte Programmierung erlauben. DO-Schleifen können in zwei Formen verwendet werden.

Die erste Form entspricht der FORTRAN-Kontrollstruktur. Im Kopf der Schleife ist mittels einer sogenannten **Scratch-Variable** ein Zähler zu vereinbaren und nach einem Gleichheitszeichen dessen Startwert und Endwert festzulegen. Als Endwert wird häufig eine Systemvariable wie `.NV.` oder `.COLLECTSIZE.` gewählt. Der sogenannte DO-Zähler läuft vom Startwert bis zum Endwert mit einer bestimmten Schrittweite. Gegebenenfalls kann ein dritter Wert spezifiziert werden, um diese Schrittweite festzulegen. Die Standardschrittweite ist 1. Ferner kann ein zweiter Zähler vereinbart werden, der die jeweilige Iteration zählt.

Die temporäre Scratch-Variable wird durch das #-Zeichen gekennzeichnet und steht nur innerhalb eines PPL-Blocks zur Verfügung. Permanente Scratch-Variable werden durch doppelte Verwendung des ##-Zeichens definiert.

Die zweite Form entspricht einer erweiterten FOR-Schleife. In diesem Fall ist nach dem DO-Zähler das Schlüsselwort USING und eine Variablenliste zu spezifizieren. Die Form der Variablenliste entspricht dem Term in einer FOR-Schleife, d. h. es dürfen Systemvariable oder abkürzende Schreibweisen verwendet werden.

```
DO {[label] DO.zähler [Iteration.Zähler] = start, ende, [weite];}
   {[label] DO.zähler USING vliste;                             }
   PPL-Anweisungen;
   [[IF bedingung,] NEXTDO [{DO.zähler}];]
                            {Label    }
   [[IF bedingung,] EXITDO [{DO.zähler}];]
                            {label    }
   [PPL-Anweisungen;]
[label:]ENDDO;
```

Allgemeine Form: DO-ENDDO

Die Anweisung NEXTDO überspringt die nachfolgenden Kommandos, und die Schleife beginnt von vorn. Die Anweisung EXITDO verlangt das Ende der Iteration. Die Konstruktion endet mit einem ENDDO-Statement. Die Anweisungen können durch die Zählervariable oder das Label der Schleife ergänzt werden.

DO-Schleifen können bis zu neun Ebenen tief verschachtelt werden. Ferner können innerhalb von DO-Schleifen GENERATE- und RENAME-Anweisungen Verwendung finden.

Im folgenden Beispiel läuft die Schleife von Startwert 1 in Schritten von 2 bis zum Endwert 4. Der Schleifenzähler #i nimmt entsprechend die Werte 1 und 3 an, der zusätzlich vereinbarte Iterationenzähler #j die Werte 1 und 2. Die Zähler werden vom Kommando PUTL ausgegeben. Man beachte, daß die Scratch-Variable in der SET-Anweisung benutzt wird, um die Variablen *v1* und *v3* zu recodieren.

```
LIST erste [GENERATE neu = v2/v3;
            DO #i #j = 1, .nv., 2;
              SET v(#i) = 99;
              PUTL #i #j;
              IF v2=3, EXITDO;
            ENDDO;] $
```

Kommando MODIFY:
Die bislang vorgenommenen Modifikationen sind temporär, d. h. sie besitzen ausschließlich für das Kommando LIST Gültigkeit, die Datei *'erste'* bleibt unverändert. Der **Modifikation** einer **Datei** dient das Kommando MODIFY. Die Manipulationen mittels der PPL werden auf eine Eingabedatei angewandt, und die modifizierte Systemdatei wird anschließend gespeichert. Zur Spezifikation der Ausgabedatei ist die Option OUT zu benutzen.

```
MODIFY erste (FOR (I: v1 TO v3),
               GEN (?SQRT) = SQRT( V(i))),
              (CASES 4 .ON.),
       OUT zweite  $
LIST zweite, PLACES 2 $
```

Erweiterte Kontrollstrukturen:
Die PPL enthält seit dem Release 2.15 erweiterte Kontrollstrukturen. Diese erlauben die Programmierung einfacher Dialoge, so daß interaktive Makros erstellt werden können. Ferner stehen Befehle zur Verfügung, die mehrere Prozeduren umfassen können oder über mehrere Dateien ausgeführt werden können. Hier kann nur darauf hingewiesen werden, daß diese Kommandos die Programmierung komplexer iterativer Algorithmen ermöglichen.

4.1.4 Einlesen von Rohdaten

Um Auswertungen mit P-STAT durchführen zu können, sind die Rohdaten zunächst in eine Systemdatei einzulesen. Diese Aufgabe ist mittels des Kommandos BUILD leicht zu bewältigen. Dem Kommando ist dazu mitzuteilen, wie die Rohdatenmatrix aufgebaut ist, also welche Spalten für welche Variablen vorgesehen sind, und wo die Daten zu finden sind. Das Kommando MODIFY wird dazu benutzt, um die Summenwerte der Skalen zu berechnen und diese der Systemdatei hinzuzufügen. Für die Variablen und ihre Ausprägungen können längere Bezeichnungen vergeben und in einer externen Labeldatei gespeichert werden, die die Lesbarkeit des Outputs erhöhen. Für den Arbeitsdatensatz werden diese Aufgaben mit dem folgenden Programm erledigt.

```
(1)  BATCH $

(2)  ECHO ON $

(3)  C 'Einlesen von Rohdaten und Erzeugen eines Systemfiles'  $

(4)  HEAD 'Arbeitszufriedenheit bei ADV' $

(5)  BUILD azedv, FIXED, FILE 'azroh.dat';
       GLOBAL CASE.ID 1-3  RECORD.ID 4;
       RECORD = 1  '1';
       VARS v1 5 (M1 '9', LOW 1, HIGH 4)
            v2 6-7 (M1 '99' LOW 1, HIGH 13)
            v3 8 (M1 '9', ALLOW 1 TO 3)
            v4 9 (M1 '9', LOW 1, HIGH 6)
            v5 10 (M1 '9', LOW 1, HIGH 7)
            v6 TO v60 11-65
                (FROM v6, ALLOW 1 TO 5, M1 '9');

       RECORD = 2 '2';
       VARS v61 TO v65 5-9
                (FOR (v61 TO v65), ALLOW 1 TO 5, M1 '9')
            v66 10 (M1 '9', ALLOW 1 TO 6)
            v67 to v69 11-13
                (FOR (v67 TO v68), M1 '9', ALLOW 1 TO 5)
            v70 14 (M1 '9', ALLOW 1 TO 4)
            v71 15 (M1 '9', ALLOW 1 TO 3)
            v72 16 (M1 '9', ALLOW 1 TO 6)
            v73 17 (M1 '9', ALLOW 1 TO 3)
            v74 18 (M1 '9', ALLOW 1 TO 4)
            v75 19 (M1 '9', ALLOW 0 TO 5)
```

```
         v76:N2 (M1 '99', ALLOW 1 TO 9)
         v77:N2 (M1 '99', ALLOW 0 TO 9)
         v78:N2 (M1 '99', ALLOW 1 TO 9); $

(6)  MODIFY azedv  [/* Berechnung der Summenwerte */;
       GENERATE saz = SUM(v6 v7 v8 v9 v10 v11 v12 v13);
       GENERATE adv1 = SUM( v19 v29 v30 v31 v33 v35 v36);
       GENERATE adv2 = SUM(v23 v24 v26 v32 v34 v37 v41);
       GENERATE adv3 = SUM(v14 v17 v20 v27 v28 v38 v39);
       GENERATE adv4 = SUM(v15 v16 v22 v25 v38);
       GENERATE tsr = SUM(v42 v43 v45 v48 v50);
       GENERATE esr = SUM(v51 v52 v53 v55 v56);
       GENERATE fsr = SUM(v58 v59 v60 v64 v65);],
     OUT azedv,
     DES desazedv  $

(7)  SAVE.LABELS 'azedv.lab';
       v1 'BETRIEB'      (1) KOMM. VERSORGUNG
                         (2) OEFFENTL. VERWALTUNG
                         (3) INDUSTRIEBETRIEB /
     ...
     v11 'AUFSTIEGSMOEGLICHKEITEN'
        (1) SEHR UNZUFR.   (2) ZIEMLICH UNZUFR.
        (3) WEDER NOCH     (4) ZIEMLICH ZUFR.
        (5) SEHR ZUFR.     /
     v12 'ARBEITSTEMPO' @  /
     ...
     saz  'ARBEITSZUFRIEDENHEIT'   /
     adv1 'BEDROHUNG'              /
     adv2 'ARBEITSORGANISATION'    /
     adv3 'ENTTAEUSCHUNG'          /
     adv4 'SELBSTVERWIRKLICHUNG'   /
     tsr  'TAETIGKEITSSPIELRAUM'   /
     esr  'ENTSCHEIDUNGSSPIELRAUM' /
     fsr  'FREIHEITSSPIELRAUM'     /  $

(8)  END $
```

Beispiel 4.2: Einlesen der Rohdaten

(1) Das Programm soll als **Batch-Job** gestartet werden, weshalb zu Beginn das Kommando BATCH angegeben wird. BATCH bewirkt, daß ausführliche Fehlermeldungen in der Ausgabe erscheinen, VERBOSITY auf 3 erhöht wird und die Ausgabebreite 132 Spalten beträgt.

(2) ECHO ON bewirkt, daß die Kommandos vor ihrer Ausführung im Protokoll ausgegeben werden.

(3) Nach dem Buchstaben ,C' können in Hochkommata eingeschlossen **Kommentare** angegeben werden. Insbesondere wenn mehrere Personen an einer Auswertung arbeiten, sollte man nicht darauf verzichten die einzelnen Arbeitsschritte zu kommentieren.

(4) Der nach HEAD spezifizierte, bis zu 88 Zeichen lange Titel wird in die Systemdatei als sogenanntes File-Label übernommen und dient bei der Ausgabe der Daten als Überschrift.

(5) Das Kommando BUILD dient der Erzeugung eines Systemfiles. Per Voreinstellung erwartet BUILD die Eingabedaten im **freien Format**. Daher ist die Option FIXED zu spezifizieren, um anzuzeigen, daß die Rohdatenmatrix in **festen Spalten** organisiert ist. Die Daten werden nicht interaktiv per Tastatur oder mit den Programmzeilen selbst im Eingabestrom (inline) eingegeben, sondern befinden sich in einer externen Datei. Wo diese Datei zu finden ist, wird mittels der Option FILE mitgeteilt. Gegebenenfalls kann ein Pfadname spezifiziert werden. Damit sind die globalen Optionen abgeschlossen und es folgt ein Unterkommandoblock, eingeleitet durch das Semikolon. Die Unterkommandos dienen der Beschreibung der Rohdatenmatrix. BUILD erlaubt die Behandlung einer Vielzahl komplexer Dateiformate, wie beispielsweise hierarchisch organisierter Dateien. Hier wird nur der Fall diskutiert, bei dem ein Datensatz über mehrere Zeilen fortgesetzt wird. Dabei sind einige Besonderheiten zu beachten. Zunächst wird mittels der Optionen GLOBAL mitgeteilt, in welchen Spalten die Identifikationsvariable (CASE.ID) und die Recordnummer (RECORD.ID) zu finden ist. Anschließend wird die Beschreibung des ersten Records angekündigt.

VARS leitet die **Definition der Variablen** ein. Die Variable *v1* steht demnach in der ersten Spalte. Sofern Variablen gleicher Spaltenbreite aufeinander folgen, kann eine abkürzende Schreibweise (reflexive Variablenliste) verwendet werden. Die Variablen *v6* bis *v60* stehen in den Spalten 11 bis 65 und besitzen demnach jeweils eine Spaltenbreite von 1. Da für alle Variablen ein Name verwendet wurde, der sich lediglich durch eine laufende Endziffer unterscheidet, werden alle übrigen Variablennamen automatisch gebildet, indem die Endziffer hochgezählt wird.

Neben der direkten Angabe der Spalten kennt P-STAT weitere **Formatangaben**. Hinter den Variablen *v76* bis *v77* findet sich beispielsweise die Angabe :N2. Dies bedeutet, daß es sich um numerische Variablen handelt, die in jeweils zwei Spalten codiert sind. Benutzt man dieses :N Format; und finden sich vor dem Beginn der Codierung ungenutzte oder nicht zu lesende Spalten in der Rohdatenmatrix, ist folgendes zu beachten: Vor dem entsprechenden Variablennamen ist mittels des AT-Zeichens (@) der Beginn der Einträge mitzuteilen. Nehmen wir beispielsweise an, die Variablen *item6* bis *item15* wären in den Spalten 31 bis 60 mit einer Breite von jeweils 2 Spalten eingetragen. Zur Definition wären folgende Formatangaben zu verwenden:

```
VARS item6 TO item15 31-50 oder
VARS @31 item6 TO item15:N2
```

Standardmäßig nimmt `BUILD` an, daß bei numerischen Variablen ein Punkt zur Kennzeichnung der Dezimalstellen in der Rohdatenmatrix eingetragen ist. Mittels des `:N` Formats ist aber die explizite Definition von Dezimalstellen möglich. Die Preise im folgenden Beispiel werden mit zwei Dezimalstellen als 1,99, 24,30 und 1,10 eingelesen. Der Unterbefehl `READ` bedeutet, daß die Daten im Eingabestrom, also mit den Programmzeilen eingegeben werden.

```
BUILD preise;
 VARS preis:N5.2;
 READ;
  299
 2430
  110
$
```

Per Voreinstellung erwartet `BUILD` die Eingabe numerischer Variablen. Befinden sich in der Rohdatenmatrix alphanumerische Variablen, ist es daher notwendig, hinter dem Variablennamen die Formatangabe `:C` (character) zu spezifizieren. Die Angabe `Nachname:c32` oder `Nachname:c 1-32` bedeutet, daß in den Spalten 1 bis 32 der Nachname in langschriftlicher Form steht. Weitere Formatdefinitionen sind dem Systemhandbuch zu entnehmen.

In Klammern können genauere Angaben zu den Werten der Variablen erfolgen. Da verschiedene Werte zur Codierung von **Missings** benutzt werden, ist die globale Option `MISSING` in unserem Fall nicht anzuwenden. Vielmehr wird für jede Variable gesondert festgelegt, welcher Wert als Missing zu interpretieren ist. Die Angabe `M1 '9'` bedeutet, daß die Codierung 9 als erster fehlender Wert behandelt werden soll. P-STAT erlaubt die Definition drei verschiedener fehlender Werte (`M1, M2, M3`). Dies ist beispielsweise von Bedeutung, um verschiedene fehlende Kategorien wie ‚weiß nicht', ‚Antwort verweigert' und ‚nicht angetroffen' gesondert zu behandeln.

```
VARS ANTWORT 4-5 (M1 '9', M2 ' ')
```

Ferner ist es möglich, numerische Variablen direkt beim Einlesen auf Werte außerhalb der zugelassenen Wertebereiche zu überprüfen. Der Definition der Wertebereiche dienen die Schlüsselwörter `LOW`, `HIGH` und `ALLOW`. `LOW` bzw. `HIGH` definieren die Grenzwerte der jeweiligen Codierung. Das Schlüsselwort `ALLOW` kann zur Definition einzelner zugelassener Werte oder im Zusammenhang mit `TO` ebenfalls zur Definition von zugelassenen Wertebereichen benutzt werden. Findet `BUILD` einen Datenwert außerhalb dieser Grenzen, so wird eine Meldung ausgegeben (Datensatznummer, Variable, Wert) und der Wert als Missing vom Typ 3 behandelt. Eine Möglichkeit zur interaktiven Korrektur fehlerhafter Werte wird im nächsten Abschnitt mit den Kommandos `DATA.ENTRY` und `REVISE` vorgestellt. Sie ermöglichen es auch, auf einfache Weise widersprüchliche Ausprägungen von Variablen aufzufinden und direkt zu korrigieren.

Die Beschreibung der Wertebereiche kann für mehrere Variablen gleichzeitig erfolgen. Im Beispiel werden zwei Möglichkeiten gezeigt. Nach dem Schlüsselwort `FROM` ist die erste Variable einer Reihe zu spezifizieren, für die im Anschluß bestimmte Werte definiert werden. `FOR` erlaubt es dagegen, die Definitionen für eine reflexive Liste von Variablen festzulegen.

(6) Die zuvor erzeugte Systemdatei wird modifiziert. Mittels `GENERATE` werden die Werte der additiven Skalen berechnet und in der Systemdatei *'azedv'* gespeichert. Die Option `DES` bewirkt die Erstellung einer weiteren Systemdatei, in welcher deskriptive Statistiken für alle Variablen der modifizierten Datei *'azedv'* gespeichert werden.

Das P-STAT-Autosave-Konzept sorgt dafür, daß jeweils Sicherungskopien angelegt werden. Die modifizierte Datei wird unter dem Namen der Eingangsdatei und dem Suffix *'.ps2'* gespeichert. Diese ist nun die aktuelle (current) Version der Systemdatei. Die aktuelle Version wird automatisch in allen nachfolgenden Kommandos verwendet. P-STAT erhält zusätzlich eine Sicherungskopie der Eingangsdatei (previous Version) unter dem ursprünglichen Namen *'azedv'* und dem Suffix *'.ps1'*. Die Dateiendungen werden nach jedem Schreiben einer Systemdatei ausgewechselt. Soll auf eine der Versionen zurückgegriffen werden, ist dies mittels der Schlüsselwörter `PREVIOUS` und `CURRENT` möglich.

```
COMPARE azedv (CURRENT) azedv (PREVIOUS), OUT diff $
```

Ist eine Modifikation fehlerhaft, kann auf die Vorgängerversion mit dem Schlüsselwort `PREVIOUS` zurückgegriffen werden. Gegebenenfalls ist die aktuelle Version mit dem Kommando `ERASE.CURRENT` zu löschen.

(7) `SAVE.LABELS` veranlaßt, daß die nachfolgend definierten ausführlichen Variablenbezeichnungen in einer externen Datei gespeichert werden. Die ausführlichen **Variablen-Etiketten** werden von einigen P-STAT-Prozeduren zur Gestaltung des Outputs genutzt. Die Formulierung der Bezeichnungen unterliegt folgenden Regeln. Zunächst ist der jeweilige Variablenname anzugeben. Wird für den Variablennamen eine ausführliche Bezeichnung (Extended Label) vergeben, ist im Anschluß an die Variable das Label in Hochkommata (' bzw. ") oder in spitzen Klammern (<>) zu spezifizieren. Extended Labels dürfen bis zu 78 Zeichen lang sein, obwohl einige Prozeduren nur die ersten 40 Zeichen benutzen. Ferner können bis zu 16 Zeichen lange Bezeichnungen für die Kategorien einer numerischen oder alphanumerischen Variable (Value Label), sogenannte **Werte-Etiketten**, vergeben werden. Nach der eingeklammerten Ausprägung der Kategorie ist deren Namen zu spezifizieren. Erlaubte Ausprägungen sind ganze Zahlen, Dezimalzahlen oder alphanumerische Zeichen. Letztere sind in Hochkommata einzuschließen.

```
Land 'Bundesland' ('BR') Brandenburg  ('B') Berlin /
```

Die Definition der Labels für eine Variable schließt mit einem Schrägstrich ‚/' ab. Besitzt eine Variable dieselben Value Labels wie die vorhergehende, brauchen diese nicht erneut spezifiziert zu werden, es genügt die Eingabe eines at-Zeichens vor dem Schrägstrich ‚`@ /`'. Gegebenenfalls können auch die Werteetiketten einer anderen als der vorhergehenden Variable spezifiziert werden.

```
v14 <Umsatz> @ v1 /
```

Besitzen mehrere Variablen gleiche Etiketten, können die Labels für eine Gruppe von Variablen definiert werden.

```
v10 v12 v33 TO v44 (2) ja  (1) nein /
v1 v14  "Umsatz"   (1) hoch (2) niedrig /
```

Labeldateien werden im ASCII-Format gespeichert, sie lassen sich daher auch außerhalb von P-STAT mit einem beliebigen Editor oder Textverarbeitungsprogramm erstellen. In diesem Fall ist es nützlich, die Syntax der Labeldateien mittels des Kommandos `CHECK.LABELS` zu prüfen.

(8) Beendet den Programmablauf. Bei der Arbeit im Batchbetrieb ist darauf zu achten, daß dieses Kommando am Ende des Jobs vorhanden ist.

4.1.5 Dateneingabe und Fehlerkorrektur: DATA.ENTRY und REVISE

`DATA.ENTRY` ist ein Kommando, das den eingebauten Dateneditor zur interaktiven Eingabe und Korrektur von Daten aufruft. Der Dateneditor verfügt über eine eigene online-Hilfe und ist weitgehend selbsterklärend, weshalb die folgende Beschreibung kurz gefaßt ist. Verbindlich ist beim Aufruf des Editors lediglich die Angabe einer Datei, die erzeugt, verbessert, ergänzt oder überprüft werden soll. Empfehlenswert ist, beim erstmaligen Aufruf zusätzlich eine Definitionsdatei zu erstellen, die bei späteren Arbeiten mit der Datei benutzt werden kann.

```
DATA.ENTRY, OUT MeineDaten, DEF.OUT 'MeineDefinitionen' $
```

`DATA.ENTRY` erlaubt zunächst die interaktive Definition von Variablennamen, erlaubten Wertebeichen, Missings usw. Im Anschluß können die Daten mit der erzeugten Maske eingeben werden. Nach Abschluß der Arbeit werden eine Systemdatei und eine Definitionsdatei erzeugt.

```
DATA.ENTRY, {OUT fn,      } [DEF.IN fn, ]      [CHAR.MISSING 'char',]
            {REVISE fn,   } [DEF.OUT fn,]      [MISSING n,]
            {ADD.TO fn,   } [EDIT.DEF,  ]      [COLUMNS n,]
            {SCAN fn,     }                    [CWIDTH n,]
            {VALIDATE fn,} [LABELS fn.ext,]    [NWIDTH n,]
            {FILE1 fn,    } [EXPORT {DB3  },]  [SEQUENCE n,]
            {FILE2 fn,    }         {DIF  }    [WILDCARD 'char',]
                                    {PSTAT}    [DUPKEY 'char',]
                                    {SAS  }    [USE 'char',]
                                    {SPSS }

            [{CONFIRM*   }] [{NO POWER*}]
            [{NO CONFIRM}]  [{POWER    }]
```

Allgemeine Form: DATA.ENTRY

Eine der ersten sechs Optionen ist verbindlich:

`OUT` *fn* Spezifiziert den Namen der zu erzeugenden P-STAT-Systemdatei.

`REVISE` *fn* Spezifikation der Datei, die verbessert werden soll. Datensätze können ergänzt und gelöscht werden.

`ADD.TO` *fn* Die Datei kann um weitere Datensätze ergänzt werden.

`SCAN` *fn* Die Datei kann durchgesehen, aber nicht verändert werden.

`VALIDATE` *fn*
Überprüfen der Datei.

`FILE1` *fn* Ausgabedatei eines Exportformates.

`FILE2` *fn* Die Datei enthält ein SAS-DATA-STEP-Kommando. Nur in Verbindung mit `EXPORT SAS` verbindlich.

`LABELS` *fn* Die Datei enthält Werte-Etiketten, die in eine SPSS-Export-Datei übernommen werden.

`EXPORT` *char*
Spezifikation eines Export-Formates (DB3, DIF, P-STAT, SAS oder SPSS).

Die zweite Gruppe von Kommandos verlangt die Erstellung oder die Verwendung von Definitionsdateien.

`DEF.IN` *fn* Spezifiziert eine Ausgabedatei, welche die Definition der Daten im ASCII-Format enthält. Die Definitionen entsprechen weitgehend den Optionen des `BUILD`-Kommandos (z. B. `ALLOW`, `HIGH`, oder `LOW`). Die Datei läßt sich mit jedem Editor überarbeiten.

`DEF.OUT` *fn*
Spezifiziert eine Eingabedatei, die Definitionen enthält.

`EDIT.DEF` *fn*
Werden mittels `DEF.IN` Definitionen gelesen und wird keine Ausgabedatei für Definitionen angefordert, können diese normalerweise nicht verändert werden. Ist dies trotzdem gewünscht, ist `EDIT.DEF` zu spezifizieren.

Die dritte Gruppe von Optionen verändert die Voreinstellungen des Dateneditors.

`CHAR.MISSING` *'char'*
Definition einer Zeichenkette, die den fehlenden Wert kennzeichnet. Die Optionen `CHAR.M1`, `CHAR.M2` und `CHAR.M3` bezeichnen die verschiedenen Typen fehlender Werte. Voreingestellt ist der Wert für ein Missing vom Typ 1.

`COLUMNS` *n* Spaltenbreite zur Dateneingabe. Voreingestellt ist der Wert 2.

`CWIDTH` *n* Definition eines Standardformates für alphanumerische Variablen. Die Voreinstellung ist `:C16`.

`MISSING` *n* Definition eines benutzerspezifischen Missings für numerische Variablen. Die Optionen `M1`, `M2` und `M3` können ebenfalls benutzt werden.

`NWIDTH` *n* Definition eines Standardformates für numerische Variablen. Voreingestellt ist `:N9`.

`SEQUENCE` *n*
Definiert den Startwert einer Sequenz von Zahlen.

`WILDCARD` *'char'*
Definiert ein Platzhalterzeichen. Voreingestellt ist ‚?'.

`DUPKEY` *'char'*
Definiert eine Taste zur einfachen Eingabe von Dubletten. Voreingestellt ist ‚='.

`USE` *'char'*
Definiert Optionen, die in Verbindung mit den Export-Formaten genutzt werden.

`CONFIRM` Die Bestätigung der Eingabe jedes Datensatzes kann ein- und ausgeschaltet werden.

`POWER` Hilfstexte und Abfragen können ausgeschaltet werden.

Eingabefehler können mit dem Dateneditor `DATA.ENTRY` oder mit dem einfachen Kommando `REVISE` korrigiert werden. `REVISE` ermöglicht die **interaktive Korrektur** fehlerhafter Datensätze. Bei der zu bearbeitenden Datei muß es sich um eine P-STAT-Systemdatei handeln. Nach `REVISE` ist zunächst der Name dieser Datei anzugeben.

```
REVISE azedv, OUT kazedv $
```

Die Option `OUT` kann entfallen, wenn man die Datei lediglich durchsehen will. Normalerweise wird die geänderte Datei unter dem bei `OUT` spezifizierten Namen gespeichert. Die Änderungen werden also nicht in der Eingabedatei gespeichert, es sei denn man spezifiziert zusätzlich die Option `REPLACE`. Zur interaktiven Arbeit dienen einige Instruktionen, die im folgenden kurz besprochen werden. Alle Instruktionen, mit Ausnahme von `DELETE`, dessen Abkürzung `DEL` ist, können durch ihr führendes Zeichen abgekürzt werden, was viel Schreibarbeit erspart. Ist einem die Bedeutung einer Instruktion entfallen, hilft die Eingabe von `HELP`.

Nach der Eingabe des Kommandos meldet sich P-STAT mit der Eingabeaufforderung 'Select NEXT case'. Die einfachste Möglichkeit, einen Datensatz auszuwählen, besteht darin, die Instruktion `NEXT` und die entsprechende Satznummer zu spezifizieren. Nehmen wir beispielsweise an, für die Variable *v13* des zwanzigsten Datensatzes wäre fälschlicherweise der Wert 7 eingegeben worden. Um diesen Datensatz auszuwählen, ist folgende Eingabe erforderlich:

```
NEXT 20
```

Standardmäßig zeigt P-STAT die ersten 10 Variablen des Datensatzes an. Weitere 10 Variablen werden nach Betätigung der Taste Enter gelistet. Die Anzahl der

```
REVISE fn, [OUT fn,] [REPLACE,] $
```

Instruktionen:

```
ACCEPT              NEXT                         SHOW vn
DELETE              NEXT n                       WINDOW n
CHANGE vnp n        NEXT vnp [operator n]        HELP
RESET               NEXT *
BOTTOM              INSERT                       QUIT
```

Allgemeine Form: REVISE

aufzulistenden Variablen läßt sich mittels WINDOW *n* verändern. SHOW *vn* listet einen entsprechenden Block, beginnend mit der spezifizierten Variablen.

```
SHOW v13
```

Sollen keine Änderungen vorgenommen werden, akzeptiert man den entsprechenden Satz durch Eingabe von ACCEPT. Die Eingabe DELETE löscht einen Satz, und Änderungen werden mittels CHANGE durchgeführt. Nach CHANGE sind der Name der zu ändernden Variable und der neue Datenwert zu spezifizieren.

```
CHANGE v13 4
```

Sofern die vorgenommenen Änderungen fehlerhaft sind, können die alten Werte des Datensatzes mittels RESET restauriert werden. Um die Änderungen zu akzeptieren, gibt man ACCEPT ein und wählt mittels NEXT den nächsten fehlerhaften Datensatz aus.

NEXT erlaubt die gezielte Auswahl von Datensätzen nach den Werten ihrer Variablen. Die Angabe:

```
NEXT v13 = 7
```

wählt den nächsten Fall mit dem Wert 7 für die Variable v13 aus. Zur Formulierung von Abfragen mittels NEXT stehen folgende Operatoren zur Verfügung:

```
=  EQ      > GT      >= GE
^= NE      < LT      <= LE
```

Der Verknüpfung der Bedingungen dienen die Operatoren AND und OR. Werden die Werte alphanumerischer Variablen referenziert, so sind die Datenwerte in Hochkommata zu spezifizieren. Ferner können die Systemvariablen .M1., .M2.,

.M3. sowie .M. benutzt werden, um fehlende Werte differenziert oder global anzusprechen. Mittels NEXT lassen sich also gezielte Abfragen auf widersprüchliche Eingaben in Datensätzen formulieren. Das folgende Kommando sucht beispielsweise den nächsten Datensatz, bei dem der Wert der Variablen *alter* kleiner oder gleich 21 ist und die Variable *bildung* den Wert 9 besitzt, was für einen Hochschulabschluß stehen soll.

```
NEXT alter LE 21 AND bildung EQ 9
```

Nach der Korrektur des Datensatzes mittels CHANGE führt die folgende Eingabe die zuvor spezifizierte Abfrage nochmals aus.

```
NEXT *
```

Neue Datensätze können mittels INSERT eingefügt werden. Der neue Datensatz wird hinter dem aktuellen angelegt und mit fehlenden Werten aufgefüllt. Diese können dann überschrieben werden. Soll der neue Datensatz am Ende der Datei eingefügt werden, kann man zuvor die Instruktion BOTTOM eingeben, um sich ans Ende der Datei zu begeben. Man beendet die Arbeit durch Eingabe eines einzelnen $ Zeichens oder bricht sie durch Eingabe von QUIT ab.

Abschließend ein Hinweis zum Umgang mit REVISE. REVISE arbeitet eine Datei sequentiell ab, d.h. ein Rückgriff auf Datensätze vor dem aktuellen ist nicht möglich. Bei der Korrektur widersprüchlicher Eingaben mittels REVISE empfiehlt es sich daher, zunächst ein NEXT-Statement zu formulieren, die entsprechenden Änderungen im Wechselspiel der Instruktionen CHANGE und NEXT * vorzunehmen, bis der letzte Datensatz erreicht ist, und das Kommando durch die Eingabe des $-Zeichens abzuschließen. Auf der Ebene des Systemprompts gibt man anschließend das Kommmando AGAIN und beginnt mit der Formulierung der nächsten Abfrage.

4.2 Univariate Datenanalyse

Univariate Statistiken lassen sich mittels einer ganzen Reihe von P-STAT-Kommandos erstellen. Hier sollen die Kommandos DES, PERCENTILES und STANDARDIZE sowie COUNT näher besprochen werden. Die zuletzt genannte Prozedur gibt neben statistischen Maßzahlen auch Häufigkeitstabellen aus. Weitere Möglichkeiten der univariaten Datenanalyse mit P-STAT werden im Anschluß kurz vorgestellt.

4.2.1 Beschreibende Statistiken: DES und PERCENTILES

Die globale Option DES und die Prozedur OVERALL.DES

Die globale Option DES erzeugt für numerische Variablen eine Datei mit **beschreibenden Statistiken**. Für alphanumerische Variablen werden nur die Fälle mit und ohne fehlenden Wert gezählt, während die Ausgabe sonst auch Mittelwert, Standardabweichung sowie höchsten und niedrigsten Wert umfaßt. Das Kommando ist keine eigenständige Prozedur, sondern kann als Option im Zusammenhang mit anderen Prozeduren benutzt werden. Das Attribut global verweist darauf, daß sie mit vielen anderen Prozeduren wie wie BUILD, CONCAT, CORRELATE, MODIFY oder PROCESS eingesetzt werden kann. Die Ergänzung des BUILD-Kommandos um die Option DES veranlaßt die Erstellung einer Datei mit deskriptiven Statistiken schon beim Einlesen der Rohdaten.

```
BUILD azedv, FIXED, FILE azroh.dat, DES azedvdes;
  ...   $
```

Sofern man Daten mittels MODIFY verändert, ist die Verwendung der Option DES besonders interessant, um sich einen ersten, groben Überblick über die Transformationen zu verschaffen. Die Kombination ist auch zur Erstellung deskriptiver Statistiken für Subgruppen dienlich. Mittels des folgenden Kommandos werden deskriptive Statistiken angefordert, die sich nur auf die Gruppe der Frauen beziehen.

```
MODIFY azedv (IF v73 = 1, CONTINUE),
   DES fraudes $
```

Liegen mehrere Dateien mit deskriptiven Statistiken für verschiedene Gruppen vor, kann man diese mittels des Kommandos OVERALL.DES zusammenfassen. OVERALL.DES liest eine Reihe von Dateien, in Abhängigkeit von der P-STAT-Version zwischen 29 und 99, und berechnet Koeffizienten, welche die Gruppen gemeinsam beschreiben. Nach dem Kommando sind zunächst die Eingabedateien anzugeben. Die Spezifikation einer Ausgabedatei ist obligatorisch. Im folgenden Beispiel werden Dateien mit beschreibenden Statistiken für Frauen und Männer mittels OVERALL.DES zusammengefaßt.

(1) Erstellung von getrennten Dateien mit deskriptiven Statistiken für Frauen und Männer. Dabei werden neben der Variable Geschlecht (*v73*) nur die Variablen des Handlungsspielraums (*tsr*, *esr*, *fsr*) beibehalten.

(2) Erstellung einer Datei mit deskriptiven Statistiken für alle Befragten.

(3) Mit DES oder OVERALL.DES erzeugte Dateien sind Systemfiles, deren Ausgabe das Kommando LIST dient. Die mittels LIST ausgegebene Datei *'alldes'* enthält als Variablen die Namen der Variablen, für welche die Koeffizienten berechnet wurden, ihren Typ (DI steht für 'double precision integer'), sowie die Statistiken Mittelwert, Standardabweichung, Minimum und Maximum und die Anzahl der Fälle mit und ohne fehlenden Wert. Die Option PLACES n bewirkt, daß die Werte nur auf *n* Stellen genau ausgegeben werden.

Die Ausgabe der Statistiken für die nominale Variable Geschlecht ist wenig sinnvoll. Sie läßt sich beim Auflisten der Datei durch Spezifikation der PPL-Anweisung CASES unterdrücken. Das Kommando lautet dann: LIST alldes (CASES 2 TO 4), PLACES 2 $

```
(1)  MODIFY azedv (KEEP v73 tsr to fsr)
                  (IF v73 = 1, CONTINUE),
        DES fraudes $
     MODIFY azedv (KEEP v73 tsr to fsr)
                  (IF v73 = 2, CONTINUE),
        DES manndes $

(2)  OVERALL.DES fraudes manndes,
       OUT alldes $

(3)  LIST alldes, PLACES 2 $

1    FILE ALLDES

 Overall des file.    PAGE 1

    NAME  TYPE   MEAN    S.D.    LOW  HIGH    M1     M2     M3  GOOD

 1  v73   DI     1.77    0.42     1     2     0      0      0   150
 2  tsr   DI    17.16    3.46     6    25     0      0      0   150
 3  esr   DI    16.26    6.03     5    25     0      0      0   150
 4  fsr   DI    15.54    4.59     5    24     0      0      0   150
```

Beispiel 4.3: Deskriptive Statistiken

Perzentile: PERCENTILES

Die Prozedur PERCENTILES berechnet über die von DES ausgegebenen Statistiken hinaus Kennwerte für **Schiefe** und **Wölbung**. Ferner lassen sich beliebige **Perzentile** und das 2., 3. und 4. **Moment** berechnen. Obligatorisch ist beim Aufruf die Spezifikation einer Ausgabedatei nach der Option OUT.

```
PERCENTILES fn, OUT fn,
              [BY vn,]  [GET {n ... n  },]   [{METHOD.DEFAULT*},]
                             {MEDIANS  }      {METHOD.NPLUS1  }
                             {QUARTILES}      {METHOD.FIRST   }
                             {DECILES  }      {METHOD.GROUPED }
                             {EDGES    }
                             {CENTILES }
              [MOMENTS,]  [WEIGHT vn,]
```

Allgemeine Form: PERCENTILES

BY — Die Option ermöglicht die Berechnung deskriptiver Maßzahlen für Subgruppen. Im Anschluß an BY können bis zu 15 numerische oder alphanumerische Gruppierungsvariablen spezifiziert werden. Die Eingabedatei muß allerdings in bezug auf die Gruppierungsvariablen in sortierter oder gruppierter Form vorliegen.

GET — Veranlaßt die Berechnung von Perzentilen. Diese können entweder direkt oder aber mittels verschiedener Standardintervalle angesprochen werden. Dabei entspricht:

```
GET MEDIANS     GET 50
GET QUARTILES   GET 25 50 75
GET DECILES     GET 10 20 30 ...90
GET CENTILES    GET 1 2 3 ...99
GET EDGES       GET 1 5 ...95 99
```

Man kann die verschiedenen Angaben mischen. So werden Quartile auch mit der folgenden Option angefordert: GET 25 75 MEDIANS.

METHOD — Spezifiziert die Methode zur Berechnung der Perzentile:

METHOD.DEFAULT

Die Voreinstellung verlangt, sofern möglich, die Berechnung nach der Methode METHOD.NPLUS1, anderfalls wird METHOD.FIRST benutzt.

METHOD.NPLUS1

Interpolation bei Berechnung der Perzentile.

METHOD.FIRST

Keine Interpolation bei der Berechnung. Liefert den Wert auf oder direkt nach dem Fall des angeforderten Perzentils.

METHOD.GROUPED

Berechnung der Perzentile bei gruppierten Daten.

MOMENTS — Berechnung des 2., 3. und 4. Moments.

`WEIGHT` Mittels `WEIGHT` läßt sich eine Variable zur Gewichtung spezifizieren. Sind deren Werte keine Ganzzahlen, so wird bei der Berechnung der Percentile nicht interpoliert.

```
(1)     SORT azedv, BY v73, OUT sazedv $

(2)     PERCENTILES sazedv (KEEP tsr v73),
           OUT perc, BY v73, GET 25 50 75 $

(3)     LIST perc (DROP Type M2 M3)
                  (RENAME P.50 TO Med.),
             STUB Name v73, LABELS 'azedv.lab', USE.XL $

Percentiles of file sazedv    PAGE 1

Name  GESCHLECHT       Mean         S.D.   Low  High    M1  Good

tsr     WEIBLICH   14.91429     3.534464     6    23     0    35
       MAENNLICH   17.84348     3.144450     7    25     0   115

Percentiles of file sazedv    PAGE 2

Name  GESCHLECHT    Skewness    Kurtosis  P.25  Med.  P.75

tsr     WEIBLICH   -0.187755    0.451276    13    15    17
       MAENNLICH   -0.518063    0.898606    16    18    20
```

Beispiel 4.4: Deskriptive Statistiken

(**1**) Das Kommando `SORT` sortiert die Eingabedatei *'azedv'* nach den Werten der Variable Geschlecht (*v73*) standardmäßig in aufsteigender Reihenfolge. Nach der Option `BY` dürfen bis zu 15 Variablen spezifiziert werden. Die sortierten Daten werden in die nach `OUT` anzugebene Ausgabedatei geschrieben. Die Reihenfolge der Sortierung läßt sich mittels der Schlüsselwörter `UP` oder `U` für aufsteigende, bzw. `DOWN` oder `D` für absteigende Sortierung spezifizieren. Die Angabe muß in Klammern nach der Variable erfolgen, auf die sie sich bezieht. Bei der Variable Geschlecht wurde eine 1 für die Frauen und eine 2 für die Männer codiert. Sollen die Datensätze der Männer zu Beginn der sortierten Datei stehen, ist das Kommando also folgendermaßen zu formulieren:

```
SORT azedv, BY v73(D), OUT sazedv $
```

(**2**) Das Kommando `PERCENTILES` erzeugt deskriptive Statistiken für die Variablen der Eingabedatei sazedv, wobei mittels der PPL-Anweisung `KEEP` lediglich die Variablen Tätigkeitsspielraum (*tsr*) und Geschlecht (*v73*) beibehalten werden. Die Koeffizienten werden für die Gruppen der Frauen und Männer getrennt berechnet und in die Ausgabedatei perc geschrieben. Zusätzlich zur Standardausgabe wird mittels GET die Berechnung der Quartile angefordert.

(3) Die Ausgabedatei '*perc*' des Kommandos PERCENTILES dient als Eingabedatei für LIST zur Ausgabe der Datei auf den Monitor. Da es sich bei der Datei um einen Systemfile handelt, können PPL-Anweisungen zur Modifikation genutzt werden. Die nicht genutzten Variablen für fehlende Werte (M2 und M3) werden nicht ausgegeben, und die Variable *p.50* wird in *med.* umbenannt. Die Option STUB veranlaßt LIST, die Variablen Name und *v73* auf die linke Seite des Outputs zu stellen. Bei der Ausgabe werden die in der Datei '*azedv.lab*' gespeicherten Labels genutzt.

4.2.2 Standardisierung: STANDARDIZE

STANDARDIZE berechnet **standardisierte Werte** (*z*-Transformation) für die numerischen Variablen einer Eingabedatei. Die standardisierten Variablen werden in eine nach SDATA zu spezifizierende Datei geschrieben, wobei fehlende Werte durch den Mittelwert (0) ersetzt werden.

```
STANDARDIZE fn,  SDATA fn,  [DES fn,]  [STAY.MISSING,]
                 MDATA fn,  [WEIGHT vn,]   [CARRY vl,]
```

Allgemeine Form: Prozedur STANDARDIZE

SDATA *fn* Ausgabedatei der standardisierten Variablen.

MDATA *fn* STANDARDIZE kann nicht nur zur Standardisierung von Variablen genutzt werden, sondern auch, um fehlende Werte durch den Mittelwert der jeweiligen Variable zu ersetzen. Dazu ist die alternative Option MDATA anzuwenden.

STAY.MISSING
Per Voreinstellung werden fehlende Werte durch den jeweiligen Mittelwert ersetzt. Sollen fehlende Werte auch in der Ergebnisdatei beibehalten werden, ist zusätzlich die Option STAY.MISSING zu spezifizieren.

DES *fn* Wurde für die Eingabedatei schon in einem vorhergehenden Schritt eine Datei mit deskriptiven Statistiken erstellt, ist es möglich, die dort gespeicherten Mittelwerte und Standardabweichungen zur Standardisierung zu nutzen, was ihre erneute Berechnung durch die Prozedur STANDARDIZE erspart. Die Datei mit den deskriptiven Statistiken ist mittels der Option DES zu spezifizieren.

`CARRY` *vl* Die spezifizierten Variablen werden ohne Standardisierung in die Ausgabedatei übernommen.

`WEIGHT` *vn* Berechnung der Standardwerte nach Gewichtung durch die Gewichtungsvariable *vn*.

```
(1)  STANDARDIZE azedv (KEEP saz)
                       (RENAME saz TO zsaz),
                SDATA standard, STAY.MISSING, DES azedvdes $
(2)  JOIN azedv stand, OUT azedv, NO CHECK $
```

Beispiel 4.5: Standardisierung von Variablen

(1) Im Beispiel wird eine Datei namens *'standard'* mit den *z*-transformierten Werten der Variable Arbeitszufriedenheit (*saz*) erstellt, wobei fehlende Werte als solche beibehalten werden. Die standardisierte Variable erhält den Namen *zsaz*. Zur Berechnung werden die schon zuvor berechneten deskriptiven Koeffizienten aus der Datei *'azedvdes'* gelesen.

(2) In einigen Fällen kann es wünschenswert sein, die standardisierten Variablen der Ursprungsdatei anzufügen, d. h. die ursprüngliche Datenmatrix rechtsbündig zu erweitern. P-STAT erlaubt derartige Erweiterungen von Systemdateien mit dem Kommando `JOIN`. `JOIN` liest bis zu drei Eingabedateien und gibt diese gemeinsam in eine bei `OUT` zu spezifizierende Datei aus. Normalerweise überprüft `JOIN` die Zusammenführung anhand von Identifikationsvariablen, die in den Eingabedateien vorhanden sein müssen. Im Beispiel fehlt eine solche Identifikationsvariable. Sofern Datensätze in den Eingabedateien in der gleichen Reihenfolge vorliegen, kann `JOIN` trotzdem genutzt werden. In diesem Fall ist allerdings die Option `NO CHECK` zu spezifizieren. Wichtig ist ferner, daß die Fallzahl in den Eingabedateien gleich ist. Sonst kann die Option `FILL` genutzt werden, um gegebenenfalls Fälle mit fehlenden Werten zu ergänzen.

4.2.3 Häufigkeitsauszählungen: COUNTS

Die Prozedur `COUNTS` erstellt Häufigkeitsauszählungen für numerische und alphanumerische Variablen. Dabei werden die Häufigkeiten für alle Werte der Variablen ausgezählt, weshalb die Prozedur zur Erstellung von Häufigkeitstabellen für Variablen mit sehr vielen Ausprägungen allenfalls bedingt geeignet ist. Um übersichtliche Tabellen zu erhalten, kann man Variablen zunächst in Klassen einteilen. Zur Erstellung von Häufigkeitstabellen für metrische Variablen ist auf die Prozedur `FREQ` hinzuweisen, die die Variablen automatisch in Klassen einteilt. `FREQ` berechnet allerdings erheblich weniger statistische Maßzahlen als die Prozedur `COUNTS`.

Zum Aufruf der Prozedur ist lediglich die Angabe einer Eingabedatei verbindlich. Die Statistiken werden dann in einer temporären Arbeitsdatei gespeichert, zu deren Ausgabe ein LIST-Kommando generiert wird.

```
COUNTS fn, [OUT fn,]  [{LIST  *},]  [LIST.BY,]  [USE 'string',]
                       {NO LIST}
           [EXACT,]  [LABELS fn,]  [WEIGHT vn,]  [WEIGHT.OMIT]
           [COMBINE 'label' vn n 'label' vn n ... ,]
           [VERBOSE,]
           [BASE {GOOD      },]
                 {TOTAL    *}
                 {RESPONSES}
                 {POSSIBLE }
                 {LOCAL    }
           [{ALL },]  [{VALUES  *},]  [{MISSINGS *},] [{NS  *},]
            {NONE}     {NO VALUES}     {NO MISSINGS}    {NO NS}
           [{BASIC   },]  [{HARMONICS    },] [{MOMENTS,   },]
            {NO BASIC}     {NO HARMONICS*}     {NO MOMENTS*}
           [{PERCENTILES    },]  [{STATS  *},]  [{NORMALS     },]
            {NO PERCENTILES*}     {NO STATS}      {NO NORMALS*}
           [{METHOD.DEFAULT*},]
            {METHOD.NPLUS1  }
            {METHOD.FIRST   }
            {METHOD.GROUPED }
           [{BREAK  *},]  [MAX n,]  [PCT.PLACES {2*},]
            {NO BREAK}                          {n }
           [{UP *},]  [{FREQUENCIES  },]  [RESULTS n,]  [VERBOSE,]
            {DOWN}     {W.FREQUENCIES}
           [BY vn,]  [{ALL.CASES    {FIRST*}}]  [{INTERLEAVE  *},]
                                    {LAST  }      {NO INTERLEAVE}
                      {NO ALL.CASES          }
```

Allgemeine Form: Prozedur COUNTS

Die erste Gruppe von Optionen beeinflußt **generelle Einstellungen** bei der Berechnung und der Ausgabe der Statistiken.

OUT *fn* Angabe eines Systemfiles zur Speicherung der Ergebnisse. Per Voreinstellung werden die Ergebnisse nur temporär in seiner sogenannten '*work*'-Datei gespeichert.

LIST Die Prozedur generiert ein LIST-Kommando zur Ausgabe der temporären oder explizit angegebenen Ausgabedatei auf den Monitor. Das Kommando lautet:

```
LIST OutFile, STUB vn, SKIP.VAR vn,
  DOUBLE, FOLD 26, TRIM.ZEROS $
```

Die Generierung eines LIST-Kommandos wird durch die Angabe von NO LIST unterdrückt.

LIST.BY Der Output des standardmäßigen LIST-Kommandos ist recht umfangreich und kann durch die Angabe LIST.BY eingeschränkt werden.

USE *'char'*

Sollen an das generierte LIST-Kommando spezielle Optionen übergeben werden, sind diese nach USE in Hochkommata zu spezifizieren. Das folgende Kommando ergänzt den standardmäßigen LIST-Befehl um die Option PR "LPT1":

```
COUNTS azedv (KEEP v6), USE 'PR "LPT1" ' $
```

Ist ein Drucker an der ersten parallelen Schnittstelle eines Personal-Computers angeschlossen, erfolgt die Ausgabe des LIST-Kommandos direkt auf den Drucker.

EXACT Die Option veranlaßt bei der Verarbeitung von alphanumerischen Variablen die Unterscheidung von Groß- und Kleinschreibung, deren Unterscheidung keine Voreinstellung ist.

LABELS *fn* Spezifikation einer Labeldatei.

WEIGHT *vn* Ermöglicht die Angabe einer Variable, deren Werte zur Fallgewichtung benutzt werden. In der Häufigkeitstabelle werden die ungewichteten und die gewichteten Werte getrennt ausgewiesen.

WEIGHT.OMIT

Die Gewichtungsvariable wird nicht gesondert aufgelistet.

COMBINE *'label' vn n*

Die Option erlaubt die Auswertung von Mehrfachantworten. Zu diesem Zweck werden mehrere Variablen, die aufeinander folgend in der Eingabedatei vorliegen, kombiniert. Die kombinierte Variable wird im Anschluß ausgezählt. Nach COMBINE ist zunächst die erste der Variablen und folgend die Anzahl der zu kombinierenden Variablen anzugeben. Die Angabe eines *'label'* ist optional und bezeichnet die zusammengefaßte Variable.

Bei der Berechnung **relativer Häufigkeiten** wird per Voreinstellung die Anzahl aller Fälle als Basis benutzt. Die Voreinstelluang läßt sich mittels der Option BASE ändern, die folgende Möglichkeiten bietet:

`GOOD` Fälle ohne fehlenden Wert.

`TOTAL` Alle Fälle.

`RESPONSES` Die Zahl nicht fehlender Antworten. Die Option ist im Zusammenhang mit der Option `COMBINE` zulässig.

`POSSIBLE` Die Zahl möglicher Antworten. Die Option ist nur im Zusammenhang mit `COMBINE` zulässig.

`LOCAL` Dies ist die Voreinstellung, wenn Statistiken für Untergruppen mittels `BY` berechnet werden. Die Option ist nur in diesem Zusammenhang zulässig. Alternativ kann bei der Berechnung von Prozentwerten bei Subgruppen `BASE TOTAL` angefordert werden.

Die im folgenden beschriebene Gruppe von Optionen bezieht sich auf die von der Prozedur ausgegebenen **Statistiken** und erlaubt es, deren Umfang zu erweitern oder einzuschränken. Standardmäßig umfaßt die Ausgabe die absoluten und relativen Häufigkeiten, die fehlenden Werte, die Anzahl der Befragten und eine Reihe statistischer Maßzahlen (`STATS`).

`ALL` Alle verfügbaren Statistiken. Nach `ALL` kann die Ausgabe bestimmter Statistiken ausgeschaltet werden. Dazu ist `NO` und der Name der entsprechenden Option zu spezifizieren.

`NONE` Keine Ausgabe von Statistiken. Im Anschluß an `NONE` kann die Ausgabe bestimmter Statistiken mittels der entsprechenden Option angefordert werden.

`VALUES` Absolute und relative Häufigkeiten der Werte.

`MISSINGS` *n*

Absolute und relative Häufigkeiten der drei Arten von fehlenden Werten werden standardmäßig im Ausdruck ausgewiesen. `NO MISSINGS` unterdrückt deren Ausgabe vollständig. Das optionale Argument *n* kann genutzt werden, um eine bestimmte Art von Missings (1, 2, 3) anzufordern.

`NS` Anzahl der Fälle ohne und mit fehlendem Wert sowie die Anzahl der Ausprägungen einer Variablen. Sofern die Option `COMBINE` genutzt wird, umfaßt die Ausgabe zusätzlich die Anzahl der Antworten, die Anzahl der möglichen Antworten und die Anzahl der kombinierten Variablen.

`BASIC` Verlangt die Ausgabe von Mittelwert, Standardabweichung, Minimum und Maximum. `BASIC` entspricht der Option `STATS 1 7 11 12`.

`HARMONICS` *n*

(1) Harmonisches und (2) geometrisches Mittel sowie (3) Mittelwert

der positiven Daten. Das optionale Argument erlaubt die Auswahl bestimmter Statistiken; z. B. `HARMONICS 2 3`.

`MOMENTS` *n* (1) Schiefe, (2) Wölbung, (3) Standardfehler der Schiefe, (4) Standardfehler der Wölbung, (5) Variationskoeffizient, (6) Summe der Abweichungsquadrate sowie zweites, drittes und viertes Moment. `MOMENTS 7 8 9` verlangt die Berechnung des zweiten, dritten und vierten Momentes.

`PERCENTILES` *n*
Ausgabe der folgenden Perzentile: 5, 10, 25, 50, 75, 90 und 95. Das optionale Argument kann dazu benutzt werden, um bestimmte Perzentile anzufordern. Die Methode der Berechnung ist in gleicher Weise zu beeinflussen, wie im Zusammenhang mit der Prozedur `PERCENTILES` vorgestellt (vgl. S. 222).

`STATS` *n* (1) Arithmetisches Mittel, (2) Median, (3) Modus, (4) Anzahl der Fälle mit dem Wert des Modus, (5) Anzahl der Modalwerte, (6) Varianz, (7) Standardabweichung, (8) Standardfehler des Mittelwerts, (9) untere und (10) obere Grenze des 95 %-Mutungsintervalls, (11) Minimum, (12) Maximum, (13) Spannweite, (14) Interquartilsabstand, (15) Summe der Werte, (16) Summe der Quadrate.

`NORMALS` *n* Berechnung der Normalverteilungstatistiken Shapiro-Wilks W, Anderson-Darlings A^2 sowie der zugehörigen Signifikanzniveaus. Die Nullhypothese lautet, daß die Variable normalverteilt ist.

Die vierte Gruppe von Optionen gestaltet das **Layout** der Ausgabe.

`BREAK` Per Voreinstellung werden zwischen den verschiedenen Gruppen von Statistiken Leerzeilen eingefügt, sofern nicht `NO BREAK` spezifiziert wird.

`MAX` *n* Per Voreinstellung werden alle Ausprägungen einer Variablen in die Häufigkeitstabelle aufgenommen, sofern die Kategorie besetzt ist. `MAX` erlaubt es, eine maximale Anzahl von Kategorien festzulegen. Die Kategorie *n* und alle weiteren werden zu einer Gruppe zusammengefaßt.

`PCT.PLACES` *n*
Mittels der Option läßt sich festlegen, auf wieviele Stellen genau die Prozentwerte abgespeichert werden. Die Voreinstellung für *n* ist 2.

`UP` Die Häufigkeitstabelle wird nach aufsteigender Reihenfolge der Ausprägungen aufgebaut. Voreinstellung, sofern nicht `FREQUENCIES` oder `W.FREQUENCIES` spezifiziert wird.

`DOWN` Ordnung der Tabelle in absteigender Reihenfolge der Ausprägungen. Dies ist voreingestellt, sofern `FREQUENCIES` oder `W.FREQUENCIES` spezifiziert wird.

`FREQUENCIES`
: Die Tabelle wird nach den Häufigkeiten geordnet.

`W.FREQUENCIES`
: Die Tabelle wird nach den gewichteten Häufigkeiten geordnet. Nur zulässig im Zusammenhang mit der Option `WEIGHT`.

`RESULTS` *n n*
: Die Option erlaubt die Auswahl von Ergebnissen (Variablen), die in einer Ergebnisdatei gespeichert werden sollen. `RESULT 1` fordert lediglich die ungewichteten Statistiken an.

`VERBOSE` Auch nicht berechenbare Statistiken werden ausgewiesen.

Die Prozedur erlaubt mittels der folgenden Optionen die Analyse von **Untergruppen**.

`BY` *vn* Spezifikation einer Gruppierungsvariablen zur Berechnung von Untergruppen.

`ALL.CASES` *arg*
: Die Tabelle aller Fälle kann vor (`FIRST`) oder nach (`LAST`) den Untergruppen ausgewiesen werden. `NO ALL.CASES` unterdrückt deren Ausgabe völlig.

`INTERLEAVE`
: Die Häufigkeiten und Statistiken der gruppierten Variable werden in einer Tabelle zusammengestellt. `NO INTERLEAVE` fordert getrennte Tabellen für jede Gruppe an.

Wie das folgende Anwendungsbeispiel zeigt, läßt sich die Option `COMBINE` anwenden, um **Mehrfachnennungen**, die in Form der $1/k$-Codierung vorliegen, auszuwerten.

```
(1)  BUILD edv;
     VARS ant1 ant2 ant3;
     READ;
     1 2 3
     1 2 -
     2 1 -
     3 2 1
     $

(2)  COUNTS edv [RENAME ant1 = Monitor; RENAME ant2 = Drucker;
       RENAME ant3 = Plotter], COMBINE Monitor 3, NONE, VALUES, NS $
```

```
                              count
                                 or     cum           cum
variable  value                stat   count    pct    pct

Monitor,  1                       4       4    100      -
Drucker,  2                       4       8    100      -
Plotter   3                       2      10     50      -
                                  -       -      -      -
          good  n                 4       -      -      -
          total n*                4       -      -      -
          responses              10       -      -      -
          possible resp          12       -      -      -
          vars combined           3       -      -      -
          number of values        3       -      -      -
```

Beispiel 4.6: Häufigkeitsauszählung von Mehrfachantworten

(**1**) Vier Personen wurden nach den Ausgabemedien am Arbeitsplatz befragt, wobei 3 Antwortmöglichkeiten vorgegeben sind. Sofern ein Monitor vorhanden ist, wird eine 1 codiert, eine 2 steht für einen Drucker und eine 3 für einen Plotter.

(**2**) Dementsprechend werden die Variablen für die Prozedur COUNT umbenannt. Bei der Berechnung wird auf die Ausgabe von Statistiken verzichtet. Es werden lediglich eine Häufigkeitstabelle sowie die Anzahl der Befragten, der Antworten und der Variablen angefordert. Das Sternchen nach der Angabe ‚total n' besagt, daß die Gesamtzahl der Befragten als Basis bei der Berechnung der prozentualen Häufigkeiten benutzt wird.

```
BUILD edv;
VARS Monitor Drucker Plotter;
READ;
1 1 1
1 1 -
1 1 -
1 1 1
$
COUNTS edv [SET Drucker = RECODE (Drucker, 1 = 2);
            SET Plotter = RECODE (Plotter, 1 = 3)],
      COMBINE Monitor 3, NONE, VALUES, NS $
```

Beispiel 4.7: Recodierung dichotomer Mehrfachantworten

Liegen die **Mehrfachnennungen** in Form dichotomer Variablen vor (1/0-Codierung), lassen sie sich nicht direkt durch COUNTS auswerten, sondern sind zunächst zu recodieren. Anwendungsbeispiel 4.7 wird auf der Datenbasis des vorhergehenden Beispiels gezeigt, in welcher Form die Recodierung vorzunehmen ist.

4.2.4 Weitere Möglichkeiten univariater Analyse

P-STAT stellt dem Anwender eine Reihe weiterer Prozeduren zur Verfügung, die für die univariate und teilweise auch für die bivariate Datenanalyse geeignet sind. Einige der Möglichkeiten werden im folgenden kurz skizziert.

Die Prozedur `FREQ` erstellt **Häufigkeitstabellen** für numerische Variablen. Die Prozedur ist von besonderem Interesse, wenn die Variablen viele Ausprägungen besitzen. Anders als bei der Prozedur `COUNTS` wird nicht jeder Ausprägung eine Kategorie in der Häufigkeitstabelle zugeordnet, vielmehr werden die Variablen automatisch in Intervalle eingeteilt. Standardmäßig wählt `FREQ` die Intervalle, so daß auf beiden Seiten des Mittelwertes gleichviele Kategorien liegen. Die Anzahl der Kategorien wird dem jeweiligen Ausgabemedium angepaßt. Sie läßt sich allerdings auch durch Optionen steuern. Zusätzlich werden Mittelwert, Varianz und Standardabweichung berechnet.

```
FREQ azedv (KEEP saz) $

VARIABLE    1,                saz

       LOW       HIGH        N  PCT CUM

       11.        11.        1    1   1
       18.        18.        4    3   3
       19.        21.       14    9  13
       22.        25.       20   14  26
       26.        29.       34   23  49
       30.        31.       19   13  62
       32.        33.       17   11  74
       34.        35.       18   12  86
       36.        37.        9    6  92
       38.        40.       12    8 100

     MISSING DATA 1                 2.

     GOOD N                       148.

     MEAN                      29.1622
     VARIANCE                  34.2456
     S.D.                       5.8520
```

Beispiel 4.8: Häufigkeitstabelle

FREQ erlaubt ferner die Analyse von Subgruppen. Nutzt man FREQ zur bivariaten Analyse, werden die Verteilungen der Gruppen gegenübergestellt, und es wird ein *t*-Test oder eine Varianzanalyse sowie optional ein χ^2-Test berechnet. Das folgende Kommando veranlaßt den Vergleich der Arbeitszufriedenheit (*saz*) bezüglich der Ebenen der betrieblichen Hierarchie (*v3*) und berechnet die genannten Prüfstatistiken. Hier kann nur darauf hingewiesen werden, daß auch mittels eines Unterkommandos auf einfache Weise flexible Definitionen von Gruppen durchgeführt werden können.

```
FREQ azedv (KEEP saz v3), SUB v3 $
```

Eine weitere Prozedur zur tabellarischen Darstellung ist SURVEY. Die Prozedur ermöglicht eine äußerst flexible Gestaltung von Berichten, wobei Analysevariablen (STUBS) in Abhängigkeit von Gruppierungsvariablen (BANNERS) dargestellt werden. Derartige Übersichtstabellen werden häufig in der Endfassung eines Berichtes benötigt. Es ist daher besonders interessant, daß SURVEY das PostScript-Format unterstützt. Ferner berechnet SURVEY einige deskriptive und schließende Statistiken zur Tabellenanalyse.

Graphische Darstellungen von Häufigkeitsverteilungen erzeugt die Prozedur HIST. HIST erstellt einfache und kumulative **Histogramme**, deren Skalierung und Größe automatisch dem Ausgabemedium angepaßt werden. Die Prozedur ermöglicht durch Optionen auch selbstgewählte Skalierungen.

Eine Vielzahl graphischer Darstellungen sind im Zusammenhang mit der Prozedur EDA möglich. Diese Prozedur der **explorativen Datenanalyse** enthält u. a. Unterbefehle zur Beschreibung univariater Verteilungen (BOX.PLOT, LETTER.VALUE, STEM.AND.LEAF und ROTOGRAM), zur bivariaten Analyse von Zusammenhängen (XY.PLOT, RESISTANT.LINE und RESISTENT.SMOOTH) und zur Deskription von Differenzen zwischen Gruppen (CODED.TABLE sowie MEDIAN.POLISH). Die Prozedur ist interaktiv aufgebaut. Dies bedeutet, daß nach der Eingabe des Namens der Prozedur, der Eingabedatei und eventuell einiger globaler Optionen alle weiteren Schritte interaktiv durch Unterbefehle gesteuert werden. Die Unterbefehle fordern die gewünschte Analyse an und erlauben die gezielte Auswahl von Variablen. Hier sei darauf hingewiesen, daß dem Benutzer innerhalb der Prozedur ein eigenes Hilfskommando zur Verfügung steht. Im Beispiel wird ein Stem-and-Leaf-Diagramm der Variable Arbeitszufriedenheit (*saz*) erstellt. Die kumulative Zählung, links neben dem Diagramm, wird von beiden Seiten der Verteilung vorgenommen. In der mittleren Kategorie befinden sich also 19 Fälle mit den Werten 30 und 31.

```
Stem-and-Leaf Display of Variable saz
Leaf Digit Unit = 1;
Thus     1  |2   represents 12

        LO  11

   10   1. |888899999
   19   2* |001111111
   26   2T |2223333
   39   2F |4444444555555
   54   2S |666666666667777
   73   2. |8888888888889999999
 (19)   3* |0000000000011111111
   56   3T |22222222233333333
   39   3F |444444444444555555
   21   3S |666677777
   12   3. |8888899999
    2   4* |00
2 cases had missing data.
```

Beispiel 4.9: Stem-and-Leaf-Diagramm

Die oben genannten graphischen Prozeduren unterstützen derzeit ausschließlich einfache ASCII-Graphiken. Hochauflösende Graphiken werden von P-STAT unter UNIX in Zusammenarbeit mit der graphischen Benutzeroberfläche XWindows, PostScript-Endgeräten oder anderen externen Graphikprogrammen unterstützt.

Leicht zu bedienen und äußerst flexibel ist die Prozedur XGRAPH, die Balkendiagramme, Histogramme und Tortendiagramme unterstützt. Das Kommando

```
XGRAPH azedv, LABELS 'azedv.lab';
  PIE v77;
  BAR v3, PR NEW WINDOW;
$
```

erstellt ein Tortendiagramm der Variable Alter (*v77*) und ein Balkendiagramm der Variable ‚Stellung im Betrieb' (*v3*) in einem zweiten Ausgabefenster. Die Graphiken können auch direkt auf ein PostScript-Endgerät oder als Datei zur späteren Einbindung in ein Dokument ausgegeben werden. Die Prozedur BOXPLOT erstellt Box-and-Whisker-Diagramme, die ebenfalls auf XWindow-Termials oder als PostScript-Graphiken ausgegeben werden können. Diese Formate werden auch von der Prozedur PLOT unterstützt, die komplexe Liniendiagramme und Scatterplots ermöglicht.

```
HIST fn,   [ALL,]                 [CUMULATIVE,]     [RANGE n,]
           [BARS n,]              [EACH,]           [SUB vn n,]
           [BAR.LIMITS n n n,]    [F.SCALE n,]      [DES fn,]
           [BARS.STEP n,]         [LINES n,]

XGRAPH fn, {BAR }, [BY vn,]          [COUNT fn,]  [LABELS fn,]
           {HIST}  [OUT fn,]         [TITLES,]    [WEIGHT fn,]
           {PIE }  [FREQUENCIES,]
           [{VALUES    },]      [{PERCENTS   },]
            {NO VALUES }         {NO PERCENTS}
           [{PATTERN   },]
            {NO PATTERN}
           [{LINE.TYPE {ANGEL}},]    [{CUT {ALL   }},]
                       {ARROW}             {SMALL}
            {NO LINE.TYPE      }             {LARGE}
                                             {n    }
                                      {NO CUT       }
           [{MAX.BAR n},]             [{SCALE {LEFT }},]
           [{MAX.HIST n},]                    {RIGHT}
           [{MAX.SLICE n},]            {NO SCALE        }
           [STEP.SIZE n,]
           [COLORS char char char,]   [{LEGEND {LEFT  }},]
           [FONT char,]                        {RIGHT }
                                               {TOP   }
                                               {BOTTOM}
                                       {NO LEGEND        }
           [SAVE fn,]
```

Allgemeine Form: HIST und XGRAPH

Für Implementationen unter DOS sind Makros zur Erzeugung von Graphiken im Zusammenhang mit externen Graphikpaketen erhältlich. Die Makros `MAC.CHART` und `CALL.CHART` erstellen beispielsweise Graphiken im Zusammenspiel mit dem Programm MS-Chart. Die Makros sind in einer externen Makrobibliothek namens *'interface'* gespeichert und müssen zuerst mittels des Kommandos:

```
MACLIB 'interface' $
```

in die Protokolldatei des Editors geladen werden. Danach sind die Makros jederzeit, fast wie eine normale P-STAT-Prozedur, aktivierbar, indem das Kommando `RUN`, gefolgt vom Namen des Makros und gegebenenfalls von Optionen, eingegeben wird.

Das Makro `MAC.CHART` erstellt Dateien, welche die notwendigen Daten enthalten, um mit dem Programm MS-Chart **Graphiken** zu erstellen. Zum Aufruf des

```
RUN MAC.CHART,  PSFILE fn,  CHART.FILE fn, GROUP.VAR vn,
                VAR.LIST vlist, CHART.TYPE {LINE    },
                                           {AREA    }
                                           {BAR     }
                                           {COL     }
                                           {PIE     }
                                           {SCATTER}
                                           {MIXED   }
```

Allgemeine Form: Makro MAC.CHART

Makros sind folgende Angaben erforderlich:

`PSFILE` Die Angabe der P-STAT-Systemdatei, welche die Daten zur graphischen Darstellung enthält.

`CHART.FILE` *fn*
Die Angabe der Steuer- und Datendatei für MS-Chart.

`GROUP.VAR` *vn*
Die Definition einer numerischen oder alphanumerischen unabhängigen Variablen.

`VAR.LIST` *vl*
Die Angabe einer oder mehrerer numerischer abhängiger Variablen.

`CHART.TYPE`
Die Auswahl der Art der Graphik. Es können Linien-, Flächen-, Balken-, Säulen-, Kreis-, Streu- und Kombinationsdiagramme angefordert werden.

Das Makro `MAC.CHART` kann während einer P-STAT-Sitzung mehrmals aufgerufen werden, um verschiedene Graphikdateien zu erzeugen. Die Übergabe an MS-Chart selbst erfolgt auf Aufruf des Makros `CALL.CHART`. Dazu ist lediglich das folgende Kommando einzugeben:

```
RUN CALL.CHART $
```

Danach wird P-STAT verlassen und MS-Chart aufgerufen. MS-Chart lädt die zuvor erzeugten Dateien und erstellt die entsprechenden Graphiken. Nach Bearbeitung der Graphiken kehrt das Betriebssystem zu P-STAT zurück.

4.3 Analyse von Unterschieden

4.3.1 Vergleich zweier Mittelwerte: TTEST

Mittels der Prozedur TTEST kann überprüft werden, ob sich die Mittelwerte zweier unabhängiger Stichproben signifikant voneinander unterscheiden. Für abhängige Stichproben ist die Prozedur PAIRED.TTEST zu benutzen.

```
TTEST {fn,                                  } OUT fn,
      {,DES1 fn,  DES2 fn,  [NO.MATCH,]}
      [{THRESHOLD {.05*}},]   ;
                  {n   }
       {BOTH           }
       {POOLED         }
       {SEPERATE       }

      gruppe1 vn min max
      gruppe2 vn min max  $

PAIRED.TTEST fn,  OUT fn,  [{LONG*,}]  $
                            {SHORT,}
```

Allgemeine Form: Prozedur TTEST

Der Prozeduraufruf TTEST erfordert die Spezifikation einer Eingabe- und einer Ergebnisdatei. Die Definition der Gruppen wird interaktiv innerhalb eines Unterkommandoblocks vorgenommen, wobei ein eigenes Hilfskommando zur Verfügung steht. Nach Bestimmung der Gruppen wird ein t-Test für alle Variablen der Eingabedatei berechnet. Standardmäßig wird ein zunächst berechneter F-Test auf Varianzhomogenität ausgewertet. In Abhängigkeit von dessen Ergebnis wird der t-Wert für homogene bzw. heterogene Varianzen ausgegeben.

Alternativ können statt einer Eingabedatei zwei Systemdateien mit deskriptiven Statistiken eingegeben werden. Für jede der zu vergleichenden Gruppen ist zuvor eine Deskriptionsdatei zu erstellen, welche die Variablen, bezüglich derer die Gruppen verglichen werden sollen, enthält. Die Definition der Gruppen mittels eines Unterkommandos entfällt bei dieser Vorgehensweise. Die Optionen der Prozedur bedeuten im einzelnen:

OUT *fn* Spezifiziert einen Systemfile zur Speicherung der Ergebnisse.

DES.1 *fn* Alternative Eingabeform mittels zweier Deskriptionsdateien für die Gruppen. Die Definition der Untergruppen auf Ebene eines Unterkommandoblocks entfällt. DES1 definiert die Systemdatei mit deskriptiven Statistiken für die erste Gruppe.

`DES.2 fn` Definiert eine Deskriptionsdatei für die zweite Gruppe.

`NO.MATCH` Systemdateien mit deskriptiven Statistiken enthalten die Variablen, deren Mittelwerte verglichen werden sollen, als Fälle. Enthalten die Deskriptionsdateien korrespondierende Variablen, deren Namen aber nicht deckungsgleich sind, ist die Option `NO.MATCH` zweckdienlich. Die erste Variable der Datei `DES.1` wird mit der ersten Variable der Datei `DES.2` verglichen usf., bis eine der Dateien keine Fälle mehr enthält.

`THRESHOLD n`
Standardmäßig wird ein F-Test auf Varianzhomogenität durchgeführt und die Wahrscheinlichkeit des F-Wertes mit dem bei `THRESHOLD` spezifizierten Grenzwert verglichen. Ist die Wahrscheinlichkeit des F-Wertes größer als n, wird ein t-Test für homogene Varianzen (Pooled Variance) ausgegeben. Sonst wird ein t-Wert für heterogene Varianzen (Seperate Variance) berechnet. Wird `THRESHOLD` nicht spezifiziert, ist ein Grenzwert für n von $0,05$ voreingestellt.

`POOLED` Die t-Werte werden für homogene Varianzen berechnet.

`SEPERATE` Berechnung der t-Werte für heterogene Varianzen.

`BOTH` Beide t-Werte und ihre Signifikanz werden ausgegeben.

Normalerweise wird zur Definition der Gruppen ein Unterkommandoblock benutzt, wobei der Name der Gruppen, die die Gruppen definierende Variable sowie deren niedrigste und höchste Ausprägung anzugeben ist. Der folgende Prozeduraufruf vergleicht die Gruppe der höheren Angestellten (Abteilungsleiter und Gruppenleiter) mit den Sachbearbeitern bezüglich der Variable Arbeitszufriedenheit (*saz*).

```
TTEST azedv (KEEP saz v3);
   Hoehere.Ang.  v3 2 3
   Sachbearb.    v3 1 1
 $
```

Sind untere und obere Grenze der Gruppierungsvariable identisch, braucht man nur einen Wert anzugeben. Ist durch Definition der ersten Gruppe die zweite eindeutig bestimmt, kann eine weitere Abkürzung mittels eines Sternchens vorgenommen werden.

```
TTEST azedv (KEEP adv1, v73);
  Frauen  v73 1
  Maenner  *
$
```

Einen Prozeduraufruf bei Eingabe von Deskriptionsdateien zeigt der nächste Prozeduraufruf. Frauen und Männer werden in bezug auf die Variablen des Handlungsspielraums miteinander verglichen. Da die Variable Geschlecht (*v73*) selbst als erster Fall in den Deskriptionsdateien enthalten ist, wird sie mittels der Anweisung `IF` bzw. `CASES` übergangen.

```
TTEST,
  DES.1 fraudes (IF NAME = 'V73', EXCLUDE),
  DES.2 manndes (CASES 2 .ON.),
OUT tsex $
```

Zum Vergleich abhängiger Stichproben ist die Prozedur `PAIRED.TTEST` anzuwenden. Die Prozedur erwartet eine Eingabedatei, deren Variablen in der ersten Hälfte mit denen in der zweiten zu vergleichen sind. Bei einer Eingabedatei mit zehn Variablen wird die erste mit der sechsten, die zweite mit der siebten usf. verglichen. Gegebenenfalls ist die Eingabedatei durch die Anweisung `KEEP` entsprechend zu organisieren, wie im Kommandoaufruf gezeigt wird.

```
PAIRED.TTEST vergl (KEEP vor1 to vor10 nach1 to nach10),
  OUT tvergl, SHORT $
```

Die Option `SHORT` bewirkt, daß die Ausgabedatei nur 80 Spalten breit ist. Diese Breite ist zur Ausgabe auf den Monitor besser geeignet als die Standardbreite von 132 Spalten.

```
(1)  TTEST az ( KEEP az v72 ), THRESHOLD 0.1, OUT ttest;
       WEIBLICH v73 1
       MAENNLICH  *
     $
     LIST ttest, STUB Variable, PLACES 2 $
     AGAIN, PR 'ttest.lis' $

1    FILE ttest

 T.Tests on groups WEIBLICH and MAENNLICH, from file az    PAGE 1

(2)                                          Std      Std
 Variable  Group          Good      Mean      Dev    Error

 az        WEIBLICH         34     27.21     5.72     0.98
           MAENNLICH       114     29.75     5.79     0.54
```

```
(3)                 Variance         T.
 F.Var   F.Prob    Est              Value     DF   T.Prob

  1.02     0.97    Pooled           -2.25    146     0.03
  1.02     0.97    Pooled           -2.25    146     0.03
```

Beispiel 4.10: t-Test für unabhängige Gruppen

(1) Beim Prozeduraufruf des t-Tests wird der Grenzwert für den F-Test auf 0,1 erhöht, um den β-Fehler gering zu halten. Die Ausgabedatei wird mittels `LIST` auf den Monitor ausgegeben. Abschließend wird die Ausgabe in die Druckdatei *'ttest.lis'* wiederholt.

(2) Deskriptive Statistiken für beide Gruppen.

(3) Ausgabe des F-Tests und des t-Tests für homogene Varianzen. Die Nullhypothese gleicher Varianzen kann bei einem F-Wert von $1,02$ nicht zurückgewiesen werden. Bei einer Wahrscheinlichkeit für den F-Wert von $0,1$ und kleiner wäre dagegen ein t-Wert für heterogene Varianzen berechnet worden. Für den t-Wert von $-2,25$ wird eine zweiseitige Wahrscheinlichkeit von $p = 0,03$ ausgewiesen. Die Nullhypothese, daß sich die Mittelwerte von Gruppen nur zufällig unterscheiden, ist daher zurückzuweisen. Bei einseitiger Fragestellung könnte das ausgewiesene zweiseitige Signifikanzniveau halbiert werden, sofern der Richtungsunterschied der Mittelwerte der Hypothese nicht schon widerspricht.

4.3.2 Varianzanalyse: ANOVA

Varianzanalysen lassen sich mit den P-STAT-Prozeduren `FREQ` und `ANOVA` berechnen. `ANOVA` erlaubt die Berechnung multipler **Varianz-** und **Kovarianzanalysen**. Unter anderem können mehrfaktorielle Designs, Modelle mit Zufallseffekten und gemischten Effekten, geschachtelte Designs und Lateinische Quadrate behandelt werden. Ferner lassen sich Designs mit Meßwiederholungen behandeln. Die vielfältigen Möglichkeiten der Prozedur können hier lediglich angesprochen werden.

Der Prozeduraufruf verlangt die Spezifikation einer Eingabedatei. Standardausgabeeinheit der Prozedur ist der Monitor. Die Ausgabe läßt sich mittels der globalen Option `PR` in eine Druckdatei leiten. Ferner ist als globale Option die Spezifikation von Labeldateien möglich, die zur Aufbereitung der Mittelwerttabellen benutzt werden. `ANOVA` unterstützt Bartletts F-Test zur Prüfung auf Varianzhomogenität und acht multiple Vergleichstests, darunter die post hoc-Tests nach **Scheffé** und **Tukey**. Diese Tests sind nur im Zusammenhang mit einfachen Varianzanalysen zulässig.

```
ANOVA fn,  [LABELS 'fn',]  [PR 'fn',]
           [BARTLETT,] [LSD,] [MOD.LSD,] [SCHEFFE,] [DUNCAN,]
           [SNK,] [TUKEY.A,] [TUKEY.B,] [DUNNETT n,];
  {MODEL  vn = ds,              }
  {{DEPENDENT} vn,  TREATMENT  ds,}
   {Y         }
  [{COVARIATE} ds,]  [ERROR.TERM ds,]  [BLOCK ds,]
   {X         }
  [MEANS [ds],]  [PLACES n,] [Y.SUBSET,];

  [SHOW DESIGN,];
  [SHOW [VARIABLES],];
  [V n,]
```

Allgemeine Form: Prozedur ANOVA

Nach Abschluß der globalen Optionen mittels eines Semikolons wechselt P-STAT in die interaktive Betriebsart der Prozedur. Es steht eine eigene, ausführliche Hilfefunktion auf der Subkommandoebene zur Verfügung.

Die Definition eines Modells im Unterkommandoblock ist obligatorisch. Der Definition dienen die Optionen `MODEL` oder alternativ die Unterbefehle `DEPENDENT` und `TREATMENT`. Die Modelle selbst werden in algebraischer Form mittels sogenannter Design-Statements (`DS`) beschrieben. Zur Formulierung des Designs werden eine Reihe von Zeichen benutzt, um die Variablen des Modells miteinander zu verbinden. Die einfachsten Design-Statements lauten:

	`A`	Effekt eines Faktors.
+	`A + B`	Additiver Effekt.
*	`A*B`	Interaktionseffekt.
( )	`B(A)`	Geschachtelter Effekt.

Es stehen eine Reihe weiterer Zeichen zur Verfügung, welche die Formulierung komplexer Designs erleichtern. Dazu sei auf das Systemhandbuch oder die Hilfstexte der Prozedur verwiesen.

`MODEL` *`vn=ds`*

Die Option legt ein Modell fest, wobei vn die abhängige Variable bezeichnet. Nach dem obligatorischen Gleichheitszeichen erfolgt die Spezifikation des Designs. Beispielsweise:

```
MODEL abv = v1 + v2 + v1*v2;
```

Es dürfen mehrere unabhängige Variable spezifiziert werden, wobei diese in Klammern einzuschließen und durch Kommata zu trennen sind. Ferner ist das Schlüsselwort `TO` erlaubt.

```
MODEL (var1, var3, var2)=ds; oder
MODEL (var1 TO var3)=ds;
```

DEPENDENT *vn*
: Die Optionen DEPENDENT und TREATMENT können alternativ zur Option MODEL benutzt werden. DEPENDENT definiert die abhängige Variable.

TREATMENT *ds*
: Definiert die Treatmentvariablen.

```
DEPENDENT abv, TREATMENT v1 + v2 + v1*v2;
```

COVARIATE *ds*
: Spezifiziert eine oder mehrere Variablen als Kovariate.

BLOCK *ds* Dient der Definition eines Blockdesigns.

ERROR.TERM *ds*
: Spezifiziert zu kontrollierende Fehlerterme.

MEANS *ds* Ausgabe von Mittelwerttabellen, wobei ein bestimmtes Design spezifiziert werden kann.

PLACES *n* Mittels des Parameters *n* läßt sich die Anzahl der Dezimalstellen in den Mittelwerttabellen bestimmen.

Y.SUBSET *vn*
: Wird mehr als eine abhängige Variable benutzt, kann mittels Y.SUBSET festgelegt werden, für welche abhängige Variable die Mittelwerttabellen erstellt werden. Per Voreinstellung werden Mittelwerttabellen für alle Variablen erstellt.

SHOW DESIGN
: Ausgabe des jeweiligen Designs.

SHOW Ausgabe einer Liste der Variablen in der Eingabedatei.

V *n* Dient der Erhöhung des Ausgabeumfanges. V 3 gibt zusätzlich zur Varianzanalysetafel das jeweilige Design aus, V 4 detaillierte Informationen bezüglich fehlender Werte.

```
(1)  ANOVA azedv, LABELS 'azedv.lab', BARTLETT, TUKEY.B;
       MODEL saz = v3, MEANS;
       $

          ANALYSIS OF VARIANCE:    saz
                      in File:    azedv

                                                      Within Stratum
(2)  SOURCE OF VARIATION     DF      SS          MS        F     Pr > F

        v3                    2     374.34     187.17     5.82 0.0037
        Residual            145    4659.77      32.14

      Adjusted Total        147    5034.11

      GRAND MEAN                                29.16
      Number of Observations                   148

      OBSERVATIONS  with MISSING DATA            2

(3) Test for homogeneity of variances:
     Bartlett F. . . . . =       .628,    Pr>f   =  .5338
     Bartlett chi-square =      2.891,    Pr>chi =  .2356

(4) Tukey:b
    1: sig at the 1 percent level,  5: sig at 5 percent

    mean                n group   3  2  1

    32.65000          20      3      .  1
    30.09375          32      2   .     .
    28.12500          96      1   1  .

(3)       Cell Contents are....
             Cell Counts
          ---Mean Score Of Variable  ------saz-------

                      SACHBEA  GRUPPE     ABT        Row
                      RBEITER  NLEITER   LEITER     Totals
                      --------------------------
       v3           |     96       32        20  |    148
                    | 28.13    30.09    32.65   |  29.16
                      --------------------------
```

Beispiel 4.11: Varianzanalyse

(1) Es wird eine einfache Varianzanalyse für die abhängige Variable *saz* und die unabhängige Variable Stellung im Betrieb (*v3*) angefordert. Zusätzlich wird eine Mittelwerttabelle ausgegeben.

(2) Ausgabe der Varianzanalysetafel. Sie enthält die Zahl der Freiheitsgrade (d.f.), die Summen der Abweichungsquadrate (Sum of Squares), die mittleren Abweichungsquadrate (Mean Squares) und den F-Wert. Da die zugehörige Wahrscheinlichkeit geringer ist als das geforderte Signifikanzniveau von $\alpha = 0,05$, wird die Nullhypothese, die Gleichheit der Gruppen bezüglich der Arbeitszufriedenheit behauptet, verworfen.

(3) Die Prozedur weist den F-Wert und die näherungsweise χ^2-verteilte Prüfgröße aus. Die Wahrscheinlichkeit der χ^2-Prüfgröße ist größer als das hier geforderte Signifikanzniveau von $\alpha = 0,10$. Die Nullhypothese, die Varianzhomogenität behauptet, wird daher nicht zurückgewiesen.

(4) Ausgabe des multiplen Mittelwertvergleichs nach Tukey. In der Matrix werden die signifikanten Differenzen auf dem 1 % und dem 5 %-Niveau ausgewiesen. Sachbearbeiter und Abteilungsleiter unterscheiden sich demnach hinsichtlich der Arbeitszufriedenheit signifikant voneinander.

(5) Ausgabe der Mittelwerttabelle. Die Tabelle enthält die Mittelwerte der Gruppen bezüglich der Arbeitszufriedenheit.

4.3.3 Nicht-parametrische Signifikanztests: NP.TEST

P-STAT stellt dem Anwender eine Vielzahl nicht-parametrischer Testverfahren zur Verfügung, wie dem allgemeinen Prozeduraufruf `NP.TEST` zu entnehmen ist. Hier werden nur einige Prozeduraufrufe exemplarisch erläutert. Es sei darauf hingewiesen, daß in jedem Fall eine Gewichtungsvariable spezifiziert werden kann.

Die Option KS1

Der **Kolmogorov-Smirnov-Test** für eine Stichprobe vergleicht die Verteilung einer empirischen Variablen mit einer theoretischen Verteilung. Die Nullhypothese des Tests lautet, daß zwischen den Verteilungen kein Unterschied besteht. Die Prüfgröße des Tests basiert auf der größten absoluten Differenz zwischen beiden kumulierten Verteilungen. Die folgenden theoretischen Verteilungen und ihre Parameter können spezifiziert werden:

Normalverteilung (`NORMAL`):	Mittelwert, Standardabweichung
Poissonverteilung (`POISSON`):	Mittelwert
Gleichverteilung (`UNIFORM`):	Minimum, Maximum.

```
NP.TEST fn,
      [BINOMIAL [{.5*}], {COUNTS [n n],}  [WEIGHT vn,]]
                {p  }    {EQ n,        }
                         {NE n,        }
                         {GT n,        }
                         {GE n,        }
                         {LT n,        }
                         {LE n,        }
      [CHI [min max],  [EXPECTED f1 f2 f3 ...]  [WEIGHT vn,]]
      [KS1, {NORMAL [mittel stdabw],         }  [WEIGHT vn,]]
            {POISSON [mittel],               }
            {UNIFORM [min max],  [DISCRETE,]}
      [MEDIAN [median], [NG {2*},] GROUP vn [{1 2*}], [WEIGHT vn,]]
                            {n }             {n n }
      [MANN.WHITNEY,  GROUP vn [{1 2*}], [WEIGHT vn,]]
                                {n n }
      [KS2, GROUP vn [{1 2*}], [WEIGHT vn,]]
                      {n n }
      [RUNS, GROUP vn [{1 2*}], [WEIGHT vn,]]
                       {n n }
      [SQUARED.RANKS, [NG {2*},] GROUP vn [{1 2*}], [CONTRASTS,]
                          {n }             {n n }
                                              [WEIGHT vn,]]
      [SIGN,  [{TWO*,}]  [WEIGHT vn,]]
               {ONE, }
      [MCNEMAR,  [WEIGHT vn,]]
      [WILCOXON, [{TWO*,}]  [WEIGHT vn,]]
                  {ONE ,}
      [KRUSKAL.WALLIS, [NG {2*},] GROUP vn n n,  [WEIGHT vn,]]
                           {n }
      [COCHRAN, [WEIGHT vn,]]
      [FRIEDMAN, [WEIGHT vn,]]
      [CONCORDANCE,  [WEIGHT vn,]]
```

Allgemeine Form: Prozedur NP.TEST

Standardmäßig wird angenommen, daß es sich um eine kontinuierliche Verteilung handelt. Andernfalls ist zusätzlich die Option DISCRETE zu spezifizieren. Wird kein Parameter spezifiziert, werden die Koeffizienten der theoretischen Verteilung aufgrund der Stichprobenverteilung ermittelt.

```
(1)  NP.TEST azedv (KEEP saz), KS1, NORMAL $

 --- Kolmogorov-Smirnov goodness of fit test: file azedv ---
 --- variable saz

(2)  NORMAL fit using observed mean,sd of 29.16216 and 5.8519769

(3)           .....LARGEST DIFFERENCES......
    cases   absolute    positive    negative      K-S Z     2-tailed P
      148     0.0645      0.0468     -0.0645      0.785          0.569
```

Beispiel 4.12: Kolmogorov-Smirnov-Test auf Normalverteilung

(1) Anforderung des Kolmogorov-Smirnov-Tests für eine Stichprobe, wobei die Verteilung der Variable Arbeitszufriedenheit (*saz*) mit der Normalverteilung verglichen wird. Es ist darauf hinzuweisen, daß der Test für große Stichproben ($n > 100$) nur bedingt geeignet ist, da auch geringste Abweichungen von der Normalverteilung als signifikante Differenz ausgewiesen werden. Bei großen Fallzahlen sollte man deshalb auf Shapiro-Wilks W oder Anderson-Darlings A^2 im Zusammenhang der Prozedur `COUNTS` zurückgreifen (vgl. Abschnitt 4.2.3, S. 229).

(2) Angabe der theoretischen Vergleichsverteilung und der Stichprobenparameter Mittelwert und Standardabweichung.

(3) Ausgabe der Fälle ohne fehlenden Wert, der maximalen absoluten, positiven und negativen Differenz sowie der Prüfgröße K-S Z und des zugehörigen Signifikanzniveaus. Die Nullhypothese kann nicht zurückgewiesen werden. Die Annahme, daß die Variable *saz* normalverteilt ist, wird folglich beibehalten.

Die Option MANN.WHITNEY

Sollen zwei unabhängige Stichproben einer mindestens ordinalskalierten Variablen hinsichtlich ihrer zentralen Tendenz verglichen werden, ist der **U-Test** ein geeignetes Verfahren. Die Nullhypothese besagt, daß die Stichproben aus einer gemeinsamen Grundgesamtheit stammen. Zur Ermittlung der Prüfgröße U werden die Werte beider Stichproben in eine gemeinsame Rangreihe gebracht. U bestimmt sich als die Häufigkeit, mit der die Werte einer Gruppe in der gemeinsamen Rangreihe vor den Werten der anderen Gruppe auftreten.

Zum Aufruf des U-Tests ist die Spezifikation einer Variable und derjenigen Werte erforderlich, die die beiden Stichproben definieren. Werden nach der Option `GROUP VN` keine Werte zur Definition der Stichproben spezifiziert, tritt die Voreinstellung für n (1 2) in Kraft. Wird lediglich ein Wert angegeben, so werden die

Fälle, für die der Wert zutrifft, der einen Stichprobe, alle übrigen Fälle ohne fehlenden Wert der anderen Stichprobe zugeordnet.

```
(1)  NP.TEST azedv (KEEP saz v73), MANN.WHITNEY, GROUP v73 $

     ----- Mann-Whitney U test: file azedv -----
     ----- variable saz

(2)     SUM OF RANKS   MEAN RANK   CASES
             2034.50       59.84      34  v73 = 1
             8991.50       78.87     114  v73 = 2
                                   -----
                                     148  TOTAL

(3)                    normal approximation
                       corrected  for  ties    tied
                U              Z  2-tailed P   cases
          1439.50       -2.2758       0.0229     147
```

Beispiel 4.13: Mann-Whitney U-Test

(**1**) Es wird ein U-Test für die unabhängigen Stichproben Frauen und Männer hinsichtlich der Arbeitszufriedenheit durchgeführt. Da die Variable Geschlecht ($v73$) der voreingestellten Codierung folgt (Frauen = 1, Männer = 2), werden nach der Gruppierungsvariable keine Werte für die Gruppen spezifiziert.

(**2**) Ausgabe der Rangsummen, der mittleren Rangsummen (Rangsumme/Stichprobengröße) und der Fallzahlen pro Stichprobe. Die Rangsummen nehmen für die Männer deutlich höhere Werte an.

(**3**) Ausgabe der Prüfgröße U und des zugehörigen Signifikanzniveaus, wobei die Werte für verbundene Ränge korrigiert sind. Die Nullhypothese wird zurückgewiesen, da das Signifikanzniveau die kritische Grenze von $\alpha = 0,05$ unterschreitet. Die Alternativhypothese, Frauen und Männer unterscheiden sich bezüglich der geäußerten Arbeitszufriedenheit, wird daher akzeptiert. Bei gerichteten Hypothesen kann das ausgewiesene Signifikanzniveau halbiert werden, sofern nicht schon die Größenordnung der Rangsummen der Hypothese zuwiderläuft.

Die Option KRUSKAL.WALLIS

Mittels der **Rangvarianzanalyse** nach Kruskal und Wallis kann überprüft werden, ob sich mehrere unabhängige Stichproben bezüglich des Medians unterscheiden. Die abhängige Variable muß mindestens ordinales Skalenniveau aufweisen. Der Prozeduraufruf erfordert die Spezifikation der Anzahl der Stichproben und einer

Gruppierungsvariable. Wird die Anzahl der Stichproben mittels `NG K` nicht festgelegt, geht die Prozedur von 2 Stichproben aus. Nach Spezifikation der Gruppierungsvariable können Werte festgelegt werden, welche die k Gruppen definieren. Entfällt diese Angabe, tritt die Voreinstellung in Kraft und es wird die Codierung $1, 2, 3, \ldots, k$ unterstellt.

```
(1)  NP.TEST azedv (KEEP saz v3),
            KRUSKAL.WALLIS, NG 3, GROUP v73 $


     ------ Kruskal-Wallis 1-way anova: file azedv ------
     ------ variable saz


(2)     MEAN RANK     CASES
            66.79        96   v3 = 1
            81.00        32   v3 = 2
           101.13        20   v3 = 3
                      -----
                        148   TOTAL
(3)                                       ---corrected for ties---
    cases     chi-square  significance    chi-square  significance
     148         11.5591        0.0031       11.5948        0.0030

             (Note: 23 ties were found, involving 147 cases)
```

Beispiel 4.14: Kruskal-Wallis Rangvarianzanalyse

(1) Aufruf einer Rangvarianzanalyse für die hierarischen Gruppen bezüglich der Arbeitszufriedenheit. Da die Codierung (Sachbearbeiter = 1, Gruppenleiter = 2, Abteilungsleiter = 3) der Voreinstellung entspricht, wird sie nicht explizit angeführt.

(2) Ausgabe der mittleren Rangsummen, die mit höherer Hierarchieebene ebenfalls ansteigen.

(3) Ausgabe der χ^2-verteilten Prüfgröße H und des zugehörigen Signifikanzniveaus. Die Werte werden sowohl unkorrigiert als auch für verbundene Ränge korrigiert ausgegeben. Da die Variable Arbeitszufriedenheit (*saz*) sehr viele Ausprägungen besitzt, finden sich nur wenige verbundene Ränge, weshalb die Koeffizienten nahezu gleiche Werte annehmen. Da das Signifikanzniveau die kritische Grenze unterschreitet, wird die Nullhypothese zurückgewiesen und die Alternativhypothese akzeptiert, daß wenigstens eine der drei Stichproben aus einer Grundgesamtheit mit einem anderen Median stammt.

4.4 Analyse von Zusammenhängen

4.4.1 Kreuztabellenanalyse: TABLES

Die interaktive Prozedur TABLES erzeugt **Kreuztabellen** für numerische Variablen. Ähnliche Leistungen wie TABLES bietet die Prozedur SURVEY. Letztere ermöglicht einen flexibleren Aufbau und die druckreife Ausgabe von Tabellen, berechnet aber nur wenige statistische Maßzahlen.

Allgemeiner Prozeduraufruf

Zum Aufruf der Prozedur TABLES ist die Spezifikation einer Eingabedatei und die Definition einer Tabelle innerhalb eines Unterkommandoblocks erforderlich. Der folgende Prozeduraufruf erzeugt eine Kreuztabelle der Variablen Bildungsabschluß (*v77*) und Geschlecht (*v73*):

```
TABLES azedv;
  T v77 BY v73 $
```

Zur Verarbeitung alphanumerischer Variablen sind diese zunächst in numerische Variablen zu transformieren. Zur Durchführung einer Vielzahl derartiger Transformationen empfiehlt sich die hier nicht besprochene Prozedur MAP. Andernfalls genügt es, die PPL-Funktion RECODE zu nutzen, wie das folgende Beispiel zeigt:

```
TABLES  (SET sex = RECODE (sex, 'Frau' = 1, 'Mann' = 2);
  T v77 BY sex;
```

Die **globalen Optionen** der Prozedur bedeuten im einzelnen:

DES *fn* Spezifiziert eine Deskriptionsdatei als zusätzliche Eingabedatei. Dies erspart einen ersten Durchgang (Pass) der Daten und damit Rechenzeit. Im ersten Pass werden die Spannweiten ermittelt, die TABLES zum korrekten Aufbau der Tabellen benötigt.

NO.PASS Unterdrückt den ersten Pass der Daten. Sofern keine Deskriptionsdatei spezifiziert wird und bei der Definition der Tabellen keine Spannweiten angegeben werden, benutzt TABLES zum Aufbau der Tabellen Standardwerte (Bis zu 19 Zeilen und 9 Spalten).

LABELS *fn* Die spezifizierten Labels werden zur Gestaltung der Kreuztabellen genutzt. Extended Labels werden nicht wiedergegeben.

TITLES Zuvor spezifizierte Überschriften werden für alle erzeugten Tabellen übernommen. Zusätzliche Titel können auf Unterkommandoebene angefordert werden.

```
TABLES  fn, [DES fn,]  [NO.PASS,]  [LABELS 'fn' ['fn'],]
            [TITLES,]  [CONTENTS,]
            [WEIGHT fn,]  [OUT fn,]   [SAVE fn,];

            T ['title'] vn [min, max] [{AND    }  vn ...],
                                       {BY     }
                                       {TO     }
                                       {THEN   }
                                       {WITHIN}
                                       {BY .. }
            [T ..]
            [COMBOS,]  [MR,]  [RESPONSES,]
            [MISSING,] [ROWPCT,]  [CUMROW,]  [COLPCT,]  [CUMCOL,]
            [TOTPCT,]  [GRANDPCT,]
            [LOCAL.ROWPCT,]  [LOCAL.COLPCT,]  [SUBTOTAL,]
            [NO.COUNT,]  [MEANS vn,]  [SUMS vn,]  [BOTH vn,]
            [ST.DEV,]    [INTEGER,]   [EV,]       [CELL.CHI,]
            [{NO.CHI*},]  [MCHI,]  [MSD,]  [STATS,]
             {CHI    }
            [FILL,]  [SQUEEZE,]  [NO.PRINT,]  [NO.TITLES,]
            [NO.BOX,]  [EDGES {TBLRHV},]  [PZ,]  [IGNORE n,]
            [PLACES n,]  [WIDTH {9*},]  [BREAK,]
                                {n }
            [FINAL.TOTALS,]  [PAGE.NUM n,];
```

Interaktiver Bearbeitungsmodus:

```
AGAIN, [optionen];
MODIFY  LI[ST]  GE[T] n  OP[TIONS] char
CO[BINE] vn 'label' [FROM] {n      } [TO] {n      }
                           {'label'}      {'label'}
DE[LETE] vn {n      } [TO] {n      }
            {'label'}      {'label'}
OR[DER]  vn {n      } {n      }
            {'label'} {'label'}
RE[LABEL] {'label'} {'label'}
SURFACE vn label
PR[INT] fn  FI[LE] fn
CAN[CEL]  Q[UIT]
```

Einlesen von Kreuztabellen:

```
TABLES, T.IN fn, [CV vn,]  [RV vn,]
```

Allgemeine Form: Prozedur TABLES

`CONTENTS` Fordert die Erstellung eines Inhaltsverzeichnisses an.

`WEIGHT` *vn* Definition einer Variablen, deren Werte zur Gewichtung aller Tabellen genutzt werden.

`OUT` *fn* Diese Option ist nur bei Batchverarbeitung erlaubt und fordert die Ausgabe der ersten, im Unterkommandoblock spezifizierten Tabelle in eine externe Systemdatei an. Bei interaktiver Betriebsart ist die Option `FILE` auf Unterkommandoebene zu nutzen. Das Dateiformat ist nur zur Weiterverarbeitung der Tabellen mittels `TABLES` geeignet.

`SAVE` *fn* Anforderung einer Datei zur Speicherung aller im folgenden spezifizierten Tabellen. Die Prozedur `TABLE.FILE` kann genutzt werden, um die Datei in einen P-STAT-Systemfile zu transformieren. Die Option darf auch auf Unterkommandoebene zur Speicherung einzelner Tabellen spezifiziert werden.

```
TABLES azedv, SAVE tab1;
  T v3 BY v73; $
TABLE.FILES, FILE tab1, OUT stab1 $
  LIST stat1 $
```

`PR` *'fn'* Ausgabe in eine Druckdatei.

Der **Tabellenaufbau** wird im Unterkommandoblock festgelegt. Folgt der Option T nur ein Variablenname, so wird eine einfache Häufigkeitsauszählung durchgeführt. Eine Reihe von Schlüsselwörtern vereinfachen die Anforderung mehrerer Tabellen und erlauben komplexere Definitionen. In eine Kreuztabelle dürfen bis zu 6 Variablen einbezogen werden. Bei Definition einer Tabelle dürfen die Schlüsselwörter `BY`, `THEN`, und `WITHIN` daher nur fünfmal verwendet werden.

`'title'` Bei der Definition der Tabellen ist es möglich, zusätzliche Überschriften anzufordern. Die Überschriften müssen, in Hochkommata eingeschlossen, nach dem Unterkommado T definiert werden. Ihre Ausgabe erfolgt im Anschluß an extern, mittels `TITLES` definierte Überschriften.

`'Überschrift' 'Unterschrift' v3 BY v72 AND v73;`

`(min, max)`

Im Anschluß an eine Variable kann der zu berücksichtigende Wertebereich explizit in Klammern definiert werden. Dies ist sinnvoll, wenn auf einen explorativen Pass der Daten verzichtet wird und die Standardwerte zum korrekten Aufbau der Tabelle nicht ausreichen. `T v3 (1, 3) BY v73 (1, 2);`

BY oder * Definiert mehrdimensionale Kreuztabellen. Die Tabellen werden nach den Werten der Kontrollvariablen aufgespalten.
`T v76 BY v3 BY v73;`

AND Dient der Definition einer Variablenliste. Die folgende Definition fordert drei Kreuztabellen an.
`T v67 AND v69 AND v71 BY v3;`

TO Folgen die Variablen in der Eingabedatei direkt aufeinander, kann das Schlüsselwort TO zur Definition einer Variablenliste benutzt werden. `T v67 TO v71 BY v3;`

COMBOS Wird nach einer Variablenliste die Option COMBOS spezifiziert, so werden alle möglichen Kombinationen der ersten 50 Variablen dieser Liste kreuztabelliert.`T var1 to var50, COMBOS;`

WITHIN Geschachtelte (hierarische) Tabellen. Überschreitet die Breite der geschachtelten Tabellen die Anzahl möglicher Spalten der Standardausgabeeinheit (80 oder 132), erfolgt keine Ausgabe. Gegebenenfalls ist die Breite der Zellen mittels der Option WIDTH zu verändern. Mehrfach geschachtelte Tabellen sind nicht erlaubt, d. h. das Schlüsselwort WITHIN darf jeweils nur einmal für die abhängigen und/oder die unabhängigen Variablen spezifiziert werden. `T v76 BY v3 WITHIN v73;`

THEN Gruppierte Tabellen. `T v76 BY v3 THEN v73;`

.. Mittels dieser Spezifikation im Anschluß an BY werden die Häufigkeiten der Variablen ausgegeben. Die Variablenliste ist allerdings mittels des Schlüsselwortes TO zu spezifizieren. Gegebenenfalls sind die Variablen der Eingabedatei daher zu gruppieren. Im Beispiel werden die Variablen der Eingabedatei geordnet, so daß die TO-Konvention zur Häufigkeitsauszählung benutzt werden kann. Ein erster, explorativer Pass der Daten wird unterdrückt, da die Anzahl der Kategorien innerhalb des Bereichs der Standardwerte liegt. Die extern definierten Überschriften werden übernommen. In der Tabelle werden die Zeilenprozente sowie Mittelwerte und Standardabweichungen der marginalen Häufigkeiten ausgegeben. Die Ausgabe der absoluten Häufigkeiten und der Umrandungen wird unterdrückt.

```
TITLE L 'Subskala Entscheidungsspielraum' $
TABLES azedv
   (KEEP v51 TO v53 v55 v56 .OTHERS.),
   TITLES, NO.PASS;
   T 'Häufigkeit in %' v51 TO v56 BY ..,
   ROWPCT, NO.COUNT, NO.BOX,  $
```

`MR` *n* Die Option erlaubt den Einbezug von Mehrfachantworten als Zeilenvariable in Kreuztabellen. Die Codierung muß auf die möglichen Nennungen bezogen sein ($1/k$ Codierung), andernfalls sind die Variablen zunächst zu recodieren. Der Parameter *n* legt fest, wieviele Variablen, ausgehend von der spezifizierten, zusammengefaßt werden sollen. Im Beispiel werden die Antworten der Variable *monitor* sowie der folgenden zwei Variablen der Eingabedatei zusammengefaßt und mit der Variablen *v72* kreuztabelliert.

```
T monitor BY v72, MR 3;
```

`RESPONSES` Die Option ist nur im Zusammenhang mit `MR` erlaubt und fordert an, daß die absoluten und relativen Häufigkeiten der Spalten auf der Anzahl der Antworten basieren und nicht auf der Anzahl der Befragten.

```
T monitor BY v72, MR 3, RESPONSES;
```

Nach Abschluß der Tabellendefinition können optional **zusätzliche Leistungen** angefordert werden. Normalerweise werden diese Optionen auf der Ebene der Unterkommandos angefordert und gelten ausschließlich für die jeweilige Tabelle. Sollen die Optionen für alle folgenden Tabellen gelten, so sind sie beim Aufruf der Prozedur als globale Optionen zu spezifizieren. Der folgende Prozeduraufruf bewirkt, daß für alle folgenden Tabellen die Zeilenprozente berechnet werden.

```
TABLES azedv, DES desazedv, ROWPCT;
```

Standardmäßig werden in den Kreuztabellen nur die absoluten Häufigkeiten ausgegeben. Optional lassen sich eine Vielzahl weiterer **Statistiken** anfordern, die sich in drei Gruppen einteilen lassen: Behandlung fehlender Werte und relative Häufigkeiten, Statistiken innerhalb der Zellen sowie Statistiken über alle Daten.

`MISSING` Standardmäßig werden fehlende Werte weder ausgewiesen noch bei der Berechnung von Statistiken berücksichtigt. Die Option fordert eine zusätzliche Spalte an, in welcher die fehlenden Werte (`M1, M2, M3`) gemeinsam ausgewiesen werden. Die fehlenden Werte werden bei der Berechnung relativer Häufigkeiten berücksichtigt, nicht aber bei der Berechnung anderer Statistiken. Die Option kennt eine Reihe weiterer Parameter zur differenzierten Behandlung fehlender Werte, wozu auf das Systemhandbuch verwiesen wird.

`ROWPCT` Zeilenprozente.

`CUMROW` Kumulierte Zeilenprozente.

`COLPCT` Spaltenprozente.

`CUMCOL` Kumulierte Spaltenprozente.

`TOTPCT` Relative Häufigkeiten bezogen auf *n*.

`GRANDPCT` Wie `TOTPCT` für drei- und mehrdimensionale Tabellen.

`LOCAL.ROWPCT`
Zeilenprozente der inneren Variablen. Nur bei geschachtelten Kreuztabellen anwendbar.

`LOCAL.COLPCT`
Spaltenprozente der inneren Variablen. Nur bei geschachtelten Kreuztabellen anwendbar.

`SUBTOTAL` Relative Häufigkeiten bezogen auf das *n* der inneren Variablen. Nur bei geschachtelten Kreuztabellen anwendbar.

`NO.COUNT` Unterdrückt die Ausgabe absoluter Zellenhäufigkeiten. Die Option ist nur zulässig, wenn andere Zellenstatistiken oder relative Häufigkeiten angefordert werden.

`MEANS` *vn* Erzeugt die Mittelwerte der angegebenen Variablen. Wird die Option ohne Variablenliste spezifiziert, werden die Mittelwerte aller Variablen der Eingabedatei ausgegeben. Die Option ist von besonderem Interesse, wenn in einer Kreuztabelle zusätzlich die Werte einer metrischen Variablen betrachtet werden sollen. Im Beispiel werden die Mittelwerte der Variablen Arbeitszufriedenheit (*saz*) für die einzelnen Zellen der Kreuztabelle von hierarchischer Stellung (*v3*) und Geschlecht (*v73*) ausgegeben.

```
T v3 BY v73, MEANS saz;
```

`SUMS` *vn* Erzeugt die Summen der angegebenen Variablen. Wird die Option ohne Variablenliste spezifiziert, werden die Summen aller Variablen der Eingabedatei ausgegeben.

`BOTH` *vn* Ausgabe der Mittelwerte und der Summen der spezifizierten Variablen.

`ST.DEV` Berechnet zusätzlich die Standardabweichung der mittels `MEANS` oder `BOTH` spezifizierten Variablen.

`INTEGER` Ausgabe der bei `SUMS` oder `BOTH` angeforderten Summen als Ganzzahl.

`EV` Erwartungswerte der Zellen.

`CELL.CHI` χ^2 der Zellen, d. h. die quadrierte Differenz von Zellenhäufigkeit und erwarteter Häufigkeit dividiert durch die erwartete Häufigkeit.

`CHI` χ^2-Test. Für 2×2 Tabellen mit einer kleineren Zellenhäufigkeit als 20 wird Fishers exakter Test berechnet.

`MCHI` McNemars χ^2. Dieser Test ist nur bei quadratischen Tabellenformaten zu verwenden.

`MSD` Ausgabe von Mittelwerten und Standardabweichungen der Marginalverteilungen.

`STATS` Ausgabe aller möglichen Statistiken. Außer dem χ^2- Test werden eine Vielzahl von Assoziationskoeffizienten berechnet. Die Option ist bei geschachtelten Tabellen unzulässig.

Eine weitere Gruppe von Optionen modifiziert das **Layout** der Tabellen:

`FILL` Fordert die Ausgabe aller Kategorien der Variablen an. Standardmäßig werden alle Kategorien zwischen der niedrigsten und höchsten besetzten Zeile oder Spalte ausgegeben.

`SQUEEZE` Komprimiertes Tabellenformat; d. h. leere Spalten oder Zeilen werden nicht ausgegeben. `SQUEEZE` ist im Zusammenhang mit den Spezifikationen `WITHIN` und `THEN` unzulässig.

`NO.PRINT` Die Ausgabe der Kreuztabelle wird unterdrückt.

`NO.TITLES` Keine Ausgabe von Überschriften, die mittels `TITLES` festgelegt wurden.

`NO.BOX` Keine Umrandungen der Zellen.

`EDGES` *arg* Die Umrandungen können mittels `EDGES` differenziert festgelegt werden. Dabei bedeuten:

`T`	(Top)	Obere Trennlinie.
`B`	(Bottom)	Untere Trennlinie.
`L`	(Left)	Linke Trennlinie.
`R`	(Right)	Rechte Trennlinie.
`H`	(Horizotal)	Horizontale Trennlinien.
`V`	(Vertical)	Vertikale Trennlinien.

`PZ` In leeren Zellen wird eine 0 ausgedruckt.

`IGNORE` *n* Finden sich Zellenhäufigkeiten kleiner als *n*, wird ein Punkt ausgedruckt.

`PLACES` *n* Legt die Anzahl der Kommastellen für angeforderte Mittelwerte fest (`MEANS`).

`WIDTH` *n* Spezifiziert die Breite der Zellen, wobei die Werte 6, 9, oder 12 zulässig sind. Standardmäßig werden 9 Spalten angenommen.

`BREAK` Nach einer spezifizierten Anzahl von Zeilen wird ein Seitenumbruch vorgenommen.

`FINAL.TOTALS`
Unterdrückt die Ausgabe der marginalen Häufigkeiten in der letzten Zeile, bis das Ende der Tabelle gedruckt wird.

`PAGE.NUM` Spezifiziert eine Anfangszahl zur Numerierung der Seiten.

Interaktive Betriebsart

Die bisher beschriebenen Kommandos sind sowohl im Batchbetrieb als auch bei interaktiver Betriebsart zu verwenden. Es stehen eine Reihe weiterer Kommandos zur Verfügung, welche die interaktive Steuerung der Prozedur erleichtern. Diese Betriebsart ist bei der Definition komplexer Tabellen ausgesprochen vorteilhaft, weshalb die möglichen Kommandos im folgenden kurz skizziert werden. Ausführliche Erläuterungen erübrigen sich, da die Prozedur über eine äußerst umfangreiche Hilfefunktion verfügt.

Nachdem eine im Unterkommandoblock definierte Tabelle auf den Monitor ausgegeben wurde, ist es häufig wünschenswert, diese zu modifizieren. Wie die anderen interaktiven P-STAT-Prozeduren verfügt auch `TABLES` über das Kommando `AGAIN`, um diese Arbeit zu erleichtern. `AGAIN` wiederholt die Ausgabe der aktuell bearbeiteten Tabelle und übergibt gegebenenfalls weitere Optionen. Dabei ist es wichtig zu wissen, daß zuvor spezifizierte Optionen durch Voranstellen von `NO` zurückgenommen werden können, wie im folgenden Beispiel gezeigt wird.

```
AGAIN, NO ROWPCT;
```

Nach Abschluß der Modifikationen kann die Tabelle als Druckdatei mittels `PR FN` oder als Datei im speziellen Format der Prozedur `TABLES` mittels `FILE FN` ausgegeben werden.

```
AGAIN, FILE tafel1;
```

Die Prozedur kennt allerdings noch weitere nützliche Optionen, die in der Prozedurübersicht gesondert notiert sind. Diese können, sofern sie der Modifikation oder Ausgabe einer Tabelle dienen, mittels `AGAIN` benutzt werden.

```
AGAIN, COMBINE v3 'hoehere Ang.' FROM 2 TO 3;
```

Diesen Optionen kommt aber eine Sonderstellung zu, insofern sie gemeinsam innerhalb eines interaktiven Modus zur Bearbeitung der Tabellen zur Verfügung stehen. In diesen wechselt man von der Unterbefehlsebene aus durch Eingabe von `MODIFY`. Die Wirkung der Kommandos ist im folgenden beschrieben.

`H[ELP]` Anforderung der Hilfetexte. Die ausgegebenen Informationen hängen von der jeweiligen Situation ab und beziehen sich auf die möglichen Kommandos, die Variablen und ihre Kategorien.

`AGAIN` Das Kommando wiederholt den zuvor spezifizierten Unterkommandoblock und übergibt gegebenenfalls weitere Optionen.

```
AGAIN, PR 'lpt1' ;
```

`MODIFY` Wechselt von der Unterbefehlsebene in den interaktiven Bearbeitungsmodus.

`L[IST]` Bei interaktiver Steuerung werden i. d. R. mehrere Tabellen bearbeitet. `LIST` gibt die Definition der Tabellen und ihre laufenden Nummern aus.

`GE[T]` *n* Fordert die Bearbeitung der Tabelle mit der laufenden Nummer *n* an.

`OP[TIONS]` Übergibt Optionen an den Unterkommandoblock der aktuellen Tabelle. Jede zuvor spezifizierte Option kann durch Voranstellen von `NO` zurückgenommen werden:
`OPTIONS CHI, NO ROWPCT,`

`CO[BINE]` Erlaubt es, Spalten oder Zeilen einer Tabelle zusammenzufassen und neue Labels für die Kategorien zu vergeben. Das Kommando benötigt den Variablennamen, das neue Label der Kategorie sowie die Labels oder Positionen der unteren und oberen Grenze der alten Kategorien. Werden Labels spezifiziert, die ein Leerzeichen umfassen, müssen diese in Hochkommata eingeschlossen werden. Die Schlüsselwerte `FROM` und `TO` können entfallen.
`COMBINE v76 'bis 1800 DM' FROM 1 TO 3` oder
`CO v76 'bis 1800 DM' 'BIS 1.200' '1.500 BIS 1.800'`

`DE[LETE]` Löscht Zeilen und Spalten einer Tabelle: `DELETE v76 1`

`OR[DER]` Ordnet die Kategorien einer Variable in der spezifizierten Reihenfolge:
`ORDER v77 'über 50' '41 - 50' '31 - 40' 'bis 20'`

`RE[LABEL]` Ändert die Bezeichnung einer Kategorie. Das Schlüsselwort `TO` kann entfallen:
`RELABEL v77 'über 50' TO 'älter als 51'`

`SURFACE` Mittels `SURFACE` werden bei drei- und mehrdimensionalen Tabellen einzelne Teiltabellen ausgewählt und ausgegeben. Die Kombination von `SURFACE` und `PRINT` kann beispielsweise genutzt werden, um eine Teiltabelle auf den Drucker zu geben: `SURFACE V3 V73`

`PR[INT]` `PRINT` gibt die aktuelle Tabelle auf den Monitor oder gegebenenfalls in eine Druckdatei aus. `OPTIONS` und `PRINT` gemeinsam wirken wie `AGAIN`. `OPTIONS NO STATS`, oder
`AGAIN, NO STATS`
`PRINT`

`FI[LE]` fn Ausgabe einer Tabelle in eine Systemdatei. Das Format der Tabelle ist zur Weiterverarbeitung mittels `TABLES` geeignet.

`CAN[CEL]` Erklärt die zuvor durchgeführte Änderung für ungültig.

`Q[UIT]` Beendet die Prozedur `TABLES` oder den aktuellen Bearbeitungsschritt.

Einlesen von Kreuztabellen

Tabellen können mittels des interaktiven Kommandos FILE oder dem Batch-Kommando OUT als P-STAT-Systemfiles gespeichert werden. Dies ist nützlich, wenn man Tabellen in mehreren Arbeitsschritten erstellt, da Zwischenergebnisse abgespeichert werden können. Um die Tabellen erneut in TABLES einlesen zu können, ist ein modifizierter Prozeduraufruf zu verwenden. Dieser kann auch dazu benutzt werden, um Kreuztabellen direkt mittels P-STAT zu verarbeiten. Letzteres ist ausgesprochen nützlich, wenn bei sekundäranalytischer Arbeit die Rohdaten nicht zur Verfügung stehen. Dabei bedeuten:

T.IN *fn* Spezifikation des Dateinamens. Sofern die Datei im speziellen Format der Prozedur TABLES gespeichert ist, genügt diese Angabe. Sonst sind zusätzlich CV und RV zu spezifizieren.

CV *fn* Wird ein P-STAT Sytemfile eingelesen, der nicht mittels TABLES erstellt wurde, ist mit dem Schlüsselwort CV die Spaltenvariable zu definieren.

RV *fn* Definition der Zeilenvariable.

```
(1)  TABLES azedv, DES desazedv, LABELS 'azedv.lab';
(2)  t v76 * v77;
     CO v77 'bis 30' FROM 'bis 20' TO '26 bis 30'
     CO v77 '31 - 40' FROM '31 bis 35' TO '36 bis 40'
     CO v77 '41 - 50' FROM '41 bis 45' TO '46 bis 50'
     CO v77 'über 50' FROM '51 BIS 55'  TO '60 UND  AELTER'
     CO V76 'bis 1800 DM' FROM 1 TO 3
     CO v76 'bis 2400 DM' 4 5
     CO v76 'bis 3000 DM' 6 7
     CO v76 'und mehr' 8 9
     OPTIONS STATS, ROWPCT, EDGES TL
     PRINT
     AGAIN, PR 'table.lst'
     $
```

```
(3)     Cell Contents are....
           Cell Counts
           Row Percent

                                  v77
                                                                 Row
     v76             bis 30  31 - 40  41 - 50  über 50        Totals
                     -----------------------------------
     bis 1800 DM  |    31        7        4        5             47
                  |  66.0     14.9      8.5     10.6          100.0
                  |
     bis 2400 DM  |    10       16       16        6             48
                  |  20.8     33.3     33.3     12.5          100.0
                  |
     bis 3000 DM  |     5       11        6        8             30
                  |  16.7     36.7     20.0     26.7          100.0
                  |
     und mehr     |     2       11        9        3             25
                  |   8.0     44.0     36.0     12.0          100.0

     Total N           48       45       35       22            150
     Row Pct         32.0     30.0     23.3     14.7          100.0

(4)  Chi Square =                       43.4266 (PR=0.000)
        Worst Expected Value =           3.6667
        D.F. =                           9.0000
(5)  Cramer's V =                        0.3107
     Contingency Coefficient =           0.4738
     t =                                 1.0872
     LAMBDA Symmetric =                  0.2157
     LAMBDA Predicting Rows =            0.2255
     LAMBDA Predicting Columns =         0.2059
     TAU-B =                             0.3064
     TAU-C =                             0.2989
     GAMMA =                             0.4008
     Somer's D Predicting Rows =         0.3064
     Somer's D Predicting Columns =      0.3064
     Somer's D Symmetric =               0.3064
     Kendall's S =                    2522.0000
     Correlation =                       0.3182
     ETA Predicting Rows                 0.1942
     ETA Predicting Columns              0.1390
```

Beispiel 4.15: Kreuztabellenanalyse

(1) Aufruf der Prozedur TABLES. Die Spezifikation der Deskriptionsdatei erspart einen ersten Pass der Daten.

(2) Definition der Kreuztabelle. Interaktiv werden die Variablen mittels COMBINE recodiert. Anschließend wird die Berechnung aller Statistiken und der Zeilenprozente angefordert. EDGES TL fordert die Ausgabe der oberen und der linken Trennlinie an. Nach Ausgabe der modifizierten Tabelle auf den Monitor (PRINT) wird die Ausgabe in eine Druckdatei geleitet.

(3) Ausgabe der Kreuztabelle. Unter den Zellenhäufigkeiten sind die Zeilenprozente notiert.

(4) Ausgabe des χ^2-Tests. Die Wahrscheinlichkeit für χ^2 ist kleiner als $0,000$. Die Nullhypothese, daß zwischen den Variablen kein Zusammenhang besteht, wird daher verworfen. Nach der Angabe 'Worst Expected Value' wird der kleinste Erwartungswert ausgegeben.

(5) Ausgabe aller Assoziationskoeffizienten. Die Angabe 'Kendall's *S*' bezeichnet die Differenz der konkordanten und diskordanten Paare ($P-Q$).

4.4.2 Korrelationsanalyse: PLOT, CORRELATE und BPRINT

Die Prozedur PLOT

Korrelationen sind Maßzahlen zur Beschreibung linearer Zusammenhänge zwischen zwei Variablen. Anhand eines Streudiagramms läßt sich überprüfen, ob zwischen den Variablen ein linearer Zusammenhang besteht. P-STAT ermöglicht die Erstellung von Streudiagrammen mit der interaktiven Prozedur PLOT. Der folgende Prozduraufruf erzeugt ein **Streudiagramm** der Variablen *v6* und *saz*.

```
PLOT azedv (KEEP v6 TO v12 saz);
   P v6 * saz $
```

Nach dem Prozedurnamen PLOT sind der Name der zu bearbeitenden Datei und gegebenenfalls Modifikationen der Daten zu spezifizieren. Die Definition der Diagramme erfolgt im Unterkommando P, wobei die Variable vor dem Sternchen die Ordinate bezeichnet. Statt einzelner Variablen dürfen auch Variablenlisten eingegeben werden. Nachdem die Ausgabe der Diagramme beendet ist, können mittels weiterer Unterbefehle zusätzliche Ausgaben angefordert oder die Voreinstellungen der Prozedur verändert werden.

Im folgenden Beispiel wird die Ausgabe der Diagramme auf 55 Spalten und 30 Zeilen durch Spezifikation der globalen Optionen OW und LINES begrenzt. Das

Unterkommando AGAIN fordert die nochmalige Ausgabe der zuvor spezifizierten Diagramme in eine Druckdatei an.

```
PLOT azedv (KEEP v6 TO v13 saz), OW 55, LINES 30;
   P saz * v6 TO v13;
   AGAIN; PR 'scatsaz.txt';
   $
```

Ein einzelnes $-Zeichen oder die Eingabe von Q (Quit) beendet die interaktive Prozedur PLOT, deren vielfältige Möglichkeiten, beispielsweise die Ausgabe der Plots im PostScript- oder XWindows-Format, hier nicht im Detail besprochen werden. Dazu sei auf das Benutzerhandbuch verwiesen.

Die Prozedur CORRELATE

Die Prozedur CORRELATE berechnet **Produkt-Moment-Korrelationen** für jedes Variablenpaar einer Eingabedatei. Die Variablen sollten also mindestens intervallskaliert sein und sind gegebenenfalls mittels der PPL-Anweisung KEEP auszuwählen. Neben der Angabe dieser Datei ist die Spezifikation mindestens einer Ausgabedatei obligatorisch. Die Optionen des Kommandos bedeuten im einzelnen:

```
CORRELATE fn, {OUT fn,  }  [{MISSING*, }]  {ROWS n,}
              {COR fn,  }   {COMPLETE,}
              {COV fn,  }
              {CROSS fn,}
              {NMAT fn, }
              {DES fn,  }
                           [WEIGHT vn,]  [{DOUBLE*,}]     $
                                          {SINGLE,}

COR.SIG fn,  {N n,     }  [OUTCOR fn, ]  [LEVEL {.05*},]  $
             {NMAT fn,}   [OUTSIG fn, ]         {n    }
                          [OUTSIG1 fn,]

BPRINT fn, [TRESHOLD n,] [DOTS,]  [{LOWER,}]  $
                                   {UPPER,}
```

Allgemeine Form: Prozeduren zur Produkt-Moment-Korrelation

OUT *fn* oder COR '*fn*' verlangt die Ausgabe der Korrelationsmatrix in die Datei '*fn*'.

COV *fn* Ausgabe der Kovarianzmatrix in Datei '*fn*'.

`CROSS` *fn* Matrix der Kreuzprodukte. Kreuzprodukte sind die Summe der Produkte jedes Variablenpaares.

`NMAT` *fn* Matrix der Fallzahlen, auf denen die Koeffizienten beruhen. Die Datei wird als Eingabedatei für die Prozedur `COR.SIG` benötigt, sofern die Koeffizienten bei paarweisem Ausschluß fehlender Werte berechnet wurden.

`DES` *fn* Anforderung einer Datei mit deskriptiven Statistiken. Die Berechnung erfordert einen zusätzlichen Pass der Eingabedatei, es wird also mehr Rechenzeit benötigt.

`MISSING` Paarweiser Ausschluß fehlender Werte. Dies ist die Voreinstellung.

`COMPLETE` Fallweiser Ausschluß fehlender Werte. Sofern `COMPLETE` nicht explizit angefordert wird, gilt die Voreinstellung `MISSING`.

`ROWS` *n* Legt mittels *n* die Anzahl der Zeilen einer Korrelationsmatrix fest, um asymmetrische Matrizen zu erzeugen.

`WEIGHT` *vn* Die Option erlaubt die Definition einer Variable *vn* zur Fallgewichtung. Bei Gewichtung der Fälle wird allerdings das Signifikanzniveau nicht mehr korrekt eingeschätzt.

`DOUBLE` Die Koeffizienten werden als ‚double precision'-Variablen berechnet. Diese Option ist voreingestellt.

`SINGLE` Fordert die Berechnung als ‚single precision'-Variablen an.

```
(1)  CORRELATE azedv (KEEP saz v6 to v13),
                COR sazcor, NMAT sazn, ROWS 1 $

Correlate completed.
150 cases were read.
148 is the smallest good N for any pair of variables.
The variables are saz and v6 .

Asymmetric result files have 1 row  and 8 columns.

(2)  BPRINT sazcor $

   PAGE=     1,  THRESHOLD= 0.00
 DOUBLE PRECISION CORRELATIONS OF azedv                  FILE=sazcor

POSITION              1     2     3     4     5     6     7     8
         LABEL       v6    v7    v8    v9   v10   v11   v12   v13

   1         saz     61    75    75    81    74    63    38    59
```

Beispiel 4.16: CORRELATE

(1) Im Anwendungsbeispiel werden die Variablen der Skala Arbeitszufriedenheit mit dem Gesamtwert der Skala (*saz*) korreliert, um die Erzeugung von asymmetrischen Korrelationsmatrizen zu demonstrieren. Diesem Zweck dient die Option `ROWS`. Im Beispiel wird eine Korrelationsmatrix mit einer Zeile angefordert. Die Variablen, auf welche sich die Anweisung `ROWS` bezieht, müssen links in der Eingangsdatei stehen. Dies wird mit Hilfe der PPL-Anweisung `KEEP` bewältigt, die die Variablen aus der Eingangsdatei in der spezifizierten Reihenfolge auswählt. Die gleichen Korrelationen zwischen dem Gesamtwert (*saz*) und allen anderen Variablen der Skala werden mit folgender Spezifikation des Kommandos berechnet:

```
CORRELATE azedv (KEEP v6 TO v13 saz),
                 ROWS 8, OUT sazcor $
```

In diesem Fall hätte die Ausgabedatei 8 Zeilen und eine Spalte für die Variable *saz*.

Da kein fallweiser Ausschluß fehlender Werte angefordert wird, ist zusätzlich die Option `NMAT` angegeben. Die Datei *'sazn'* enthält die Fallzahlen, auf denen die einzelnen Korrelationskoeffizienten beruhen, und dient der späteren Berechnung der Signifikanzniveaus. Die wiedergegebene Meldung besagt, daß die Korrelation zwischen den Variablen saz und *v6* auf der geringsten Fallzahl, nämlich 148 Fällen, beruht.

(2) Ausgabe der Korrelationsmatrix mittels der Prozedur `BPRINT`.

Die Prozedur COR.SIG

Die Prozedur `COR.SIG` berechnet das zweiseitige Signifikanzniveau für die Korrelationen einer Eingabedatei. Die Optionen der Prozedur sind im folgenden beschrieben:

`N` *n* — Die Zahl *n* gibt die Fallzahl an, auf der die Korrelationen der Eingabedatei beruhen. Diese Option kann nur benutzt werden, wenn die Korrelationen ohne fehlende Werte berechnet wurden. Die Eingabedaten für `CORRELATE` dürfen also keine fehlenden Werte aufweisen bzw. müssen bei der Berechnung fallweise ausgeschlossen werden. Andernfalls ist die Option `NMAT` zu benutzen. Die Angabe einer der beiden Optionen, `N` oder `NMAT`, ist obligatorisch.

`NMAT` *fn* — Definiert eine Eingabedatei *'fn'* mit den Fallzahlen der Korrelationskoeffizienten, sofern diese mit paarweisem Ausschluß fehlender Werte berechnet wurden.

`OUTCOR` *fn* Ausgabedatei einer Korrelationsmatrix, in welcher nicht signifikante Korrelationskoeffizienten auf 0 gesetzt sind.

`OUTSIG` *fn* Matrix mit den Signifikanzniveaus der Korrelationskoeffizienten.

`OUTSIG1` *fn*

Ausgabe einer Matrix, deren Elemente sich als eins minus Signifikanzniveau $(1 - p)$ berechnen.

`LEVEL` *n* Spezifiziert das gewünschte Signifikanzniveau $\alpha = n$. Fehlt die Option, wird standardmäßig ein Wert von 0,05 angenommen.

Der folgende Prozeduraufruf berechnet zweiseitige Signifikanzniveaus für die Korrelationen der Eingabedatei. Da die Koeffizienten mit paarweisem Ausschluß fehlender Werte berechnet wurden, ist die Option `NMAT` erforderlich. Es wird eine Matrix der Korrelationskoeffizienten, in welcher nicht signifikante Koeffizienten auf 0 gesetzt sind, und eine Matrix mit den Signifikanzniveaus ausgegeben.

```
COR.SIG sazcor, NMAT sazn,
                OUTCOR sazsigcor, OUTSIG sazsig $
```

Die Prozedur BPRINT

`BPRINT` (**Bl**ank **Print**) ist ein spezielles Kommando zur Ausgabe von Matrizen, die in Systemdateien abgespeichert sind. Die Elemente einer Matrix werden mit 100 multipliziert und als Ganzzahlen ausgegeben. Koeffizienten unterhalb eines definierbaren Grenzwertes werden nicht aufgelistet, sondern durch Leerstellen ersetzt. Das Format der Ausgabe beträgt 50 Spalten und 18 Zeilen pro Seite und kann mittels der globalen Option `LINES` verändert werden. Die Optionen bewirken im einzelnen:

`THRESHOLD` *n*

Koeffizienten, die kleiner als der definierte Grenzwert *n* sind, werden nicht ausgegeben.

`DOTS` Die Leerstellen werden durch Punkte aufgefüllt.

`LOWER` Ausgabe der unteren Dreiecksmatrix einschließlich der Diagonalen.

`UPPER` Ausgabe der oberen Dreiecksmatrix einschließlich der Diagonalen.

Das folgende Kommando listet die untere Dreiecksmatrix.

```
BPRINT sazcor, LOWER $
```

4.4.3 Weitere Möglichkeiten der Korrelationsanalyse

Im folgenden werden die Berechnung weiterer bivariater Korrelationskoeffizienten und Möglichkeiten der Partialkorrelation mit P-STAT erläutert. Wie oben beschrieben berechnet CORRELATE Produkt-Moment-Korrelationen. Die Variablen der Eingangsdatei sollten also mindestens intervallskaliert sein. Gegebenenfalls können die metrischen Variablen mittels der PPL-Anweisung KEEP ausgewählt werden. Werden echt dichotome und metrische Variablen miteinander korreliert, so sind die Koeffizienten als **punktbiseriale Korrelationskoeffizienten** zu interpretieren. Sofern echt dichotome Variablen korreliert werden, handelt es sich bei den Korrelationen um **Phi-Koeffizienten**, die im Zusammenhang mit der Kontingenztabellenanalyse besprochen wurden. Die Prozedur CORRELATE kann auch genutzt werden, um **Rangkorrelationen** nach Spearman zu berechnen. Dazu sind die Variablen zunächst mittels der hier nicht näher besprochenen Prozedur RANK in Ränge zu transformieren. Die Datei mit den Rangfolgen dient dann als Eingabedatei der Prozedur CORRELATE. Da bei dieser Vorgehensweise die Koeffizienten nicht um sogenannte Ties korrigiert werden, ist diese Vorgehensweise allerdings weniger empfehlenswert. Vielmehr wird auf die später besprochene Prozedur NPAR.COR verwiesen.

```
BISERIAL fn, NCV n, OUT fn, [ZERO n,]  $

TET fn, [OUT fn,  ]  [SPLIT {.95*},]  [ZERO n,] $
        [CTET fn, ]         {n    }
        [CROSS fn,]

NP.COR fn, OUT fn,   [KENDALL,]  [{ONE*,}]  $
                                  {TWO, }

INVERT fn, [OUT fn,]  $
           [DET fn,]
           [PAR fn,]
           [RSQ fn,]
```

Allgemeine Form: Prozeduren zur Berechnung spezieller Korrelationen

Die Prozedur BISERIAL

Die Prozedur berechnet **biseriale Korrelationskoeffizienten**. Diese sind geeignet, Zusammenhänge zwischen metrischen und dichotomen Variablen zu beschreiben. Dabei wird angenommen, daß die dichotomen Variablen eigentlich kontinuierlich und normalverteilt sind, aber lediglich dichotom gemessen wurden. Die Prozedur berechnet die Koeffizienten für alle Variablen einer Eingabedatei, wobei Fälle mit fehlenden Werten standardmäßig paarweise ausgeschlossen werden. Die metrischen Variablen müssen zu Beginn, also links in der Eingabedatei stehen. Erfüllen die Eingabedaten diese Bedingung nicht, können sie mittels der PPL-Anweisung `KEEP` reorganisiert werden. Der Prozeduraufruf erfordert neben der Angabe der Ein- und Ausgabedatei die Spezifizierung der Anzahl metrischer Variablen. Die Prozedur besitzt folgende Optionen:

`OUT` *fn* Ausgabedatei der bivariaten Korrelationen.

`NCV` *n* Legt die Anzahl der kontinuierlichen Variablen fest. Diese müssen am Beginn der Eingabedatei stehen.

`ZERO` *n* Wurden zur Codierung der dichotomen Variablen andere Werte als 0 und 1 verwendet, können diese mittels der Option `ZERO` zur Berechnung recodiert werden. Der Parameter *n* legt den Wert fest, der durch Null ersetzt werden soll. Alle anderen Datenwerte erhalten die Codierung 1.

Der folgende Prozeduraufruf berechnet biseriale Korrelationen mit den Variablen der Eingabedatei, die zwei metrische Variablen enthält. Die PPL-Anweisung `KEEP` reorganisiert die Eingangsdaten, so daß die beiden metrischen Variablen zu Beginn der Datei stehen. Das Schlüsselwort `OTHERS` besagt, daß alle anderen Variablen beibehalten werden.

```
BISERIAL testdat (KEEP met1 met2 .OTHERS.),
    OUT testbis, NCV 2 $
```

Die Prozedur TET

Tetrachorische Korrelationskoeffizienten für dichotom gemessene, eigentlich aber kontinuierliche, normalverteilte Variablen, werden von der Prozedur TET berechnet. Die Prozedur berechnet tetrachorische Koeffizienten für alle Variablen einer Eingabedatei. Diese darf keine fehlenden Werte enthalten, und zur Codierung sollten ausschließlich die Werte 0 und 1 verwendet werden. Die Schätzung des Zusammenhanges mittels der tetrachorischen Korrelation wird durch extrem schiefe Verteilungen beeinträchtigt. Optional läßt sich allerdings eine bereinigte Koeffizientenmatrix ausgeben. Folgende Optionen sind möglich:

`OUT` *fn* Ausgabedatei der tetrachorischen Korrelationskoeffizienten.

`CTET` *fn* Bereinigte Ausgabematrix der Koeffizienten. Alle Variablenpaare mit einer Korrelation von +1 oder −1 außerhalb der Hauptdiagonalen werden nicht in die Datei aufgenommen. Ferner werden alle Variablen mit einem zu hohen Prozentsatz des Wertes 0, festgelegt durch die Option `SPLIT`, nicht in die Ausgabe übernommen.

`CROSS fn` Matrix der Kreuzauszählung.

`SPLIT n` Für den Parameter *n* ist ein Wert von 0.95 voreingestellt. Variablen, die einen höheren Anteil als 95 % mit dem Wert 0 aufweisen, werden daher nicht in die bereinigte Ausgabematrix der Koeffizienten aufgenommen.

Der folgende Prozeduraufruf zeigt, wie die Prozedur TET benutzt wird. Die Anweisung `IF` selektiert alle Fälle ohne fehlenden Wert.

```
TET test (IF ALL(v(1) .on.) GOOD, CONTINUE),
     OUT testtet $
```

Die Prozedur NP.COR

Zur Berechnung der Rangkorrelationen **Spearmans** r_s und **Kendalls** τ_b steht dem Benutzer die Prozedur `NP.COR` zur Verfügung. Die Prozedur berechnet die Koeffizienten für alle Variablenpaare einer Eingabedatei, wobei Fälle mit fehlenden Werten paarweise ausgeschlossen werden. Bei der Berechnung werden die Koeffizienten für Ties korrigiert. Sofern weniger als drei Fälle ohne fehlenden Wert vorhanden sind oder die Variablen ausschließlich Ties aufweisen, kann kein Koeffizient berechnet werden. Standardmäßig berechnet die Prozedur Spearmans Rho.

Die Ausgabe umfaßt die Korrelationsmatrix, wobei zusätzlich die Fallzahl und das Signifikanzniveau der Koeffizienten ausgewiesen werden. Die Teststatistik wird nur für weniger als 10 Fälle exakt berechnet. Bei größeren Fallzahlen wird zur Berechnung der Signifikanzen approximativ auf die *t*-Verteilung — für Spearmans Rho — bzw. die Normalverteilung — für Kendalls τ_b — zurückgegriffen. Standardmäßig wird ein einseitiger Signifikanztest durchgeführt.

Neben der Spezifikation einer Eingabedatei ist die Angabe einer Ausgabedatei obligatorisch; die Ausgabe erfolgt allerdings auch auf die Standardausgabeeinheit. Zum Auflisten der Ausgabedatei ist das Kommando `LIST` besser geeignet als `BPRINT`. Die Optionen der Prozedur bewirken im einzelnen:

`OUT fn` Ausgabedatei der Korrelationsmatrix.

`KENDALL` Fordert die Berechnung von Kendalls τ_b an. Sofern diese Option nicht angegeben wird, bleibt die Voreinstellung in Kraft, und es wird Spearmans Rho berechnet.

`ONE` Fordert einen einseitigen Signifikanztest an. Diese Option ist voreingestellt.

`TWO` Anforderung eines zweiseitigen Signifikanztests.

Der folgende Prozeduraufruf fordert die Berechnung von Kendalls τ_b für die Variablen Stellung im Betrieb (*v3*) und Bildungsabschluß (*v78*) an. Es wird ein zweiseitiger Signifikanztest durchgeführt.

```
NP.COR azedv (KEEP v3 v78), KENDALL, TWO $
```

Die Prozedur INVERT

P-STAT besitzt vielfältige Möglichkeiten, um Operationen mit Matrizen durchzuführen, von denen in diesem Zusammenhang die Prozedur `INVERT` näher vorgestellt wird. `INVERT` berechnet die Inverse einer quadratischen Eingabematrix, sofern eine eindeutige Lösung besteht. Die Prozedur ist von besonderem Interesse, da sie ferner **multiple** und **partielle Korrelationskoeffizienten** berechnet. Der Aufruf der Prozedur erfordert lediglich die Spezifikation einer Eingabematrix. `INVERT` kennt folgende Optionen zur Definition verschiedener Ausgabematrizen:

- `OUT` *fn* Ausgabe der Inversen einer Eingabematrix. Die Multiplikation einer regulären Matrix **A** mit ihrer Inversen $\mathbf{A}^{-1}$ ergibt eine Einheitsmatrix **E**. Letztere ist eine Matrix, deren Elemente in der Hauptdiagonalen 1 und deren übrigen Elemente 0 sind.
- `DET` *fn* Determinante der Matrix.
- `PAR` *fn* Ausgabe einer Matrix, deren Hauptdiagonale die multiplen Korrelationskoeffizienten und deren übrige Elemente die partiellen Korrelationskoeffizienten sind.
- `RSQ` *fn* Die spezifizierte Ausgabematrix enthält quadrierte multiple Korrelationskoeffizienten in der Diagonalen. Alle übrigen Elemente sind 0.

```
(1)  CORRELATE azedv (KEEP v76 saz esr), OUT cormat $

(2)  INVERT cormat, PAR parmat $

(3)  BPRINT cormat,  LOWER $

POSITION                 1     2     3
             LABEL     v76   saz   esr

   1          v76      100
   2          saz       40   100
   3          esr       51    53   100
```

```
(4)  BPRINT parmat,     LOWER $

POSITION                    1      2      3
               LABEL      v76    saz    esr

     1           v76       53
     2           saz       18     55
     3           esr       39     41     62
```

Beispiel 4.17: Partielle Korrelationskoeffizienten

(1) Berechnung einer Korrelationsmatrix für die Variablen Einkommen (*v76*), Arbeitszufriedenheit (*saz*) und Entscheidungsspielraum (*esr*).

(2) Berechnung der multiplen und partiellen Korrelationskoeffizienten.

(3) Ausgabe der Korrelationsmatrix. Die bivariate Korrelation zwischen Einkommen und Arbeitszufriedenheit beträgt 0.40.

(4) Die Datei enthält die partiellen und die multiplen Korrelationskoeffizienten der drei Variablen. Der partielle Korrelationskoeffizient zweier Variablen in der Matrix ergibt sich, wenn der Einfluß aller übrigen Variablen konstant gehalten wird. Werden mehr als drei Variablen in die Matrix einbezogen, enthält die Matrix entsprechend partielle Korrelationen höherer Ordnung. Partialisiert man den Einfluß des Entscheidungsspielraums aus der Korrelation von Einkommen und Arbeitszufriedenheit heraus, so sinkt deren Korrelation auf 0.18. Der multiple Korrelationskoeffizient ergibt sich für eine Regression mit der Variablen der Diagonalen als abhängiger Variablen.

4.4.4 Skalenanalyse: Macro ITEM.ANALYSIS

P-STAT besitzt keine Prozedur, welche die einzelnen Schritte zur **Item-Analyse** additiv zusammengesetzter Skalen miteinander verbindet. Die Ausgaben der vorhandenen Prozeduren lassen sich mittels der PPL jedoch derart manipulieren, daß alle Aufgaben der Item-Analyse zu bewältigen sind. Es wäre allerdings ausgesprochen mühselig, die zu diesem Zweck formulierten Kommandos bei jeder neuen Analyse wiederholt eingeben zu müssen. P-STAT bietet dem Benutzer allerdings die Möglichkeit, eine Reihe von variabel gestalteten Kommandos in sogenannten Makros zu speichern, die dann fast wie eine normale Prozedur nutzbar sind. Wie man Makros erstellt, wird im letzten Abschnitt dieses Kapitels näher erläutert. An dieser Stelle wird lediglich eine Gebrauchsanweisung des im Anhang dokumentierten Makros `ITEM.ANALYSIS` gegeben.

```
RUN ITEM.ANALYSIS, PSFILE fn, VAR.LIST vlist,  $
                   [OUT fn,]  [COR fn,]
```

Allgemeine Form: ITEM.ANALYSIS

Das Makro berechnet wichtige Koeffizienten der Item-Analyse wie Trennschärfe, Reliabilität und Korrelationsmatrix der Items. Um das Makro ausführen zu können, muß es zunächst in der Protokolldatei des Editors vorliegen. Dazu wechselt man während einer P-STAT-Sitzung in den Editor und liest die externe Datei im ASCII-Format (Editor-Befehl `IMPORT` '*fn*') oder gegebenenfalls im binären Format des Editors (Editor-Befehl `RESTORE` '*fn*') ein. Zum Aufruf des Makros sind der Befehl `RUN`, der Name des Makros und die Spezifikation der Eingabedatei, einer Variablenliste sowie der Anzahl der Variablen obligatorisch. Die Optionen bedeuten im einzelnen:

`PSFILE` *fn* Angabe eines P-STAT-Systemfiles, der die Items der Skala enthält.

`VAR.LIST` *vl*
Spezifikation einer Variablenliste.

`OUT` *fn* Spezifikation des Namens einer Ausgabedatei, der an Stelle des standardmäßigen Namens out gewählt wird.

`COR` *fn* Angabe eines Namens zur Speicherung der Korrelationsmatrix, die sonst unter dem Namen cor gespeichert wird.

```
(1)  RUN ITEM.ANALYSIS, PSFILE azedv, var.list v6 to v13,
                         OUT dessaz, COR corsaz $

(2)                          - ITEM ANALYSIS -

ITEM      MEAN    S.D.   LOW  HIGH    M1    M2    M3  GOOD   ALPHA

v6        3.63    1.33     1     5     2     0     0   148     -
v7        3.93    1.02     1     5     2     0     0   148     -
v8        3.40    1.45     1     5     2     0     0   148     -
v9        4.08    0.79     2     5     2     0     0   148     -
v10       3.53    1.05     1     5     2     0     0   148     -
v11       3.18    1.11     1     5     2     0     0   148     -
v12       3.61    0.93     1     5     2     0     0   148     -
v13       3.80    1.23     1     5     2     0     0   148     -
SCORE    29.16    5.85    11    40     2     0     0   148    0.80
```

- ITEM ANALYSIS -

ITEM	(3) ALPHA IF DROPPED	(4) MEAN IF DROPPED	(5) VAR IF DROPPED	(6) CORRECTED COR	(7) SQUARED MULT COR
v6	0.79	25.53	26.54	0.44	0.27
v7	0.76	25.24	26.30	0.66	0.54
v8	0.77	25.76	23.62	0.60	0.48
v9	0.76	25.08	27.41	0.75	0.64
v10	0.76	25.64	26.26	0.64	0.50
v11	0.78	25.98	27.35	0.49	0.28
v12	0.81	25.55	31.00	0.23	0.13
v13	0.79	25.36	27.22	0.43	0.24

Beispiel 4.18: Item-Analyse

(**1**) Im Anwendungsbeispiel wird eine Skalenanalyse mit den 8 Items der Skala Arbeitszufriedenheit durchgeführt. Die Koeffizienten der Analyse werden in der Datei *'dessaz'* abgelegt, und die Korrelationsmatrix wird unter dem Namen *'corsaz'* gespeichert.

(**2**) Ausgabe deskriptiver Statistiken für die Variablen der Skala und deren Gesamtwert. Der Mittelwert kann in diesem Zusammenhang als Schwierigkeitsindex interpretiert werden. In der letzten Spalte wird der Reliabilitätskoeffizient Alpha für die gesamte Skala ausgewiesen.

(**3**) Cronbachs α der additiv zusammengefaßten Skala, wenn das in der jeweiligen Zeile notierte Item nicht in die Skala einbezogen würde. Dieser Koeffizient ist bei der Konstruktion einer Skala von besonderem Interesse. Die Reliabilität der Skala steigt beispielsweise auf $\alpha = 0,81$, wenn auf das Item Arbeitstempo ($v12$) verzichtet würde. Trifft dieser Sachverhalt für mehrere Items zu, sollte man schrittweise vorgehen und zunächst nur dasjenige Item aus der Skala entfernen, für das Alpha am deutlichsten steigt. Anschließend ist die Skala einer erneuten Analyse zu unterziehen.

(**4**) Mittelwert der Skala, wenn das in der Zeile notierte Item nicht in die Skala aufgenommen wird. Die Mittelwerte sollten annähernd gleich sein.

(**5**) Ausgabe der Skalenvarianz, wenn das betreffende Item nicht in die Skala einbezogen wird.

(6) Produkt-Moment-Korrelation zwischen dem Item und dem additiven Gesamtwert der ohne dieses Item gebildeten Skala (korrigierter Trennschärfekoeffizient). Besonders niedrig ist die Korrelation der Variable *v12* mit der Gesamtskala.

(7) Ausgabe des quadrierten multiplen Korrelationskoeffizienten (Determinationskoeffizient) des jeweiligen Items mit den übrigen. Der Koeffizient gibt den Varianzanteil des betreffenden Items an, der durch die übrigen erklärt wird.

4.5 Multivariate Datenanalyse

4.5.1 Lineare Regression: REGRESSION

Die interaktive Prozedur `REGRESSION` führt lineare Regressionsanalysen durch. Der Prozeduraufruf erfordert die Spezifikation einer Eingabedatei oder alternativ die Angabe einer Korrelationsmatrix und einer Systemdatei mit deskriptiven Statistiken (mittels `COR` *'fn'* und `DES` *'fn'*). Bei Eingabe von Matrizen stehen allerdings nicht alle Optionen zur Verfügung. Ferner ist die Definition der abhängigen Variable mittels des Unterkommandos `DEPENDENT` obligatorisch. Sofern man keine anderen Festlegungen trifft, werden alle anderen Variablen der Eingabedateien als unabhängige Variablen in die Analyse einbezogen. Die mögliche Anzahl unabhängiger Variablen ist von der P-STAT-Version abhängig. Eine Regression der Variablen Arbeitszufriedenheit (*saz*) auf die Variablen des Handlungsspielraums (*esr*, *fsr*, *tsr*) wird beispielsweise mit dem folgenden Kommando angefordert:

```
REGRESSION azedv (KEEP saz esr fsr tsr);
           DEPENDENT saz $
```

Die globalen Optionen der Prozedur, die für alle weiteren Unterkommandos gültig bleiben, bedeuten im einzelnen:

`BY` *`vlist`* Mittels dieser Option ist es möglich, getrennte Analysen für Subgruppen anzufordern. Nach `BY` dürfen bis zu 15 numerische oder alphanumerische Variablen angegeben werden, welche die Subgruppen definieren. Die Eingabedatei muß nach den Gruppierungsvariablen sortiert sein. Die Option ist nicht anwendbar, wenn eine Korrelationsmatrix als Eingabedatei benutzt wird.

`TRANSFORM` Alle Variablen, mit Ausnahme der Gruppierungs- oder Gewichtungsvariablen, werden durch Spezifizierung dieser Option logarithmiert. Möglich sind:

`LOG` Logarithmierung zur Basis *e* oder

```
REGRESSION {fn,               }
           {COR fn,  DES fn,}
           [BY vlist,]  [TRANSFORM {LOG  },]  [WEIGHT vn,];
                                   {LOG10}

           DEPENDENT vliste,
           [INDEPENDENT vliste [vn ([POLY n,] LAG n ... n)],]

           [{STEP,    }]  [NODELETE,]
            {NO STEP,}
           [ATLEAST n,]  [ATMOST n,]  [ORDER,]  [START n,]
           [TOL {.005},]  [{F.ENTER {1.5},}]  [{F.DELETE {1.0},}]
                {n   }              {n  }                {n  }
                          {P.ENTER n,     }   {P.DELETE n,     }

           [{COMPLETE,}]  [ORIGIN,]
            {MISSING, }
            {USE.MEAN,}

           [{REPORT,    }]  [SUMMARY,]  [COEF fn,       ];
            {NO REPORT,}                [OUT fn,        ]
                                        [STAND.COEF fn,]
                                        [STAT fn,       ]

            [AGAIN, [optionen]];
            [RESET;]
            [SHOW;]
```

Allgemeine Form: Prozedur REGRESSION

`LOG10` Logarithmierung zur Basis 10.

`WEIGHT` *vn* Mittels `WEIGTH` kann eine numerische Variable zur Fallgewichtung spezifiziert werden. Bei Eingabe einer Korrelationsmatrix ist die Gewichtung bei Berechnung derselben vorzunehmen.

Nachdem die Eingabedateien und gegebenenfalls globale Optionen definiert worden sind, beginnt die Eingabe der Unterbefehle. Nach Eingabe des Semikolons wechselt P-STAT in die interaktive Betriebsart der Prozedur. Mittels der zunächst besprochenen, ersten Gruppe von Unterkommandos werden die einzelnen Analysen angefordert. Die weiteren Unterkommandos dienen der Steuerung der interaktiven Prozedur.

`DEPENDEND vl`

Definiert eine oder mehrere abhängige Variablen. Für jede abhängige Variable wird eine gesonderte Analyse durchgeführt.

`INDEPENDENT vl`

Spezifiziert die unabhängigen Variablen. Entfällt die Angabe, werden standardmäßig alle Variablen der Eingabedateien als Prädiktoren einbezogen. Die Spezifikation von `LAG`, in Klammern nach einer oder mehreren unabhängigen Variablen, kann zur Vermeidung von Autokorrelation benutzt werden, wenn die Werte der Variablen im Zeitablauf miteinander verknüpft sind. Die Angabe bewirkt, daß die Variablenwerte früherer Fälle im Datensatz als eigene Variablen berücksichtigt werden. Dabei definiert der Parameter *n*, um wieviele Fälle jeweils zurückgegangen werden soll. Im folgenden Beispiel wird eine Regression der Variablen *abv* auf die Variablen *unabv1* sowie *unabv2.1*, *unabv2.2*, *unabv2.3* und *unabv2.5* durchgeführt. Die Werte der Variablen *unabv2.5* basieren auf der Variable *unabv2*, wobei deren um 5 Fälle zurückliegenden Werte benutzt werden.

```
REGRESSION reindaten;
 DEPENDENT abv,
 INDEPEND unabv1, unabv2 (lag 1 to 3 5) $
```

Hier kann lediglich darauf hingewiesen werden, daß mittels der Option `POLY` auch polynomial verteilte Lags verarbeitet werden können.

Per Voreinstellung führt die Prozedur eine schrittweise (stepwise) Regression durch. Dies bedeutet, daß nicht alle unabhängigen Variablen gleichzeitig in das Modell aufgenommen werden, sondern zuvor jeweils anhand einstellbarer Kriterien geprüft wird, ob eine Variable in die Gleichung aufgenommen oder von ihr ausgeschlossen wird. Voreingestellt sind die Kriterien `F.ENTER 1.5` (F-to-enter), `F.DELETE 1.0` (F-to-delete) und `TOL 0.0005` (Tolerance). Zuerst wird diejenige Variable als unabhängige in die Gleichung aufgenommen, welche die absolut höchste Korrelation mit der abhängigen Variable aufweist. Für die in die Gleichung aufgenommenen und die in ihr nicht enthaltenen Variablen wird ein Signifikanztest berechnet. Sofern sich bereits mehrere Variablen im Modell befinden, werden standardgemäß diejenigen Variablen wieder entfernt, deren F-Wert kleiner ist als 1,0 (F-to-delete).

Sind keine Variablen aus der Gleichung herauszunehmen, beginnt der nächste Schritt. Dazu wird diejenige Variable, welche die höchste Partial-Korrelation mit der abhängigen Variable aufweist, in die Gleichung aufgenommen, sofern ihr *F*-Wert größer ist als 1,5 (F-to-Enter) und die Toleranz der Variablen höher ist als der

Wert von 0,005. Der Prozeß läuft solange, bis eines der folgenden Kriterien erfüllt ist:

- Keine der verbleibenden Variablen kann in die Gleichung aufgenommen und keine aufgenommene Variable kann ausgeschlossen werden.
- Alle unabhängigen Variablen befinden sich in der Gleichung.
- Eine der im folgenden beschriebenen Optionen erzwingt den Abbruch.
- Es kann keine stabile Lösung gefunden werden, und ein internes Kriterium, das die Anzahl der Schritte begrenzt, wird überschritten. Tritt dieses Problem auf, so ist es häufig durch fehlende Werte in den Eingabedaten verursacht.

In der Regel wird mittels der schrittweisen Regression eine stabile Lösung für die Gleichung gefunden. Die iterative Suche nach einem ‚guten' Modell beeinflußt aber die Aussagekraft der Statistiken zur Prüfung des Regressionsmodells, da sie zum Aufbau der Gleichung benutzt wurden. Hier wird dafür plädiert, die Modellbildung nicht dem Algorithmus der Prozedur zu überlassen, sondern theoretische Überlegungen in den Vordergrund zu stellen. Im folgenden werden zunächst mögliche Optionen zur Steuerung der schrittweisen Variablenauswahl beschrieben.

`STEP` Schrittweise (stepwise) Regression. Diese Option ist voreingestellt.

`NO STEP` Alle unabhängigen Variablen werden, in der spezifizierten oder in der Reihenfolge in der Eingabedatei, gleichzeitig in die Regressionsgleichung aufgenommen, sofern sie das Toleranzkriterium erfüllen.

`NODELETE` Spezifiziert, daß bei schrittweiser Regression einmal aufgenommene Variablen nicht wieder aus der Gleichung entfernt werden. Sogenannte ‚forward Regression'.

`ATLEAST n` Spezifiziert, daß mindestens *n* Variablen bei schrittweiser Regression in die Gleichung aufgenommen werden.

`ATMOST n` Begrenzt die Anzahl der unabhängigen Variablen bei schrittweiser Regression auf *n*.

`ORDER` Die Variablen werden in der Reihenfolge in die Gleichung aufgenommen, in welcher sie in der Eingabedatei vorliegen oder im Unterkommando `INDEPENDENT` spezifiziert werden.

`START n` Bestimmt, daß *n* Variablen der Eingabedatei in die Regressionsgleichung aufgenommen werden, bevor die schrittweise Prozedur beginnt. Die Zählung der Variablen beginnt von links in der Eingabedatei. In der vorliegenden Programmversion bleibt diese Option allerdings wirkungslos.

`TOL` *n* Bestimmt den Grenzwert für das Toleranzkriterium. Eine Variable, deren Toleranz kleiner als der spezifizierte Wert ist, wird nicht in die Regressionsgleichung aufgenommen. Die Toleranz einer Variablen ist der Anteil ihrer Varianz, der nicht durch die übrigen unabhängigen Variablen in der Gleichung erklärt wird. Voreingestellt ist der Wert 0,005.

`F.DELETE` *n*
Minimaler *F*-Wert, bei dem eine Variable gerade noch in der Gleichung belassen wird. Im Modell befindliche Variablen, deren *F*-Werte kleiner sind als diese Grenze, werden aus der Gleichung entfernt. Voreinstellung: 1,0.

`F.ENTER` *n* Variablen, deren *F*-Werte kleiner sind als der spezifizierte, werden nicht in die Gleichung aufgenommen. Voreinstellung 1,5.

`P.DELETE` *n*
Statt des *F*-Wertes kann dessen Wahrscheinlichkeit als Ausschlußkriterium benutzt werden. Variablen, für deren *F*-Wert der Wert der Wahrscheinlichkeit größer ist als der spezifizierte, werden aus der Gleichung herausgenommen.

`P.ENTER` *n* Statt des *F*-Wertes kann dessen Wahrscheinlichkeit als Aufnahmekriterium spezifiziert werden. Nur Variablen, deren Wert der Wahrscheinlichkeit kleiner ist als der spezifizierte, werden in die Gleichung aufgenommen.

Standardmäßig berücksichtigt die Prozedur nur Fälle ohne fehlenden Wert. Diese Voreinstellung sollte man nur ändern, wenn nur wenige, zufällig verteilte Missings vorzufinden sind. Sofern die Eingabedatei eine Korrelationsmatrix ist, bleiben die Optionen wirkungslos.

`COMPLETE` Fallweiser Ausschluß fehlender Werte. Diese Option ist voreingestellt.
`MISSING` Fordert paarweisen Ausschluß fehlender Werte an.
`USE.MEAN` Fehlende Werte werden durch den Mittelwert der Variablen ersetzt.

Die Option `ORIGIN` bewirkt eine Regression durch den Ursprung des Koordinatenkreuzes. Die Mittelwerte der Variablen werden auf null gesetzt und die Standardabweichungen entsprechend berechnet.

Der Output der Prozedur umfaßt bei schrittweiser Regression einen Bericht über jeden Schritt und eine zusammenfassende Tabelle mit Statistiken des endgültigen Modells. Der Output läßt sich durch die folgenden Optionen steuern:

`REPORT` Ausgabe von Berichten über die einzelnen Schritte der Regression und abschließende Übersicht. Wird keine schrittweise Regression durchgeführt, gibt die Prozedur nur die Abschlußtabelle aus.

`NO REPORT` Unterdrückt jegliche Ausgabe.

`SUMMARY` Die Ausgabe wird auf die abschließende Übersicht begrenzt.

`PR` *fn* Die Ausgabe erfolgt in eine externe Druckdatei.

`OUT` *fn* Spezifiziert eine Systemdatei, die sowohl die Variablen der Eingabedatei als auch die Prädiktorwerte und die Residuen enthält. Die neuen Variablen tragen den Namen der abhängigen Variablen, ergänzt durch das Präfix *pre* bzw. *res*. Basiert die Analyse auf einer Korrelationsmatrix, ist zur Nutzung dieser Option zusätzlich die Datei der Ausgangsdaten zu spezifizieren, wie im folgenden Beispiel gezeigt wird.

```
CORRELATE  azedv (KEEP saz esr tsr fsr),
   OUT cormat, DES desdatei $
REGRESSION azedv, COR cormat, DES desdatei;
   DEPENDENT saz, OUT azedv2 $
```

Die Systemdatei *'azedv2'* enthält alle Variablen der Datei *'azedv'* und zusätzlich die Variablen *pre.saz* sowie *res.saz*. Letztere basieren auf einer Regression von *saz* auf *esr*, *tsr* und *fsr*.

`STAT` *fn* Spezifiziert eine Systemdatei, welche die Statistiken des abschließenden Regressionsmodells enthält.

`COEF` *fn* Ausgabedatei der Regressionskoeffizienten. Die Prozedur `RESIDUALS` benötigt diese Datei als Eingabedatei.

`STAND.COEF` *fn*
Ausgabedatei der standardisierten Regressionskoeffizienten.

Nach Abschluß der Definition einer Unterbefehlsgruppe durch Semikolon führt P-STAT die angeforderte Analyse durch und gibt die Ergebnisse aus. Anschließend kann eine weitere Analyse durchgeführt werden. Drei spezielle Unterkommandos sind von großem Nutzen, um die interaktive Prozedur zu steuern:

`AGAIN` Führt die zuvor spezifizierte Unterbefehlsgruppe nochmals aus und übergibt gegebenenfalls weitere Optionen.

`RESET` Setzt alle Optionen in den Default-Zustand zurück.

`SHOW` Listet die Namen aller Variablen in der Eingangsdatei auf.

Im Beispiel wird eine direkte Regression der Variablen *adv1* auf die unabhängigen Variablen *esr*, *fsr* und *tsr* angefordert. Dieselbe Regression wird nochmals durchgeführt, wobei die Eingangsdaten sowie Prädiktorwerte und Residuen in der Datei *'temp'* gespeichert werden. Die Ausgabe der abschließenden Übersichtstabelle wird in die Druckdatei *'ausgabe'* geleitet. Anschließend wird der Default-Zustand des Programms wiederhergestellt und daher eine zweite, schrittweise Regressionsanalyse mit der Zielvariablen *saz* durchgeführt. Die Eingabe von Q (Quit) oder eines einzelnen Dollarzeichens beendet die interaktive Prozedur.

```
REGRESSION azedv;
  DEPENDENT adv1, INDEPENDENT esr fsr tsr, NO STEP;
  AGAIN, OUT temp, PR 'ausgabe.txt';
  RESET;
  DEPENDENT saz, INDEPENDENT esr, fsr, tsr;
  $
```

Bevor einige weitere Möglichkeiten der Regressionsanalyse mit P-STAT angesprochen werden, ein Hinweis zur **Residuenanalyse**. Dazu sind Prädiktorwerte und Residuen in einer mittels OUT zu spezifizierenden Systemdatei zu speichern. Die im Abschnitt beschriebene Prozedur STANDARDIZE kann zur Standardisierung der Variablen genutzt werden. Die Streudiagramme zur graphischen Analyse der Residuen werden von PLOT erzeugt.

```
REGRESSION {fn,              };
           {COR fn,  DES fn,}
           DEPENDENT vliste,  [INDEPENT vliste,]
           ALL.POSSIBLE [fn],  [MAX {1  },]  [TEST {RSQ    },]}
                                    {n  }         {ADJ.RSQ}
                                    {ALL}         {MALLOW }

DURWAT fn, OUT fn

RESIDUALS fn,  COEF fn,  [DES fn,]  [PRED fn,]  [RES fn,]
```

Allgemeine Form: Weitere Prozeduren zur Regressionsanalyse

Bei explorativer Vorgehensweise werden häufig mehrere Modelle berechnet, um ein den Daten adäquates Modell herauszufinden. Die Prozedur Regression erleichtert diese Arbeit durch den Unterbefehl ALL.POSSIBLE. Für ein spezifiziertes Modell werden bezüglich der unabhängigen Variablen alle möglichen Modelle durchgerechnet und die Ergebnisse, sofern kein Dateiname spezifiziert wird, in eine temporäre Datei geschrieben. Die Ausgabe umfaßt neben der Modellspezifikation den einfachen und den korrigierten Determinationskoeffizienten sowie Mallows C_p (vgl. *O. Hübler* 1989, S. 116 ff.) des Modells. Für jede Gruppe möglicher Modelle mit einer, zwei, drei usf. unabhängigen Variablen wird zur Ausgabe das jeweils beste Modell ausgewählt. Standardmäßig ist das beste Modell durch den höchsten Determinationskoeffizienten bestimmt.

`ALL.POSSIBLE`
: Bewirkt, daß alle möglichen Modelle mit den spezifizierten unabhängigen Variablen berechnet und die Ergebnisse in der Ausgabedatei gespeichert werden.

`MAX n`
: Per Voreinstellung wird nur das jeweils beste Modell einer Gruppe, bestimmt durch die mögliche Anzahl unabhängiger Variablen, ausgewählt. Der Parameter *n* bestimmt die Anzahl auszuwählender Modelle. Bei Spezifizierung von `MAX ALL` werden alle Modelle ausgegeben.

`TEST`
: Standardmäßig wird das Modell mit dem höchsten Determinationskoeffizienten ausgewählt. Möglich sind folgende Auswahlkriterien:

  `RSQ` Determinationskoeffizient.

  `ADJ.RSQ` Adjustierter Determinationskoeffizient.

  `MALLOW` Mallows C_p Kriterium. Danach wird ein reduziertes Modell gewählt, das im Vergleich zum umfassendsten Modell die Werte der Zielvariablen im Mittel möglichst gut vorhersagt.

Die folgenden Kommandos berechnen alle möglichen Modelle einer Regression der Zielvariablen *adv1* auf die Variablen *esr*, *fsr* und *tsr*.

```
REGRESSION azedv (KEEP adv1 esr tsr fsr);
  DEPENDENT adv1, ALL.POSSIBLE alles, MAX all;
  $
```

Die Prozedur `DURWAT` berechnet Durbin-Watson-Koeffizienten für die Variablen einer Eingabedatei und schreibt die Ergebnisse in eine nach `OUT` zu spezifizierende Systemdatei. Die in der Eingabedatei gespeicherten Residuen dürfen keine fehlenden Werte aufweisen. Der folgende Aufruf zeigt, wie eventuelle Missings herausgefiltert werden können.

```
DURWART zeitreihe (KEEP res.var)
                  (IF res.var MISSING, EXCLUDE),
              OUT durbin $
```

Die Prozedur `RESIDUALS` erlaubt es, die Prädiktorwerte und Residuen für neu gewonnene Datensätze auf der Basis einer zuvor durchgeführten Regressionsanalyse zu berechnen. Diese Möglichkeit ist von Interesse, wenn erhebliche Datenmengen zu verarbeiten sind. Als Eingangsdateien werden neben den Datensätzen die Residuen und die Koeffizienten der Regressionsanalyse benötigt. Speziell zur Durchführung von Regressionsanalysen für Meßwerte vor und nach einem Treatment ist eine Prozedur `PRE.POST` geeignet.

```
(1)   REGRESSION azedv ;
      DEPENDENT saz, INDEPENDENT esr fsr tsr, NO STEP, OUT azedv2; $

(2) Final summary of Regression on dependent variable saz:

Multiple R                    0.5742
Multiple R squared            0.3297
Adjusted R squared            0.3157
Std. Error of Est.            4.8408
Constant                     14.7344

(3)
Analysis of                   Sum of              Mean         F      Prob.
   Variance       DF         Squares            Square     Ratio      Level
Regression         3        1659.768           553.256    23.610      0.000
Residual         144        3374.340            23.433

Adj. Total       147        5034.108

         (4)                                                (5)
S  Num   Mult     Mult   Change      Variable              B,      Stand
T vars      R        R   in RSq       entered             raw      error
E  now              Sq.              (* shows           coef-         of
P   in                               deleted)         ficient          B

1    1  0.527  0.278    0.278             esr          0.3972     0.0823
2    2  0.528  0.278    0.000             fsr          0.0459     0.0989
3    3  0.574  0.330    0.051             tsr          0.4246     0.1278

                           (6)         (7)        (8)       (9)
S        Variable        BETA,       Final     F when    Simple    Partial
T         entered       Stand.           F    entered      cor.    cor. in
E        (* shows        coef-          to         or      with      final
P        deleted)      ficient      delete    deleted      dep.       step

1             esr       0.4103      23.296     56.258    0.5274     0.3732
2             fsr       0.0361       0.215      0.041    0.2239     0.0386
3             tsr       0.2524      11.032     11.032    0.4169     0.2668

Regression Equation:

saz (pred) = .39715 esr + .0458556 fsr + .424554 tsr + 14.7344
```

Beispiel 4.19: Regressionsanalyse

(1) Es wird eine direkte Regression der Variable Arbeitszufriedenheit (*saz*) auf die Variablen des Handlungsspielraums (*esr*, *fsr*, *tsr*) angefordert. Prädiktorwerte und Residuen der Analyse werden in der Datei '*azedv2*' gespeichert. Diese Datei kann zur Analyse der Residuen mittels PLOT genutzt werden.

(2) Ausgabe des **multiplen Korrelationskoeffizienten**, des Standardfehlers und des konstanten Terms der Regressionsgleichung. Der multiple Korrelationskoeffizient beschreibt die Stärke des Zusammenhanges zwischen der Zielvariablen und den unabhängigen Variablen der Analyse. Der quadrierte multiple Korrelationskoeffizient (**Determinationskoeffizient**) läßt sich als der durch die unabhängigen Variablen erklärte Anteil der Varianz der Zielvariablen interpretieren. Im Beispiel sind rund 33 % der Varianz der Zielvariablen durch die unabhängigen Variablen determiniert. Bei Berechnung des adjustierten R^2 wird die Stichprobengröße berücksichtigt, weshalb dieser Koeffizient ein besserer Schätzer des Wertes in der Grundgesamtheit ist.

(3) Mittels der **Varianzanalyse** wird überprüft, ob die unabhängigen Variablen insgesamt einen Einfluß auf die Zielvariable besitzen. Die Nullhypothese, daß den unabhängigen Variablen kein Einfluß zukommt, kann für das Modell zurückgewiesen werden. Die Wahrscheinlichkeit ihrer Gültigkeit ist bei einem F-Wert (Mean Square Regression/Mean Square Residuals) von 23,6 kleiner als 0,000.

(4) Ausgabe des multiplen Korrelationskoeffizienten (einfach und quadriert) und seiner Differenz bei zusätzlicher Aufnahme der jeweiligen Variable in die Gleichung. Durch Aufnahme der Variablen fsr in die Gleichung erhöht sich der Determinationskoeffizient um weniger als 0,000.

(5) Ausgabe der **Regressionskoeffizienten** und ihres Standardfehlers.

(6) Standardisierte Regressionskoeffizienten.

(7) P-STAT benutzt zum Test der einzelnen Regressionskoeffizienten einen F-Test statt eines t-Tests. Die Ergebnisse sind allerdings identisch, da das Quadrat einer t-verteilten Größe gleich dem Wert einer F-verteilten Größe ist. Um die Nullhypothese zu überprüfen, ob die einzelnen Regressionskoeffizienten von Null verschieden sind, ist die Spalte 'FINAL F to delete' anzuwenden, welche die endgültigen F-Werte enthält, wenn die Variablen in das Modell aufgenommen sind. Die nächste Spalte bezieht sich auf den F-Wert, der bei schrittweiser Regression über die Aufnahme oder den Ausschluß der Variable entscheidet. Ist man an den Signifikanzen des F-Tests interessiert, muß man mittels der Option STATS zusätzlich eine Ausgabedatei für die Statistiken anfordern. Der Koeffizient der Variable *fsr* ist danach nicht signifikant von null verschieden.

(8) Ausgabe der Produkt-Moment-Korrelation und der Partial-Korrelation mit der Zielvariablen.

Abschließend sei kurz gezeigt, wie **Dummy-Variablen** in ein Regressionsmodell einbezogen werden können. Mittels der PPL-Anweisung GENERATE werden zunächst zwei Dummy-Variablen *d1* und *d2* initialisiert und auf 0 gesetzt. Die folgenden IF-Anweisungen weisen den Dummies *d1* und *d2* den Wert 1 zu, wenn die Variable *v3* den Wert 3 (Abteilungsleiter) besitzt oder wenn die Variable den Wert 2 (Gruppenleiter) aufweist. Auf die Wiedergabe der Ergebnisse wird hier verzichtet.

```
REGRESSION azedv (GENERATE d1 = 0)
      (GENERATE d2 = 0)
      (IF v3 = 3, SET d1 = 1)
      (IF v3 = 2, SET d2 = 1);
DEPENDENT saz, INDEPENDENT d1 d2, NO STEP;
   $
```

Beispiel 4.20: Kommandozeilen zur Regression mit Dummies

4.5.2 Faktorenanalyse FACTOR

P-STAT ermöglicht durch eine Reihe aufeinander abgestimmter Prozeduren die Berechnung von Hauptachsen- und Hauptkomponentenanalysen sowie die orthogonale und schiefwinklige Rotation der Ergebnisse. Die Kommandos sollen hier in der Abfolge der einzelnen Schritte der Faktorenanalyse besprochen werden.

Die Prozedur CORRELATE

Im ersten Schritt ist eine Korrelationsmatrix mittels der Prozedur CORRELATE zur erstellen. Die Prozedur berechnet die Interkorrelationen der Variablen einer Eingabedatei und schreibt die Korrelationsmatrix in die nach OUT zu spezifizierende Datei. Die Prozedur ist im Abschnitt 4.4.2 näher beschrieben. Im Zusammenhang mit der Faktorenanalyse sind zwei weitere Prozeduren nützlich, die der Aufbereitung von Korrelationsmatrizen dienen: CLEANCOR und INVERT.

Prozedur CLEANCOR: Die Prozedur CLEANCOR ermöglicht es, die Korrelationsmatrix von Variablen zu säubern, die mit keiner der anderen Variablen in der Matrix hoch korrelieren. Die Untergrenze für die Höhe der Korrelation ist nach der Option THRESHOLD zu spezifizieren, voreingestellt ist ein Grenzwert von 0,0. Sofern Variablen mit keiner anderen korrelieren, was aufgrund fehlender Werte auftreten kann, werden diese ausgeschlossen. Ferner werden durch CLEANCOR die Elemente in der

```
CORRELATE fn, OUT fn

CLEANCOR fn, OUT, fn, [THRESHOLD {.0*},]
                                 {n  }

INVERT fn, RSQ fn

FACTOR fn,  [{ONE,  }]  [TEST {.02*},]  [{MAXFAC n,}]  [PC,]
             {LARGE,}          {n   }     {MINFAC n,}
             {ZERO, }                       {NFAC n,   }

            [FA fn,    ]
            [DROOT fn,]
            [ROOTS fn,]
            [SF fn,    ]
            [VEC fn,   ]

ROTATE fn, [VF fn,]   [QF fn,]  [EF fn,]  [MAX {10*},]
           [VTR fn,]  [QTR fn,] [ETR fn,]      {n   }

PROMAX, INFAC fn,  [OUTFAC fn,]  [COR fn,]  [COSINE fn]
                   [TRANS fn]

F.COEF, FACTOR fn, SDATA fn,  {FC fn,     }
                              {PMULT fn,}
                   [BADINPUT {MEAN,     }]  [MEAN {50*},]
                             {MISSING,}           {n   }
                             {USEGOOD,}

GROUPCOR, INFAC fn,  [OUTFAC fn,]  [INCOR fn,]  [OUTCOR fn,] $

NEWFAC, INCOR fn, INFAC fn, OUTFAC fn $
```

Allgemeine Form: Prozeduren zur Faktorenanalyse

Diagonalen mit dem Wert 1,0 besetzt, was die Voraussetzung zur Durchführung einer Hauptkomponentenanalyse ist. Das folgende Kommando säubert die Eingangsdatei incor von allen Variablen, die zu keiner anderen eine höhere Korrelation als 0,2 aufweisen, setzt die Werte der Diagonalen auf 1,0 und schreibt die bereinigte Matrix in die Datei *'outcor'*.

```
CLEANCOR incor, OUT outcor, THRESHOLD .2 $
```

Prozedur INVERT: Zur Durchführung iterativer Hauptachsenanalysen werden die Elemente der Diagonalen einer Korrelationsmatrix häufig mit den quadrierten multiplen Korrelationen besetzt, um sie als Anfangswert der Kommunalitätenschätzung zu nutzen. Dieser Arbeitsschritt läßt sich mittels der Matrixoperation `INVERT` bewältigen. Nach `INVERT` ist eine Korrelationsmatrix zu spezifizieren, die mit quadrierten multiplen Korrelationen in der Diagonale besetzt und in die nach der Option `RSQ` anzugebene Datei geschrieben wird. `INVERT` kennt eine Reihe weiterer Optionen, die im Abschnitt 4.4.3 beschrieben sind.

```
INVERT outcor, RSQ corqmk $
```

Prozedur FACTOR: Die Prozedur `FACTOR` dient der Faktorenextraktion. Standardmäßig führt die Prozedur eine iterative Hauptachsenanalyse durch. Die Elemente der Diagonalen einer Eingangsmatrix werden dabei als Anfangsschätzer der Kommunalitäten benutzt. Davon ausgehend werden iterativ neue Kommunalitäten geschätzt und in die Diagonale eingesetzt. Der Prozeß läuft solange, bis die gefundene Lösung als stabil zu bezeichnen ist. Standardgemäß ist dies der Fall, wenn die aufgrund der ermittelten Faktoren geschätzten Kommunalitäten innerhalb eines Grenzwertes von 0,02 um die Eingangsschätzung liegen.

Nach jeweils 5 Iterationen werden die ermittelten Faktoren überprüft, ob sie für die weiteren Schritte beibehalten werden sollen. Unter den Faktoren mit Eigenwerten im Grenzbereich zwischen 0,7 und 1,1 werden die Abstände der Eigenwerte paarweise verglichen. Der größte Abstand zwischen zwei Faktoren entscheidet darüber, welche Faktoren als bedeutsam angesehen werden. Die Gruppe der Faktoren mit deutlichem Abstand zu den übrigen wird zur weiteren iterativen Schätzung der Kommunalitäten beibehalten. Der Prozeß läuft, bis das obengenannte Konvergenzkriterium erreicht ist.

Die schlußendliche Faktorlösung kann in eine nach der Option `SF` zu spezifizierende Datei geschrieben werden. Sofern für `VERBOSITY` kein höherer Wert als 2 gesetzt ist (Standardwert bei interaktivem Betrieb), gibt die Prozedur keinen Output an die Standardausgabeeinheit. Wird die ‚Geschwätzigkeit' des Programms mittels des Systemkommandos `VERBOSITY 3` oder `V 3` erhöht, erhält man eine Tabelle mit den Eigenwerten, dem erklärten Varianzanteil pro Faktor sowie den Anfangs- und Endschätzwerten der Kommunalitäten. Bei Eingabe von `V 4` wird darüber hinaus ein Bericht über die Schritte der Iteration ausgegeben.

`FACTOR` kennt eine Vielzahl von Optionen zur Beeinflussung der skizzierten Standardprozedur und Ausgabe weiterer Matrizen. Mittels der ersten Gruppe von Optionen läßt sich der Wert für die Elemente in der Diagonalen bestimmen, sofern dies nicht durch die Prozeduren `CLEANCOR` oder `INVERT` vorgenommen wurde. Die zweite Gruppe steuert die Abbruchkriterien bei iterativer Analyse bzw. legt eine

Zahl zu extrahierender Faktoren fest. Mittels der Option `PC` kann eine Hauptkomponentenanalyse angefordert werden. Die letzte Gruppe von Optionen bezieht sich auf die Ausgabemöglichkeiten.

`ONE` Die Elemente der Diagonalen werden auf 1,0 gesetzt. Dies ist Voraussetzung zur Durchführung einer Hauptkomponentenanalyse.

`ZERO` Setzt die Elemente der Diagonalen auf 0.

`LARGE` Setzt die Elemente der Diagonalen auf die höchste Korrelation mit einer anderen Variablen der Matrix.

`TEST` *n* Konvergenzkriterium bei iterativer Kommunalitätenschätzung. Voreingestellt ist der Wert 0,02.

`MAXFAC` *n* Maximale Anzahl zu extrahierender Faktoren.

`MINFAC` *n* Minimale Anzahl zu extrahierender Faktoren.

`NFAC` *n* Anzahl der zu extrahierenden Faktoren.

`PC` Fordert statt des Standardverfahrens eine Hauptkomponentenanalyse an. Standardgemäß werden in diesem Fall Faktoren mit Eigenwerten größer als 1,0 extrahiert.

`SF` *fn* Faktormatrix. Die Zeilen der Matrix sind durch die Anzahl der Variablen, die Spalten durch die Anzahl ‚signifikanter' Faktoren definiert.

`ROOTS` *fn* Die Datei enthält so viele Zeilen wie Variablen und drei Spalten. Die erste Spalte enthält die Eigenwerte der Faktoren in absteigender Reihenfolge, die weiteren die Anfangsschätzungen der Kommunalitäten und die Werte der Diagonalen nach der Extraktion.

`DROOTS` *fn* Fordert eine Matrix mit der Dimension der Eingabematrix an, wobei in der Diagonalen die Eigenwerte der Faktoren stehen und alle anderen Elemente der Matrix auf 0 gesetzt sind.

`FAC` *fn* Faktormatrix. Die Zeilen der Matrix sind durch die Anzahl der Variablen, die Spalten durch die Anzahl der Faktoren mit positiven Eigenwerten bestimmt.

`VEC` *fn* Matrix der Eigenvektoren, geordnet nach den Eigenwerten der Faktoren.

Prozedur ROTATE: Nach der Extraktion der Faktoren ist es sinnvoll, die ermittelte Faktorladungsmatrix zur Klärung der Faktorstruktur zu rotieren. Die Prozedur `ROTATE` stellt drei orthogonale Rotationsverfahren zur Verfügung: **Varimax**, **Quartimax** und **Equamax**, wobei mittels der Optionen mehrere Rotationsverfahren gleichzeitig angefordert werden können. Standardgemäß wird die Rotation nach 10 Iterationen abgebrochen oder wenn die Anpassungsgenauigkeit der rotierten Lösung ein intern festgelegtes Konvergenzkriterium von 0.0001 erreicht. Ist Verbosity auf den Wert 3 gesetzt, gibt die Prozedur eine Tabelle über die Eigenwerte der rotierten Faktoren und deren Varianzerklärungsanteil aus. Eingabedatei sollte die mittels der Option SF von FACTOR ermittelte Faktormatrix sein.

VF *fn* Ausgabe einer Varimax rotierten Faktormatrix.
QF *fn* Quartimax rotierte Faktormatrix.
ER *fn* Equamax rotierte Faktormatrix.
VTR *fn* Ausgabe einer Matrix zur Transformation der unrotierten Matrix in die Varimax rotierte Faktormatrix.
QTR *fn* Transformationsmatrix der Quartimax-Rotation.
ETR *fn* Transformationsmatrix der Equamax-Rotation.
MAX *n* Bestimmt die maximale Anzahl von Iterationen. Per Voreinstellung werden 10 Iterationen durchgeführt.

Prozedur PROMAX: Schiefwinklige Rotationen lassen sich mit der Prozedur PROMAX durchführen. Notwendig ist die Angabe der Option INFAC, gefolgt vom Dateinamen der zu rotierenden Faktormatrix. Die Eingabedatei sollte eine zuvor orthogonal rotierte Matrix sein. Die weiteren Optionen beziehen sich auf die Ausgaben. Die Optionen bedeuten im einzelnen:

INFAC *fn* Eingabe einer Faktorladungsmatrix.
OUTFAC *fn* Faktorladungsmatrix der Promax rotierten Faktoren.
COR *fn* Matrix der Korrelationen zwischen den Faktoren.
COSINE *fn* Cosinusmatrix zwischen den Faktoren.
TRANS *fn* Transformationsmatrix.

Prozedur F.COEF: Faktorwerte werden mit der Prozedur F.COEF mit Hilfe der Regression berechnet. Die Prozedur benötigt zwei Eingabedateien: eine endgültige (rotierte) Faktorladungsmatrix und eine Datei, welche die standardisierten Rohdaten enthält. In letzterer, mittels STANDARDIZE (vgl. Abschnitt 4.2.2) zu erstellenden Datei müssen alle in die Faktorenanalyse einbezogenen Variablen enthalten sein. Die Datei darf selbstverständlich weitere Variablen enthalten. Die Faktorwerte werden in eine nach der Option FC angegebene Datei geschrieben, die ebensoviele Fälle wie die standardisierten Rohdaten und ebensoviele Variablen wie Faktoren enthält. Standardmäßig besitzen die Faktorwerte einen Mittelwert von 50, da dieser Wert als Konstante addiert wird, um nur positive Faktorwerte auszugeben. Die Konstante kann mittels der Option MEAN verändert werden.

Per Voreinstellung werden fehlende Werte von der Prozedur STANDARDIZE durch den Mittelwert 0 ersetzt. Sofern bei der Standardisierung fehlende Werte beibehalten werden (Option STAY.MISSING bei STANDARDIZE), ist zur Berechnung der Faktorwerte zwingend die Option BADINPUT zu spezifizieren. Die Option bietet die Möglichkeit, fehlende Werte durch die bei `MEAN` festgelegte additive Konstante zu ersetzen oder aber beizubehalten. Die Spezifikation `BADINPUT MISSING` bewirkt, daß fehlende Werte der standardisierten Rohdaten auch in der Ausgabedatei der Faktorwerte als Missing deklariert werden. `BADINPUT USEGOOD` wirkt insofern anders, als daß fehlende Werte zur Berechnung der Faktorwerte übergangen und nur die ‚guten' Eingabedaten zur Berechnung benutzt werden. Fehlende Eingabewerte werden allerdings auch in der Ausgabe als solche deklariert.

`FACTOR` *fn* Obligatorische Angabe einer Faktorladungsmatrix als Eingabedatei.

`SDATA` *fn* Obligatorische Angabe einer Eingabedatei mit standardisierten Rohdaten.

`FC` *fn* Ausgabedatei der Faktorwerte.

`PMULT` *fn* Dient der Spezifikation einer Post-Multiplikations-Matrix. Sofern weitere Datensätze derselben Variablen gewonnen werden, kann diese Matrix dazu benutzt werden, um die Faktorwerte dieser Fälle auf Basis der durchgeführten Faktorenanalyse zu berechnen. Dazu sind die neuen Fälle im Hinblick auf die ursprünglichen Mittelwerte und Varianzen zu standardisieren und mit der Matrix zu multiplizieren.

`BADINPUT` Die Option dient der Behandlung fehlender Werte und ist obligatorisch, sofern die bei `SDATA` spezifizierte Datei fehlende Werte enthält. Drei Methoden sind möglich: Ersetzen fehlender Werte in den Eingabendaten durch die bei

- `MEAN` spezifizierte Konstante.
- `MISSING` Fehlende Werte werden nicht ersetzt.
- `USEGOOD` Fehlende Werte werden nicht ersetzt und bleiben bei Berechnung der Faktorwerte unberücksichtigt.

`MEAN` *n* Festlegung einer Konstante, die zu den Faktorwerten addiert wird. Voreingestellt ist der Wert 50.

Prozedur GROUPCOR: Die von den Prozeduren ausgegebenen Matrizen lassen sich mittels der Prozedur `GROUPCOR` aufbereiten. `GROUPCOR` sortiert Faktorladungsmatrizen nach der Höhe der Faktorladungen. Außerdem können die zugrundeliegenden Korrelationsmatrizen nach den Ergebnissen der Faktorenanalyse gruppiert werden, so daß Cluster von Korrelationen deutlicher zu erkennen sind.

`INFAC` *fn* Eingabedatei einer Faktorladungsmatrix.

`OUTFAC` *fn* Ausgabe der gruppierten Faktorladungsmatrix.

`INCOR` *fn* Eingabe der Korrelationsmatrix.

`OUTCOR` *fn* Ausgabe der gruppierten Korrelationsmatrix.

Prozedur NEWFAC: Abschließend sei auf die Prozedur NEWFAC hingewiesen, die insbesondere bei explorativer Vorgehensweise nützlich sein kann. Die Prozedur führt Kleinst-Quadrate-Schätzungen der Faktorladungen von Variablen durch, die nicht in die Faktorenanalyse einbezogen wurden. Einzugeben sind eine Faktorladungsmatrix und eine Korrelationsmatrix, welche die in die Faktorenanalyse einbezogenen und die neuen Variablen in beliebiger Reihenfolge enthält. Ausgegeben wird eine Faktorladungsmatrix, die sowohl die Eingangslösung als auch die Schätzer für die Ladungen der neuen Variablen enthält.

INFAC *fn* Eingabe einer Faktorladungsmatrix.

INCOR *fn* Eingabe einer Korrelationsmatrix, die die Variablen der Eingangslösung und die neuen Variablen enthält.

OUTFAC *fn* Ausgabe der Faktorladungsmatrix mit den ursprünglichen und den geschätzten Koeffizienten.

Im Anwendungsbeispiel wird eine Hauptkomponentenanalyse mit ausgewählten Variablen der ADV-Skalen wiedergegeben. Bei den Variablen handelt es sich um die Subskalen I und II, die die Kurztitel Bedrohung und Arbeitsorganisation tragen.

```
(1)  VERBOSITY 3 $

(2)  CORRELATE azedv (KEEP v19 v23 v24 v26 v29 to v37 v41),
              COR cormat $

(3)  FACTOR cormat, SF unrfac, ONE, PC $

                                CUM.    ORIG.     FINAL     NEW
            ROOTS      PCT.     PCT.    DIAG.     DIAG.     DIAG.

      1   5.017431    35.8     35.8    1.000     1.000     0.506        v19
      2   2.164431    15.5     51.3    1.000     1.000     0.312        v23
      3   0.989325     7.1     58.4    1.000     1.000     0.543        v24
      4   0.822046     5.9     64.2    1.000     1.000     0.425        v26
      5   0.758383     5.4     69.7    1.000     1.000     0.421        v29
      6   0.680641     4.9     74.5    1.000     1.000     0.621        v30
      7   0.620685     4.4     78.9    1.000     1.000     0.604        v31
      8   0.587267     4.2     83.1    1.000     1.000     0.510        v32
      9   0.551251     3.9     87.1    1.000     1.000     0.607        v33
     10   0.478215     3.4     90.5    1.000     1.000     0.472        v34
     11   0.433876     3.1     93.6    1.000     1.000     0.508        v35
     12   0.346772     2.5     96.1    1.000     1.000     0.508        v36
     13   0.303632     2.2     98.2    1.000     1.000     0.589        v37
     14   0.246046     1.8    100.0    1.000     1.000     0.556        v41
```

```
      LAST DIAG SUM =          14.000000

      SUM OF ROOTS  =          14.000000

      FACTOR completed.

(4)   ROTATE unrfac, VF vffac $

       NOTE - PERCENT OF VARIANCE FOR A ROTATED FACTOR
       IS THE SUM OF SQUARES OF THE ROTATED FACTOR
       DIVIDED BY THE NUMBER OF VARIABLES, TIMES 100.

                         FACTOR SUM    PERCENT OF    CUMULATIVE
                         OF SQUARES     VARIANCE       PERCENT

       1         VAR1       3.6664          26.2          26.2
       2         VAR2       3.5154          25.1          51.3

      ROTATE completed.

(5)   GROUPCOR, INFAC vffac, OUTFAC gvffac,
                INCOR cormat, OUTCOR gcormat $
(6)   BPRINT gvffac, THRESHOLD .25 $

      PAGE=     1,  THRESHOLD= 0.25
      vffac IN FACTOR GROUPINGS                          FILE=gvffac

      POSITION                  1     2
                    LABEL     VAR1  VAR2

         1            v30      78
         2            v33      78
         3            v19      71
         4            v31      70    33
         5            v36      69
         6            v35      69
         7            v29      60    25
         8            v37            74
         9            v24            73
        10            v41            72
        11            v32            71
        12            v34            66
        13            v26            64
        14            v23            55
```

```
(7)    BPRINT gcormat, THRESHOLD .25 $

       PAGE=     1,  THRESHOLD= 0.25
       cormat GROUPED BY FACTOR MATRIX vffac          FILE=gcormat
```

POSITION		1	2	3	4	5	6	7	8	9	10	11	12	13	14
		v30	v33	v19	v31	v36	v35	v29	v37	v24	v41	v32	v34	v26	v23
1	v30	100	51	42	64	45	51	42	.	.	.	.	.	.	.
2	v33	51	100	70	43	41	41	39	26	.	.	.	.	.	.
3	v19	42	70	100	37	36	30	29	.	.	.	.	.	.	.
4	v31	64	43	37	100	45	55	45	34	31	27	28	37	.	33
5	v36	45	41	36	45	100	52	47	25	.	27	.	.	.	.
6	v35	51	41	30	55	52	100	35	26	.	.	.	29	.	.
7	v29	42	39	29	45	47	35	100	26	.	29	.	25	26	.
8	v37	.	26	.	34	25	26	26	100	56	52	42	40	46	35
9	v24	.	.	.	31	.	.	.	56	100	43	42	41	42	29
10	v41	.	.	.	27	27	.	29	52	43	100	43	47	43	36
11	v32	.	.	.	28	.	.	.	42	42	43	100	47	34	34
12	v34	.	.	.	37	.	29	25	40	41	47	47	100	31	25
13	v26	.	.	.	.	.	.	26	46	42	43	34	31	100	.
14	v23	.	.	.	33	.	.	.	35	29	36	34	25	.	100

Beispiel 4.21: Hauptkomponentenanalyse

(1) Die Eingabe bewirkt, daß sich der Ausgabeumfang der Prozeduren erhöht. So werden die bei den Ziffern (3) und (4) wiedergegebenen Tabellen nur aufgrund der Erhöhung von `VERBOSITY` ausgegeben.

(2) Berechnung einer Korrelationsmatrix für die Variablen der ADV-Subskalen.

(3) Faktorenextraktion mittels einer **Hauptkomponentenanalyse**, wobei nur Faktoren mit Eigenwerten größer als 1.0 beibehalten werden. Die Faktorladungsmatrix wird in der Datei *'unrfac'* gespeichert. Die folgende Tabelle setzt sich aus zwei Teilen zusammen. Die ersten drei Spalten geben die Eigenwerte der Faktoren (Roots) und den durch sie erklärten Anteil an der Gesamtvarianz von 14 wieder. Die beiden Faktoren mit Eigenwerten größer als 1,0 erklären demnach 51,3 % der gesamten Varianz. Der zweite Teil der Tabelle enthält bei Durchführung einer iterativen Kommunalitätenschätzung die Werte in der Diagonalen der Korrelationsmatrix vor (orig. Diag.) und nach Abschluß des Prozesses (final. Diag.). Bei der Hauptkomponentenanalyse wird von Kommunalitäten von 1,0 ausgegangen, die in beiden Spalten wiedergegeben sind. Die letzte Spalte (New Diag.) enthält die Kommunalitäten der Variablen nach Extraktion der als bedeutsam eingestuften Faktoren.

(4) Anforderung einer **Varimax-Rotation**. Zusätzlich werden die Eigenwerte der rotierten Faktoren und der durch sie erklärte Varianzanteil ausgegeben.

(5) Gruppierung der rotierten **Faktorladungsmatrix** und der Korrelationsmatrix.

(6) Ausgabe der rotierten Ladungsmatrix, wobei Ladungen unter 0,25 nicht ausgedruckt und die Lücken mit Punkten aufgefüllt werden. Das Faktorenmuster zeigt, daß die Variablen der ADV-Subskala Bedrohung mit dem ersten Faktor (*var1*) und die Variablen der Subskala Organisation mit dem zweiten Faktor (*var2*) verbunden sind, d. h. auf diesen Faktoren hoch laden. Es treten keine nennenswerten Doppelladungen auf, die Skalen sind also deutlich voneinander getrennt.

(7) Ausgabe der gruppierten Korrelationsmatrix. Die Cluster der Korrelationen sind in der umsortierten Matrix deutlich zu erkennen.

4.6 Definition von Makros

In der kurzen Beschreibung des Datenanalysesystems P-STAT ist mehrfach von sogenannten **Makros** die Rede gewesen. Abschließend sei kurz erläutert, wie man eigene Makros erstellen kann.

```
MACRO name
MACEND oder ENDMACRO

MACLIB fn

RUN name, [SYNTAX,]  [DISPLAY,]
```

Allgemeine Form: Makro-Kommandos

Makros sind nichts anderes als eine Sammlung von P-STAT-Kommandos, die zwischen zwei Befehlen, die den Beginn und das Ende eines Makros bezeichnen, eingeschlossen sind.

`MACRO` *name*

Beginn eines Makros.

`ENDMACRO` oder `MACEND` Ende eines Makros.

Zur Ausführung eines Makros muß dieses in der Protokolldatei des Systemeditors vorliegen. Sofern ein Makro als externe Datei im ASCII-Format vorliegt, kann es mittels des Editor-Befehls `IMPORT` fn geladen werden. Das Kommando `MACLIB` lädt Macros, die im binären Format des Editors gespeichert sind, aus einer externen Datei ans Ende der aktiven Protokolldatei des Editors.

Zur Ausführung ist das Kommando RUN, gefolgt vom Namen des Makros, einzugeben. Die Optionen des Kommandos bewirken folgendes:

SYNTAX Das Makro wird nur im Hinblick auf Syntaxfehler überprüft, aber nicht ausgeführt. Werden keine Fehler gemeldet, kann das Makro mittels des Kommandos AGAIN, GO $ ausgeführt werden.

DISPLAY Das Makro wird ausgeführt, und die Extension des Makros wird angezeigt.

Im folgenden soll ein Makro zur Durchführung von Hauptachsenanalysen mit anschließender Varimax-Rotation erstellt werden. Die Kommunalitätenschätzung soll mit quadrierten multiplen Korrelationen beginnen. Die Ausgabe der Prozedur soll schließlich die Faktorenextraktion protokollieren und die rotierte Faktorladungsmatrix in gruppierter Form wiedergeben. Das Makro muß also die Prozeduren CORRELATE, INVERT, FACTOR, ROTATE, GROUPCOR und BPRINT miteinander verbinden.

Im interaktiven Modus besteht die erste Aufgabe darin, die bisherige Protokolldatei des Editors zu löschen oder eine neue Datei mit dem Kommando NEW.EDIT.FILE *'fn'* anzufordern. Dies ist sinnvoll, um nur das formulierte Makro und nicht auch andere, zuvor eingegebene und damit protokollierte Befehle am Ende der Arbeit abzuspeichern. Gehen wir davon aus, daß bisher keine wichtigen Kommandos eingegeben wurden und löschen die alte Protokolldatei. Dazu ist das Kommando:

```
ERASE.EDIT.FILE $
```

einzugeben. Um ein Makro definieren zu können, muß man zunächst einen Namen finden, der nicht länger als 16 Zeichen sein darf. Taufen wir das neue Makro in unserem Fall auf den Namen PAF.COMPUTE. Der nächste Befehl lautet daher:

```
MACRO paf.compute $
```

Im interaktiven Betrieb bewirkt die Eingabe dieses Kommandos, daß sich P-STAT mit einer anderen Eingabeaufforderung meldet, die darauf hinweist, daß das System die Eingabe eines Makros erwartet. Das Kommando bewirkt ferner, daß die im folgenden eingegebenen Befehle nicht direkt bearbeitet, sondern zunächst nur in die Protokolldatei des Editors aufgenommen werden. Nur wenn bei der Eingabe des Makros ein schwerwiegender Syntaxfehler bemerkt wird, wechselt das System von der Befehlsebene in den Editor. Nachdem der Befehl korrigiert wurde, wechselt man in die Befehlsebene zurück und gibt die noch fehlenden Kommandos ein. Die interaktive Eingabe des Makros endet erst mit der Eingabe des Befehls ENDMACRO.

Die Befehle des neuen Makros sollen zunächst nur für die Arbeitsdatei gelten, wobei die Faktorenanalyse mit den Variablen der ADV-Skala durchgeführt werden soll. Folgende Kommandos sind also einzugeben:

```
MACRO paf.compute $
CORRELATE azedv (KEEP v14 to v41), OUT cormat $
INVERT cormat, RSQ cormat $
VERBOSITY 3 $
FACTOR cormat, SF urfactor, TEST .0001 $
ROTATE urfactor, VF vffactor $
GROUPCOR, INFAC vffactor, OUTFAC out $
BPRINT out, THRESHOLD .25, DOTS $
VERBOSITY 2 $
ENDMACRO $
```

Der letzte Befehl kündigt an, daß das Makro beendet ist. P-STAT bemerkt dies und meldet sich mit dem gewohnten Prompt. Ist bei der Eingabe ein augenfälliger Fehler aufgetaucht, kann man in den Editor wechseln und den Fehler beheben. Anschließend kann das Makro durch das Kommando RUN und den Namen des Makros gestartet werden. In unserem Fall also:

```
RUN paf.compute $
```

Das bisher formulierte Makro dient nur einem Zweck, nämlich der Durchführung einer Hauptachsenanalyse mit den Daten der Arbeitsdatei. Damit ist aber nun keine Arbeitserleichterung erreicht, im Gegenteil: zu den sonst einzugebenen Kommandos sind die Befehle MACRO *'fn'*, MACEND und RUN hinzugekommen. Makros gewinnen ihre Bedeutung erst dadurch, daß sie variabel gestaltet werden können. Beim Aufruf eines Makros ist es möglich, an dieses eine beliebige Zeichenkette zu übergeben. Diese Eigenschaft läßt sich zur Steuerung eines Makros nutzen. Verdeutlichen wir dies an einem einfachen Beispiel: Das folgende Makro enthält an der Stelle eines Dateinamens als Eingabedatei der Prozedur CORRELATE die Zeichenkette *xyz*.

```
MAC uebergabe $
CORRELATE xyz, OUT matraus $
MACEND $
```

Beim Aufruf des Makros kann nun der Zeichenkette *xyz* ein Dateiname zugewiesen werden, der diese bei der Ausführung des Makros ersetzt. Nachdem das Makro *'uebergabe'* formuliert ist, kann man dies nachprüfen, indem man folgenden Befehl eingibt:

```
RUN uebergabe, xyz azedv, SYNTAX $
```

Die Option SYNTAX des Kommandos RUN bewirkt, daß P-STAT die im Makro enthaltenen Befehle nicht abarbeitet, sondern lediglich das Makro unter der Überschrift 'Expansion of Macro fn' wiedergibt und dessen Syntax überprüft. Bei der Wiedergabe wird gezeigt, daß die Zeichenkette *xyz* durch die Zeichenkette *azedv* ersetzt wurde. Die Zeichenkette *xyz* funktioniert also als Variable, deren beim Aufruf zugewiesener Wert zur Ausführung des Makros benutzt wird. Allerdings werden beliebige Zeichen des Makros durch Zuweisung beim Aufruf desselben ersetzt. Gibt man den folgenden Befehl ein:

```
RUN uebergabe, c k, SYNTAX $
```

zeigt P-STAT, daß der Buchstabe C im Kommando CORRELATE durch ein K ersetzt wird. Da alle Zeichenketten des Makros durch die beim Aufruf zugewiesenen Zeichen ersetzt werden, muß man mit der Wahl von Variablen vorsichtig sein. Sonst könnte unwillentlich ein feststehendes Kommando verändert werden, wodurch die Ausführung des Makros unmöglich wird. Aus mnemotechnischen Gründen ist es allerdings wünschenswert, nicht x-beliebige Variablennamen zu wählen, sondern solche, die auf die Funktion der Variable verweisen. Zur variablen Gestaltung des Makros PAF.COMPUTE wäre es beispielsweise sinnvoll, eine Variable namens *out* zu nutzen, um die Ausgabedatei der Faktorladungsmatrix anzusprechen. Dies ist ohne weiteres nicht möglich, da damit gleichzeitig die Option OUT des Kommandos CORRELATE verändert würde.

Das Problem läßt sich durch Verkettung zweier Makros lösen. Es ist möglich, aus einem Makro ein weiteres aufzurufen und dabei Variablen zu übergeben, wobei die Schachtelungstiefe 6 Ebenen nicht überschreiten darf. Formulieren wir ein zweites Makro namens PAF, mittels dessen das Makro COMPUTE.PAF aufgerufen wird.

```
MACRO paf $
RUN  compute.paf, param=out $
MACEND $
MACRO paf.compute $
...
GROUPCOR, INFAC vffactor, OUTFAC param $
```

```
BPRINT param, THRESHOLD .25, DOTS $
VERBOSITY 2 $
MACEND $
```

Das Makro PAF ruft die Prozedur zur Durchführung einer Hauptachsenanalyse auf, wobei eine Variable *param* übergeben wird, die nicht mit einem feststehenden Ausdruck der Kommandosprache verwechselt werden kann. Die Variable *param* ersetzt den bisherigen Dateinamen für die Ausgabe im Makro COMPUTE.PAF. Dieser wiederum wird beim Aufruf die Variable *out* bzw. deren Inhalt zugewiesen. Wird PAF ohne Optionen aufgerufen, erfolgt die Ausgabe in eine Datei namens *'out'*, sonst wird der für *out* eingesetzte Dateiname übergeben. Auf diese Weise kann auch die Auswahl einer Eingabedatei für die Prozeduren und die Auswahl der Variablen flexibel gestaltet werden, wie das abschließende Beispiel zeigt.

```
MACRO paf $
RUN paf.compute, param1=psfile,
    param2=var.list, param3=out $
MACEND $
MACRO paf.compute $
CORRELATE param1 (KEEP param2), OUT MACFILE.MAT $
INVERT MACFILE.MAT, RSQ MACFILE.MAT $
VERBOSITY 3 $
FACTOR MACFILE.MAT, SF MACFILE.FAC, TEST .0001 $
ROTATE MACFILE.FAC, VF MACFILE.ROT $
GROUPCOR, INFAC MACFILE.ROT, OUTFAC param3 $
BPRINT param3, THRESHOLD .25, DOTS $
VERBOSITY 2 $
MACEND $
```

Im endgültigen Makro wurden die bisherigen Dateinamen durch das Schlüsselwort MACFILE ersetzt. Diese Namensgebung bewirkt, daß die für Zwischenrechnungen benötigten Dateien als temporäre Arbeitsdateien behandelt und nach dem Ende der P-STAT-Sitzung automatisch gelöscht werden. Nachdem die Makros vollständig und fehlerfrei formuliert sind, wechselt man in den Editor, befreit die Protokolldatei von allen überflüssigen Kommandos und speichert die Makros ab. Speichert man die Macros im binären Format mittels des Editor-Befehls BACKUP *'fn'*, so können die Makros bei späteren Systemaufrufen schnell mittels des Befehls MACLIB geladen werden. Der Befehl MACLIB *'fn'* kann auch in die Datei *'PSTART'* eingebunden werden, so daß die Makros bei jedem späteren Systemaufruf wieder zur Verfügung stehen.

4.7 Weiterführende Hinweise

Zur Arbeit mit P-STAT ist auf die umfassenden Systemhandbücher hinzuweisen (*P-STAT* 1990). Eine Einführung in der von *R. Wittenberg* (1991) herausgegebenen Reihe „Handbuch der computergestützten Datenanalyse“ befindet sich in Vorbereitung. Im Internet erreicht man P-STAT unter der Anschrift `support@pstat.com`. Im Forum `PSTAT-L@IRLEARN.BITNET` findet man Diskussions- und Ansprechpartner. Ein World-Wide-Web-Server ist im Aufbau.

6. DATENANALYSE MIT SPSS

6.1 Grundlagen

Der folgenden Beschreibung des Datenanalysesystems SPSS liegen die Programmversionen 5.0 für IBM-kompatible Mikrocomputer unter dem Betriebssystem DOS bzw. Maschinen unter UNIX sowie Release 6.1 für die graphische Benutzerschnittstelle Windows zugrunde. Die Darstellung der Prozeduren basiert auf dem erweiterten Release 6, dessen Implementation auch für andere Plattformen (Apple Macintosh, OS/2, UNIX) angekündigt bzw. vollzogen ist. Es wird davon ausgegangen, daß SPSS auf einer Festplatte eines solchen Mikrocomputers installiert ist. Es empfiehlt sich, Installations- und Arbeitsverzeichnis voneinander zu trennen. Unter DOS startet man SPSS/PC daher zweckmäßigerweise von dem Verzeichnis aus, in dem sich die Arbeitsdateien befinden. Man wechselt also zunächst mit dem Betriebssystembefehl `cd` in das Arbeitsverzeichnis und ruft dort SPSS/PC durch die Eingabe von `spsspc` auf. Voraussetzung ist, daß dem Betriebssystem der Pfad des SPSS-Heimatverzeichnisses mitgeteilt worden ist. Unter den graphischen Benutzeroberflächen sollte ein getrenntes Arbeitsverzeichnis, z. B. mit dem Windows-Dateimanager, voreingestellt werden.

6.1.1 Syntax und Programmablauf

Um mit dem Datenanalysesystem zu kommunizieren, kann man sich eines konventionellen Menus oder einer graphischen Benutzerschnittstelle bedienen. Diese Oberflächen generieren die von SPSS auszuführenden Kommandos. Die **Syntax** der Kommando-Sprache, mittels derer sich das Datenanalysesystem auch direkt steuern läßt, wird im folgenden kurz erläutert:

- Die der englischen Sprache entlehnten Kommandos oder Schlüsselwörter können in Klein- oder Großschreibung eingegeben werden. Um Kommandos von benutzerspezifischen Angaben zu unterscheiden, werden sie hier in großen Buchstaben wiedergegeben.

- Kommandos können an beliebiger Stelle einer Zeile begonnen werden. Die Schlüsselwörter sind durch mindestens ein Leerzeichen zu trennen.

- Unterbefehle eines Kommandos werden regelmäßig durch Schrägstrich ‚/' eingeleitet.

Info zur Systemumgebung	SHOW
Modifizieren der Umgebung	SET, PRESERVE, RESTORE
Hilfe	HELP, INFO
Info über Dateien	DISPLAY, SYSFILE INFO
Ausführen von Programmen	DOS, HOST, EDIT, EXECUTE, TEMPORARY
Batch-Verarbeitung	INCLUDE
Definition von Makros	DEFINE(macro) ENDMACRO
Beenden	FINISH

Abb. 6.1: System-Kommandos

- Ein Kommando wird, auch wenn es über mehrere Zeilen fortgesetzt wird, vom System erst dann als abgeschlossen betrachtet, wenn das Befehl-Endezeichen eingegeben wird. Per Voreinstellung ist dies der Punkt. Das Zeichen kann vom Benutzer geändert werden.

- Werden in Anweisungen Zeichenketten — beispielsweise Dateinamen — als Argumente benutzt, so sind diese in Hochkommata einzuschließen.

- Mit Ausnahme einiger Schlüsselwörter (`WITH`, `END DATA`) lassen sich alle Kommandos auf deren drei führende Zeichen abkürzen. So kann beispielsweise der Prozeduraufruf `DESCRIPTIVES` zu `DES` verkürzt werden.

Die Kommandos lassen sich in drei große Gruppen (Systemkommandos, Kommandos zur Definition und Transformation von Daten sowie Prozeduraufrufe) einteilen. **Systemkommandos** (Operation Commands) haben keinen Einfluß auf die zu bearbeitenden Daten. Mit ihnen können Informationen über aktive bzw. externe Systemdateien (`DISPLAY`, `SYSFILE INFO`) und Systemumgebung (`SHOW`) eingeholt, die Systemumgebung verändert (`SET`) oder die Steuerung kurzfristig an das Betriebssystem übergeben (`DOS`, `HOST`) werden. `EXECUTE` verlangt das Lesen von Daten oder die Abarbeitung von Datentransformationen, auch wenn kein Prozeduraufruf folgt, der das Lesen von Daten beinhaltet. Existieren externe Dateien, die SPSS-Kommandos enthalten, lassen sich diese Batch-Jobs mittels `INCLUDE` *'fn'* ausführen. Im Zusammenhang mit der Batch-Verarbeitung ist das Kommando `EDIT` nützlich, das eine Syntaxprüfung der nachfolgenden Kommandos verlangt. `DEFINE` dient der Definition von Makros. `FINISH` beendet SPSS, schließt offene Dateien und übergibt die Steuerung an das Betriebssystem.

Die zweite Gruppe von Befehlen dient der **Definition** und **Modifikation** von Daten. Mittels der Befehle dieser Gruppe werden Daten eingelesen oder weggeschrieben, Daten transformiert oder neue Variablen erzeugt, Fälle ausgewählt und der Output gestaltet. Dem Lesen von Rohdaten im ASCII-Code dienen der Be-

Definition und Einlesen von Daten	DATA LIST, MATRIX DATA, BEGIN DATA-END DATA, END CASE, END FILE, FILE TYPE-END FILE TYPE GET, GET TRANSLATE, GET CAPTURE, IMPORT, LEAVE, LOOP-END LOOP, REREAD, REPEATING DATA, LEAVE, VECTOR
Schreiben von Daten	SAVE, SAVE TRANSLATE, XSAVE, EXPORT, WRITE
Verbinden von Dateien	ADD FILES, MATCH FILES
Aktualisieren von Dateien	UPDATE
Teilen von Dateien nach Untergruppen	SPLIT FILE
Transformieren von Dateien	FLIP
Erzeugung von Dateien mit zusammengesetzten Fällen	AGGREGATE
Definition fehlender Werte	MISSING VALUES
Modifizieren von Daten	COMPUTE, COUNT, RANK, RECODE, AUTORECODE, RENAME IF, DO IF-END IF, DO REPEAT-END REPEAT, LOOP-END LOOP
Fallauswahl, Gewichten und Sortieren	SELECT IF, FILTER, N OF CASES, SAMPLE, SORT, WEIGHT
Formatieren	TITLE, SUBTITLE, VARIABLE LABELS, VALUE LABELS, ADD VALUE LABELS, APPLY DICTIONARY, DOCUMENT, FORMATS, FILE LABEL

Abb. 6.2: Kommandos zur Definition und Manipulation von Daten

fehl DATA LIST und die Anweisungen BEGIN DATA sowie END DATA. Zum Schreiben von Daten im ASCII-Code benutzt man den Befehl WRITE. SPSS-Systemfiles werden durch SAVE OUTFILE erstellt und mit GET eingelesen. Sogenannte portable Systemdateien, die dem Datentausch mit SPSS-Implementationen auf anderen Systemen dienen, werden mit der Anweisung EXPORT geschrieben bzw. mit IMPORT gelesen. Als Schnittstelle zu den Programmen 1-2-3, Symphony, Multiplan, Excel und dBASE fungieren die Kommandos GET TRANSLATE bzw. SAVE TRANSLATE. Besteht Zugang zu einem Datenbankserver (INFORMIX, INGRES, ORACLE, SYBASE, SQL) können Daten mittels GET CAPTURE direkt übernommen werden. Die Gestaltung des Outputs umfaßt die Möglichkeiten, Überschriften (TITLE, SUBTITLE) anzufordern, Namen (VARIABLE LABELS) und Werteetiketten (VALUE LABELS) für Variablen zu vergeben und Zahlen im Output formatiert (FORMAT) darzustellen.

Tabellarische Ausgaben	LIST, REPORT, TABLES
Graphische Darstellungen	CASEPLOT, GRAPH, PLOT, NPLOT, SPCHART, TSPLOT
Deskriptive Statistiken	DESCRIPTIVES, EXAMINE, FREQUENCIES, MULT RESPONSE
Kreuztabellenanalyse	CROSSTABS, GENLOG, HILOGLINEAR, LOGLINEAR, PROBIT
Mittelwertvergleiche und Varianzanalysen	T-TEST, ONEWAY, MEANS, ANOVA, MANOVA
Nicht-parametrische Tests	NPAR TESTS
Korrelation und Regression	CORRELATION, REGRESSION, LOGISTIC REGRESSION, NONPAR CORR, NLR, PARTIAL COR, CURVEFIT, WLS, 2SLS
sonstige multivariate	ALSCAL, ANACOR, FACTOR, CLUSTER, CNLR, CONJOINT, DISCRIMINANT, HOMALS, ORTHOPLAN, OVERALS, PRINCALS, PROXIMITIES, QUICK CLUSTER, RELIABILITY
Zeitreihenanalyse	ACF, AREG, ARIMA, CCF, COXREG, CREATE, EXSMOOTH, FIT, KM, PACF, PREDICT, SPECTRA, SEASON, X11ARIMA
Matrizenoperationen	MATRIX-END MATRIX

Abb. 6.3: Prozedurbefehle

Prozeduren dienen der tabellarischen oder graphischen Ausgabe der Daten und der Berechnung von Statistiken. Da SPSS modular aufgebaut ist, müssen je nach Installation nicht alle Befehle zur Verfügung stehen. Der Installation und dem Entfernen von Prozeduren dient das System-Kommando `SPSS MANAGER` bzw. das SPSS-SETUP-Programm.

Im folgenden sei kurz auf den **Ablauf** von SPSS-Programmen eingegangen. Im ersten Schritt des Programms sind zunächst die zu bearbeitenden Daten zu definieren bzw. einzulesen. In weiteren Schritten können diese Daten transformiert oder Prozeduren zur Auswertung angefordert werden, bevor das Datenanalysesystem verlassen und die Steuerung an das Betriebssystem zurückgegeben wird.

Betrachten wir dazu ein einfaches Programmbeispiel. Das Programm beginnt mit der Anweisung `DATA LIST`, da Rohdaten in das System eingelesen werden sollen. Sofern keine weitere Angabe erfolgt, nimmt SPSS an, daß die Rohdatenmatrix mit dem Programm selbst im sogenannten festen Format eingelesen wird, d. h. die Variablen sind bestimmten Spalten der Rohdatenmatrix zugeordnet. Im Unterbefehl des Kommandos, eingeleitet durch ‚/', werden die Variablen definiert. Die Variable mit dem Namen *v1* steht in der 2. Spalte der rechteckigen Rohdatenmatrix, die Va-

```
* Programmlisting                  Output der Prozedur LIST
DATA LIST
 /v1 2 v2 4 v3 5-6.                V2 V3  NEU
MISSING VALUES v2 (9).
BEGIN DATA.
 1 5 3                              5  3  1.67
 2 310                              3 10   .30
 3 8 2                              8  2  4.00
 4 3 6                              3  6   .50
 5 1 5                              1  5   .20
 6 112                              1 12   .08
 7 9 3                              9  3   .
END DATA.
COMPUTE neu = v2/v3.
LIST VARIABLES = v2 TO neu.
FINISH.
```

Abb. 6.4: Einführendes Programmbeispiel

riable *v2* in der 4. Spalte und die Variable *v3* schließlich in der 5. bis 6. Spalte. Das vollständige Kommando schließt mit dem Befehls-Endezeichen ‚.' ab.

Die Daten sind im Programm selbst enthalten, man spricht in diesem Fall auch davon, daß die Daten im Eingabestrom (inline) eingegeben werden. Die Datenmatrix ist deshalb im Programm durch die Angabe von `BEGIN DATA` und `END DATA` zu begrenzen. Die Plazierung des so definierten Datenblocks innerhalb des Programms muß hinter der Anweisung `DATA LIST` und vor dem ersten Prozeduraufruf erfolgen.

Alle übrigen Kommandos des Programms beziehen sich auf die derart definierte Datei, die dadurch zum aktiven, d. h. bearbeitbaren File wird. Die Anweisung `MISSING VALUES` weist die Codierung 9 der Variable *v2* als fehlenden Wert aus. Werden Prozeduren für die Variable *v2* angefordert, so bleibt der Datenwert 9 bei den Berechnungen unberücksichtigt. Die Anweisung `COMPUTE` initialisiert eine weitere Variable namens *neu*, die sich als Quotient der Variablen *v2* und *v3* berechnet. Die neue Variable wird der aktiven Datei als letzte Variable hinzugefügt, die Reihenfolge der Variablen ist also *v1*, *v2*, *v3* und *neu*. Die Anweisung `LIST` gibt die Datenwerte der angeforderten Variablen aller Fälle der Datenmatrix aus, wie dem abgebildeten Output zu entnehmen ist. Da der Datenwert des 7. Falls der Variable *v2* als fehlender Wert deklariert wurde, wird dieser bei der Berechnung der Variable *neu* als solcher berücksichtigt. Die Variable *neu* ist folglich für den 7. Fall nicht definiert, ihr wird vom System deshalb automatisch ein fehlender Datenwert (`SYSMIS`) zugewiesen. In der mittels `LIST` erzeugten Ausgabe ist dieser automatisch fehlende

Wert der Variable *neu* durch einen Punkt gekennzeichnet.

Die im Kommando `LIST` angeforderten Variablen werden im Beispiel mittels der `TO`-Konvention (reflexive Variablenliste) spezifiziert, die bei Prozeduraufrufen generell zulässig ist und viel Schreibarbeit erspart. Alle Variablen, ausgehend von *v2* bis zur (`TO`) Variablen *neu* werden in der Variablenliste spezifiziert. Die Angabe ist also identisch mit dem Aufruf: `LIST VARIABLES = v2 v3 neu.`

Variablennamen dürfen nicht länger als 8 Zeichen sein und müssen mit einem Buchstaben oder dem Sonderzeichen @ beginnen. Die Verwendung von Variablennamen, die sich nur durch eine laufende Ziffer am Ende unterscheiden, bietet den Vorteil, daß beim Kommando `DATA LIST` nicht alle Variablen einzeln aufgeführt werden müssen. Ausgehend von einer Variable mit einer niedrigeren Ziffer werden alle weiteren Variablen bis zu einem spezifizierten Endpunkt (z. B. *item1* `TO` *item5*) automatisch gebildet, indem der Variablenname beibehalten und die Endziffer hochgezählt wird. Bei Datenmatrizen im festen Format ist die `TO`-Konvention nur anwendbar, wenn die in der reflexiven Liste spezifizierten Variablen gleiche Spaltenbreite besitzen.

Die Angabe des Schlüsselwortes `TO` in der reflexiven Variablenliste verdeutlicht, daß bestimmte Namen keinesfalls für Variablen vergeben werden dürfen, da diese sonst nicht von einer Anweisung zu unterscheiden wären. Unzulässige Namen für Variablen sind die folgenden Schlüsselwörter, die in Anweisungen zusammen mit Variablen angegeben werden:

```
ALL AND BY EQ GE GT LE LT NE NOT OR TO WITH.
```

6.1.2 Betriebsarten und Systemumgebung

SPSS erlaubt dem Benutzer drei Betriebsarten. Das Programm kann durch Menüs gesteuert sowie im Dialog- oder Batchbetrieb benutzt werden. Die Betriebsarten werden im folgenden für die Systeme unter DOS und UNIX, die ohne graphische Benutzerschnittstelle auskommen, sowie die Implementation unter Windows erläutert.

Werden SPSS/PC oder SPSS für UNIX ohne weitere Angaben aufgerufen, gelangt man in ein **Menü- und Hilfesystem**, das mit dem Editor `REVIEW` gekoppelt ist. Im linken, oberen Teil des Bildschirms befindet sich das Menü, dessen Wahlmöglichkeiten in einem Hilfefenster auf der rechten Seite kommentiert sind. Dabei kann der Benutzer zwischen mehr oder weniger ausführlichen Kommentaren wählen. Die Auswahl von Kommandos erfolgt durch die Cursortasten. Die gewählten Befehle werden vom Editor REVIEW in eine temporäre Datei übernommen, wo sie weiter editierbar sind. Zur Ausführung der Befehle durch SPSS/PC muß man die Funktionstaste F10 betätigen. Nach Bearbeitung der Befehlsdatei kehrt das System

Informationen	F1	Hilfe, Menüs, Variablen- und Dateilisten, Glossar
Fenster	F2	Wechseln, Größe ändern, Zoom
Dateien	F3	Datei einfügen, andere Datei editieren
Zeilen	F4	Einfügen, Löschen, Löschen zurücknehmen
Suchen und Ersetzen	F5	Suchen, Suchen und Ersetzen
Setze Schreibmarke	F6	Markierung, Ausgabe-Seite, Fehler, Kommando
Markieren von Bereichen	F7	Zeilen, Spalten oder Kommandos
Behandlung von Bereichen	F8	Kopieren, Verschieben, Löschen, Runden von Zahlen, Glossar kopieren
Dateiausgabe	F9	Sichern eines Abschnittes oder der Datei, Löschen einer Datei
Ausführen	F10	Ausführen der Kommandos ab der Schreibmarke, der markierten Befehle, interaktiver Modus

Abb. 6.5: Tastenbelegung der REVIEW-Editors

zum Menü zurück. Das Menü ist selbsterklärend, und auch der Editor besitzt ein Hilfekommando, erreichbar über die Funktionstaste F1, weshalb diese Betriebsart keiner weiteren Erläuterung bedarf. Hingewiesen sei aber noch auf das Glossar, welches in den Editor REVIEW integriert ist und alle im System verfügbaren Statistiken beschreibt. Das Glossar ist über die Funktionstaste F1 oder die Tastenkombination ALT-G erreichbar. Tabelle 6.5 zeigt die Tastenbelegung für die PC-Version. Die Tastaturen von UNIX-Maschinen sind nicht immer mit Funktionstasten ausgestattet. Zur Steuerung des Editors ist daher die Taste ESC in Verbindung mit einer Ziffer einzugeben; also beispielsweise ESC 1 statt F1 und ESC 0 statt F10.

Unter graphischen Benutzeroberflächen ruft man SPSS durch Doppelklicken mit der Maus auf dem SPSS-Symbol auf. Im SPSS-Fenster werden ein Ausgabe-Fenster und der Daten-Editor geöffnet. In der Kopfzeile des SPSS-Fensters befindet sich eine **Menüleiste**. Die Einträge im Menü beziehen sich auf die Handhabung der in Abbildung 6.6 zusammengestellten Funktionen.

Nach der Auswahl einer bestehenden Datei oder der Eingabe von Daten mittels des Datei-Editors lassen sich Statistiken oder Modifikationen anfordern. Die Auswahl erzeugt die gewünschten Kommandos und veranlaßt ihre Bearbeitung. Unabhängig von der Betriebsart empfiehlt es sich im Zusammenhang mit graphischen Benutzeroberflächen, die Systemumgebung dahingehend zu verändern, daß die Befehle im Output wiedergegeben werden und beim Systemstart ein Syntaxfenster geöffnet wird.

Die ausschließliche Steuerung des Systems durch das Menü ist auf Dauer recht mühsam. Dies gilt insbesondere, wenn Modifikationen von Variablen vorgenommen werden. Zudem stehen nicht alle Möglichkeiten der statistischen Analyse im Menüsystem zur Verfügung. Ist man mit der Kommandosprache ein wenig vertraut,

Datei	Erstellen neuer SPSS-Dateien, Öffnen bestehender Dateien und Import von Daten.
Bearbeiten	Funktionen zum Ändern oder Kopieren in Syntax- und Output-Fenstern. Einstellen der System-Umgebung.
Daten	Modifikation von Dateien wie zusammenfügen, transformieren oder aufspalten.
Transformieren	Modifikationen von Variablen (umbenennen, recodieren, berechnen).
Statistik	Auswahl verschiedener statistischer Verfahren.
Graphik	Auswahl und Gestaltung von Graphiken.
Extras	Ändern von Schriftarten, Informationen über Dateien oder Definition von Kopfzeilen.
Fenster	Anordnung, Auswahl und Eigenschaften der SPSS-Fenster.
Hilfe	Hilfstexte zu den SPSS-Funktionen, Kommandoübersicht, Glossar.

Abb. 6.6: Menüfunktionen unter SPSS für Windows

empfiehlt es sich, SPSS im **Dialog** zu benutzen.

SPSS/PC kann durch die Auswahl mittels der Funktionstaste F10 in den interaktiven Modus versetzt werden. SPSS für UNIX ruft man zweckmäßigerweise mit dem Kommando `spss -m` auf Ebene des Betriebssystems auf. Das Programm erwartet in diesem Modus die Eingabe eines Kommandos nach der Eingabeaufforderung ‚SPSS/PC:‘ bzw. ‚spss>‘. Die in einer Zeile eingegebenen Schlüsselwörter werden vom Programm bewertet. Wird das Kommando mit einer Zeile nicht abgeschlossen, erwartet SPSS dessen Fortsetzung, was durch den Doppelpunkt als Eingabeaufforderung angezeigt wird. Erst wenn ein Kommando durch das Befehls-Endezeichen abgeschlossen ist, wird es ausgeführt. Sofern SPSS einen Eingabefehler entdeckt, wird eine Meldung ausgegeben und die Bearbeitung des Befehls abgebrochen. Wird bei der Eingabe einer Zeile ein Fehler bemerkt, bevor diese durch Betätigung der Taste Enter (↵) an das Programm übergeben wurde, kann dieser durch Nutzung der Backspace-Taste (←) korrigiert werden.

Befindet sich ein Eingabefehler am Ende eines längeren Kommandos, ist es allerdings nicht notwendig, alle Zeilen im Dialog erneut einzugeben. Da alle eingegebenen Befehle von SPSS protokolliert werden, kann man den internen Editor dazu nutzen, um diese zu editieren. Die **Protokolldatei** heißt standardmäßig '*spss.log*' oder '*spss.jnl*' Dazu ist im Dialog mit der PC-Version der Befehl `REVIEW LOG` einzugeben, woraufhin der Editor aktiviert und die Protokolldatei geladen wird. Eingabefehler können nun korrigiert werden. Nach Korrektur oder Ergänzung der Kommandos sollte man die Änderung zunächst sichern, wozu die Funktionstaste F9 benutzt werden muß. Von der Protokolldatei aus werden die Befehle durch Betätigen der Funktionstaste F10 an SPSS/PC zur Bearbeitung übergeben. Dabei kann der Benutzer wählen, ob die Kommandozeilen ausgehend vom Stand des Cursors oder ein mittels der Funktionstaste F7 markierter Block von Befehlen abgearbeitet wird.

Die Versionen für graphische Benutzeroberflächen wie Windows unterstützen die interaktive Arbeitsweise nicht in dieser Form. Hier ist vielmehr ein **Syntaxfenster** zu öffnen. In diesem Fenster tippt man einige Befehlszeilen, markiert sie mit der Maus und übergibt sie durch Anklicken der Schaltfläche ‚Ausführen' zur Verarbeitung an SPSS. Besonders vorteilhaft erweist sich bei dieser Arbeitsform, daß während der Eingabe direkt Hilfe angefordert werden kann. Die Schaltfläche ‚Syntax' liefert komprimierte Kommandoübersichten in Form von Syntaxdiagrammen.

Der implementierte Editor kann auf diese Weise auch zur Erstellung von **Batch-Jobs** benutzt werden. Insbesondere wenn große Fallzahlen zu bearbeiten sind, empfiehlt sich diese Betriebsart. Da SPSS/PC kein Kommando zur Überprüfung der Syntax kennt, sollten aus einer großen Datei zunächst einige Fälle ausgewählt werden. Vor dem Einlesen der Daten ist dazu eine Obergrenze der zu lesenden Fälle (mittels N *n*) zu spezifizieren. Bei allen anderen Implementationen sollte man dem Job das Kommando EDIT voranstellen, das eine Syntaxprüfung verlangt. Im Wechsel zwischen Dialog und Bearbeitung der Protokolldatei kann, wie oben beschrieben, eine längere Sequenz von Befehlen entwickelt werden, bis diese fehlerfrei ist. Hat man einen derartigen Satz von Befehlen erstellt, kann man das fertige Programm zur Bearbeitung der kompletten Datei benutzen.

Die gewünschten Kommandos können dann entweder direkt an SPSS zur Bearbeitung übergeben oder aber in einer externen Datei gespeichert werden. Die externen Befehlsdateien können später mittels des Befehls INCLUDE '*fn*' in einer SPSS-Sitzung ausgeführt werden. Eine zweite Möglicheit zur Batchverarbeitung besteht darin, die Befehlsdatei direkt beim Aufruf an das Programm zu übergeben, wozu die Kommandos spsspc input.sps (SPSS/PC), spss -m < input.sps >output.lst (SPSS für UNIX) oder spsswin /b /i input.sps (SPSS für Windows) auf der Betriebssystemebene einzugeben ist. Die graphischen Benutzeroberflächen sind so eingestellt, daß ein bestimmter Dateiname mit einer Anwendung verbunden wird. Klickt man mit der Maus auf eine Datei mit der Endung '*.sps*', wird die Datei an SPSS übergeben und als Batch-Job abgearbeitet.

Je nach präferierter Betriebsart ist es sinnvoll, die auf den Menübetrieb voreingestellte **Systemumgebung** abzuändern, wozu das Kommando SET dient. Häufig ist es beispielsweise nützlich, den Namen der Protokolldateien zu verändern. So könnte man beispielsweise die Ergebnisse einer Häufigkeitsauszählung mit Hilfe des Kommandos SET LISTING = '*freq.lis*' in die spezifizierte Datei leiten. Der Name der Protokolldatei der eingegebenen Kommandos ist mit SET JOURNAL = '*fn*' zu verändern. Das Kommando SET erlaubt eine Vielzahl weiterer Veränderungen der Systemumgebung, wobei hier nur auf einige Möglichkeiten hingewiesen werden soll. Bei Nutzung des Programms im Batchbetrieb ist es wenig sinnvoll, daß die Ausgabe jedesmal gestoppt wird, wenn eine Bildschirmseite gefüllt ist. Der Prompt MORE läßt sich abschalten, indem in die erste Zeile der Befehlsdatei das Kommando SET MORE = OFF eingefügt wird. Will man die Bildschirmausgabe vollständig unterdrücken, ist das Kommando SET SCREEN = OFF einzugeben. Zur Ausgabe der Ergebnisse auf einen Drucker ist es ferner sinnvoll, die Anzahl der Zeilen pro ausgegebener Seite zu verändern. Die Zeilenlänge pro Seite ist für einen Standardmonitor eingestellt (24 Zeilen) und ist mit dem Kommando SET LENGTH = 59 auf die Standardlänge einer Druckseite einstellbar. Bei Verwendung von breitem Papier kann ferner die Anzahl der Spalten mittels SET WIDTH = WIDE von voreingestellten 79 Spalten auf 130 Spalten erhöht werden. Einen Seitenvorschub fordert man mit SET EJECT = ON an, und durch SET PRINTER = ON werden die Ergebnisse direkt auf dem Drucker ausgeben. Die Kommandozeile:

```
SET MORE=OFF /SCREEN=OFF /PRINTER=ON /LENGTH=59 /EJECT=ON.
```

zu Beginn eines Batchjobs eingefügt, bewirkt, daß die Programmbearbeitung nicht unterbrochen wird, die Ausgabe nicht auf den Monitor, aber auf den Drucker erfolgt, wobei nach 59 Zeilen jeweils ein Seitenvorschub durchgeführt wird. Wird ferner die Anweisung SET ECHO = ON spezifiziert, werden die Kommandos jeweils zu Beginn des durch sie erzeugten Outputs ausgedruckt. Letzteres ist hilfreich, wenn man sich nach einiger Zeit erinnern muß, welche Spezifikationen bei einer Auswertung angefordert wurden.

Soll die mittels SET veränderte Systemumgebung bei jedem Aufruf des Programms aktiviert werden, müssen die Befehle in einer sogenannten Startdatei gespeichert werden. Unter SPSS/PC schreibt man die Einstellung der Systemumgebung in einer Datei namens '*spssprof.ini*', die im Heimatverzeichnis des Programms gespeichert sein muß. Im Fall eines UNIX-Systems heißt die Datei '*.spss*' und ist im Stammverzeichnis des Benutzers zu speichern. Die Windows-Implementation speichert die gewählten Einstellungen automatisch ab.

6.2 Einlesen von Rohdaten

Der erste Schritt der Datenanalyse besteht darin, die Rohdatenmatrix in das Datenanalysesystem einzugeben. Dazu ist dem Programm mitzuteilen, wie die Rohdatenmatrix aufgebaut ist, also welche Spalten für welche Variablen vorgesehen sind. Darüber hinaus ist zu spezifizieren, was die einzelnen Datenwerte bedeuten, es müssen also die fehlenden Werte als solche deklariert werden, damit diese bei späteren Auswertungen unberücksichtigt bleiben. Ferner können die Variablen und ihre Ausprägungen mit längeren Namen (labels) versehen werden, die im Ergebnisprotokoll erscheinen und dessen Lesbarkeit beträchtlich erhöhen. Es gibt unterschiedliche Möglichkeiten, diesen Arbeitsschritt zu bewerkstelligen.

- SPSS für graphische Benutzeroberflächen wie Windows enthält einen Dateneditor, der beim Aufruf des Systems automatisch geöffnet wird. Der Dateneditor zeigt eine leere Tabelle an, deren Spalten die Variablen bilden. Zur Definition einer Variablen klickt man mit der Maus die entsprechende Variable an. Daraufhin öffnet sich ein Menu, das die Einträge für einen Variablennamen, den Typ der Variable, Missings, Etiketten und die gewünschten Ausgabeformate erlaubt. Sollen nur wenige Daten eingeben werden, ist dies sicherlich die komfortabelste Möglichkeit.

- Zur Eingabe größerer Datenmengen wird die Verwendung eines Datenbanksystems empfohlen, das die Programmierung von Eingabemasken erlaubt. SPSS enthält Schnittstellen zu vielen verbreiteten Datenbankformaten, so daß die Übernahme eigentlich problemlos sein sollte.

- Schließlich können die Rohdaten aus einer externen Datei eingelesen werden. Diese Vorgehensweise ist notwendig, wenn die Daten im ASCII-Format vorliegen. Dies ist hier der Fall. Auch zu diesem Zweck bieten Versionen für graphische Benutzeroberflächen ein Menü an (Datei!ASCII-Daten lesen). Einfacher ist es allerdings, die notwendigen Befehle mit dem Systemeditor zu tippen und die Kommandos anschließend abarbeiten zu lassen. Zudem lernt man bei dieser Vorgehensweise die zur Eingabe wichtigen Kommandos kennen, weshalb diese Arbeitsweise hier kurz beschrieben wird.

Beim Einlesen von Rohdaten können auch die notwendigen Recodierungen und Transformationen von Variablen erfolgen. Es ist sinnvoll, abschließend einen Systemfile zu erstellen, in welchem neben der Datenmatrix die gesamten Angaben gespeichert werden. Damit erspart man sich die Mühe, diese Spezifikationen vor jeder Auswertung zu wiederholen.

Im folgenden ist ein Ausschnitt der Kommandozeilen wiedergegeben, mittels derer die Rohdaten der Arbeitsdatei eingelesen und in einen SPSS-Systemfile umgewandelt werden. An diesem Beispiel seien einige wichtige SPSS-Kommandos erläutert.

```
(1) TITLE 'Arbeitszufriedenheit bei ADV'.

(2) * Einlesen von Rohdaten und Erzeugen eines Systemfiles

(3) DATA LIST FILE = 'd:\analyse\azroh.dat' TABLE
         /nr1 1-3 rec1 4 v1 5 v2 6-7 v3 TO v60 8-65
         /nr2 1-3 rec2 4 v61 TO v75 5-19 v76 TO v78 20-25.

(4) MISSING VALUES v1 v3 TO v75 (9) /v2 v76 TO v78 (99).

(5) COMPUTE saz = v6 + v7 + v8 + v9 + v10 + v11 + v12 + v13.
    COMPUTE adv1 = v19 + v29 + v30 + v31 + v33 + v35 + v36.
    COMPUTE adv2 = v23 + v24 + v26 + v32 + v34 + v37 + v41.
    COMPUTE adv3 = v14 + v17 + v20 + v27 + v28 + v39.
    COMPUTE adv4 = v15 + v16 + v22 + v25 + v38.
    COMPUTE tsr = v42 + v43 + v45 + v48 + v50.
    COMPUTE esr = v51 + v52 + v53 + v55 + v56.
    COMPUTE fsr = v58 + v59 + v60 + v64 + v65.

(6) RECODE saz TO fsr (SYSMIS = 99).

(7) MISSING VALUES saz to fsr (99).

(8) FORMATS v2 v76 to v78 (F2.0) v1 v3 to v75 (F1.0).

(9) VARIABLE LABELS /v1 'BETRIEB'
       /v2 'ABTEILUNG'
       /v3 'STELLUNG'
       /v4 'EDV-BETROFFENHEIT IN STD.'
       /v78 'SCHULBILDUNG'
       ...
       /saz  'ARBEITSZUFRIEDENHEIT'
       /adv1 'BEDROHUNG'
       /adv2 'ARBEITSORGANISATION'
       /adv3 'ENTTAEUSCHUNG'
       /adv4 'SELBSTVERWIRKLICHUNG'
       /tsr  'TAETIGKEITSSPIELRAUM'
       /esr  'ENTSCHEIDUNGSSPIELRAUM'
       /fsr 'FREIHEITSSPIELRAUM'.

(10) VALUE LABELS v1 1 'KOMM. VERSORGUNG.'
                     2 'OEFFENTL.  VERWALTUNG'
                     3 'INDUSTRIEBETRIEB'
                 / v2 1 'BUCHHALTUNG/RECHNUNGSW.'
```

```
                        2 'PERSONAL/ORGANISATION'
                        3 'BETRIEBSWIRTSCH.'
                        4 'LAGER'
                        5 'PLANUNG'
                        6 'MARKETING/VERTRIEB'
                        7 'TECHNIK'
                        8 'RENTENBEARBEITUNG'
                        9 'ARBEITS-VORBEREITUNG'
                       10 'PRODUKTION'
                       11 'EINKAUF'
                       12 'SONSTIGES'
                       99 'K.A.'
                       ...
         / v14, v15, v17, v19, v20, v27 TO v31,
           v33, v35, v36, v39, v40, v44,
           v51, v52, v55, v59
                        1 'STIMMT'          2 'STIMMT WEITGEH.'
                        3 'STIMMT VIELL.'   4 'STIMMT EHER NICHT'
                        5 'STIMMT NICHT'
         ...
         / v78     1 'VOLKSSCHULE'            2 'REALSCHULE O. A.'
                   3 'REALSCHULE M. A.'       4  'GYMN.  O. A.'
                   5 'GYMN.  M. A.'           6 'FACHHOCHSCHULE O. A.'
                   7 'FACHHOCHSCHULE M. A.'   8 'HOCHSCHULE O. A.'
                   9 'HOCHSCHULE M. A.'.

(11) SAVE OUTFILE = 'd:\analyse\azedv.sav'
       /COMPRESSED.
```

Beispiel 6.1: Einlesen der Rohdaten

(1) Die Angabe des Kommandos `TITLE` bewirkt, daß der in Hochkommata einzuschließende **Titel** in der Ergebnisausgabe als Seitenüberschrift verwendet wird.

(2) Mit Sternchen werden **Kommentarzeilen** eingeleitet, die beliebigen Text enthalten dürfen und vom Datenanalysesystem bei der Bearbeitung übergangen werden. Arbeiten mehrere Personen an einer Auswertung oder werden viele Programmdateien erstellt, sollte man nicht darauf verzichten, die Arbeitsschritte zu kommentieren.

(3) Mittels des Kommandos `DATA LIST` wird die **Rohdatenmatrix** im **festen Format** definiert. Da die Daten nicht im Eingabestrom mit den Befehlszeilen übergeben werden, ist nach dem Schlüsselwort `FILE` in Hochkommata zu spezifizieren, wo SPSS die Rohdaten findet. Wird SPSS nicht im Verzeichnis der Arbeitsdateien gestartet, ist der entsprechende Pfadname anzugeben. Das Schlüsselwort `TABLE` fordert die Ausgabe einer Tabelle an, in welcher die Definition der Rohdatenmatrix (Record, Spalte, Format) wiedergegeben ist. Weichen die Angaben der Tabelle vom Codeplan ab, so ist die Definition der Rohdatenmatrix in den Unterbefehlen des `DATA LIST` Kommandos zu überprüfen.

In den Unterbefehlen des Kommandos wird der Aufbau der Rohdatenmatrix mitgeteilt. Dabei ist für jedes Record eines Datensatzes ein eigener Unterbefehl zu spezifizieren. Im ersten Unterbefehl wird also das erste Record der Datensätze unserer Arbeitsdatei beschrieben. Nach Angabe eines Variablennamens, der nicht länger als acht Zeichen sein darf, erfolgt die Angabe der Spalten, die für die Variable vorgesehen sind. Die Variable *nr* steht also in den Spalten 1 bis 3. Besitzt eine Reihe von nacheinander folgenden Variablen dieselbe Spaltenzahl, können die Angaben in einer reflexiven Variablenliste erfolgen. Die Variablen *v3* bis *v60* stehen in jeweils einer Spalte, beginnend mit der Spalte 8.

Standardmäßig nimmt `DATA LIST` an, daß bei **numerischen Variablen** mit Dezimalstellen ein Punkt als Trennzeichen in der Rohdatenmatrix notiert ist. Die Dezimalstellen lassen sich aber auch explizit definieren, indem nach der Angabe der Spaltenzahl einer Variable die Anzahl der Dezimalstellen in Klammern notiert wird. Die Preise im folgenden Beispiel werden mit zwei Dezimalstellen als 2,99, 24,30 und 1,10 eingelesen.

```
DATA LIST /preis 1-5 (2).
BEGIN DATA.
  299
 2430
  110
END DATA.
```

Befinden sich in der Rohdatenmatrix alphanumerische Variablen, so ist es erforderlich, hinter der Angabe, welche Spalten zur Codierung benutzt wurden, ein eingeklammertes A anzugeben. Die Angabe `Nachname 1-32(A)` bedeutet also, daß in den Spalten 1 bis 32 der Rohdatenmatrix der Nachname in langschriftlicher Form steht.

`DATA LIST` erlaubt ferner die Eingabe von Daten im sogenannten **freien Format**, wobei das Schlüsselwort `FREE` anzugeben ist. Freies Format bedeutet, daß die Datenmatrix nicht in fester Spaltenform organisiert ist. Im folgenden Beispiel werden vier Fälle eingelesen, wobei die Variable *v1* die Werteausprägungen 1, 1.1 und -1 besitzt und *v2* immer den Wert 2 erhält.

```
DATA LIST FREE /v1 v2.
BEGIN DATA.
1 2 -1 2 1.1 2
1 2
END DATA.
```

(4) Das Kommando MISSING VALUES deklariert für die anschließend angeführten Variablen den in Klammern stehenden Datenwert als **fehlenden Wert**. Für die Variable *v1* und die Variablen *v3* bis *v75* wird die 9 als Missing ausgewiesen. Im Unterbefehl des Kommandos wird für die übrigen Variablen der Wert 99 als fehlender Wert definiert.

(5) Das Kommando COMPUTE erlaubt die Berechnung von Variablen. Im Beispiel werden für die Likert-Skalierungen Summenindizes gebildet. Die Variable Arbeitszufriedenheit (*saz*) setzt sich beispielsweise additiv aus den Variablen *v1* bis *v13* zusammen.

COMPUTE erlaubt wesentlich komplexere Berechnungen. Neben den arithmetischen Operatoren stehen eine Vielzahl von Funktionen zur Verfügung, von denen nur wenige in Übersicht 6.7 zusammengestellt sind.

Die Zielvariable einer Transformation muß immer links vom Gleichheitszeichen stehen. Beim Aufbau komplexer Ausdrücke ist darauf zu achten, in welcher Reihenfolge die Operationen ausgeführt werden. Zuerst werden die Funktionen bewertet, dann Multiplikation und Division, schließlich Addition und Subtraktion ausgeführt. Gegebenenfalls sind die Ausdrücke zu klammern.

```
COMPUTE gesamt = SQRT(teil1)/(teil2 + teil3).
```

Im Beispiel wird zunächst die Quadratwurzel der Variablen *teil1* gezogen, die Addition von *teil2* und *teil3* durchgeführt und schließlich werden beide Teilausdrücke dividiert. Das Ergebnis wird der Variable gesamt zugewiesen.

Fehlt bei einer Variable ein Datenwert oder ist dieser als Missing deklariert, so wird der Zielvariable automatisch der fehlende Wert (SYSMIS) zugewiesen.

(6) Die RECODE-Anweisung dient dazu, Ausprägungen von Variablen neue Wertebereiche zuzuweisen. Nach dem Kommando RECODE muß die Angabe der zu recodierenden Variablen erfolgen und anschließend die Wertebereiche in Klammern. Links in der Klammer steht der bisherige Wert der Variablen, rechts in der Klammer der neue Wert. Im Programm wird den zuvor mit COMPUTE berechneten Variablen im Fall, daß sie den automatisch fehlenden Wert aufweisen, unserer Konvention folgend der Datenwert 99 zugewiesen. Neben diesem Schlüsselwort können

Numerische Operatoren:

+	Addition	/	Division
-	Subtraktion	**	Exponentation
	Multiplikation		

Numerische Funktionen:

`ABS(exp)`	Absoluter Wert	`LN(exp)`	Natürlicher Logarithmus
`ARTAN(exp)`	Arcustangesfunktion	`MOD10(exp)`	Rest einer Division durch 10
`ARSIN(exp)`	Arcussinusfunktion	`RND(exp)`	Rundung auf ganze Zahlen
`COS(exp)`	Cosinusfunktion	`SIN(exp)`	Sinusfunktion
`EXP(exp)`	Exponentionalfunktion	`SQRT(exp)`	Quadratwurzel
`LG10(exp)`	Dekadischer Logarithmus	`TRUNC(exp)`	Verkürzt eine Zahl auf ihren Ganzteil

Zufallszahlen und Verteilungsfunktionen:

`NORMAL(exp)`	normalverteilte Zufallszahlen	`UNIFORM(exp)`	gleichverteilte Zufallszahlen
`CDF.CHISQ(n,n)`	kum. χ^2-Verteilung	`CDF.F(n.n)`	kum. F-Verteilung
`CDF.NORMAL(n,n,n)`	kum. Normalverteilung	`CDF.T(n,n)`	kum. t-Verteilung
`IDF.CHISQ(n,n)`	inv. χ^2-Verteilung	`IDF.F(n.n)`	inv. F-Verteilung
`IDF.NORMAL(n,n,n)`	inv. Normalverteilung	`IDF.T(n,n)`	inv. t-Verteilung

Statistische Funktionen:

`MAX[.n](exp)`	größter Wert	`MIN[.n](exp)`	kleinster Wert
`MEAN[.n](exp)`	arithmetisches Mittel	`SDEV[.n](exp)`	Standardabweichung
`SUM[.n](exp)`	Summe		

Funktionen für fehlende Werte:

`VALUE(vn)`	Benutzerdefinierte Missings werden als gültige Werte behandelt.	`SYSMIS(vn)`	Ergibt 1 bei systemspezifischen Missings, sonst 0.
`MISSING(vn)`	Ergibt 1 bei fehlenden Werten, sonst 0.		

Funktion zwischen Fällen:

`LAG(vn,n)`	Wert des vorhergehenden Falls *n*

Datumsfunktion:

`YRMODA(yr,mo,da)`	Datumsfunktion

Abb. 6.7: Numerische Operatoren und Funktionen

mit `MISSING` die benutzerspezifischen fehlenden Werte angesprochen werden. Sind mehrere Datenwerte umzucodieren, sind diese in mehreren Klammer anzuführen.

Die folgende Anweisung ‚polt' die Variablen *item1* bis *item4* um, wobei jeweils zwei Datenwerte zusammengefaßt werden. Allen übrigen Datenwerten wird mittels des Schlüsselwortes ELSE der automatische fehlende Wert zugewiesen.

```
RECODE item1 TO item4 (1,2=3)(3,4=2)(5,6=3)(ELSE=SYSMIS).
```

Wertebereiche von Variablen mit vielen Ausprägungen lassen sich leichter mittels der Schlüsselwörter THRU, LO[WEST] und HI[GHEST] verändern. Die folgende Kommandozeile recodiert die Variable *alter*, wobei die Altersgruppe bis 30 Jahre inclusive den Wert 1 zugewiesen bekommt. Die Altersgruppe von 31 bis 60 Jahren erhält den Wert 2 und alle übrigen bis zur höchsten Ausprägung den Wert 3.

```
RECODE alter (LO THRU 30=1) (31 THRU 60=2) (61 THRU HI=3).
```

Bei Verwendung der Schlüsselwörter LOWEST und HIGHEST ist darauf zu achten, daß nicht versehentlich die fehlenden Werte in die Recodierung einbezogen werden. Wäre 999 als fehlender Wert für die Variable alter codiert, würde dieser Ausprägung durch die obige Kommandozeile der legitime Wert 3 zugeordnet.

```
RECODE item1 TO item4 (1=2) (2,3,4=1) (ELSE = SYSMIS)
 /alter (999 = SYSMIS) (LO THRU 50 = 1) (51 THRU HI = 2).
```

Sind mehrere verschiedene Recodierungen vorzunehmen, kann das RECODE-Kommando mit Unterbefehlen fortgesetzt werden.

(7) Das Kommando weist den Wert 99 bei den neugebildeten Variablen als fehlenden Wert aus.

(8) Die FORMATS-Anweisung wirkt auf die Ausgabeformate numerischer Variablen. Die Formate müssen nach den Variablennamen in Klammern spezifiziert werden. Die Angabe F2.0 besagt, daß die Werte als zweistellige Zahlen ohne Dezimalstelle ausgegeben werden sollen. Neben diesem Standardformat (Fw.d) können Zahlen mit Kommata bei jeder dritten Stelle vor dem Dezimalpunkt (COMMAw.d) und zusätzlichem Dollarzeichen (DOLLARw.d) angefordert werden. Der Parameter *w* bezeichnet dabei die Weite der Zahl und *d* die Anzahl der Kommastellen. Die FORMATS-Anweisung wirkt nur auf die Darstellungsform, die Berechnungen werden unabhängig davon mit allen zur Verfügung stehenden Dezimalstellen durchgeführt.

(9) VARIABLE LABELS ordnet den Variablen einen längeren Namen zu, der in den Ausgaben neben dem Variablennamen ausgedruckt wird. Diese Etiketten dürfen bis zu 60 Zeichen lang sein, die meisten Prozeduren berücksichtigen aber nur die ersten

40 Zeichen. Das in Hochkommata einzuschließende Variablenetikett darf bei der Eingabe nicht über mehrere Zeilen fortgesetzt werden. Das Kommando kann durch Unterbefehle fortgesetzt werden. Hier ist nur ein Teil der Labels wiedergegeben.

(10) Das Kommando `VALUE LABELS` weist den Ausprägungen der Variablen beschreibende Etiketten zu. Nach dem Variablennamen werden die jeweiligen Codierungen und, in Hochkommata eingeschlossen, das jeweilige Etikett angegeben. Gelten für mehrere Variablen gleiche Bezeichnungen der Ausprägungen, können mehrere Variablennamen oder auch rekursive Variablenlisten spezifiziert werden. Die Werteetiketten dürfen bis zu 60 Zeichen lang sein, die meisten Prozeduren benutzen bei der Ausgabe jedoch nur die ersten 20 Zeichen.

(11) Mit `SAVE OUTFILE` wird die Arbeitsdatei als Systemfile auf eine externe Speichereinheit geschrieben. Die Arbeitsdatei besteht in unserem Fall aus den eingelesenen Rohdaten, den Berechnungen und Recodierungen, den Etiketten usw. Der Systemfile *'azedv.sav'* enthält also all diese Angaben. Wird lediglich `SAVE OUTFILE` ohne weitere Spezifikation eingegeben, erhält der geschriebene Systemfile den Standardnamen *'spss.sav'*. Das Schlüsselwort `OUTFILE = 'fn'` erlaubt die Angabe eines beliebigen Datei- oder Pfadnamens.

Es kann ein Unterbefehl angegeben werden, der festlegt, das die Datei im komprimierten (`COMPRESSED`) bzw. unkomprimierten Format (`UNCOMPRESSED`) gespeichert wird. Das komprimierte Format empfiehlt sich, wenn die Datei überwiegend kleine Ganzzahlen enthält. Da die Arbeitsdatei, mit Ausnahme der laufenden Nummer, ausschließlich kleine Integerzahlen enthält, wird SPSS aufgefordert, die Daten in komprimierter Form abzuspeichern.

`SAVE OUTFILE` kennt ferner einen Unterbefehl `DROP = vn`. Die nach `DROP` spezifizierten Variablen werden nicht in die Systemdatei übernommen. Im folgenden Kommando werden die Variablen mit den Namen *schreib*, *nicht* und *diese* nicht in den Systemfile geschrieben.

```
SAVE OUTFILE = 'test.sav'/DROP = schreib nicht diese.
```

6.3 Fehlersuche

Sofern die Daten nicht schon bei der Eingabe auf Fehler geprüft werden, besteht der zweite Schritt der Datenanalyse darin, die Datenmatrix auf Eingabefehler zu überprüfen. SPSS kennt keine speziellen Kommandos zur Datensäuberung. Wir müssen daher ein zweites Programm schreiben, das Kommandos zur Modifikation von Variablen und Fallauswahl nutzt. Die Kommandozeilen könnten selbstverständlich auch in das Programm zum Einlesen der Daten eingebunden werden.

Die Kommandos zur Fehlersuche umfassen drei Aufgaben. Im ersten Schritt wird geprüft, ob nicht versehentlich ein Datensatz doppelt eingegeben wurde. Da die Fälle in der Arbeitsdatei lediglich durchnumeriert sind, müssen die Variablen *nr1* sowie *nr2* der internen Variable `$CASENUM` entsprechen, die SPSS benutzt, um die eingelesenen Fälle in aufsteigender Reihenfolge mitzuzählen. Danach wird abgefragt, ob die Wertebereiche der Variablen bei der Eingabe eingehalten wurden. Abschließend werden fehlerhafte Datensätze aufgelistet.

```
(1)  TITLE 'Arbeitszufriedenheit bei ADV'.
     SUBTILE 'Fehlerkorrektur'.


(2)  GET FILE = 'azedv.sav'.

(3)  IF ($CASENUM NE nr1) fehlnr = 1.
     IF ($CASENUM NE nr2) fehlnr = fehlnr + 1.

(4) COUNT fehl1  = v1 (0, 4 thru 8)
      /fehl2  = v2 (0, 13 thru 98)
      /fehl3  = v3 (0, 4 thru 8)
      /fehl4  = v4 (0, 7 thru 8)
      /fehl5  = v5 (0, 8)
      /fehl6  = v6 to v13 (0, 6 thru 8).
      ...
     COUNT fehl78 = v78 (0, 10 thru 98).

(5)  COMPUTE fehler = fehlnr + fehlr1 + fehlr2 + fehl1 + fehl2
                    + fehl3 + fehl4 + fehl5 + fehl6 + fehl78.

(6)  SELECT IF  (fehler gt 0).

(7)  LIST VARIABLES = nr1 fehlnr to fehl78.
```

Beispiel 6.2: Programm zur Fehlersuche

(1) Angabe der Seitenüberschriften.

(2) Der im vorhergehenden Programm mit `SAVE OUTFILE` erstellte Systemfile wird mit dem Kommando `GET FILE` geöffnet und eingelesen. Soll nicht der Standardfile *'spss.sav'* eingelesen werden, so ist nach dem Schlüsselwort `FILE` der jeweilige Datei- oder Pfadname in Hochkommata anzugeben. Wie `SAVE OUTFILE` kennt `GET`

FILE einen Unterbefehl DROP = *vn* zur Spezifikation von auszuschließenden Variablen. Das folgende Kommando liest eine Systemdatei namens *'mein.sav'* aus einem Unterverzeichnis auf einer Diskette im Laufwerk a: und schließt einige Variablen vom Einlesen aus.

```
GET FILE = "a:\subdir\mein.sav"
  /DROP = diese var werden nicht gelesen.
```

(3) Die Anweisungen dienen der Überprüfung, ob alle Datensätze eingelesen wurden und nicht versehentlich ein Datensatz doppelt eingegeben wurde. Die Anweisung IF bewertet den in Klammern spezifizierten logischen Ausdruck. Nach diesem wird eine Zielvariable angegeben und rechts vom Gleichheitszeichen ein Ausdruck, der der Zielvariable zugewiesen wird, falls die Bewertung des logischen Ausdrucks zu dem Ergebnis führt, daß dieser wahr (zutreffend) ist. Im Beispiel vergleicht IF die internen Variable $CASENUM mit der laufenden Nummer (*nr1*). Sind die beiden nicht identisch, was durch den logischen Operator NE (not equal) spezifiziert ist, wird einer neu initialisierten Variable *fehlnr* der Wert 1 zugewiesen. Sind die Variablen $CASENUM und *nr1* identisch, führt die Bewertung des logischen Ausdrucks zur Zuweisung des automatisch fehlenden Werts (SYSMIS) bei der Variable *fehlnr*. Die zweite Kommandozeile führt denselben Vergleich für die zu Beginn des zweiten Records notierte *nr2* durch, die ebenfalls mit der internen Fallnummer identisch sein muß.

Vergleichsoperatoren

EQ	oder	=	gleich	NE	oder	<>	ungleich
LT	oder	<	kleiner als	LE	oder	<=	kleiner als oder gleich
GT	oder	>	größer als	GE	oder	>=	größer als oder gleich

Logische Operatoren:

AND	oder	&	und	OR	oder	|	oder
NOT	oder		nicht				

Abb. 6.8: Vergleichsoperatoren und logische Operatoren

Das Kommando IF erlaubt die in der Tabelle 6.8 notierten Vergleichsoperatoren und logischen Operatoren, mittels derer komplexe Bedingungen formuliert werden können. Sowohl im logischen wie im Zuweisungsausdruck des Kommandos sind ferner alle Funktionen möglich, die auch beim COMPUTE-Kommando erlaubt sind. Beim Aufbau von logischen Ausdrücken ist zu beachten, daß zuerst Funktionen und arithmetische Operatoren, dann Vergleiche und zuletzt logische Operatoren bewertet werden. Durch Klammern läßt sich diese Prioritätenfolge gegebenenfalls ändern.

In der folgenden Kommandozeile wird der Variable *fehl* dann eine 1 zugewiesen, wenn eine befragte Person 21 Jahre oder jünger ist und gleichzeitig für die Variable *bildung* eine 9 codiert ist, was für einen Hochschulabschluß stehen soll. Auf diese Weise lassen sich Codierfehler, die zu widersprüchlichen Aussagen führen, herausfiltern.

```
IF (alter LE 21 AND bildung EQ 9) fehl = 1.
```

(4) Mit diesen Kommandos werden die Wertebereiche der einzelnen Variablen überprüft. Das `COUNT`-Kommando zählt, wie oft die hinter der Variablenliste in Klammern angegebenen Werte auftreten und weist das Ergebnis der vor dem Gleichheitszeichen notierten Zielvariable zu. Findet sich bei einem Fall für die Variable *v1* die Ausprägung 0, 4, 5, 6, 7 oder 8, wird der Variable *fehl1* der Datenwert 1 zugewiesen. Zum Zweck der Fehlerkorrektur werden in der Werteliste also die unzulässigen Ausprägungen angegeben. Neben dem Schlüsselwort `THRU` sind zur Formulierung der Werteliste `LOWEST`, `HIGHEST`, `SYSMIS` und `MISSING` zulässig.

(5) Das Kommando `COMPUTE` addiert sämtliche im Programm definierten Fehlervariablen.

(6) `SELECT IF` wählt diejenigen Fälle aus, bei denen die zuvor berechnete Variable fehler einen größeren Wert als 0 annimmt. Nur die Fälle, für die der logische Ausdruck wahr ist, verbleiben in der Arbeitsdatei. Für den Aufbau des logischen Ausdrucks gelten die beim `IF`-Kommando besprochenen Möglichkeiten. Werden Fälle mit `SELECT IF` ausgewählt, so sind in der Arbeitsdatei nur noch diejenigen enthalten, für die der logische Ausdruck zutrifft. Selektiert man beispielsweise alle Frauen eines Datensatzes, so stehen die Männer für weitere Auswertungen nicht mehr zur Verfügung. Sollen auch diese in weiteren Auswertungsschritten betrachtet werden, ist die ursprüngliche Datei erneut einzulesen.

```
SELECT IF (SEX = 'w').
```

Temporäre Fallauswahlen, die nur für die jeweils folgende Prozeduranweisung gelten, lassen sich mit dem Kommando `TEMPORARY` realisieren. Dieses Kommando wirkt auf die nachfolgende Prozeduranweisung. Wird es `SELECT IF` vorangestellt, wirkt das Kommando nur auf die direkt folgende Prozeduranweisung.

(7) `LIST` gibt die Werte von Variablen wieder. Wird `LIST` ohne weitere Angaben eingegeben, werden die Werte aller Variablen sämtlicher Fälle einer Datei gelistet. Durch Angabe einer Variablenliste läßt sich steuern, welche Variablen ausgegeben werden sollen. Das Kommando kennt ferner einen Unterbefehl zur Fallsteuerung und zur Formatierung der Ausgabe, auf die hier nur hingewiesen werden soll. Im Programm werden die laufende Nummer des Datensatzes und die Fehlervariablen durch `LIST` ausgegeben.

Findet sich in der Datei ein Eingabefehler, ist dieser anhand der laufenden Nummer und der jeweiligen Fehlervariable in der Rohdatenmatrix leicht zu finden. Unter Rückgriff auf die Urbelege sind die Fehler zu korrigieren. Anschließend ist die Einleseprozedur erneut abzuarbeiten.

6.4 Univariate Datenanalyse

SPSS kennt eine Reihe von Prozeduren, mittels derer sich univariate Statistiken berechnen lassen. Hier werden die Prozeduren `FREQENCIES` und `DESCRIPTIVES` näher besprochen, die Häufigkeitstabellen für topologische und Koeffizienten für metrische Variablen ausgeben. Ferner wird das Kommando `MULT RESPONSE` vorgestellt, das der Auswertung von Mehrfachantworten dient. Weitere Möglichkeiten der univariaten Datenanalyse werden abschließend kurz skizziert.

6.4.1 Häufigkeitsauszählungen: FREQUENCIES

Die Prozedur `FREQUENCIES` erzeugt Häufigkeitstabellen, Diagramme sowie einige statistische Maßzahlen und ist besonders für Variablen topologischen Datenniveaus geeignet. Die Ausgabe der Prozedur wird durch Unterbefehle gesteuert. Verbindlich ist lediglich die Angabe einer Variablenliste. `FREQUENCIES` erzeugt per Voreinstellung Tabellen mit absoluten und relativen Häufigkeiten. Die Ausprägungen werden dabei in aufsteigender Reihenfolge sortiert.

Unterbefehl VARIABLES: Im Normalfall arbeitet `FREQUENCIES` im sogenannten allgemeinen Modus und baut die mittels `VARIABLES` angeforderten Tabellen automatisch auf. Im Anschluß an die Spezifikation der Variablen können aber auch explizit Wertebereiche definiert werden. Dies ist nützlich, wenn bestimmte Ausprägungen einer Variablen keine Berücksichtigung finden sollen. `FREQUENCIES` arbeitet dann im sogenannten Ganzzahlen-Modus, z. B.:

```
FREQUENCIES VARIABLES = v3 (1,3) v73 (1,2).
```

Allgemeiner Modus und Ganzzahlen-Modus können nicht gemeinsam benutzt werden.

```
FREQUENCIES [VARIABLES=] {vliste                }
                         {vn [(min,max)] vn ...}
                         {ALL                   }
  [/FORMAT=[{CONDENSE}] [NEWPAGE] [NOLABELS] [DOUBLE]
            {ONEPAGE }
           [{AVALUE*}]  [{NOTABLE }] [INDEX]] [WRITE]
            {DVALUE}     {LIMIT(n)}
            {AFREQ }
            {DEFREQ}
  [/MISSING=INCLUDE]
  [/BARCHART=[MINIMUM(n)] [MAXIMUM(n)] [{FREQ(n)*  }]]
                                        {PERCENT(n)}
  [/HISTOGRAM=[MINIMUM(n)] [MAXIMUM(n)] [{FREQ(n)*  }]]
                                         {PERCENT(n)}
              [{NONORMAL*}] [INCREMENT(n)]
               {NORMAL   }
  [/HBAR= wie HISTOGRAM]
  [/NTITLES=n]                [/PERCENTILES= Werteliste]
  [/GROUPED=vlist [{n}          ]]
                   {Werteliste}
  [/STATISTICS=[DEFAULT*] [MEAN*] [STDDEV*] [MINIMUM*] [MAXIMUM*]
               [SEMEAN] [VARIANCE] [SKEWNESS] [SESKEW]
               [KURTOSIS] [SEKURT] [MEDIAN] [MODE] [RANGE]
               [SUM] [ALL] [NONE]]
```

Allgemeine Form: Prozedur Frequencies

Unterbefehl FORMAT: Der Gestaltung der erzeugten Häufigkeitstabellen dient der Unterbefehl FORMAT. Die Wirkung der Schlüsselwörter ist im einzelnen:

CONDENSE	Ausgabe komprimierter Häufigkeitstabellen in drei Spalten ohne Werteetiketten. Die Prozentzahlen werden auf ganze Zahlen gerundet.
ONEPAGE	Ausgabe im komprimierten Format, wenn die Tabelle sonst nicht auf eine Seite paßt.
NEWPAGE	Nach jeder Tabelle wird eine neue Seite begonnen.
NOLABELS	Unterdrückt die Ausgabe von Werteetiketten.
DOUBLE	Zweizeilige Ausgabe der Tabellen.
AVALUE	Ordnet die Tabelle in aufsteigender Reihenfolge der Ausprägungen.
DVALUE	Ordnet die Tabelle in absteigender Reihenfolge der Ausprägungen.
AFREQ	Die Tabelle wird nach aufsteigenden Häufigkeiten geordnet.
DFREQ	Die Tabelle wird nach absteigenden Häufigkeiten geordnet.

`NOTABLE`	Unterdrückt die Ausgabe von Häufigkeitstabellen.
`LIMIT(n)`	Unterdrückt die Ausgabe von Häufigkeitstabellen, wenn die Zahl der Ausprägungen n übersteigt.
`INDEX`	Erzeugt einen alphabetischen und einen positionalen Index der Tabellen.
`WRITE`	Die Tabellen werden in eine externe Datei geschrieben. Die Datei ist mittels des Kommandos `PROCEDURE OUTPUT` vor dem Aufruf von `FREQUENCIES` anzugeben.

Unterbefehl MISSING: Per Voreinstellung übergeht die Prozedur `FREQUENCIES` fehlende Werte. Sollen diese in die Häufigkeitsauszählung mit aufgenommen werden, ist `MISSING = INCLUDE` anzugeben. Fehlende Werte werden dann als gültige berücksichtigt.

Unterbefehl BARCHART: Balkendiagramme zur graphischen Darstellung jeder einzelnen Ausprägung einer numerisch oder alphanumerisch codierten Variable werden mit dem Unterbefehl `BARCHART` angefordert. Die Diagramme werden automatisch skaliert. Für jeden vorhandenen Wert der Variable wird ein Balken ausgegeben, dessen Länge der absoluten Häufigkeit entspricht. Diese Voreinstellung kann durch Spezifizierung der folgenden Schlüsselwörter geändert werden.

`MIN(n)`	Werte, die kleiner sind als *n*, werden nicht dargestellt.
`MAX(n)`	Werte, die größer sind als *n*, werden nicht dargestellt.
`FREQ(n)`	Die horizontale Achse wird in absoluten Häufigkeiten skaliert. Diese Voreinstellung kann durch die Angabe eines höchsten Wertes (*n*) ergänzt werden.
`PERCENT(n)`	Die horizontale Achse wird in Prozentwerten skaliert. Der Parameter *n* ist optional und gibt die Prozentzahl am rechten Ende der Achse an.

Unterbefehl HISTOGRAM: Die Angabe des Unterbefehls `HISTOGRAM` erzeugt graphische Darstellungen für numerische Variablen. Die Voreinstellung skaliert die horizontale Achse in absoluten Häufigkeiten. Zur Gestaltung der Histogramme sind neben den schon beim Unterbefehl `BARCHART` besprochenen Schlüsselwörtern folgende Angaben möglich:

`NONORMAL`	Das Histogramm wird ohne Normalverteilung dargestellt.
`NORMAL`	In das Histogramm wird eine Normalverteilung eingezeichnet.

`INCREMENT(n)` Per Voreinstellung wird die Klassenbreite im Hinblick auf die Seitenlänge bestimmt. `INCREMENT` erlaubt die Bestimmung der Klassenbreite durch den Parameter *n*. `INCREMENT(20)` fordert für eine Variable, die Werte zwischen 1 und 100 besitzt, 5 Klassen an.

Unterbefehl HBAR: `HBAR` umfaßt die Möglichkeiten von `BARCHART` und `HISTOGRAM`. Solange die Ausgabe einer numerischen Variable nicht mehr als eine Seite beansprucht, werden Balkendiagramme erzeugt, sonst Histogramme. Bei alphanumerisch codierten Variablen werden immer Balkendiagramme ausgegeben. Die Spezifikationen des Unterbefehls entsprechen den Möglichkeiten bei `HISTOGRAM`.

Unterbefehle `PERCENTILES` und `NTILES`: Die Prozedur ermöglicht die Anforderung der Berechnung von Perzentilen auf zwei verschiedene Arten. Beim Unterbefehl `PERCENTILES` sind die Prozentzahlen direkt anzugeben. Bei `NTILES` wird dagegen eine Ganzzahl spezifiziert, die angibt, in wieviele gleiche Abschnitte die Verteilung eingeteilt wird. Die Kommandos:

```
FREQUENCIES VARIABLES = v77 / PERCENTILES = 25 50 75.
```

und

```
FREQUENCIES VARIABLES = v77 / NTILES = 4.
```

erzeugen beide den gleichen Output, nämlich Häufigkeitstabellen und Quartile der Altersstruktur (*v77*).

Unterbefehl GROUPED: Das Unterkommando `GROUPED` beeinflußt die Berechnung der Perzentile und des Medians. Das Kommando liefert im Fall gruppierter Daten Schätzungen dieser Parameter für die ungruppierten Werte. Beispiele für gruppierte Daten sind die Variablen v76 (Bruttogehalt) oder *v77* (Alter). Die spezifizierten Variablen müssen Teilmenge der Variablenliste `VARIABLES` sein. Die Angabe von Wertebereichen ist optional. In diesem Fall behandelt die Prozedur die Werte der spezifizierten Variablen als Klassenmitte. Handelt es sich bei den Werten nicht um die mittlere Ausprägung der Klasse, sind die Daten zunächst umzucodieren. Dies zeigt das folgende Beispiel für die Altersstruktur (*v77*).

```
RECODE v77 (0=18) (1=23) (2=28) (3=33) (4=38)
           (5=43) (6=48) (7=53) (8=58) (9=63).
FREQUENCIES v77 /GROUPED v77 /NTITLES (4).
```

Zusätzlich können die exakten Klassenbreiten spezifiziert werden. Bei gleichen Klassenbreiten genügt die Angabe eines einzelnen Wertes *n*. Bei ungleichen Klassenbreiten können die exakten Intervalle mittels einer Werteliste angegeben werden.

Unterbefehl STATISTICS: Univariate statistische Koeffizienten (Lokalisations- und Dispersionsparameter sowie einige Besonderheiten) werden durch den Unterbefehl STATISTICS abgerufen. Dabei sind folgende Schlüsselwörter möglich:

MEAN	Arithmetisches Mittel.
SEMEAN	Standardfehler des Mittelwerts.
MEDIAN	Median.
MODE	Modus.
MINIMUM	Kleinster Wert.
MAXIMUM	Größter Wert.
STDDEV	Standardabweichung.
VARIANCE	Varianz.
RANGE	Spannweite.
SKEWNESS	Schiefe.
SESKEW	Standardfehler der Schiefe.
KURTOSIS	Wölbung (Exzeß).
SEKURT	Standardfehler der Wölbung.
SUM	Summe aller Werte.
DEFAULT	Die Voreinstellung umfaßt MEAN, STDDEV, MINIMUM und MAXIMUM. Sie wird benutzt, wenn STATISTICS ohne weitere Angaben angegeben wird.
ALL	Alle verfügbaren Statistiken.
NONE	Keine Statistiken.

Im folgenden Beispiel wird die Prozedur zur Häufigkeitsauszählung der topologischen Variable Stellung im Betrieb *(v3)* und zur Berechnung von Statistiken für die metrische Variable Arbeitszufriedenheit *(saz)* benutzt.

```
(1)    SET HISTOGRAM = '*' HIGHRES=OFF.
       GET FILE = 'azedv.sav'.
       FREQUENCIES VARIABLES = v3 /BARCHART = PERCENT/STAT = MODE.

       V3         STELLUNG

(2)                                                     Valid      Cum
       Value Label         Value  Frequency   Percent  Percent  Percent

       SACHBEARBEITER         1          98      65.3     65.3     65.3
       GRUPPENLEITER          2          32      21.3     21.3     86.7
       ABT.- LEITER           3          20      13.3     13.3    100.0
                                    -------   -------  -------
                          TOTAL         150     100.0    100.0
```

```
    SACHBEARBEITER ****************************************** 98
     GRUPPENLEITER **************32
       ABT.- LEITER ********* 20
                   I
                   I........I........I........I........I........I
                   0        15       30       45       60       75

(3) Mode              1.000


    Valid Cases      150      Missing Cases     0

(4) FREQUENCIES VARIABLES = saz
    /FORMAT = NOTABLE
    /STATISTICS = ALL.


    SAZ        ARBEITSZUFRIEDENHEIT

(5) Mean       29.162   Std Err        .481   Median      30.000
    Mode       28.000   Std Dev       5.852   Variance    34.246
    Kurtosis    -.406   S E Kurt       .396   Skewness     -.285
    S E Skew     .199   Range        29.000   Minimum     11.000
    Maximum    40.000   Sum        4316.000

    Valid Cases      148      Missing Cases     2
```

Beispiel 6.3: Häufigkeitsauszählungen

(1) Das Kommando `SET HIGHRES = OFF` schaltet die Ausgabe hochauflösender Graphiken aus und wechselt mit dem Unterbefehl `HISTOGRAM` das Standardzeichen zur Ausgabe von Balkendiagrammen (■) gegen den Stern aus, was den zeitraubenden Bildschirmaufbau hochauflösender Graphiken unterdrückt und bei späterer Ausgabe auf einem Nadeldrucker nicht nur die Nerven schont. `GET FILE` liest die Systemdatei. `FREQUENCIES` fordert eine Häufigkeitstabelle, ein Balkendiagramm und die Berechnung des Modus an.

(2) Die Häufigkeitstabelle enthält neben den Werteetiketten und der numerischen Codierung der Variablen die absoluten und relativen Häufigkeiten. Die relativen Häufigkeiten werden sowohl unter Einschluß fehlender Werte als auch bereinigt - ohne Berücksichtigung von Missings - ausgegeben. In der letzten Spalte werden die bereinigten relativen Häufigkeiten kumuliert.

(3) Ausgabe des Modus der Variablen *v3* und Angabe der Fallzahl.

(4) Für die metrische Variable *saz* soll keine Häufigkeitstabelle erstellt, aber alle verfügbaren Statistiken berechnet werden.

(5) Die negativen Koeffizienten für Wölbung und Schiefe bedeuten, daß die Verteilung im Vergleich zur Normalverteilung breitgipflig und linksschief ist. Da die Zahl 0 aber im Bereich der Koeffizienten plus/minus zweimal des zugehörigen Standardfehlers liegt, kann einer Daumenregel entsprechend davon ausgegangen werden, daß die Stichprobe näherungsweise aus einer Normalverteilung stammt.

6.4.2 Beschreibende Statistiken: DESCRIPTIVES

Eine weitere Prozedur zur Berechnung univariater Statistiken ist `DESCRIPTIVES`. Sie stellt nicht alle bei `FREQUENCIES` vorhandenen Statistiken zur Verfügung, sondern nur die für metrische Variablen geeignete Teilmenge und ermöglicht die Ausgabe der Koeffizienten in Form übersichtlicher Listen. Ferner lassen sich mit der Prozedur *z*-standardisierte Variablen berechnen.

Wird `DESCRIPTIVES` ohne weitere Angaben aufgerufen, werden für die spezifizierten Variablen deren Etikett sowie Mittelwert, Standardabweichung, kleinster und größter Wert ausgegeben. Weitere Leistungen können durch Unterbefehle angefordert werden.

Unterbefehl VARIABLES: Der Unterbefehl definiert die Variablen, für welche die Statistiken berechnet werden sollen. Er kann so spezifiziert werden, daß für bestimmte Variablen eine Standardisierung (*z*-Variable) berechnet wird. Dazu ist nach dem Variablennamen in Klammern ein neuer Name anzugeben. Im folgenden Beispiel werden deskriptive Statistiken für die Variablen saz und esr angefordert. Ferner berechnet `DESCRIPTIVES` die *z*-transformierte Variable *esrz* für die Variable esr.

```
DESCRIPTIVES VARIABLES = saz esr (esrz).
```

Unterbefehl SAVE: `SAVE` fordert die Berechnung standardisierter Variables (*z*-Variablen) für alle unter `VARIABLES` spezifizierten Variablen an und schreibt diese in die Arbeitsdatei. Sollen diese in den externen Systemfile übernommen werden, ist die Arbeitsdatei mittels des Kommandos `SAVE` zu sichern.

```
DESCRIPTIVES [VARIABLES=] {vliste              }
                          {vn [zvname] vn ...}
                          {ALL               }
  [/SAVE]
  [/MISSING={VARIABLE*}  [INCLUDE]]
            {LISTWISE }
  [/FORMAT={LABELS *}  {NOINDEX*}  {LINE  *}]
           {NOLABELS}  {INDEX   }  {SERIAL}
  [/STATISTICS=[DEFAULT*]   [MEAN*]   [MIN*]    [SKEWNESS]]
               [STDDEV*]    [SEMEAN]  [MAX*]    [KURTOSIS]
               [VARIANCE]   [SUM]     [RANGE]   [ALL]
  [/SORT=[{MEAN*    }]   [{A}]]
          {SMEAN    }     {D}
          {STDDEV   }
          {VARIANCE}
          {KURTOSIS}
          {SKEWNESS}
          {RANGE    }
          {MIN      }
          {MAX      }
          {SUM      }
          {NAME     }
```

Allgemeine Form: DESCRIPTIVES

Unterbefehl MISSING:

VARIABLE	Fälle mit fehlenden Werten werden von der Berechnung der Statistiken für die jeweilige Variable ausgeschlossen.
LISTWISE	Genereller Ausschluß von Fällen mit fehlenden Werten.
INCLUDE	Einschluß benutzerspezifischer fehlender Werte.

Unterbefehl FORMAT:

LABELS	Ausgabe von Variablenetiketten.
NOLABELS	Unterdrückt die Ausgabe der Etiketten.
INDEX	Erzeugt einen alphabetischen und positionalen Index.
NOINDEX	Kein Index.
LINE	Zeilenweise Ausgabe der Statisken.
SERIAL	Das serielle Format ordnet die Statistiken unterhalb des jeweiligen Variablennamens an.

Unterbefehl STATISTICS: Die Prozedur kann folgende Statistiken berechnen:

`MEAN`	Arithmetisches Mittel.
`SEMEAN`	Standardfehler des Mittelwerts.
`STDDEV`	Standardabweichung.
`VARIANCE`	Varianz.
`KURTOSIS`	Kurtosis.
`SKEWNESS`	Schiefe.
`RANGE`	Spannweite.
`MIN`	Kleinster Wert.
`MAX`	Größter Wert.
`SUM`	Summe aller Werte.
`DEFAULT`	Mittelwert, Standardabweichung, Minimum, Maximum.
`ALL`	Alle verfügbaren Statistiken.

Unterbefehl SORT: Der Output kann alphabetisch oder nach der Höhe der Statistiken sortiert werden. Per Voreinstellung ordnet `SORT` den Output nach der Höhe des Mittelwertes. Im folgenden Beispiel werden die Variablen nach der Höhe der Spannweite in absteigender Reihenfolge sortiert.

```
DESCRIPTIVES VARIABLES = esr fsr tsr /SORT=RANGE(D).
```

Das Anwendungsbeispiel fordert für die Variablen des Handlungsspielraums (*tsr*, *esr*, *fsr*) deskriptive Statistiken an. Neben den standardmäßig ausgegebenen Statistiken wird zusätzlich die Berechnung der Spannweite angefordert. Die Ausgabe der Variablenetiketten wird unterdrückt.

```
DESCRIPTIVES VARIABLES = tsr TO fsr
 /STATISTICS = DEFAULT RANGE
 /FORMAT = NOLABELS.

Number of Valid Observations (Listwise) =        150.00

                                                        Valid
Variable  Mean    Std Dev    Range   Minimum   Maximum      N

TSR       17.16      3.46    19.00      6.00     25.00    150
ESR       16.26      6.03    20.00      5.00     25.00    150
FSR       15.54      4.59    19.00      5.00     24.00    150
```

Beispiel 6.4: Deskriptive Statistiken

6.4.3 Mehrfachantworten: MULT RESPONSE

Der Auszählung und Kreuztabellierung von Mehrfachantworten dient die Prozedur MULT RESPONSE. Die Prozedur kann sowohl dichotomisierte (1/0-Codierung) als auch aufzählende Variablen (1/k-Codierung) verarbeiten und stellt die Ergebnisse ähnlich wie FREQUENCIES oder CROSSTABS dar.

Die Tabellen können durch vier Unterbefehle definiert werden: GROUPS oder VARIABLES und FREQUENCIES oder TABLES. Der Prozeduraufruf muß mindestens zwei dieser Unterkommandos enthalten, davon eines der beiden ersten und eines der beiden letzten Schlüsselwörter.

```
MULT RESPONSE
  {/GROUPS=name['label'] (vlist({min,max}))}
                                {n       }
     .  ..[name...]
  {/VARIABLES=vlist(min,max)[vlist...] }

  {/FREQUENCIES=vlist                 }
  {/TABLES=vlist BY vlist[BY vlist]}
                 [(PAIRED)]
        [/itemlist BY...]

  [/MISSING=[{TABLE* }] [INCLUDE]]
            {MDGROUP}
            {MRGROUP}
  [/FORMAT={LABELS* } {TABLE*   } [DOUBLE]]
           {NOLABELS} {CONDENSE}
                      {ONEPAGE }
  [/BASE={CASES*    }]
         {RESPONSES}
  [/CELLS=[COUNT*] [ROW    ] [ALL]]
                   [COLUMN]
                   [TOTAL ]
```

Allgemeine Form: MULT RESPONSE

Unterbefehl GROUPS: Das Unterkommando definiert die Gruppe der Mehrfachantworten. Im Anschluß an GROUPS ist ein neuer Variablenname und gegebenenfalls ein Gruppenlabel zu spezifizieren, die die Gruppe der Mehrfachantworten bezeichnen. In runden Klammern ist ferner die Liste der Variablen anzugeben, die die Liste der Mehrfachantworten bilden. Die obligatorische Werteliste enthält im Fall dichotomisierter Variablen den auszuzählenden Wert (n) und bei einer

Gruppe von aufzählenden Variablen die untere und obere Grenze des Wertebereichs (min,max) der zugelassenen Ausprägungen. Mittels GROUPS können mehrere Gruppen von Mehrfachantworten definiert werden, wie das Beispiel zeigt.

```
MULT RESPONSE GROUPS=leser "Leser EDV" (ix os2 pc (1))
              os "Betriebssystem" (ant1 to ant3 (1,3))
             /FREQUENCIES = leser os.
```

Unterbefehl VARIABLES: VARIABLES definiert die einfachen Variablen und den Wertebereich, für die Häufigkeits- oder Kreuztabellen erstellt werden sollen.

Die Unterbefehle GROUPS und VARIABLES müssen alle Gruppen von Mehrfachantworten und einfachen Variablen enthalten, für die nachfolgend mittels FREQUENCIES und TABLES Auswertungen angefordert werden.

Unterbefehl FREQUENCIES: Der Unterbefehl fordert Häufigkeitsauszählungen für Mehrfachantworten und einfache Variablen an. Das Schlüsselwort ALL darf zur Abkürzung der Variablenliste nicht verwendet werden. Die TO-Konvention kann anstelle einer Variablenliste nur verwendet werden, wenn die Variablen vor und nach dem Schlüsselwort gleichen Typs, d. h. einfache Variablen oder Mehrfachantworten sind. Die Reihenfolge der inklusiven Variablenliste bezieht sich auf die Reihenfolge der Definition unter GROUPS bzw. VARIABLES.

Unterbefehl TABLES: Über TABLES werden bis zu 5-dimensionale Kreuztabellen angefordert. Wie im vergleichbaren Unterkommando der Prozedur CROSSTABS wird das Schlüsselwort BY zur Definition der Dimensionen einer Kreuztabelle benutzt. Mehrere Tabellendefinitionen sind durch Schrägstriche zu trennen. Standardmäßig kombiniert TABLES jede Variable in der ersten Gruppe von Mehrfachantworten mit jeder Variablen in der zweiten Gruppe. Das Schlüsselwort PAIRED kann bei der Kreuztabellierung von aufzählenden Gruppen von Mehrfachantworten mit gleicher Anzahl von Variablen benutzt werden, um Mehrfachzählungen zu vermeiden. Es wird dann nur die erste Variable aus der einen Gruppe mit der ersten Variable der anderen Gruppe, die zweite mit der zweiten usw. gekreuzt.

Unterbefehl MISSING:

TABLES — Fehlende Werte werden für jede Variable oder Variablenkombination getrennt von der Berechnung der jeweiligen Tabelle ausgeschlossen. Ein Fall wird als fehlend betrachtet, wenn keine der Variablen, die eine Gruppe von Mehrfachantworten bilden, einen zulässigen Wert aufweist.

`MDGROUP`	Gruppenweiser Ausschluß von Werten für dichotomisierte Variablen. Sofern nur eine der Variablen, die die Gruppe der Mehrfachantworten bildet, einen fehlenden Wert aufweist, wird der Fall als fehlend betrachtet.
`MRGROUP`	Gruppenweiser Ausschluß für aufzählende Variablen.
`INCLUDE`	Einschluß benutzerspezifischer fehlender Werte.

Unterbefehl FORMAT:

`LABELS`	Ausgabe von Variablenetiketten.
`NOLABELS`	Unterdrückt die Ausgabe der Etiketten in Häufigkeits- und Kreuztabellen für einfache und aufzählende Variablen.
`TABLE`	Einspaltiges Format für Häufigkeitstabellen.
`CONDENSE`	Komprimierte Ausgabe der Häufigkeitstabellen.
`ONEPAGE`	Ausgabe im komprimierten Format, wenn die Tabelle sonst nicht auf eine Seite paßt.
`DOUBLE`	Zweizeilige Ausgabe von Häufigkeitstabellen.

Unterbefehl BASE: Die Berechnung relativer Zellen- und Randhäufigkeiten erfolgt per Voreinstellung auf Basis der Anzahl aller Fälle. Diese Voreinstellung kann man mittels der Schlüsselwörter `CASES` und `RESPONSE` ändern.

`CASES`	Prozentuierung auf Basis der Fälle. Diese Option kann nicht im Zusammenhang mit dem Schlüsselwort `PAIRED` im Unterbefehl `TABLES` benutzt werden.
`RESPONSE`	Prozentuierung auf Basis der Antworten. Voreinstellung im Zusammenhang mit dem Schlüsselwort `PAIRED` unter `TABLES`.

Unterbefehl CELLS:

`COUNT`	Per Voreinstellung werden in Kreuztabellen nur die Zellenhäufigkeiten ausgegeben.
`ROW`	Zusätzliche Ausgabe der Zeilenprozente in Kreuztabellen.
`COLUMN`	Zusätzliche Ausgabe der Spaltenprozente in Kreuztabellen.
`TOTAL`	Für 2-dimensionale Kreuztabellen werden die auf die gesamte Tabelle bezogenen Prozentzahlen ausgegeben.
`ALL`	Zellenhäufigkeiten und alle verfügbaren Prozentuierungen werden in Kreuztabellen ausgegeben.

Das Anwendungsbeispiel zeigt die Auswertung einer Mehrfachantwort für aufzählende Variablen ($1/k$-Codierung).

```
(1) DATA LIST FREE
     /ant1 ant2 ant3.
    BEGIN DATA.
    1 2 3
    1 2 9
    2 1 9
    3 2 1
    END DATA.

    MISSING VALUES ant1 TO ant3 (9).
    VALUE LABELS ant1 TO ant3
      1 "Drucker"  2 "Plotter" 3 "Scanner".

(2) MULT RESPONSE GROUPS=edvaus "Hardware Ausstattung"
        (ant1 to ant3 (1,3))
       /FREQUENCIES=edvaus.


(3) Group EDVAUS  Hardware Ausstattung

                                             Pct of  Pct of
    Category label           Code     Count Responses Cases

    Drucker                     1         4     40,0   100,0
    Plotter                     2         4     40,0   100,0
    Scanner                     3         2     20,0    50,0
                                    -------    -----   -----
                     Total responses     10    100,0   250,0

0 missing cases;  4 valid cases
```

Beispiel 6.5: Häufigkeitsauszählung von Mehrfachantworten

(1) Vier Personen wurden nach den Peripheriegeräten am Arbeitsplatz befragt, wobei drei Antwortmöglichkeiten vorgegeben waren. Sofern ein Drucker vorhanden ist, wird eine 1 codiert, eine 2 steht für einen Plotter und eine 3 für einen Scanner. Der Wert 9 bezeichnet eine fehlende Antwort.

(2) Entsprechend werden die fehlenden Werte definiert und Labels für die Antwortmöglichkeiten zugewiesen.

(3) Anforderung einer Häufigkeitsauszählung für die Mehrfachantworten-Gruppe.

Schwieriger ist die Behandlung von Mehrfachantworten mit SPSS/PC, das im Gegensatz zu den anderen Versionen keine eigenständige Prozedur zu diesem

Zweck enthält. Möglich sind Häufigkeitsauszählungen von Mehrfachantworten nur dann, wenn das Modul TABLES installiert ist. Dabei lassen sich sowohl dichotom codierte Mehrfachantworten (1/0-Codierung) als auch multiple Antwortvariablen (1/*k*-Codierung) auswerten.

6.4.4 Weitere Möglichkeiten univariater Analyse

SPSS bietet dem Anwender eine Reihe weiterer Möglichkeiten der univariaten Datenanalyse, die hier nicht ausführlich behandelt werden können. Von besonderem Interesse ist dabei die Prozedur EXAMINE, welche Verfahren der explorativen Datenanalyse (EDA) zur Verfügung stellt. Mit EXAMINE lassen sich eine Vielzahl von statistischen Kennzahlen — u. a. auch robuste Mittelwertschätzungen — Häufigkeitstabellen und Graphiken erzeugen. Da mit FREQUENCIES und DESCRIPTIVES schon zwei Prozeduren vorgestellt wurden, mittels derer sich wichtige Statistiken berechnen lassen, sei hier nur auf einige graphische Darstellungsformen der Prozedur hingewiesen. Dies sind Histogramme, Stem-and-Leaf-Diagramme, Box-and-Whisker-Plots, Normalverteilungsplots und sogenannte Spreat-and-Level-Plots.

Eine besonders interessante Möglichkeit der Prozedur EXAMINE ist der direkte graphische Vergleich mehrerer Verteilungen. Der folgende Prozeduraufruf enthält zu diesem Zweck den Unterbefehl COMPARE=VARIABLES. Die für die Variablen *tsr*, *esr* und *fsr* im Unterbefehl PLOT angeforderten Box-and-Whisker-Plots werden daher gemeinsam skaliert und in ein Diagramm eingetragen. Die Ausgabe der defaultmäßig berechneten deskriptiven Statistiken wird unterdrückt.

```
SET HIGHRES=ON.

EXAMINE VARIABLES = tsr TO fsr
 /COMPARE = VARIABLES
 /PLOT = BOXPLOT
 /STATISTICS NONE.
```

Beispiel 6.6: Box-and-Whisker-Plots

Weitere Möglichkeiten zur graphischen Darstellung von Verteilungen stehen dem Benutzer in Abhängigkeit vom jeweiligen Betriebssystem zur Verfügung. Unter graphischen Benutzeroberflächen wie UNIX Motif oder MS Windows erzeugt die Prozedur GRAPH hochauflösende Graphiken. Im ersten Unterbefehl des Kommandos ist zunächst anzugeben, welche der möglichen Graphiken (Balken-, Kreis-, Linien- und Streudiagramme sowie Histogramme, explorative Plots und statistische Kontrollkarten) gewünscht wird. Anschließend sind die Variablen zu benennen, für die eine Graphik erstellt werden soll. Das Kommando

```
GRAPH /PIE v1.
```

erzeugt beispielsweise ein Kreisdiagramm, das die Anzahl der Befragten aus den verschiedenen Betrieben wiedergibt. Die Graphiken können mittels eines eigenen Graphikeditors weiterbearbeitet werden und lassen sich über die Zwischenablage der Betriebssysteme in andere Programme (Textverarbeitung, Graphikpakete) übernehmen. Unter SPSS für Windows wählt man beispielsweise im Menü Bearbeiten den Eintrag „Graphik kopieren". Die Graphik wird in die Zwischenablage kopiert und kann von anderen Anwendungsprogrammen über einen Menüpunkt wie „Bearbeiten, Graphik einfügen" eingefügt werden. Für weitere Details sei auf die entsprechenden Handbücher bzw. das Menüsystem verwiesen.

Unter SPSS/PC stellt die Prozedur GRAPH dagegen eine Schnittstelle zu externen Graphikpaketen zur Verfügung. GRAPH berechnet die erforderlichen Kennzahlen zur Erstellung einer Graphik selbst und übergibt diese an ein Graphikpaket wie MS-Chart oder Harvard-Graphics. Ferner enthält die DOS-Version die Prozedur FASTGRAF. Das Kommando FASTGRAF lädt ein eigenständiges, speicherresidentes Graphikprogramm namens Graph-in-the-Box. Gleichzeitig wird in den Editor REVIEW gewechselt und das Ergebnislisting geladen. Innerhalb des Listings muß man nun die Zahlen suchen, beispielsweise eine mittels FREQUENCIES erstellte Häufigkeitstabelle, und das Graphikprogramm mittels der Tastenkombination ALT-G aktivieren. Vom Bildschirm aus können die entsprechenden Zahlen in das Graphikprogramm übernommen werden, das sich durch ein integriertes Menü weitgehend selbst erklärt.

Abschließend ist auf die Prozeduren TABLES und REPORT hinzuweisen. TABLES dient eigentlich dem Zweck, sehr übersichtliche, druckreife Tabellen zu erstellen, deren Struktur und Layout vom Benutzer weitgehend frei gestaltet werden können. Zusammenfassende Berichte lassen sich ferner mit der Prozedur REPORT erstellen, die zwar nicht die Flexibilität von TABLES besitzt, aber für lange Übersichten eher geeignet ist und zum Basismodul gehört.

6.5 Analyse von Unterschieden

6.5.1 Deskription von Untergruppen

Sollen die Differenzen zwischen Gruppen bezüglich eines bestimmten Merkmals untersucht werden, ist es häufig sinnvoll, zunächst deskriptive Statistiken zu berechnen. SPSS ermöglicht die Aufteilung eines sortierten Datensatzes in Untergruppen mit dem Kommando SPLIT FILE. Die Aufteilung der Arbeitsdatei bleibt erhalten, bis eine neue Datei mittels GET FILE eingelesen wird. Soll die Aufteilung nur vorübergehend vorgenommen werden, ist das Kommando TEMPORARY voranzustelle,n wie das folgende Beispiel zeigt.

```
SORT CASES BY v73.
TEMPORARY.
SPLIT FILE BY v73.
FREQUENCIES VARIABLES=v76 /STATISTICS=MEDIAN.
```

Im Anschluß an die Deskription der Untergruppen können t-Tests, Varianzanalysen oder non-parametrische Testverfahren durchgeführt werden.

6.5.2 Vergleich zweier Mittelwerte: T-TEST

Mittels der Prozedur T-TEST läßt sich prüfen, ob sich zwei Mittelwerte zufällig oder signifikant voneinander unterscheiden. Verglichen werden zwei Stichprobenmittelwerte bzw. ein Mittelwert aus einer Stichprobe und theoretischer Mittelwert. Gesteuert durch den Prozeduraufruf wird der Test für unabhängige oder abhängige Stichproben bzw. für eine Stichprobe berechnet.

Unabhängige Stichproben:

```
T-TEST GROUPS=vn ({1,2*})  /VARIABLES=vliste
                 {n   }
                 {n,n}
```

Abhängige Stichproben:

```
T-TEST PAIRS=vliste [WITH vlist [(PAIRED)]] [vliste ...]
```

Einstichprobentest:

```
T-TEST /TESTVAL=n /VARIABLES=vliste
```

Unterkommandos aller Testformen:

```
[/MISSING={ANALYSIS*} [INCLUDE]]
          {LISTWISE }
[/FORMAT={LABELS* }]
         {NOLABELS}
[/CRITERIA=CI({0.95*})]
              {n    }
```

Allgemeine Form: T-TEST

Unterbefehl MISSING:

`ANALYSIS`	Fälle mit fehlenden Werten bezüglich einer Variable werden vom Test der unabhängigen Variable oder des Variablenpaares ausgeschlossen.
`LISTWISE`	Fälle mit fehlenden Werten werden generell von der Analyse ausgeschlossen.
`INCLUDE`	Benutzerspezifische Missings werden als gültige Werte behandelt.

Unterbefehl FORMAT:

`LABELS`	Ausgabe der Variablenetiketten.
`NOLABELS`	Keine Ausgabe der Variablenetiketten.

Unterbefehl CRITERIA: Der Unterbefehl `CRITERIA` ermöglicht die Festlegung des Konfidenzintervalls. Im Anschluß an das obligatorische Schlüsselwort `CI` ist in Klammern ein Wert zwischen 0 und 1 anzugeben. Die Voreinstellung ist 0,95.

Bei unabhängigen Stichproben ist nach dem Schlüsselwort `GROUPS` die Gruppierungsvariable anzugeben. Wird nach der Gruppierungsvariable nicht explizit in Klammern spezifiziert, welche Codierung die Gruppen definiert, werden Default-Werte angenommen. Bei numerischen Variablen benutzt SPSS standardmäßig die Werte (1,2), bei alphanumerischen Variablen ist keine Voreinstellung vorgesehen. Wird bei numerischen Variablen nur ein Wert in Klammern spezifiziert, werden alle Fälle mit einer Codierung gleich oder größer dem spezifizierten Wert der einen Gruppe, alle übrigen Fälle der anderen Gruppe zugezählt. Im Unterkommando `VARIABLES` ist anzugeben, bezüglich welcher Variablen die Mittelwerte der Gruppen zu vergleichen sind. Das Kommando

```
T-TEST GROUPS = v3 (2) /VARIABLES = esr.
```

produziert also einen *t*-Test bezüglich der Variable *esr* (Entscheidungsspielraum), wobei die Sachbearbeiter (Codierung 1) einer Gruppe und Gruppen- sowie Abteilungsleiter (Codierung 2, 3) der zweiten Gruppe zugeordnet werden.

Bei unabhängigen Stichproben wird sowohl ein Test für homogene als auch für unterschiedliche Varianzen berechnet. Ferner wird ein *F*-Test auf Varianzhomogenität ausgegeben.

Soll der *t*-Test für abhängige Stichproben durchgeführt werden, ist das Kommando mit dem Schlüsselwort `PAIRS` aufzurufen. Für die in der Variablenliste nach `PAIRS` aufgeführten Variablen werden alle möglichen Paare gebildet und miteinander verglichen. Der Prozeduraufruf

```
T-TEST PAIRS = var1 TO var3.
```

fordert also die Tests zwischen den Variablenpaaren *var1* mit *var2*, *var2* mit *var3* und *var1* mit *var3* an.

Sollen die Tests für verschiedene Variablengruppen durchgeführt werden, lassen sich zwei Variablenlisten explizit durch das Schlüsselwort `WITH` voneinander trennen. Das folgende Kommando führt zum Test der Variablenpaare *var1* mit *var2* und *var1* mit *var3*.

```
T-TEST PAIRS = var1 WITH var2 var3.
```

Auch wenn die Variablenlisten durch `WITH` voneinander getrennt sind, werden alle möglichen Paare aus beiden Listen gebildet. Sollen nur die Variablen in der Reihenfolge vor und hinter `WITH` verglichen werden, ist in Klammern zusätzlich das Schlüsselwort `PAIRED` anzugeben.

```
T-TEST PAIRS = vor1 to vor5 WITH nach1 to nach5 (PAIRED).
```

Für die Variablenpaare *vor1* mit *nach1*, *vor2* mit *nach2* usw. wird jeweils ein t-Test berechnet. Beim t-Test für abhängige Stichproben wird die jeweilige Mittelwertdifferenz, die zweiseitige Wahrscheinlichkeit für diese Differenz und der Korrelationskoeffizient beider Variablen ausgegeben.

Der t-Test für eine Stichprobe prüft, ob ein empirisch gewonnener Mittelwert sich von einem theoretischen Mittelwert unterscheidet. Soll beispielseise der in einer anderen Studie berichtet Mittelwert für die Kurzskala zur Arbeitszufriedenheit von $\bar{x} = 30,31$ mit dem Mittelwert der vorliegenden Studie verglichen werden, ist folgende Befehlszeilen einzugeben:

```
T-TEST /TESTVAL=30.31 /VARIABLES=saz.
```

Im Programmbeispiel wird der t-Test für die unabhängigen Stichproben Männer und Frauen (*v73*) bezüglich der Arbeitszufriedenheit (*saz*) wiedergegeben.

(1) Beim Prozeduraufruf wird die Codierung der Variable *v73* explizit angeführt, was aufgrund der Voreinstellung entfallen könnte.

(2) Beschreibende Statistiken für beide Gruppen.

(3) In Abhängigkeit von der Programmversion wird ein konventioneller F-Test oder eine Variante des Tests nach Levene ausgewiesen. Letztere gilt als robust gegenüber Abweichungen von der Normalverteilungsannahme und prüft die Nullhypothese, daß die Varianzen gleich sind. Die Nullhypothese kann nicht verworfen werden, weshalb die Annahme auf Varianzhomogenität beizubehalten ist. Bei einer Wahrscheinlichkeit von $p \leq 0,1$ wäre dagegen die Alternativhypothese, nämlich heterogene Varianzen, akzeptiert worden.

(4) Aufgrund des Ergebnisses des F-Tests wird die Ausgabe des t-Tests für homogene Varianzen betrachtet. Für den t-Wert von $-2,25$ und 146 Freiheitsgrade (d.f.) wird eine zweiseitige Wahrscheinlichkeit von $p = 0,026$ ausgewiesen. Die Nullhypothese, daß die Mittelwerte beider Gruppen nur zufällig voneinander abweichen, ist daher zu verwerfen. Bei einseitiger, gerichteter Fragestellung kann das Signifikanzniveau halbiert werden. Ferner wird das Mutungsintervall der Mittelwertdifferenz für ein Sicherheitsniveau von 95 % ausgegeben.

(5) Ausgabe des t-Tests für heterogene Varianzen.

```
(1)  T-TEST GROUPS =  v73(1,2) /VARIABLES = saz.


     t-tests for independent samples of  V73   GESCHLECHT


(2)                      Number
     Variable          of Cases    Mean          SD      SE of Mean
     -----------------------------------------------------------
     SAZ  ARBEITSZUFRIEDENHEIT

     WEIBLICH              34     27.2059      5.720        .981
     MAENNLICH            114     29.7456      5.788        .542
     -----------------------------------------------------------

    Mean Difference = -2.5397

(3) Levene's Test for Equality of Variances: F= .832   P= .363


    t-test for Equality of Means                              95%
    Variances  t-value  df  2-Tail Sig  SE of Diff      CI for Diff
    -------------------------------------------------------------
(4) Equal       -2.25   146        .026     1.128   (-4.770; -.310)
(5) Unequal     -2.27    54.74     .027     1.121   (-4.786; -.293)
    -------------------------------------------------------------
```

Beispiel 6.7: T-Test

6.5.3 Varianzanalyse: ONEWAY und ANOVA

Varianzanalysen lassen sich mit SPSS durch eine Reihe von Prozeduren wie MEANS, ONEWAY, ANOVA und MANOVA erzeugen, wobei hier nur ONEWAY und ANOVA angesprochen werden sollen.

ONEWAY berechnet einfache Varianzanalysen für eine intervallskalierte, abhängige Variable und eine unabhängige, numerisch codierte Variable, welche die Gruppen definiert. Beim Prozeduraufruf ist zunächst die abhängige Variable zu spezifizieren und folgend, getrennt durch das Schlüsselwort BY, die unabhängige Variable. In Klammern ist nach der unabhängigen Variable der Wertebereich anzugeben, der die einzelnen Gruppen definiert.

Standardmäßig gibt ONEWAY eine Varianzanalysetafel aus, welche die Abweichungsquadrate und das Ergebnis des F-Tests enthält. ONEWAY bietet im Gegensatz zu anderen Prozeduren noch eine Reihe weiterer Leistungen, die hier nicht weiter besprochen werden können. Der Unterbefehl CONTRAST berechnet a-priori Vergleiche mittels eines t-Tests, und POLYNOMINAL liefert Trendanalysen einfacher und höherer Ordnung (vgl. *J. Bortz* 1993, S. 333 ff.). Das Unterkommando RANGES stellt sieben verschiedene Möglichkeiten des multiplen Mittelwertvergleichs zur Verfügung. Im allgemeinen Prozeduraufruf sind diese so angeordnet, daß sie mit aufsteigender Reihenfolge konservativer werden. Die Wahrscheinlichkeit, die Nullhypothese beizubehalten, wird also größer, damit auch die Wahrscheinlichkeit eines β-Fehlers. Bei ungleichen Gruppengrößen ist der Scheffé-Test zu empfehlen, sonst der Test nach Tukey. Standardmäßig ist das Signifikanzniveau für die Tests auf $\alpha = 0,05$ festgelegt, welches sich durch Spezifizierung des Parameters n verändern läßt.

Unterbefehl HARMONIC:

NONE	Bei multiplen Mittelwertvergleichen wird das harmonische Mittel der Fallzahlen des jeweils verglichenen Paares benutzt.
PAIR	Entspricht der Voreinstellung.
ALL	Bei multiplen Vergleichstests wird das harmonische Mittel aller Fallzahlen als Fallzahl für alle Gruppen verwendet.

Unterbefehl FORMAT:

NOLABELS	Keine Ausgabe der Etiketten.
LABELS	Werteetiketten werden als Gruppenlabels verwendet.

```
ONEWAY vliste BY vn(min,max)
 [/POLYNOMIAL = n]
 [/CONTRAST=koeffizienten liste] [/CONTRAST=...]
 [/RANGES={LSD      }([{0.05*}])]{(least significant difference)}
                       {n    }
          {DUNCAN   }              (Duncans multiple range test)
          {SNK      }              (Student-Newman-Keuls)
          {TUKEYB   }              (Tukeys alternate procedur)
          {TUKEY    }              (honestly significant difference)
          {MODLSD   }              (modified LSD)
          {SCHEFFE  }              (Scheffés Test)
          {rangwerte}
 [/RANGES= ...]
 [/HARMONIC={NONE*}]
            {PAIR*}
            {ALL  }
 [/FORMAT={NOLABELS*}]
          {LABELS   }
 [/STATISTICS=[NONE*]  [DESCRIPTIVES]  [EFFECTS]]
              [HOMOGENITY] [ALL]
 [/MISSING=[{ANALYSIS*}]  [{EXCLUDE*}]]
            {LISTWISE }    {INCLUDE }
 [/MATRIX=[IN({*    })]  [OUT({*    })]  [NONE]]
              {fname}          {fname}
```

Allgemeine Form: ONEWAY

Unterbefehl STATISTICS:

NONE	Keine Statistiken.
DESCRIPTIVES	Deskriptive Statistiken für jede Gruppe.
EFFECTS	Analyse für feste und Zufallseffekte (vgl. *J. M. Diehl* 1978, S. 248 ff.).
HOMOGENITY	Varianzhomogenitätstests (Cochrans *C*, Bartletts Box-*F*, Hartleys *F*-Max oder gegebenenfalls Levenes Teststatistik).
ALL	Alle verfügbaren Statistiken.

Unterbefehl MISSING:

ANALYSIS	Fälle mit fehlenden Werten für eine Variable werden von der jeweiligen Analyse ausgeschlossen.
LISTWISE	Genereller Ausschluß von Fällen mit fehlenden Werten.
EXCLUDE	Ausschluß benutzerspezifischer fehlender Werte.

`INCLUDE` Einschluß benutzerspezifischer fehlender Werte.

Unterbefehl MATRIX: Der Unterbefehl erlaubt das Schreiben (Gruppenhäufigkeiten, Mittelwerte und Standardabweichung) und Lesen einer Datenmatrix.

(**1**) Der Prozeduraufruf fordert eine einfache Varianzanalyse für die abhängige Variable saz und die unabhängige Variable Stellung im Betrieb (*v3*) an, wobei die Gruppen mit den Codierungen von 1 bis 3 einbezogen werden (Sachbearbeiter = 1, Gruppenleiter = 2, Abteilungsleiter = 3). Zusätzlich werden der multiple Mittelwertvergleich nach Scheffé und ein Test auf Varianzhomogenität angefordert, da die Gruppen ungleich besetzt sind.

(**2**) Ausgabe der Varianzanalysetafel. Sie enthält die Anzahl der Freiheitsgrade (d.f.), die Summen der Abweichungsquadrate (sum of squares), die mittleren Abweichungsquadrate (mean squares) und den F-Wert. Da die zugehörige Wahrscheinlichkeit geringer ist als das geforderte Signifikanzniveau von $\alpha = 0,05$, wird die Nullhypothese, Gleichheit der Gruppen bezüglich der Arbeitszufriedenheit, verworfen.

(**3**) Ausgabe des Levene-Test auf Varianzhomogenität. Der ausgewiesene Wert ist größer als die kritische Grenze von 0,10. Die Nullhypothese, also die Annahme der Varianzhomogenität, wird daher beibehalten. In Abhängigkeit von der Programmversion werden stattdessen Cochrans C, Bartletts Box-F-Test und Hartleys F-Max-Test ausgewiesen. Da die Gruppen im Beispiel ungleich besetzt sind, wäre der Bartlett-Test heranzuziehen.

(**4**) Ausgabe des multiplen Mittelwertvergleichs nach Scheffé. Die ausgegebene Formel gibt an, wie groß eine beobachtete Differenz sein muß, um als signifikant zu gelten. Der zuvor ausgewiesene Wert (table range) wird zur Berechnung in die Formel eingesetzt. In der ausgedruckten Matrix werden die signifikanten Differenzen ausgewiesen. Die Gruppen werden dabei nach aufsteigender Größe ihres Mittelwerts sortiert. Ein in die Matrix eingetragener Stern bedeutet, daß sich diese Gruppen signifikant voneinander unterscheiden. Im Beispiel sind dies die Gruppen 1 (Sachbearbeiter) und 2 (Abteilungsleiter).

```
(1) ONEWAY VAR = saz BY v3(1,3)
     /RANGES=SCHEFFE(.05)
     /STATISTICS=HOMOGENITY.

              - - - - - - - - - - - - - O N E W A Y - - - - - - - - - -

      Variable  SAZ         ARBEITSZUFRIEDENHEIT
   By Variable  V3          STELLUNG

(2)                                Analysis of Variance

                                  Sum of         Mean            F       F
            Source      D.F.   Squares        Squares         Ratio   Prob.

    Between Groups        2     374.3394     187.1697        5.8242   .0037
    Within Groups       145    4659.7688      32.1363
    Total               147    5034.1081

(3) Levene Test for Homogeneity of Variances

        Statistic     df1      df2         2-tail Sig.
          2.0864        2      145            .128

(4) Multiple Range Tests: Scheffe test with
    significance level .05

    The difference between two means is significant if
      MEAN(J)-MEAN(I)  >= 4.0085 * RANGE * SQRT(1/N(I) + 1/N(J))
      with the following value(s) for RANGE: 3.50

   (*) Indicates significant differences which are shown
       in the lower triangle

                                  S G A
                                  A R B
                                  C U T
                                  H P .
     Mean        V3

    28.1250      SACHBEAR
    30.0938      GRUPPENL
    32.6500      ABT.- LE     *
```

Beispiel 6.8: Varianzanalyse

Multiple Varianzanalysen, die den Einfluß mehrerer unabhängiger Gruppierungsvariablen — Faktoren genannt — auf eine abhängige Variable untersuchen, können mittels der Prozedur ANOVA berechnet werden. Wie bei ONEWAY wird in der Variablenliste zunächst die abhängige Variable spezifiziert, und nach dem Schlüsselwort BY erfolgt die Angabe von bis zu fünf unabhängigen Faktoren. ANOVA kann selbstverständlich auch für einfache Varianzanalysen benutzt werden, bietet aber nicht die vielfältigen Statistiken der speziellen Prozedur ONEWAY. Mittels ANOVA wird sowohl der isolierte Einfluß der Faktoren auf die abhängige Variable untersucht als auch die Wechselwirkungen der Faktoren, also deren kombinierter Einfluß. Ferner lassen sich nach dem Schlüsselwort WITH Kovariate in die Analyse einbeziehen. Dies sind unabhängige Variablen metrischen Datenniveaus, wobei eine Art Regressionsanalyse der abhängigen Variable auf die Kovariate durchgeführt wird. Eine vollständige Kovarianzanalyse leistet die ANOVA jedoch nicht; dazu ist die Prozedur REGRESSION mit Dummy-Variablen oder aber die Prozedur MANOVA zu benutzen.

```
ANOVA [VARIABLES=] vlist BY vlist(min,max) ... vlist(min,max)
                   [WITH vlist]
 [/VARIABLES= ...]
 [/COVARIATES={FIRST*}]      [/MAXORDERS={ALL }]
              {WITH  }                   {n   }
              {AFTER }                   {NONE}

 [/METHOD={UNIQUE*      }]
          {EXPERIMENTAL}
          {HIERARCHICAL}

 [/STATISTICS=[MCA] [REG*] [MEAN*] [ALL] [NONE]]

 [/MISSING={EXCLUDE*}]        [/FORMAT={LABELS* }]
           {INCLUDE }                  {NOLABELS}
```

Allgemeine Form: ANOVA

Unterbefehl COVARIATES:

FIRST	Die Kovariaten werden vor den faktoriellen Haupteffekten berechnet.
WITH	Gleichzeitige Berechnung von Kovariaten und faktoriellen Haupteffekten.
AFTER	Die Kovariaten werden nach den faktoriellen Haupteffekten berechnet.

Unterbefehl MAXORDERS:

`ALL` Berechnung aller Interaktionseffekte von maximal fünf Faktoren. *n* Berechnung der Wechselwirkungen einschließlich des Faktors *n*.

`NONE` Keine Berechnung von Interaktionseffekten.

Unterbefehl METHOD:

`UNIQUE` Regressionsmethode. Kovariaten, Haupteffekte und Interaktionseffekte werden gleichzeichtig in die Berechnung einbezogen. `UNIQE` überschreibt alle Einstellungen des Unterkommandos `COVARIATE`. Die Optionen `MCA` und `MEAN` des Unterkommandos `STATISTICS` stehen nicht zur Verfügung.

`EXPERIMENTAL` Klassischer experimenteller Ansatz. Kovariaten werden in der spezifizierten Reihenfolge aufgenommen, anschließend werden simultan die Haupteffekte und schließlich die Interaktionseffekte in das Modell einbezogen.

`HIERARCHICAL` Hierarchische Methode.

Unterbefehl STATISTICS:

`REG` Ausgabe nichtstandardisierter Regressionskoeffizienten für die Kovariaten.

`MEAN` Ausgabe von Mittelwerten und Fallzahlen der Zellen.

`MCA` Berechnung einer multiplen Klassifikationsanalyse, was sinnvoll ist, wenn keine signifikanten Wechselwirkungen vorliegen. Für jede Kategorie eines jeden Faktors werden unbereinigte Mittelwerte als Abweichung vom Gesamtmittelwert ausgegeben. Die Effekte werden ferner vom Einfluß der Faktoren und vom Einfluß der übrigen Faktoren und Kovariate bereinigt ausgegeben. Schließlich werden Eta- und Beta-Werte berechnet.

`ALL` Alle verfügbaren Statistiken.

`NONE` Keine Ausgaben von Statistiken.

Unterbefehl MISSING:

`EXCLUDE` Ausschluß von Fällen mit fehlenden Werten.

`INCLUDE` Einschluß benutzerspezifischer fehlender Werte.

Unterbefehl FORMAT:

`LABELS`	Werteetiketten werden als Gruppenlabels verwendet.
`NOLABELS`	Keine Ausgabe der Etiketten.

Mittels der Unterkommandos `MAXORDERS` und `METHOD` läßt sich die Vorgehensweise bei der Berechnung ändern. Defaultmäßig werden alle Wechselwirkungen der Faktoren in die Analyse einbezogen. Mittels des Unterkommandos `MAXORDERS` lassen sich Wechselwirkungen höherer Ordnung gezielt unterdrücken. Aufgrund der Voreinstellungen werden die Effekte nach dem Regressionsansatz bestimmt, d. h. jeder einzelne Effekt wird in bezug auf alle anderen angepaßt. Kovariaten, Haupteffekte und Wechselwirkungen werden simultan bestimmt. Diese Reihenfolge läßt sich mit dem Unterkommando `METHOD` steuern. Sollen die Effekte nach dem klassischen experimentellen Design bestimmt werden, der Voreinstellung in älteren Programmversionen, ist die Option `EXPERIMENTAL` zu spezifizieren. Die Kovariaten werden bei diesem Design zuerst analysiert und erst dann Faktoren und Wechselwirkungen in die Analyse einbezogen und angepaßt. Mittels `HIERACHICAL` wird dagegen die hierarchische Methode für die Haupteffekte gewählt. Die Kovariaten werden dann bezüglich aller vorhergehenden Kovariaten, die Haupteffekte bezüglich aller vorhergehenden Haupteffekte und Kovariaten und schließlich die Wechselwirkungen bezüglich aller vorhergehenden Wechselwirkungen gleicher und niedrigerer Ordnung, Haupteffekte und Kovariaten bestimmt. Dabei ist zu beachten, daß die Faktoren in der Reihenfolge aufgenommen werden, wie sie in der Variablenliste angegeben sind. Da der theoretische Hintergrund multipler Varianzanalysen in diesem Buch nicht besprochen ist, wird auf die Diskussion eines Anwendungsbeispiels verzichtet.

Nicht-parametrische Testmethoden: NPAR TESTS

Die Prozedur `NPAR TESTS` ermöglicht, wie der allgemeine Prozeduraufruf zeigt, die Berechnung einer Vielzahl non-parametrischer Testverfahren. Hier sollen nur einige Prozeduraufrufe exemplarisch erläutert werden.

Unterbefehl MISSING:

`ANALYSIS`	Fälle mit fehlenden Werten werden nur vom jeweiligen Test ausgeschlossen.
`INCLUDE`	Fälle mit fehlenden Werten werden von allen Berechnungen ausgeschlossen.
`INCLUDE`	Einschluß benutzerspezifischer fehlender Werte.

```
                                                          Testname
NPAR TESTS [CHISQUARE=vlist[(min,max)]/]                  (χ^2)
           [/EXPECTED={EQUAL*     }]
                      {f1,f2,...fn}
 [/K-S({UNIFORM [,min,max]       })=vlist]                (Kolmogorov-
       {NORMAL  [,mittel,stdabw]}                         Smirnov 1 Sample)
       {POISSON [,mittel]        }
 [/RUNS({MEAN  })=vlist]                                  (Sequenz)
        {MEDIAN}
        {MODE  }
        {value }
 [/BINOMIAL[({.5*})]=vlist[({v1,v2})]]                    (Binominal)
             { p }         {value}
 [/MCNEMAR=vlist [WITH vlist [(PAIRED)]]]                 (McNemar)
 [/SIGN=vlist [WITH vlist [(PAIRED)]]]                    (Vorzeichen)
 [/WILCOXON=vlist [WITH vlist [(PAIRED)]]]                (Wilcoxon)
 [/COCHRAN=vlist]                                         (Cochran)
 [/FRIEDMAN=vlist]                                        (Friedman)
 [/KENDALL=vlist]                                         (Kendall)
 [/MEDIAN[(trennwert)]=vlist BY vn (n,n)]                 (Median)
 [/M-W=vlist BY vn (n,n)]                                 (Mann-Whitney)
 [/K-S=vlist BY vn (n,n)]                                 (Kolmogorov-
                                                          Smirnov 2 Samples)

 [/W-W=vlist BY vn (n,n)]                                 (Wald-Wolfowitz)
 [/MOSES[(n)]=vlist BY vn (n,n)]                          (Moses)
 [/K-W=vlist BY vn (n,n)]                                 (Kruskal-Wallis)
 [/MISSING={ANALYSIS*}  [INCLUDE]]
           {LISTWISE }
 [/SAMPLE]
 [/STATISTICS=[DESCRIPTIVES*] [QUARTILES] [ALL]]
```

Allgemeine Form: NPAR TESTS

Unterbefehl STATISTICS:

DESCRIPTIVES	Mittelwert, Maximum, Minimum, Standardabweichung und Zahl der Fälle.
QUARTILES	Quartile und Zahl der Fälle.
ALL	Einschluß benutzerspezifischer fehlender Werte.

Unterbefehl SAMPLE: Falls der verfügbare Speicher nicht ausreicht, kann mittels SAMPLE die Ziehung einer Zufallsstichprobe angefordert werden. Das Unterkommando RUNS ignoriert diese Option.

Unterbefehl K-S: Der Kolmogorov-Smirnov-Test für eine Stichprobe prüft die Frage, ob die beobachteten Werte einer Variable von einer theoretischen Verteilung signifikant verschieden sind. Die Nullhypothese lautet, zwischen der kumulierten theoretischen und der kumulierten beobachteten Verteilung besteht kein Unterschied. Der kritische Wert (K-S-Z) wird aus der größten absoluten Differenz zwischen beiden Verteilungen gebildet. Die möglichen theoretischen Verteilungen und zugehörigen Parameter sind:

Gleichverteilung (UNIFORM):	Minimum, Maximum,
Normalverteilung (NORMAL):	Mittelwert, Standardabweichung,
Poissonverteilung (POISSON):	Mittelwert.

Wird kein Parameter spezifiziert, werden die Koeffizienten der theoretischen Verteilung aufgrund der Stichprobenverteilung geschätzt.

```
(1)  NPAR TESTS K-S (NORMAL) = saz.

     - - - - - Kolmogorov - Smirnov Goodness of Fit Test

     SAZ       ARBEITSZUFRIEDENHEIT


(2)  Test Distribution  -  Normal                    Mean:  29.1622
                                        Standard Deviation:   5.8520

(3)           Cases:  148

               Most Extreme Differences
     Absolute        Positive        Negative       K-S Z     2-tailed P
     .06452          .04684          -.06452        .785            .569
```

Beispiel 6.9: Kolmogorov-Smirnov-Test auf Normalverteilung

(1) Das Kommando fordert einen Anpassungstest auf Normalverteilung für die Variable *saz* an. Es ist darauf hinzuweisen, daß bei großen Stichproben ($n > 100$) durch den Kolmogorov-Smirnov-Test auch geringe Abweichungen von der Normalverteilung als signifikant ausgewiesen werden. Man verwendet daher bei großen Fallzahlen normalerweise die Koeffizienten für Wölbung und Schiefe zum Test auf Normalverteilung.

(2) Angabe der theoretischen Vergleichsverteilung und der Stichprobenparameter Mittelwert und Standardabweichung.

(3) Ausgabe der Fallzahl, der maximalen absoluten, positiven und negativen Differenz sowie der Prüfgröße K-S-Z und des zugehörigen Signifikanzniveaus. Die Nullhypothese, theoretische kumulierte und beobachtete Verteilung unterscheiden sich nicht, kann aufgrund des Signifikanzniveaus nicht zurückgewiesen werden. Die Annahme, daß die Variable *saz* normalverteilt ist, wird also beibehalten.

Unterbefehl M-W: Eine nicht-parametrische Alternative zum *t*-Test für unabhängige Stichproben ist der Mann-Whitney *U*-Test nach Mann-Whitney. Die Nullhypothese besagt, daß die Stichproben aus Grundgesamtheiten mit gleicher Verteilung stammen. Zur Prüfung der Nullhypothese werden die Fälle beider Stichproben in eine gemeinsame Rangfolge gebracht. Um einen *U*-Test durchzuführen, sind nach dem Unterkommando `M-W` zunächst die abhängigen Variablen zu spezifizieren und getrennt durch das Schlüsselwort `BY` die unabhängige Variable. In Klammern sind die Ausprägungen der Variablen anzugeben, welche die Gruppen definieren.

```
(1)  NPAR TESTS M-W= esr BY v73 (1,2).

     - - - - - Mann-Whitney U - Wilcoxon Rank Sum W Test

         ESR         ENTSCHEIDUNGSSPIELRAUM
      by V73         GESCHLECHT


(2)   Mean Rank     Cases

         51.84        35  V73 = 1  WEIBLICH
         82.70       115  V73 = 2  MAENNLICH
                     ---
                     150  Total

(3)                                   Corrected for Ties
         U              W                 Z      2-tailed P
      1184.5         1814.5          -3.6853        .0002
```

Beispiel 6.10: Mann-Whitney U-Test

(1) Im Beispiel wird ein *U*-Test für die unabhängigen Stichproben Frauen und Männer bezüglich des Entscheidungsspielraums angefordert.

(2) Ausgabe der mittleren Rangsummen für beide Stichproben. Die mittlere Rangsumme, berechnet als Rangsumme der Gruppe dividiert durch die Gruppengröße, liegt für die Männer deutlich höher als für die Frauen.

(3) Ausgabe der Prüfgröße U des U-Tests, der Prüfgröße W des Wilcoxon-Rangsummen-Tests und der z-standardisierten Prüfgröße, die für verbundene Ränge korrigiert ist. Da das zugehörige Signifikanzniveau die kritische Schwelle unterschreitet, ist die Nullhypothese zurückzuweisen. Der Entscheidungsspielraum ist je nach Geschlecht der befragten Personen unterschiedlich. Das ausgewiesene zweiseitige Signifikanzniveau der z-standardisierten Prüfgröße kann bei gerichteten Hypothesen halbiert werden, sofern nicht schon die Größenordnung der mittleren Ränge der Hypothese widerspricht.

Unterbefehl K-W: Rangvarianzanalysen für unabhängige Stichproben nach Kruskal und Wallis werden von SPSS ebenfalls mittels der Prozedur `NPAR TESTS` berechnet. Die Nullhypothese lautet dabei, daß alle einbezogenen Stichproben den gleichen Median besitzen. Der Prozeduraufruf ist mit dem des U-Tests identisch. In Klammern wird hinter der unabhängigen Variable allerdings der Wertebereich spezifiziert, welcher die Gruppen definiert.

```
(1)  NPAR TESTS K-W=saz BY v3(1,3).

     - - - - - Kruskal-Wallis 1-Way Anova

          SAZ        ARBEITSZUFRIEDENHEIT
       by V3         STELLUNG


(2)         Mean Rank    Cases

               66,79        96    V3 = 1    SACHBEARBEITER
               81,00        32    V3 = 2    GRUPPENLEITER
              101,13        20    V3 = 3    ABT.- LEITER
                           ---
                           148    Total

(3)
                                                 Corrected for ties
   Chi-Square   D.F.  Significance  Chi-Square   D.F. Significance
      11,5591    2           ,0031     11,5948    2          ,0030
```

Beispiel 6.11: Kruskal-Wallis Rangvarianzanalyse

(1) Der Prozeduraufruf fordert eine Rangvarianzanalyse der hierarchischen Gruppen im Betrieb bezüglich der Arbeitszufriedenheit an.

(2) Ausgabe der mittleren Ränge für die einzelnen Gruppen. Deutlich ist, daß die mittleren Ränge mit steigender Hierarchieebene ebenfalls steigen.

(3) Ausgabe der χ^2-verteilten Prüfgröße *H* und des zugehörigen Signifikanzniveaus. Die Werte werden sowohl unkorrigiert als auch für verbundene Ränge korrigiert ausgegeben. Da die Variable Arbeitszufriedenheit (*saz*) sehr viele Ausprägungen besitzt, finden sich nur wenige verbundene Ränge, weshalb die Koeffizienten nahezu gleiche Werte annehmen. Da das Signifikanzniveau die kritische Grenze unterschreitet, wird die Nullhypothese zurückgewiesen und die Alternativhypothese akzeptiert, daß wenigstens eine der drei Stichproben aus einer Grundgesamtheit mit einem anderen Median stammt.

6.6 Analyse von Zusammenhängen

6.6.1 Kreuztabellenanalyse: CROSSTABS

Kontingenztabellen werden mit der Prozedur CROSSTABS erstellt. Zum Prozeduraufruf ist es erforderlich, nach dem optionalen Schlüsselwort TABLES die abhängigen Variablen zu spezifizieren und anschließend, durch BY getrennt, die unabhängigen Variablen. Die Befehlszeile:

```
CROSSTABS TABLES = var1 TO var3 BY v73s.
```

fordert drei Kreuztabellen an, wobei das Geschlecht immer die unabhängige Variable ist. Sollen Tabellen mit verschiedenen abhängigen und unabhängigen Variablen erstellt werden, kann man den Unterbefehl TABLES bis zu zwanzigmal wiederholen.

Das Schlüsselwort BY darf bis zu neunmal spezifiziert werden. Die nach dem zweiten BY angegebenen Variablen werden als Kontrollvariable interpretiert und entsprechend viele Teiltabellen ausgegeben. Es lassen sich also zwei- bis zehndimensionale Kontingenztabellen erstellen.

Wie die allgemeine Prozedurübersicht zeigt, kennt CROSSTABS zwei Betriebsarten. Der Ganzzahlenmodus arbeitet schneller und kann eine größere Zahl von Variablen verarbeiten als der allgemeine Modus. Letzterer sollte allerdings im Regelfall hinreichend sein.

Standardmäßig werden von CROSSTABS keine Statistiken, sondern nur die Kontingenztabellen ausgegeben. Mittels der Unterbefehle lassen sich jedoch weitere Leistungen anfordern.

Unterbefehl MISSING:

TABLE — Fälle mit fehlenden Werten werden von der Berechnung der jeweiligen Tabelle ausgeschlossen.

Allgemeiner Modus:

```
CROSSTABS [TABLES=]varlist BY varlist [BY...]
                    [/varlist...]
 [/MISSING={TABLE* }]  [/WRITE[={NONE*}]]
           {INCLUDE}             {CELLS}
```

Ganzzahlen Modus:

```
CROSSTABS VARIABLES=varlist(min,max) [varlist...]
 /TABLES=varlist BY varlist [BY...]
       [/varlist BY...]
 [/MISSING={TABLE* }]  [/WRITE[={NONE*}]]
           {INCLUDE}             {CELLS}
           {REPORT }             {ALL  }

 [/FORMAT={LABELS*  } {TABLES* } {AVALUE*} {NOINDEX*} {BOX* }]
          {NOLABELS } {NOTABLES} {DVALUE } {INDEX   } {NOBOX}
          {NOVALLABS}

 [/CELLS=[COUNT] [ROW   ] [EXPECTED] [SRESID ]]
         [NONE ] [COLUMN] [RESID   ] [ASRESID]
                 [TOTAL ]            [NONE   ]

 [/STATISTICS=[CHISQ*] [LAMBDA] [BTAU] [GAMMA] [ETA ]]
              [PHI   ] [UC    ] [CTAU] [D    ] [CORR]
              [CC    ] [KAPPA ] [RISK] [ALL  ] [NONE]
```

Allgemeine Form: CROSSTABS

`INCLUDE`	Missings werden nicht ausgeschlossen.
`REPORT`	Missings werden in den Tabellen berichtet. Bei der Berechnung von Prozentzahlen und Statistiken bleiben Missings allerdings unberücksichtigt.

Unterbefehl WRITE: Die Kreuztabellen können zur weiteren Verarbeitung mit SPSS oder anderen Programmen in eine Datei geschrieben werden. Dazu ist dem Prozeduraufruf das Kommando `PROCEDURE OUTPUT` voranzustellen. `WRITE` erlaubt folgende Möglichkeiten:

`NONE`	Keine Ausgabe der Tabellen in eine Datei.
`CELLS`	Ausgabe der nicht leeren Zellen in eine Datei.
`ALL`	Schreiben aller Zellen.

```
PROCEDURE OUTPUT OUTFILE="kreuztabelle".
CROSSTABS VARIABLES=v73(1,9) v76(1,2)
  /TABLES=v73 BY v76
  /WRITE=ALL.
```

Unterbefehl FORMAT: Das Unterkommando ermöglicht verschiedene Formatierungen.

LABELS	Ausgabe von Variablen- und Werteetiketten.
NOLABELS	Keine Ausgabe von Labels.
NOVALLABS	Werteetiketten werden unterdrückt, Variablenetiketten aber ausgedruckt.
AVALUE	Ordnet die Zeilen nach aufsteigenden Werten.
DVALUE	Ordnet die Zeilen nach absteigenden Werten.
NOINDEX	Kein Index.
INDEX	Erstellt einen Index der Tabellen.
TABLES	Keine Ausgabe der Kontingenztabellen.
NOTABLES	Unterdrückt die Ausgabe der Kontingenztabellen.
BOX	Die Zellen werden umrandet.
NOBOX	Keine Umrandung der Zellen.

Unterbefehl CELLS: Das Unterkommando ermöglicht die Ausgabe von Prozentwerten und Residuen.

COUNT	Ausgabe der Zellenhäufigkeiten in der Tabelle.
ROW	Ausgabe von Zeilenprozenten.
COLUMN	Ausgabe von Spaltenprozenten.
TOTAL	Ausgabe der Gesamtprozentsätze.
EXPECTED	Gibt die erwarteten Häufigkeiten aus.
RESID	Ausgabe der χ^2-Residuen.
SRESID	Ausgabe standardisierter χ^2-Residuen.
ASRESID	Ausgabe der angepaßten, standardisierten χ^2-Residuen.
ALL	Ausgabe aller Informationen.
NONE	Unterdrückt die Ausgabe der Zeilen- und Spaltenwerte.

Unterbefehl STATISTICS: Alle der folgenden Koeffizienten werden mit Ausnahme von Gamma für zweidimensionale Tabellen berechnet. Für Tabellen höherer Ordnung können partielles Gamma und Gamma nullter Ordnung mittels der Option GAMMA angefordert werden.

CHI	χ^2-Test. Neben der traditionellen χ^2_P-Teststatistik nach Pearson wird die Likelihood-Quotienten-Statistik (χ^2_L) und Mantel-Haenszels χ^2-Test berechnet. Die Mantel-Haenszel-Statistik kann als Maß der linearen Assoziation der Spalten und Zeilen einer Kreuztabelle interpretiert werden. Die resultierende Prüfgröße kann nur für metrische Daten herangezogen werden. Bei Vierfeldertafeln mit weniger als 20 Fällen wird Fishers exakter Test ausgegeben. Bei anderen Vierfeldertafeln wird zusätzlich Yates' korrigiertes χ^2 (continuity correction) berechnet.
PHI	Bei Vierfeldertafeln Φ, Cramérs V für größere Tabellen.
CC	Kontingenzkoeffizient.
LAMBDA	λ (symmetrisch und asymmetrisch) sowie Goodman und Kruskals τ.
UC	Unsicherheitskoeffizient (symmetrisch und asymmetrisch).
BTAU	Kendalls τ_b.
CTAU	Kendalls τ_c.
GAMMA	Gamma (partielles Gamma und Gamma nullter Ordnung für mehr als zwei Dimensionen werden nur im Ganzzahlenmodus ausgewiesen).
D	Somers d (symmetrisch und asymmetrisch).
ETA	Eta.
CORR	Produkt-Moment-Korrelation und Spearmans Rangkorrelationskoeffizient.
KAPPA	Kappa-Koeffizient. Der Koeffizient mißt den Grad der Übereinstimmung zweier Beurteiler. Beide Variablen müssen daher die gleichen Ausprägungen besitzen.
RISK	Relatives Risiko. Das relative Risiko kann nur für Vierfeldertafeln berechnet werden.
ALL	Alle verfügbaren Koeffizienten.

```
(1)  RECODE v77 (0,1,2 = 1) (3,4 = 2) (5,6 = 3) (7,8,9 = 4)
       /v76 (LOWEST thru 3 = 1) (4,5 = 2) (6,7 = 3) (8,9 =4).

(2)  VALUE LABELS v77 1 'bis 30' 2 '31 - 40' 3 '41 - 50' 4 'über 50'
                /v76  1 'bis 1800 DM'  2 'bis 2400'
                      3 'bis 3000'     4 'und mehr'.

(3)  CROSSTABS TABLES = v76 BY v77
              /STATISTICS = CHI BTAU CTAU GAMMA D.
```

```
V77  ALTER  by  V76  BRUTTOGEHALT
                    V76
          Count   |
                  |bis 1800 bis 2400 bis 3000 und mehr
                  | DM                                  Row
                  |     1  |     2  |     3  |     4  | Total
V77       --------+--------+--------+--------+--------+
                1 |    31  |    10  |     5  |     2  |    48
  bis 30          |        |        |        |        |  32.0
                  +--------+--------+--------+--------+
                2 |     7  |    16  |    11  |    11  |    45
  31--40          |        |        |        |        |  30.0
                  +--------+--------+--------+--------+
                3 |     4  |    16  |     6  |     9  |    35
  41--50          |        |        |        |        |  23.3
                  +--------+--------+--------+--------+
                4 |     5  |     6  |     8  |     3  |    22
  ueber 50        |        |        |        |        |  14.7
                  +--------+--------+--------+--------+
           Column      47       48       30       25      150
            Total    31.3     32.0     20.0     16.7    100.0

(4)   Chi-Square              Value       DF          Significance
--------------------       -----------   ----         ------------
Pearson                      43.42660      9              .00000
Likelihood Ratio             43.13206      9              .00000
Mantel-Haenszel test for     15.08296      1              .00010
      linear association
Minimum Expected Frequency -     3.667
Cells with Expected Frequency < 5 -     2 OF    16 ( 12.5%)

(5)                                                         Approximate
     Statistic                Value     ASE1      Val/ASE0  Significance
--------------------        --------  --------   --------   ------------
Kendall's Tau-b              .30640    .06514    4.76063
Kendall's Tau-c              .29890    .06279    4.76063
Gamma                        .40083    .08230    4.76063
Somers' D :
   symmetric                 .30640    .06514    4.76063
   with V77    dependent     .30640    .06489    4.76063
   with V76    dependent     .30640    .06550    4.76063
Number of Missing Observations:  0
```

Beispiel 6.12: Kontingenztabellenanalyse

(1) Mit der RECODE-Anweisung werden die Werte der Variablen Alter *v77* und Einkommen *v76* zu jeweils vier Ausprägungen zusammengefaßt.

(2) Den recodierten Variablen werden neue Werteetiketten zugewiesen.

(3) Fordert eine Kreuztabelle und neben dem χ^2-Test die Koeffizienten τ_b, τ_c, Gamma sowie Somers *d* an.

(4) χ^2 nimmt den Wert 43,43 an. Bei 9 Freiheitsgraden ist dieser Wert signifikant, d. h. die Nullhypothese, daß zwischen den Variablen kein Zusammenhang besteht, wird zurückgewiesen. Die weiteren Kennziffern zum χ^2-Test besagen folgendes: Strenggenommen darf keine der Zellen eine erwartete Häufigkeit kleiner als 5 aufweisen, ansonsten verliert der χ^2-Test an Zuverlässigkeit. Im Beispiel ist die kleinste erwartete Häufigkeit (Min. E.F.) 3,667. Eine schwächere Formulierung der Anforderung besagt, daß bei nicht mehr als 20 % der Zellen die erwartete Häufigkeit kleiner als 5 sein sollte. Dies ist in unserem Fall gegeben (12,5 %).

(5) Ausgabe der angeforderten Assoziationskoeffizienten.

6.6.2 Produkt-Moment-Korrelation: PLOT und CORRELATION

Korrelationskoeffizienten sind eine geeignete Statistik zur Beschreibung der Stärke linearer Zusammenhänge. Ob zwischen Variablen ein linearer Zusammenhang besteht, läßt sich anhand eines Streudiagramms überprüfen, das von SPSS mit der Prozedur PLOT zur Verfügung gestellt wird. Einfache Streudiagramme lassen sich mit dem Kommando PLOT

```
PLOT /PLOT = vliste WITH vliste.
```

erstellen. Durch Einfügen eines weiteren Unterbefehls wird die Regressionsgerade im Diagramm kenntlich gemacht und eine einfache lineare Regressionsanalyse durchgeführt. Der Prozeduraufruf: REGRESSION

```
PLOT /FORMAT = REGRESSION /PLOT v6 WITH v7.
```

bewirkt die Ausgabe eines Streudiagramms der Variablen *v6* und *v7*, wobei eine Regressionsanalyse durchgeführt wird. Weitere Möglichkeiten des PLOT-Kommandos sind den Handbüchern zu entnehmen.

Produkt-Moment-Korrelationen und der zugehörige Signifikanztest lassen sich mit der Prozedur CORRELATION berechnen. Die Koeffizienten werden von der Prozedur in Form einer Matrix ausgegeben.

```
CORRELATION [VARIABLES=] {vliste} [WITH vliste]
                         {ALL   }
 [/MISSING={PAIRWISE*}  [INCLUDE]]
           {LISTWISE }
 [/PRINT={TWOTAIL*}  {SIG  }]
         {ONETAIL }  {NOSIG}
 [/FORMAT={MATRIX*}]
          {SERIAL }
 [/MATRIX=OUT({* })]
              {fn}
 [/STATISTICS=[DESCRIPTIVES] [XPROD] [ALL]]
```

Allgemeine Form: CORRELATION

Beim Aufruf der Prozedur ist lediglich die Angabe einer Variablenliste obligatorisch. Wird die Variablenliste mittels des Schlüsselwortes `TO` spezifiziert, berechnet `CORRELATION` eine vollständige Korrelationsmatrix; es werden also die Koeffizienten für alle möglichen Variablenpaare berechnet. Das folgende Kommando erzeugt eine vollständige Korrelationsmatrix der Variablen der Skala zur Messung der Arbeitszufriedenheit.

```
CORRELATION VARIABLES = v6 TO v13.
```

Wird die Variablenliste unter Verwendung des Schlüsselwortes `WITH` getrennt, so berechnet die Prozedur die Korrelation jeder Variablen, die vor `WITH` angegeben wird, mit jeder Variablen, die danach spezifiziert ist. Die nächste Befehlszeile veranlaßt die Berechnung der Korrelation aller Variablen der Skala zur Arbeitszufriedenheit mit ihrem Summenindex.

```
CORRELATION VARIABLES = saz WITH v6 TO v13.
```

Im folgenden Beispiel wird ein Ausschnitt der Korrelationsmatrix der Variablen zur Messung der Arbeitszufriedenheit berechnet. Erwartungsgemäß sind alle Variablen positiv miteinander korreliert. In der standardmäßigen Ausgabe wird neben dem Koeffizienten dessen exaktes Signifikanzniveau bei zweiseitigem Test und die jeweilige Fallzahl ausgewiesen. Das Unterkommando `PRINT=NOSIG` veranlaßt einen reduzierten Ausdruck. Die Signifikanzniveaus werden bei dieser Ausgabeform durch ein bzw. zwei Sterne gekennzeichnet. Zwei Sterne bedeuten, daß der Koeffizient mit einer Irrtumswahrscheinlichkeit von mindestens 0.01 signifikant von Null verschieden ist.

```
CORRELATION VARIABLES = v6 to v9 /PRINT NOSIG.

                    - -  Correlation Coefficients  - -

              V6          V7          V8          V9

V6          1.0000      .4785**     .4133**     .3745**
V7           .4785**   1.0000       .4994**     .6873**
V8           .4133**    .4994**    1.0000       .5971**
V9           .3745**    .6873**     .5971**    1.0000

* - Signif. LE .05     ** - Signif. LE .01     (2-tailed)

" . " is printed if a coefficient cannot be computed
```

Beispiel 6.13: Korrelationsmatrix

Mittels der folgenden Unterbefehle können zusätzliche Leistungen angefordert werden.

Unterbefehl MISSING:

`PAIRWISE`	Paarweiser Ausschluß von Fällen mit fehlenden Werten.
`LISTWISE`	Listenweiser Ausschluß von Fällen mit fehlenden Werten.
`INCLUDE`	Benutzerspezifische fehlende Werte werden in die Berechnung eingeschlossen.

Unterbefehl PRINT:

`TWOTAIL`	Per Voreinstellung wird ein zweiseitiger Signifikanztest durchgeführt.
`ONETAIL`	Falls bezüglich der Richtung des Zusammenhangs eine Annahme getroffen worden ist, kann mittels der Option ein einseitiger Signifikanztest angefordert werden.
`SIG`	Fallzahlen und exakte Wahrscheinlichkeiten des Signifikanztests werden in der Korrelationsmatrix mit ausgegeben.
`NOSIG`	Keine Ausgabe der Fallzahlen und Signifikanzniveaus in der Matrix. Die Wahrscheinlichkeiten werden durch ein bzw. zwei Sternchen gekennzeichnet.

Unterbefehl FORMAT:

`MATRIX`	Ausgabe einer vollständigen Korrelationsmatrix.
`SERIAL`	Das redunzdanzfreie serielle Format ordnet die Statistiken neben den Bezeichungen des jeweiligen Variablenpaares an.

Unterbefehl MATRIX: Die Korrelationsmatrix, der Mittelwert und die Standardabweichung der Variablen sowie die Fallzahlen ersetzen die aktive Arbeitsdatei oder werden in eine externe Datei geschrieben. Wird ein Stern spezifiziert, ersetzt die Matrix die aktive Arbeitsdatei. Soll die Matrix in einer Systemdatei gespeichert werden, ist die Spezifikation eines Dateinamens erforderlich. Die Korrelationsmatrix kann von Prozeduren wie `PARTIAL CORR CORRELATION`, `REGRESSION`, `FACTOR` oder `CLUSTER` eingelesen werden.

Unterbefehl STATISTICS:

`DESCRIPTIVES`	Mittelwerte, Standardabweichungen und Fallzahlen werden ausgegeben.
`XPROD`	Ausgabe der Abweichungsprodukte und Kovarianzen für jedes Variablenpaar. Fälle mit fehlenden Werten werden paarweise ausgeschlossen.
`ALL`	Alle verfügbaren Statistiken.

6.6.3 Weitere Möglichkeiten der Korrelationsanalyse

Abschließend einige Hinweise zu weiteren Möglichkeiten der Korrelationsanalyse mit SPSS. Korreliert man mittels der Prozedur `CORRELATION` echt dichotome Variable, so handelt es sich bei den Korrelationen um Phi-Koeffizienten, die im Zusammenhang mit der Kreuztabellenanalyse besprochen wurden. Die Korrelation zwischen einer echt dichotomen und einer metrischen Variable ist als biserialer Korrelationskoeffizient zu interpretieren. Mit Ausnahme der PC-Version stellt SPSS darüber hinaus eine eigenständige Prozedur `NONPAR CORR` zur Verfügung, die der Berechnung von Spearmans Rho und/oder Kendalls τ_b dient. Mit Ausnahme des Unterkommandos `SAMPLE` ist der Prozeduraufruf mit dem oben erläuterten Kommando `CORRELATION` identisch. Aus diesem Grund erübrigt sich eine weitergehende Diskussion. Das Unterkommando `SAMPLE` veranlaßt die Ziehung einer Zufallsstichprobe. Dies kann notwendig werden, falls nicht alle Fälle im Hauptspeicher gehalten werden können.

Spearmans Rho läßt sich aber auch mit SPSS/PC berechnen. Im Zusammenspiel mit der hier nicht näher besprochenen Prozedur `RANK` wird zu diesem Zweck

```
NONPAR CORR [VARIABLES=] vlist [WITH vlist]  [/vlist...]
 [/PRINT={TWOTAIL*} {SIG* } {SPEARMAN*}]
        {ONETAIL } {NOSIG} {KENDALL  }
                           {BOTH     }
 [/MISSING={PAIRWISE*}] [INCLUDE]
           {LISTWISE }
 [/SAMPLE]
 [/FORMAT={MATRIX*}]
          {SERIAL }
 [/MATRIX=OUT({* })]
              {fn}
```

Allgemeine Form: NONPAR CORR

CORRELATION benutzt, um Rangkorrelationen nach Spearman zu berechnen. Letztere sind eine Anwendung der Produkt-Moment-Korrelation auf in Rangreihen transformierte, ordinale Variablen. Mittels RANK lassen sich ordinale Variablen in Rangreihen transformieren. Die transformierten Variablen stehen in der aktiven Datei zur Verfügung, wobei dem ursprünglichen Variablennamen der Buchstabe „R" vorangestellt wird. Sollen die Rangreihen für spätere Auswertungen zur Verfügung stehen, ist die Datei mittels SAVE OUTFILE zu sichern. Die folgenden Kommandozeilen verdeutlichen die Vorgehensweise.

```
RANK VARIABLES = var1 var2 /RANK.
CORRELATION VARIABLES = rvar1 rvar2.
```

Abschließend soll die Prozedur PARTIAL CORR kurz skizziert werden, die der Berechnung partieller Korrelationskoeffizienten dient. Der Aufruf ist weitgehend mit der Prozedur CORRELATION identisch. Die Variablenliste kann gegebenenfalls durch WITH getrennt werden. PARTIAL CORR berechnet in diesem Fall die Korrelationen der Variablen aus der ersten Liste mit denen aus der zweiten Variablenliste. Andernfalls werden alle Korrelationskoeffizienten berechnet. Im Anschluß an die Spezifikation der Variablenliste werden nach dem Schlüsselwort BY die Variablen spezifiziert, deren Einfluß auspartialisiert werden soll. Sollen partielle Koeffizienten höherer Ordnung berechnet werden, dann sind im Anschluß in Klammern eingeschlossene Ordnungswerte zwischen 1 und der Zahl der auszupartialisierenden Variablen zu spezifizieren.

```
PARTIAL CORR [VARIABLES=] varlist [WITH varlist]
         BY control list (levels)
[/varlist...]
[/SIGNIFICANCE={TWOTAIL*}]
               {ONETAIL }
[/STATISTICS=[NONE*]        [CORR]       ]
             [DESCRIPTIVES] [BADCORR] [ALL]
[/FORMAT={MATRIX*  }]
         {SERIAL   }
         {CONDENSED}
[/MISSING=[{LISTWISE*}] [{EXCLUDE*}]]
           {ANALYSIS }   {INCLUDE}
[/MATRIX= [IN({*   })] [OUT({*   })]]
              {file}         {file}
```

Allgemeine Form: PARTIAL CORR

Das Anwendungsbeispiel zeigt die Berechnung des partiellen Korrelationskoeffizienten für die Variaben Arbeitszufriedenheit (*saz*) und Einkommen (*v76*), wenn der Einfluß der Variable Entscheidungsspielraum (*esr*) herauspartialisiert wird. Die Korrelation sinkt gegenüber der einfachen bivariaten Korrelation von .40 auf .17.

```
 PARTIAL CORR /VARIABLES= saz v76 BY esr /FORMAT = CONDENSED.

Controlling for..     ESR

                 SAZ          V76

SAZ           1.0000        .1743*
V76             .1743*    1.0000

* - Signif. LE .05      ** - Signif. LE .01      (2-tailed)

" . " is printed if a coefficient cannot be computed
```

Beispiel 6.14: Partielle Korrelationskoeffizienten

Skalenanalyse: RELIABILITY

Die Reliabilität von Skalen, die additiv aus mehreren Variablen gebildet werden, läßt sich mit SPSS komfortabel mittels der Prozedur RELIABILITY überprüfen.

```
RELIABILITY VARIABLES={vlist}
                      {ALL  }
 [/SCALE(skalename)=vlist  [/SCALE... ]]
 [/MODEL={ALPHA*         }] [/VARIABLES...]
         {SPLIT[(n)]     }
         {GUTTMAN        }
         {PARALLEL       }
         {STRICTPARALLEL}
 [/STATISTICS=[DESCRIPTIVE] [SCALE     ] [{ANOVA    }]]
              [COV        ] [TUKEY     ]  {FRIEDMAN}
              [CORR       ] [HOTELLING]  {COCHRAN }
              [ALL]
 [/SUMMARY=[MEANS    ] [COV ] [TOTAL]]
           [VARIANCE] [CORR] [ALL  ]

 [/METHOD=COV]
 [/FORMAT={LABELS* }]
          {NOLABELS}
 [/MISSING={EXCLUDE*}]
           {INCLUDE }
 [/MATRIX =[IN({*    })][OUT({*    })][NOPRINT]]
              {file}         {file}
```

Allgemeine Form: RELIABILITY

Obligatorisch ist beim Prozeduraufruf lediglich die Angabe einer Variablenliste. Gesteuert durch die Voreinstellungen wird dann Cronbachs α für die Items in der Variablenliste berechnet. Bilden jeweils Teilmengen der Variablen in der Variablenliste eine Skala, können diese mittels des Subkommandos SCALE gesondert spezifiziert werden, wobei die Angabe einer Bezeichnung für die Skala in Klammern obligatorisch ist. Der folgende Prozeduraufruf berechnet für die Subskalen der ADV-Skala den Reliabilitätskoeffizienten α:

```
RELIABILITY VARIABLES = v14 to v41
/SCALE(adv1) = v19  v29  v30  v31  v33  v35  v36
/SCALE(adv2) = v23  v24  v26  v32  v34  v37  v41
/SCALE(adv3) = v14  v17  v20  v27  v28  v38  v39
/SCALE(adv4) = v15  v16  v22  v25  v38.
```

Zusätzliche Leistungen lassen sich über eine Reihe von Unterbefehlen anfordern, auf die hier lediglich hingewiesen werden kann:

Unterbefehl MODEL:

`MODEL`	fordert verschiedene Prüfmethoden an:
`ALPHA`	Cronbachs α (Voreinstellung).
`SPLIT(n)`	Split-Half-Koeffizienten. Die Voreinstellung bewirkt, daß die erste Hälfte der Skala mit der zweiten verglichen wird. Bei ungerader Anzahl der Variablen enthält die erste Hälfte der Skala das zusätzliche Item. Die Voreinstellung läßt sich mittels des Parameters n abändern. Die Spezifizierung des Parameters bewirkt, daß die n Items des zweiten Teils der Skala mit den übrigen im ersten Teil verglichen werden.
`GUTTMAN`	Guttmans untere Grenze für die wahre Reliabilität.
`PARALLEL`	Maximum-Likelihood-Schätzung der Reliabilität bei Annahme von Parallelität. Es wird angenommen, daß alle Items der Skala dieselbe Varianz haben.
`STRICTPARALLEL`	Maximum-Likelihood-Schätzung der Reliabilität bei Annahme von strikter Parallelität. Es wird angenommen, daß alle Items der Skala denselben Mittelwert, dieselbe Varianz für ihre wahren Werte und dieselbe Fehlervarianz für Wiederholungen besitzen.

Unterbefehl MISSING: Der Unterbefehl `MISSING` steuert die Behandlung fehlender Werte. Per Voreinstellung werden Fälle mit benutzer- oder systemdefinierten fehlenden Werten von der Analyse ausgeschlossen. Mittels des Schlüsselwortes `INCLUDE` wird die Prozedur veranlaßt, benutzerdefinierte Missings einzubeziehen.

Unterbefehl FORMAT: Per Voreinstellung werden die Variablenetiketten zu Beginn des Outputs aufgelistet. Der Unterbefehl `FORMAT = NOLABELS` unterdrückt diese Ausgabe.

Unterbefehl METHOD: Wenn möglich, verzichtet die Prozedur auf die Berechnung einer Kovarianzmatrix, um Speicherplatz zu sparen. Der Unterbefehl `METHOD = COV` verlangt die Berechnung einer Kovarianzmatrix, auch wenn dies nicht notwendig wäre.

Unterbefehl STATISTICS: Der Unterbefehl STATISTICS erlaubt die Ausgabe folgender optionaler Statistiken:

`DESC`	Mittelwerte und Standardabweichungen der Variablen.
`COV`	Kovarianz-Varianz-Matrix der Variablen.
`CORR`	Korrelationsmatrix der Variablen.
`SCALE`	Mittelwert(e) und Varianz(en) der Skalen.
`TUKEY`	Tukeys Test auf Additivität. Ausgegeben wird eine Schätzung des Exponenten, mit dem die Variablen potenziert werden müssen, um Additivität aufzuweisen.
`HOTEL`	Hotellings T^2. Der multivariate Test prüft die Nullhypothese, daß alle Items einer Skala den gleichen Mittelwert besitzen.
`ANOVA`	Varianzanalysetafel für Meßwiederholungen.
`FRIEDMAN`	Friedmans χ^2 und Kendalls Konkordanzkoeffizient für ordinal skalierte Variablen. Zusätzlich muß ANOVA spezifiziert werden, um den üblichen F4-Test durch Friedmans χ^2 zu ersetzen.
`COCHRAN`	Cochrans Q für dichotome Variable. Zusätzlich muß `ANOVA` spezifiziert werden, um den üblichen F-Test durch Q zu ersetzen.
`ALL`	Alle Statistiken.

Unterbefehl SUMMARY: Zusammenfassende Koeffizienten zu den Items einer Skala werden mittels des Unterkommandos `SUMMARY` angefordert. Die Schlüsselwörter bewirken die Ausgabe folgender Statistiken:

`MEANS`	Koeffizienten zu den Mittelwerten der Variablen. Es werden Durchschnitt, Minimum, Maximum, Spannweite, Verhältnis von Minimum und Maximum und die Varianz der Variablenmittelwerte ausgegeben.
`VARIANCE`	Koeffizienten (wie bei `MEANS`) zu den Varianzen der Variablen.
`COV`	Koeffizienten (wie bei `MEANS`) zu den Kovarianzen der Variablen.
`CORR`	Koeffizienten (wie bei `MEANS`) zu den Korrelationen der Variablen.
`TOTAL`	Veranlaßt die Ausgabe von Mittelwerten, Varianzen und Korrelationskoeffizienten zwischen der Variable und der Restskala sowie Cronbachs α für die Restskala.
`ALL`	Alle Statistiken.

```
(1)  RELIABILITY VARIABLES = v6 to v13
     /SCALE(arbeitszufriedenheit) = all
     /FORMAT = NOLABELS
     /SUMMARY = CORR TOTAL.


(2)    N OF CASES =             148.0

(3) INTER-ITEM
    CORRELATIONS MEAN  MINIMUM  MAXIMUM  RANGE  MAX/MIN  VARIANCE
                .3534    .0490    .6873  .6383  14.0164    .0267

ITEM-TOTAL STATISTICS

              (4)         (5)         (6)           (7)           (8)
             SCALE       SCALE     CORRECTED
             MEAN       VARIANCE     ITEM-        SQUARED        ALPHA
            IF ITEM     IF ITEM      TOTAL        MULTIPLE      IF ITEM
            DELETED     DELETED   CORRELATION   CORRELATION     DELETED

V6          25.5338     26.5363      .4355         .2719         .7940
V7          25.2365     26.3042      .6617         .5413         .7586
V8          25.7635     23.6240      .6038         .4835         .7652
V9          25.0811     27.4083      .7547         .6403         .7574
V10         25.6351     26.2605      .6374         .5034         .7612
V11         25.9797     27.3533      .4895         .2845         .7824
V12         25.5473     30.9977      .2303         .1275         .8140
V13         25.3581     27.2246      .4278         .2383         .7932


RELIABILITY COEFFICIENTS     8 ITEMS

(9)    ALPHA =    .8013        STANDARDIZED ITEM ALPHA =    .8139
```

Beispiel 6.15: Reliabilitätsanalyse

(1) Angefordert wird eine Prüfung der Reliabilität der Kurzskala zur Messung der Arbeitszufriedenheit. Da nichts anderes spezifiziert wurde, wird das Prüfmodell Cronbachs α benutzt. Der Unterbefehl SCALE könnte entfallen. Es würde dann eine Notiz ausgegeben, daß alle angegebenen Variablen als Skala betrachtet werden. Die Ausgabe von Werteetiketten wird unterdrückt, und es werden zusammenfassende Statistiken für die Skala angefordert.

(2) Ausgabe der Fallzahl.

(**3**) Ausgabe beschreibender Maßzahlen für die Korrelationen zwischen den Items. Durchschnittlich korrelieren die Items mit einem Koeffizienten von 0,35 miteinander, der niedrigste Koeffizient beträgt 0,05, der höchste 0,69.

(**4**) Mittelwert der additiv zusammengefaßten Skala, wenn das in der jeweiligen Zeile notierte Item nicht in die Skala einbezogen würde. Diese Koeffizienten sollten annähernd gleich sein.

(**5**) Ausgabe der Skalenvarianz, wenn das betreffende Item nicht in die Skala einbezogen würde.

(**6**) Pearsonscher Korrelationskoeffizient zwischen dem betreffenden Item und der ohne dieses Item additiv gebildeten Skala (Trennschärfe). Besonders niedrig ist die Korrelation der Variable *v12* (‚Arbeitstempo') mit der Gesamtskala.

(**7**) Ausgabe des quadrierten multiplen Korrelationskoeffizienten (Determinationskoeffizient) des jeweiligen Items mit den übrigen. Der Koeffizient gibt den Varianzanteil des betreffenden Items an, der durch die übrigen erklärt wird.

(**8**) Ausgabe von Cronbachs α für den Fall, daß das entsprechende Item nicht in die Skala einbezogen wird. Vergleicht man den Koeffizienten dieser Spalte mit dem Wert für α (9), ist festzustellen, daß sich die interne Konsistenz der Skala erhöhen würde, wenn auf das Item *v12* verzichtet wird. Trifft bei der Anwendung dieser Sachverhalt für mehrere Items zu, sollte man schrittweise vorgehen. Zunächst wird nur das Item von der weiteren Analyse ausgeschlossen, für das sich α am stärksten erhöhen würde. Erst nach Berechnung einer weiteren Reliabilitätsanalyse ist über weitere Schritte zu entscheiden.

(**9**) Ausgabe von Cronbachs α. Der standardisierte Koeffizient ergibt sich, wenn die Variablen z-transformiert werden.

6.7 Multivariate Datenanalyse

6.7.1 Lineare Regression: REGRESSION

Die leistungsfähige und flexible SPSS-Prozedur REGRESSION berechnet multiple lineare Regressionen. Hier können die vielfältigen Möglichkeiten dieser Prozedur nur angesprochen werden.

```
REGRESSION VARIABLES={vliste    }
                     {(COLLECT)}
 [/STATISTICS=[DEFAULTS*] [R] [COEFF] [ANOVA] [OUTS]
              [ZPP] [CHA] [CI] [F] [BCOV] [SES] [TOL]
              [COND] [XTX] [HISTORY] [END] [LINE] [ALL]]
 [/CRITERIA=[DEFAULTS*]  [TOLERANCE({.0001})] [MAXSTEPS({2v})]
                                   {n     }             {n }
        [{PIN({0.05 })}]  [{POUT({0.1   })}]  [/{NOORIGIN*}]
         {    {n    } }    {     {n     } }     {ORIGIN   }
         {FIN({3.84 })}    {FOUT({2.71  })}
         {    {n    } }    {     {n     } }
/DEPENDENT=vliste
/[METHOD]={ENTER [=vliste]       }  [/METHOD=...]
         {REMOVE=vliste         }
         {TEST=(vlist) (vlist)}
         {STEPWISE [=vliste]   }
         {FORWARD [=vliste]    }
         {BACKWARD [=vliste]   }
 [/DESCRIPTIVES=[DEFAULTS] [MEAN] [STDDEV] [CORR]]
               [VARIANCE] [XPROD] [SIG] [N] [BADCORR]
               [COV]  [ALL]  [NONE**]
 [/SELECT={ALL**                  }]
         {vn vergleichoperator n}
 [/MISSING={LISTWISE**      }  [INCLUDE]]
          {PAIRWISE        }
          {MEANSUBSTITUTION}
 [/WIDTH={wert bei SET**}]
        {n             }
 [/REGWGT=vn]
```

Allgemeine Form: REGRESSION

Es ist obligatorisch, die Unterbefehle VARIABLES, DEPENDENT und METHOD beim Aufruf der Prozedur zu spezifizieren. Alle weiteren Schritte werden dann über die Voreinstellungen gesteuert. Zunächst werden nach dem Unterkommando VARIABLES die in die Analyse einzubeziehenden abhängigen und unabhängigen Variablen aufgeführt. Wird anstelle einer Variablenliste das Schlüsselwort COLLECT angegeben, so werden die in den Unterkommandos DEPENDENT und METHOD spezifizierten Variablen in das Modell einbezogen. Für diese Variablen berechnet die Prozedur eine Korrelationsmatrix. Hier kann nur darauf hingewiesen werden, daß REGRESSION auch Korrelations- oder Kovarianzmatrizen einlesen und schreiben kann.

Notwendig ist es ferner, im Unterkommando DEPENDENT die abhängigen Variablen der Analyse zu spezifizieren. Wird mehr als eine abhängige Variable angegeben, so wird für jede abhängige Variable eine Regressionsgleichung berechnet.

```
REGRESSION VARIABLES = y x1 to x10
          /DEPENDENT y
          /METHOD = ENTER
          /METHOD = REMOVE = x2 x4 TO x6.
```

Unterbefehl METHOD: Unmittelbar nach dem Unterkommando DEPENDENT muß die Angabe METHOD erfolgen, wobei dieses Unterkommando mehrfach angegeben werden darf. METHOD legt fest, nach welcher Methode die unabhängigen Variablen in die Regressionsgleichung aufgenommen werden sollen. Dabei sind drei direkte (ENTER, REMOVE, TEST) und drei indirekte Methoden (STEPWISE, FORWARD, BACKWARD) möglich. Die indirekten Methoden bauen eine Gleichung nach formalen, statistischen Kriterien auf, deren Grenzwerte im Unterkommando CRITERIA festgelegt sind. Bei der Suche nach einem 'guten' Modell sollten allerdings theoretische Überlegungen im Vordergrund stehen. Die indirekten Methoden beeinträchtigen die Statistiken, welche die Aussagekraft der Regressionsgleichung beschreiben, da sie zum Aufbau der Gleichung benutzt werden. Die Möglichkeiten bei METHOD sind im einzelnen:

ENTER	Bezieht alle in der Variablenliste angegebenen Variablen, mit Ausnahme der unabhängigen, in die Analyse ein, sofern sie das Toleranzkriterium erfüllen.
REMOVE	Entfernt die bei REMOVE spezifizierten Variablen aus der Gleichung und führt eine weitere Berechnung durch.
TEST	Prüft die Signifikanz von Gruppen unabhängiger Variablen. Die zu prüfenden Variablengruppen werden in Klammern nach TEST spezifiziert, wobei sich die Variablenlisten überlappen dürfen. Es wird ein vollständiges Regressionsmodell mit allen angegebenen Variablen berechnet und für jede Gruppe geprüft, ob die in ihr enthaltenen Variablen aus der Gleichung entfernt werden können.

```
REGRESSION VARIABLES = y x1 TO x10
 /DEPENDENT Y
 /METHOD = TEST (x1 TO x5) (x6 TO x10).
```

STEPWISE Beginnt mit der in einem vorhergehenden METHOD-Kommando festgelegten Gleichung oder den in der Variablenliste genannten Variablen und prüft schrittweise, ob eine Variable aufgrund der im Unterkommando CRITERIA festgelegten Grenzwerte von der Analyse ausgeschlossen, bzw. in die Gleichung aufgenommen werden sollte.

FORWARD Die Variablen werden einzeln in der Rangfolge ihres F-Wertes aufgenommen, sofern sie dem Kriterium PIN bzw. FIN genügen.

BACKWARD Die Variablen werden einzeln aus dem zunächst vollständigen Modell entfernt. Bei jedem Schritt wird die Variable mit der größten Wahrscheinlichkeit des F-Wertes entfernt, solange die Kriterien POUT bzw. FOUT unterschritten werden.

Unterbefehl STATISTICS: Das Kommando STATISTICS erlaubt es, zusätzliche Statistiken für die Regressionsgleichung und die in der Gleichung befindlichen unabhängigen Variablen anzufordern sowie den Umfang des Outputs bei schrittweiser Vorgehensweise zu ändern. Die Angabe des Unterkommandos muß vor der DEPENDENT-Anweisung erfolgen. Die Schlüsselwörter bewirken im einzelnen:

Gleichungsstatistiken:

DEFAULTS Ausgabe von R, ANOVA, COEFF, OUTS.

R Multiple Korrelation (einfach, quadriert, adjustiert) und Standardfehler.

ANOVA Varianzanalysetafel.

CHA Unterschied des r^2 für aufeinanderfolgende Schritte, F-Wert, Signifikanztests.

BCOV Kovarianz- und Korrelationsmatrix der unstandardisierten Regressionskoeffizienten.

XTX Ausgabe einer modifizierten Korrelationsmatrix, der sogenannten Sweep-Matrix, aus der sich alle Regressionsstatistiken ableiten lassen.

COND Untere und obere Schranken des Konditionsindex der Sweep Matrix (vgl. G. Kockläuner 1988, S. 128 ff.).

Statistiken der unabhängigen Variablen:

`COEFF` Unstandardisierte und standardisierte Regressionskoeffizienten, Standardfehler, t-Werte, Signifikanzniveau.

`OUTS` Regressionskoeffizienten und Statistiken für nicht in die Regressionsgleichung einbezogene Variablen.

`ZPP` Korrelationen (einfach, semipartiell, partiell) zwischen unabhängigen und abhängigen Variablen, wobei die jeweils anderen unabhängigen Variablen auspartialisiert sind.

`CI` 95 % Konfidenzintervalle der Regressionskoeffizienten.

`SES` Näherungsweiser Standardfehler von Beta.

`TOL` Toleranz der Variablen. Für Variablen, die nicht in die Gleichung einbezogen sind, wird der Wert ausgedruckt, den die Variable hätte, wenn sie als nächste in die Gleichung einbezogen würde.

`F` Berechung eines F-Tests statt des standardmäßigen t-Tests für die Signifikanz der Regressionskoeffizienten.

`ALL` Alle zuvor aufgeführten Statistiken.

Stufenergebnisse

`LINE` Die angeforderten Statistiken werden nach jedem Schritt ausgegeben. Der gesamte Output erfolgt am Ende einer Methode.

`HISTORY` Zusammenfassende Statistiken nach jedem Schritt.

`END` Die angeforderten Statistiken werden nur nach dem letzten Schritt ausgegeben.

Unterbefehl CRITERIA: Über eine Reihe änderbarer Parameter läßt sich mittels des Kommandos `CRITERIA` die Aufnahme bzw. der Ausschluß von Variablen aus der Regressionsgleichung steuern. Unabhängig von der gewählten Methode wird für jede in die Gleichung aufzunehmende Variable die Toleranz (1 abzüglich der quadrierten multiplen Korrelation mit den übrigen unabhängigen Variablen) und die Minimaltoleranz (kleinste Toleranz der übrigen unabhängigen Variablen) bestimmt. Ist einer der beiden Werte zu klein, wird die Variable nicht in die Regressionsgleichung aufgenommen, da sonst die Gefahr von Multikollinearität und damit numerischer Instabilität besteht. Die übrigen Parameter beziehen sich auf die schrittweisen Verfahren, wobei standardgemäß neben dem Kriterium `TOLERANCE` die Parameter `PIN` und `POUT` benutzt werden.

`DEFAULTS` bedeutet `PIN(.05),POUT(0.1),TOLERANCE (.01).`

`TOLERANCE(n)` Toleranz.

`PIN(n)`	Minimales Signifikanzniveau des F-Wertes (`F-TO-ENTER`), mit dem eine unabhängige Variable gerade noch in die Gleichung aufgenommen wird. Variablen, deren Wahrscheinlichkeit für F größer als der Wert von `PIN` ist, werden nicht in die Gleichung aufgenommen. Voreinstellung: 0.05.
`FIN(n)`	Statt `PIN` (Wahrscheinlichkeit des F-Wertes) wird das Kriterium `FIN` (F-Wert) benutzt. Variablen, deren F-Wert kleiner als der Wert von `FIN` ist, werden nicht in die Gleichung aufgenommen. Voreinstellung: 3.84
`POUT(n)`	Maximales Signifikanzniveau des F-Wertes (`F-TO-REMOVE`), mit dem eine Variable gerade noch in der Gleichung belassen wird. Variablen, deren Wahrscheinlichkeit von F größer ist als der Wert von `POUT`, werden aus der Gleichung entfernt. Voreinstellung: 0.1.
`FOUT(n)`	Maximaler F-Wert, bei dem eine Variable gerade noch in der Gleichung belassen wird. Variablen, deren F-Wert kleiner ist als der Wert von `FOUT`, werden aus der Gleichung entfernt. Voreinstellung: 2.71.
`MAXSTEPS(n)`	Maximale Anzahl der Schritte zum Aufbau der Gleichung. Voreingestellt ist für die Methoden `FORWARD` und `BACKWARD` die Anzahl von Variablen, die den Kriterien genügen. Für `STEPWISE` ist die maximale Schrittzahl gleich der doppelten Anzahl der unabhängigen Variablen.

Unterbefehl ORIGIN: Standardmäßig wird bei der Berechnung der Regressionsgleichung ein konstanter Term berücksichtigt (`NOORIGIN`). Soll die Regressionsfunktion durch den Ursprung verlaufen, die Konstante also null sein, läßt sich dies durch die Angabe von `ORIGIN` erreichen. Die Angabe muß vor dem Kommando `DEPENDENT` erfolgen.

Unterbefehl DESCRIPTIVES: Die folgenden zusätzlichen Statistiken lassen sich für die bei `VARIABLES` spezifizierten Variablen mittels `DESCRIPTIVES` anfordern:

`DEFAULTS`	Ausgabe von `MEAN`, `STDDEV`, `CORR`, `N`.
`MEAN`	Mittelwerte der Variablen.
`STDDEV`	Standardabweichungen der Variablen.
`VARIANCE`	Varianzen der Variablen.
`CORR`	Korrelationsmatrix.
`SIG`	Einseitiges Signifikanzniveau der Korrelationen.
`BADCORR`	Korrelationsmatrix wird nur ausgegeben, wenn nicht berechenbare Korrelationen auftauchen.

`COV`	Kovarianzmatrix.
`XPROD`	Summe der Abweichungsprodukte vom Mittelwert.
`N`	Fallzahlen zur Berechnung der Korrelationen. Die Ausgabe ist nützlich zur Entscheidung über die Behandlung von Missings.
`NONE`	Keine Statistiken.

Unterbefehl SELECT: Der optionale Unterbefehl `SELECT` erlaubt, eine Teilmenge von Fällen zur Regressionsanalyse auszuwählen. Entsprechend der logischen Bedingung, wobei alle bei `IF` beschriebenen Vergleichsoperatoren zulässig sind, wird nur die entsprechende Teilmenge der Fälle einbezogen. Standardmäßig werden jedoch Residuen und Vorhersagewerte auf der Basis aller, auch der nicht selektierten, Fälle berechnet.

Unterbefehl MISSING: Per Voreinstellung werden nur diejenigen Fälle bei der Berechnung der Korrelationsmatrix berücksichtigt, bei denen keine der einbezogenen Variablen einen fehlenden Wert aufweist. Neben diesem listenweisen Ausschluß fehlender Werte (`LISTWISE`) erlaubt das Unterkommando `MISSING` folgende Möglichkeiten:

`LISTWISE`	Voreinstellung.
`PAIRWISE`	Paarweiser Ausschluß fehlender Werte. Jeder Korrelationskoeffizient der Matrix wird für Variablenpaare getrennt berechnet, so daß fehlende Werte eines Falles bei anderen Variablen keinen Einfluß auf die Berechnung dieses Koeffizienten haben. Die Koeffizienten der Matrix können daher auf unterschiedlichen Fallzahlen basieren.
`MEANSUB`	Für fehlende Werte wird der Mittelwert der Variablen eingesetzt, und alle Fälle werden bei der Berechnung der Koeffizienten berücksichtigt.
`INCLUDE`	Benutzerdefinierte Missings werden als gültige Werte behandelt. `INCLUDE` darf zusammen mit den genannten Schlüsselwörtern spezifiziert werden und wirkt entsprechend bei den jeweiligen Methoden.

Unterbefehl WIDTH: Mittels des Unterkommandos `WIDTH` läßt sich die Ausgabebreite einstellen. Der bei `WIDTH` anzugebene Parameter n, der Werte zwischen 72 und 132 annehmen darf, überschreibt die bei `SET WIDTH` implizit oder explizit spezifizierte Spaltenzahl der Ausgabe nur für den Output der Prozedur `REGRESSION`.

Unterbefehl REGWGT: Zur Berechnung der Regressionsgleichung nach der Methode der gewichteten kleinsten Quadrate kann das Unterkommando REGWGT benutzt werden. Im Anschluß an das Unterkommando ist eine Gewichtungsvariable zu spezifizieren. Die Gewichtungsvariable kann mit der Prozedur WLS, die zum Zusatzmodul TRENDS gehört, erzeugt und abgespeichert werden.

```
[/RESIDUALS=[DEFAULTS] [DURBIN]
            [OUTLIERS({ZRESID  })]
                      {temp. vn}
            [NORMPROB({ZRESID  })]
                      {temp. vn}
            [HISTOGRAM({ZRESID  })]
                       {temp. vn}
            [SIZE({SMALL})]   [ID(vn)]    [{SEPERATE}]
                  {LARGE}                  {POOLED  }
[/CASEWISE=[DEFAULTS]  [{OUTLIERS({3})}]
                        {          {n} }
                        {ALL           }
           [PLOT({ZRESID        })]  [{DEPENDENT PRED RESID}]]
                 {temporärer vn}      {temporäre vn         }
[/SCATTERPLOT=(vn,*temporärer vn)]   [SIZE({SMALL}]
                                           {LARGE}
[/PARTIALPLOT=[{ALL     }]   [SIZE({SMALL}]
               {vn,vn...}         {LARGE}
[/SAVE=temporärer vn(neuer vn) [temporärer vn(...)...]]
```

Temporäre Residuen Variablen:
PRED ADJPRED SRESID MAHAL RESID ZPRED SDRESID
COOK DRESID ZRESID SEPRED LEVER

Allgemeine Form: Unterkommandos zur Residuenanalyse

Die Unterbefehle RESIDUALS, CASEWISE, SCATTERPLOT, PARTIALPLOT und SAVE dienen der Residuenanalyse. Die Prozedur REGRESSION erzeugt intern eine Reihe temporärer Variablen, die in den genannten Unterkommandos benutzt werden können. Die Unterbefehle zur Residuenanalyse müssen hinter dem jeweiligen DEPENDENT-METHOD-Block angegeben werden, auf den sie sich beziehen. Die Reihenfolge der Unterkommandos selbst ist beliebig. Werden in einem Prozeduraufruf mehrere Regressionsmodelle berechnet, können die Unterbefehle mehrfach hinter dem jeweiligen DEPENDENT-METHOD-Block spezifiziert werden. Folgende temporäre Variablen stehen zur Verfügung:

PRED Unstandardisierte Prädiktorwerte, d. h. aus der Regressionsgleichung geschätzte Werte für die abhängige Variable.

`RESID` Unstandardisierte Residuen, d. h. Differenzen zwischen geschätzten und beobachteten Werten.

`ADJPRED` Adjustierte Prädiktorwerte, wenn der Fall nicht in die Berechnung des Regressionsmodells eingegangen ist.

`DRESID` Gestrichene Residuen. Sie berechnen sich als Differenz von beobachteten und adjustierten Prädiktorwerten. Die Abweichung eines Falles vom geschätzten Wert, wenn dieser Fall nicht in die Berechnung des Regressionsmodells eingegangen ist.

`ZPRED` Standardisierte Prädiktorwerte.

`ZRESID` Standardisierte Residuen.

`SRESID` (studentized) t-Werte der Residuen. Die jeweiligen Residualwerte werden durch eine Schätzung ihrer Standardabweichung dividiert.

`SDRESID` t-Werte zu den gestrichenen Residuen.

`SEPRED` Standardfehler der Prädiktorwerte.

`MAHAL` Mahalanobis-Distanz. Eine Maßzahl für den Abstand der Werte der unabhängigen Variablen eines Falles vom Durchschnitt aller übrigen Fälle. Fälle mit hohen Werten für die Mahalanobis-Distanz besitzen extreme Werte für eine oder mehrere unabhängige Variable.

`COOK` Cook-Distanz. Eine Maßzahl für die Veränderung der Residuen aller übrigen Fälle, wenn der entsprechende Fall nicht in das Regressionsmodell einbezogen wird. Nimmt der Koeffizient hohe Werte an, deutet dies darauf hin, daß sich die Koeffizienten stark verändern würden, wenn der entsprechende Fall nicht in das Modell einbezogen wird.

`LEVER` Leverage-Werte (Hebelwirkungseffekt). Eine Maßzahl für den Einfluß, den eine Beobachtung auf die Anpassung des Regressionsmodells besitzt. Zur Diskussion der Koeffizienten (Mahalanobis-Distanz, Cook-Distanz und Leverage-Werte) (vgl. *G. Kockläuner* 1988, S. 6 ff.).

Wird eines der fünf Unterkommandos angeführt, so werden zu den Variablen `PRED`, `RESID`, `ZPRED` und `ZRESID` stets deskriptive Statistiken berechnet.

Unterbefehl RESIDUALS: `RESIDUALS` erlaubt die Ausgabe von Statistiken und Plots, die auf den Residuen und den geschätzten Werten für die Regressionsgleichung basieren. Die Möglichkeiten sind im einzelnen:

`DEFAULT` Wirkt wie die Spezifikation von: `SIZE(LARGE)`, `DURBIN`, `NORMPROB(ZRESID)`, `HISTOGRAM(ZRSID)` und `OUTLIERS(ZRESID)`.

SIZE(größe) Einstellung der Größe für die mit HISTOGRAM und NORMPROB erstellten Diagramme. Die Voreinstellung LARGE läßt sich mittels SMALL ändern.

HISTOGRAM(v) Ausgabe von Histogrammen mit standardisierten Werten temporärer Variablen. Per Voreinstellung nur für ZRESID. Ferner sind möglich: PRED, RESID, ZPRED, DRESID, ADJPRED, SRESID, SDREDID.

NORMPROB(vl) Darstellung der Werte standardisierter temporärer Variablen im Wahrscheinlichkeitsnetz (kumuliert) für die Normalverteilung. Per Voreinstellung nur für ZRESID. Ferner sind möglich: PRED, RESID, ZPRED, DRESID, ADJPRED, SRESID, SDREDID.

OUTLIERS(vl) Ausgabe der 10 extremsten Ausreißer, gemessen an den absoluten Werten. Voreinstellung ist die temporäre Variable ZRESID. Ferner können RESID, SRESID, SDRESID, DRESID, MAHAL und COOK angegeben werden. Zur Identifikation der Fälle wird der jeweilige Wert der internen Variable $CASENUM ausgegeben.

DURBIN Durbin-Watson-Test auf Autokorrelation der Residuen.

ID(vn) Angabe einer Identifikationsvariable, um die Fälle bei den Ausreißern und bei CASEPLOT zu kennzeichnen. Jede Variable des Files darf angegeben werden.

POOLED Plots und Statistiken werden bei Angabe des Schlüsselwortes für alle Fälle der Arbeitsdatei ausgegeben, auch wenn mit SELECT eine Teilmenge von Fällen ausgewählt wurde. Voreinstellung ist SEPERATE.

Unterbefehl CASEWISE: CASEWISE erzeugt Diagramme von Residuen, wobei standardgemäß die Ausreißer der temporären Variablen ZRESID geplottet werden. Als Ausreißer werden per Voreinstellung Residuen definiert, deren absoluter Wert größer oder gleich 3 ist. Ferner werden die Fallnummern und die zugehörigen Werte der Zielvariablen (DEPENDENT) sowie der temporären Variablen PRED und RESID ausgegeben. Die Voreinstellungen lassen sich über folgende Schlüsselwörter modifizieren:

DEFAULT Wirkt wie die Angabe von: OUTLIERS(3), PLOT(ZRESID), DEPENDENT, PRED und RESID.

OUTLIERS(n) Nur Ausreißer, d. h. Fälle, deren standardisierter, absoluter Wert größer oder gleich dem Parameter n sind, werden graphisch dargestellt. Alternativ zur OUTLIERS ist das Schlüsselwort ALL, dessen Spezifizierung die Ausgabe aller Fälle und nicht nur der Ausreißer veranlaßt.

`PLOT(vn)` Standardmäßig wird ein Plot der Variable `ZRESID` ausgegeben. Zulässig sind ferner `RESID`, `DRESID`, `SRESID` und `SDRESID`.

`vliste` Zu den geplotteten Werten werden die Werte der voreingestellten temporären Variablen `PRED` und `RESID` sowie der Zielvariablen (`DEPENDENT`) angegeben. Es können zusätzlich die temporären Variablen `ADJPRED`, `SRESI`, `MAHAL`, `ZPRED`, `SDRESID`, `COOK`, `DRESID`, `ZRESID`, `SEPRED` und `LEVER` angegeben werden.

Unterbefehl SCATTERPLOT: Der Unterbefehl `SCATTERPLOT` ermöglicht die Ausgabe von Streuungsdiagrammen mit den temporären und den Variablen, die in das Regressionsmodell aufgenommen wurden. Temporäre Variablen müssen in der Variablenliste durch ein vorgestelltes * gekennzeichnet werden, um sie von normalen Variablen zu unterscheiden. Mittels des Schlüsselwortes `SIZE` läßt sich die Größe der Streuungsdiagramme beeinflussen, wobei kleine Plots voreingestellt sind.

Unterbefehl PARTIALPLOT: `PARTIALPLOT` erzeugt Streuungsdiagramme der Residuen und aller unabhängigen Variablen. Sollen nur Diagramme für die unabhängigen Variablen ausgegeben werden, sind diese in der Variablenliste des Unterkommandos zu spezifizieren. Standardgemäß werden kleine Plots ausgegeben. Deren Größe ist wie bei `SCATTERPLOT` einstellbar.

Unterbefehl SAVE: Mittels `SAVE` lassen sich die temporären Variablen im aktiven File speichern. Zunächst ist im Anschluß an `SAVE` die zu speichernde Variable anzugeben, der in Klammern ein neuer Name gegeben werden kann.

```
(1)  REGRESSION VARIABLES = saz esr fsr tsr
     /DEPENDENT = saz  /METHOD = ENTER.

         * * * *  M U L T I P L E   R E G R E S S I O N  * * * *

(2)  Equation Number 1 Dependent Var. SAZ ARBEITSZUFRIEDENHEIT

     Variable(s) Entered on Step Number
        1..     TSR        TAETIGKEITSSPIELRAUM
        2..     FSR        FREIHEITSSPIELRAUM
        3..     ESR        ENTSCHEIDUNGSSPIELRAUM

(3)  Multiple R            .57420
     R Square              .32970
     Adjusted R Square     .31574
     Standard Error       4.84076
```

```
(4)  Analysis of Variance
                       DF      Sum of Squares      Mean Square
     Regression         3          1659.76765        553.25588
     Residual         144          3374.34046         23.43292

     F =      23.61020       Signif F =  .0000

     ---------------- Variables in the Equation -----------------


(5)  Variable             B        SE B         Beta          T  Sig T

     TSR             .42455      .12782       .25236      3.321  .0011
     FSR             .04586      .09892       .03613       .464  .6437
     ESR             .39715      .08228       .41034      4.827  .0000
     (Constant)    14.73442     2.43021                   6.063  .0000


     End Block Number   1   All requested variables entered.
```

Beispiel 6.16: Regressionsanalyse

(1) Der Prozeduraufruf fordert eine lineare Regressionsanalyse an, wobei die Variablen saz, esr, fsr und tsr in die Gleichung aufgenommen werden. DEPENDENT definiert *saz* als Zielvariable. Der Unterbefehl METHOD = ENTER bewirkt, daß alle übrigen Variablen als unabhängige in die Gleichung aufgenommen werden.

(2) Ausgabe des Gleichungsaufbaus und der Variablennamen.

(3) Ausgabe der multiplen Korrelation (einfach, quadriert, adjustiert) und des Standardfehlers. Der multiple Korrelationskoeffizient beschreibt die Stärke des Zusammenhangs zwischen der Zielvariable und der Kombination der unabhängigen Variablen. Der quadrierte multiple Korrelationskoeffizient oder Determinationskoeffizient drückt den Varianzanteil der Zielvariable aus, der durch die unabhängigen Variablen erklärt wird. Im Beispiel sind rund 33 % der Varianz der Zielvariablen durch die unabhängige Variable determiniert. Bei der Berechnung des adjustierten r^2 werden die Stichprobengröße und die Anzahl der unabhängigen Variablen in der Regressionsgleichung berücksichtigt. Der adjustierte Koeffizient ist daher ein besserer Schätzer des Wertes in der Grundgesamtheit. Der ausgegebene Standardfehler bezieht sich auf den Schätzfehler, wenn die Zielvariable auf der Basis der Regressionsgleichung geschätzt wird. Er wird als die Quadratwurzel aus der Summe der Abweichungsquadrate der Residuen gewichtet durch die Freiheitsgrade bestimmt.

Der Standardfehler kann dazu benutzt werden, um ‚Ausreißer' zu bestimmen. Als Faustregel kann gelten, daß Fälle, deren Residuen größer sind als deren doppelte Standardabweichung, als „Ausreißer" betrachtet werden können.

(**4**) Die Varianzanalyse prüft die Hypothese, daß alle Koeffizienten der Regressionsgleichung gleich null sind, die unabhängigen Variablen also keinen Einfluß auf die Zielvariable haben. Diese Nullhypothese kann für die Gleichung zurückgewiesen werden, da die Wahrscheinlichkeit ihrer Gültigkeit bei einem F-Wert (Mean Square Regression/Mean Square Residuals) von 23.6 kleiner ist als 0.0000.

(**5**) Ausgabe der Regressionskoeffizienten, ihres Standardfehlers, der Beta-Werte und des Signifikanztests der Koeffizienten. Die Regressionsgleichung lautet danach:

$$\begin{array}{lllllll} saz = 14,73 & + & 0,40 esr & + & 0,05 fsr & + & 0,43 tsr; \\ & & (0,41) & & (0,04) & & (0,25). \end{array}$$

Abschließend sei anhand der folgenden Kommandozeilen gezeigt, wie sich Dummy-Variablen in die Regressionsanalyse einbeziehen lassen. Die `COMPUTE` Anweisungen initialisieren zwei Dummy-Variablen *d1* und *d2* und weisen ihnen für alle Fälle den Wert 0 zu. Dieser Schritt ist erforderlich, da sonst in den folgenden `IF`-Kommandos denjenigen Fällen, für die der Vergleich nicht zutrifft, der automatisch fehlende Wert (`SYSMIS`) zugewiesen würde. Die `IF`-Anweisungen setzen die Dummy-Variablen auf 1, falls die Variable *v3* die Ausprägungen 3 (Abteilungsleiter) bzw. 2 (Gruppenleiter) besitzt. Wie üblich werden im Aufruf der Prozedur `REGRESSION` die Dummies als normale Variablen behandelt. Da die Ergebnisse im Zusammenhang mit der Diskussion des statistischen Konzeptes der Regression vorgestellt worden sind, wird hier auf ihre Wiedergabe verzichtet.

```
COMPUTE d1 = 0.
COMPUTE d2 = 0.
IF (v3 = 3) d1 = 1.
IF (v3 = 2) d2 = 1.
REGRESSION VARIABLES = saz d1 d2
  /DEPENDENT = saz
  /METHOD = ENTER.
```

Beispiel 6.17: Kommandozeilen zur Regression mit Dummies

6.7.2 Faktorenanalysen: FACTOR

Die Prozedur `FACTOR` bietet eine Vielzahl von Möglichkeiten, Faktorenanalysen durchzuführen. Die Prozedur wird vollständig durch Unterkommandos gesteuert, deren Abfolge den Schritten der Faktorenanalyse entspricht und der allgemeinen Prozeduranweisung zu entnehmen ist. Der Prozeduraufruf kann sich auf die Angabe der Variablenliste beschränken.

```
FACTOR VARIABLES = v14 TO v41.
```

In diesem Fall wird, gesteuert durch die Voreinstellungen, nach Berechnung der Korrelationen eine Hauptkomponentenanalyse mit anschließender Varimax-Rotation durchgeführt. Die Anzahl der extrahierten Faktoren wird nach dem Kaiser-Kriterium bestimmt.

Innerhalb eines Prozeduraufrufs lassen sich mehrere Faktorenanalysen durchführen, wobei die einzelnen Analyseblöcke jeweils durch den Unterbefehl `ANALYSIS` eingeleitet werden. Mit Ausnahme der Unterkommandos `MATRIX`, `MISSING` und `WIDTH`, die für alle nachfolgenden Analysen gültig sind, beziehen sich die Unterkommandos jeweils auf den einzelnen Analyseblock.

Unterbefehl MATRIX: Ein nicht unerheblicher Teil der Rechenzeit wird dafür aufgewandt, die Korrelationsmatrix zu berechnen. Es kann aber von der Möglichkeit Gebrauch gemacht werden, Korrelationsmatrizen einzulesen (`MATRIX=IN(COR="fn")`) oder auszugeben (`MATRIX=OUT(COR="fn")`). Wird statt eines Dateinamens ein Stern spezifiziert, so liest bzw. ersetzt das Kommando die aktive Datei. Im Fall der Eingabe von Matrix-Daten entfällt der Unterbebehl `VARIABLES`. Ferner kann mit diesem Unterbefehl eine Faktormatrix eingelesen oder weggeschrieben werden.

Unterbefehl MISSING: Das Unterkommando `MISSING` steuert die Behandlung fehlender Werte bei der Berechnung der Korrelationen. Standardmäßig (`LISTWISE`) werden alle Beobachtungen ausgeschlossen, die fehlende Werte in der Variablenliste aufweisen. Das Ausschlußverfahren kann zur dramatischen Verringerung der Anzahl der Beobachtungen führen, was innerhalb der Prozedur leider nicht direkt ausgewiesen wird. Alternativ können die Korrelationen auf der Basis eines paarweisen Ausschlusses von fehlenden Werten berechnet werden (`PAIRWISE`). Die Koeffizienten beruhen bei dieser Vorgehensweise möglicherweise auf unterschiedlichen Fallzahlen. Eine weitere Alternative besteht darin, die Missings durch den Mittelwert der jeweiligen Variable zu ersetzen (`MEANSUB`). Sollen Fälle mit fehlenden Werten in die Analyse einbezogen werden, ist das Schlüsselwort `INCLUDE` anzugeben.

```
FACTOR VARIABLES=vlist    [/MISSING=[{LISTWISE*}] [INCLUDE]]
                                    {PAIRWISE }
                                    {MEANSUB  }
                                    {DEFAULT* }
 [/MATRIX=[IN({COR=fn})]  [OUT({COR=fn})]]
              {COR=* }         {COR=*   }
              {FAC=fn}         {FAC=fn}
              {FAC=* }         {FAC=*   }
 [/WIDTH={n              }]
         {Weite bei SET}
 [/ANALYSIS=vlist...]
 [/FORMAT=[SORT] [BLANK(n)] [DEFAULT*]]
 [/PRINT=[DEFAULT*]  [INITIAL*]  [EXTRACTION*]  [ROTATION*]
         [UNIVARIATE] [CORRELATION] [SIG] [DET] [INV] [REPR]
         [AIC] [KMO] [FSCORE] [ALL]]
 [/PLOT=[EIGEN] [ROTATION [(n1,n2)]]]
 [/DIAGONAL={Werteliste}]
            {DEFAULT*   }
 [/CRITERIA=[FACTORS(n)] [MINEIGEN({1.0*})]
                                   {n    }
            [ITERATE({25*})] [{KAISER* }]
                     {n  }   [{NOKAISER}]
            [RCONVERGE({0.0001*})] [DELTA({0*})]
                       {n       }         {n }
            [ECONVERGE({0.001*})]] [DEFAULT*]
                       {n      }
 [/EXTRACTION={PC*      }]   [/ROTATION={VARIMAX* }]
              {PAF      }               {EQUAMAX  }
              {ALPHA    }               {QUARTIMAX}
              {IMAGE    }               {OBLIMIN  }
              {ULS      }               {NOROTATE }
              {GLS      }               {DEFAULT* }
              {ML       }
              {DEFAULT*}
 [/SAVE=[{REG*     } ({ALL*}[vn])]
         {BART     }  {n    }
         {AR       }
         {DEFAULT*}
 [/ANALYSIS...]
 [/CRITERIA...]      [/EXTRACTION...]
 [/ROTATION...]      [/SAVE...]
```

Allgemeine Form: Factor

Unterbefehl WIDTH: Das Unterkommando `WIDTH` erlaubt es, die Breite der Prozedur-Ausgabe festzulegen, wobei für *n* Werte zwischen 72 und 132 erlaubt sind. Voreinstellung ist die bei `SET` implizit oder explizit festgelegte Ausgabebreite.

Unterbefehl ANALYSIS: Mit dem Unterkommando `ANALYSIS` läßt sich aus der beim Prozeduraufruf angegebenen Variablenliste eine Teilmenge zur Faktorenanalyse auswählen. Das `ANALYSIS`-Kommando kann mehrmals spezifiziert werden, um mit der eingangs benutzten Korrelationsmatrix mehrere Faktorenanalysen durchzuführen. Entfällt das Unterkommando `ANALYSIS`, wird die Faktorenanalyse mit allen beim Aufruf der Prozedur spezifizierten Variablen durchgeführt.

Unterbefehl FORMAT: Mittels `FORMAT` läßt sich der Ausdruck im Hinblick auf leichtere Interpretierbarkeit gestalten, indem die Variablen nach der Höhe ihrer Faktorladungen sortiert (`SORT`) und nur ab einer bestimmten Ladungshöhe in der Faktormatrix ausgegeben werden (`BLANK(N)`). Standardmäßig werden alle Variablen in ihrer Reihenfolge in der Variablenliste ausgegeben.

Unterbefehl PRINT: Über `PRINT` können Ergebnisse und Statistiken angefordert werden, die über den defaultmäßigen Ausdruck hinausgehen. Der Standardausdruck umfaßt Kommunalitäten, Eigenwerte und Varianzerklärungsanteil der Faktoren vor und nach der Extraktion sowie die rotierten Faktorenladungen. Folgende Schlüsselwörter sind möglich:

`DEFAULT`	Wirkt wie `INITIAL`, `EXTRACTION` und `ROTATION`.
`INITIAL`	Ausgabe der Kommunalitäten, der Eigenwerte der Korrelationsmatrix und der durch die Faktoren erklärten Varianz in Prozent.
`EXTRACTION`	Kommunalitäten, Eigenwerte und unrotierte Faktorladungsmatrix.
`ROTATION`	Rotierte Faktorladungsmatrix und Faktortransformationsmatrix. Bei obliquer Rotation werden Faktormuster- (factor pattern), Faktorstruktur- und Faktorkorrelationsmatrizen ausgegeben.
`UNIVARIATE`	Fallzahlen, Mittelwerte und Standardabweichungen.
`CORRELATION`	Korrelationsmatrix.
`SIG`	Matrix der Signifikanzniveaus der Korrelationen.
`DET`	Determinante der Korrelationsmatrix.
`INV`	Inverse der Korrelationsmatrix.
`REPR`	Reproduzierte Korrelationsmatrix und Residuen.
`AIC`	Anti-Image Kovarianz und Korrelationsmatrizen.
`KMO`	Kaiser-Meyer-Olkin Maß der Stichprobenadäquatheit und Bartletts Spherizitätstest .

FSCORE	Matrix der Faktorwerte.
ALL	Alle verfügbaren Statistiken.

Unterbefehl PLOT: Das Unterkommando PLOT erlaubt es, mittels der Spezifikation SCREE einen Scree-Test durchzuführen sowie die rotierten Lösungen zu plotten, wobei die Nummern *n1*, *n2* usw. die Faktoren angeben, die ausgegeben werden sollen. Möchte man die unrotierte Lösung der ersten zwei Faktoren einer Analyse ausgeben, so ist beispielsweise PLOT = ROTATION(1,2) und ROTATION = NOROTATE anzugeben.

Unterbefehl DIAGONAL: Sollen bei iterativer Schätzung der Kommunalitäten explizit Werte vorgegeben werden, z. B. die höchsten Korrelationskoeffizienten einer Variable, so ist dies mit dem Unterkommando DIAGONAL möglich. Eine Vorgabe von Ausgangswerten, wie DIAGONAL = .65 .45 .55 für drei Variable, ist selbstverständlich nur bei Benutzung der Hauptachsenmethode sinnvoll. Werden keine Diagonalwerte für die Korrelationsmatrix vorgegeben, wird eine iterative Schätzung ausgehend von den quadrierten multiplen Korrelationen durchgeführt.

Unterbefehl CRITERIA: Die Voreinstellungen zur Extraktion und Rotation der Faktoren können mittels CRITERIA verändert werden.

FACTORS(n)	Legt die Zahl der zu extrahierenden Faktoren mittels des Parameters n fest. Per Voreinstellung werden die Faktoren durch das bei MINEIGEN festgelegte Eigenwert-Kriterium extrahiert.
MINEIGEN(n)	Definiert die untere Grenze des Eigenwertes, bis zu dem Faktoren extrahiert werden. Voreinstellung ist das Kaiser-Kriterium, nach dem Faktoren mit Eigenwerten größer als 1 extrahiert werden.
ITERATE(n)	Bestimmt die maximale Anzahl der Iterationen.
KAISER	Normalisation nach Kaiser. Die Voreinstellung läßt sich durch das Schlüsselwort NOKAISER unterdrücken.
RCONVERGE(n)	Konvergenzkriterium für die Rotation.
DELTA(n)	Bestimmt den Grad der Korrelation zwischen den Faktoren bei obliquer Rotation. Je weiter *n* gegen 1 strebt, umso stärker korrelieren die Faktoren, je weiter *n* gegen $-\infty$ strebt, umso orthogonaler sind die Faktoren. Zur Wahl eines geeigneten δ vgl. G. Arminger (1979, S. 112 ff.).
ECONVERGE(n)	Konvergenzkriterium für die Extraktion.
DEFAULT	Die Voreinstellung wirkt wie MINEIGEN(1), ITERATE(25), ECONVERGE(.0001), RECONVERGE(.0001), DELTA(0) und KAISER.

FACTORS(n) legt die Anzahl der zu extrahierenden Faktoren fest, wobei die Voreinstellung des Kaiser-Kriteriums über MINEIGEN(1) gegeben ist.

Es empfiehlt sich, die voreingestellte maximale Anzahl von 25 Iterationen zur Berechnung der Kommunalitäten und bei der Rotation der Lösung mit der Spezifikation ITERATE(50) zu erhöhen, da bei Überschreitung der maximalen Iterationenzahl kein Ergebnis ausgegeben wird. ECONVERGE(N) bzw. RCONVERGE(N) legen das Konvergenzkriterium für die Extraktion bzw. die Rotation an. NOKAISER unterdrückt die voreingestellte Normalisation nach Kaiser. DELTA(N) spezifiziert den Grad der Korrelation zwischen den Faktoren bei schiefwinkliger Rotation. Die Veränderungen unter CRITERIA gelten für den gesamten Prozedurablauf, sie können allerdings mit DEFAULT in einem späteren Analyseblock wieder in den Ursprungszustand versetzt werden.

Unterbefehl EXTRACTION: Das Unterkommando EXTRACTION fordert die möglichen Extraktionsverfahren an. Dabei sind die folgende Verfahren möglich:

PC	Hauptkomponentenanalyse (DEFAULT)
PAF	Hauptachsenanalyse
ALPHA	Alpha Faktorenanalyse.
IMAGE	Image Faktorenanalyse.
ULS	Unweightet Least Square (ungewichtete kleinste Quadrate).
GLS	Generalized Least Square (Generalisierte kleinste Quadrate).
ML	Maximum Likelihood Faktorenanalysen.

Unterbefehl ROTATE: Mit dem Unterkommando ROTATE lassen sich die folgenden Rotationsverfahren anfordern:

VARIMAX	Varimax-Rotation.
EQUAMAX	Equamax-Rotation.
QUARTIMAX	Quartimax-Rotation.
OBLIMIN	Direkte schiefwinklige Oblimin-Rotation.
NOROTATE	Keine Rotation.

Unterbefehl SAVE: Das Unterkommando SAVE ermöglicht die Berechnung der Faktorwerte und deren Speicherung in der aktuellen Datei. Nach der Methodenangabe, wobei REG für die Regressionsmethode, BART für die Methode nach Bartlett und AR für die Anderson-Rubin Methode der Berechnung steht, ist die Anzahl der Faktoren anzugeben. Alternativ kann das Schlüsselwort ALL spezifiziert werden, um eine Berechnung der Faktorwerte für alle Faktoren anzufordern. Abschließend ist der Basisname einer Variable anzugeben (maximal 7 Zeichen), unter dem die Faktorwerte in der aktuellen Datei gespeichert werden. Die Scores werden in der aktuellen Datei gespeichert, wobei an den Basisnamen eine laufende Nummer angehängt wird, der der Nummer des jeweiligen Faktors entspricht. Für diese Variablen werden automatisch Labels erzeugt, die auf die Methode der Berechnung, die Nummer der Analyse und die Nummer des Faktors hinweisen. Sollen verschiedene Verfahren zur Berechnung der Faktorwerte gleichzeitig benutzt werden, kann das Unterkommando SAVE mehrmals innerhalb eines Analyseblocks gesetzt werden.

```
TITLE    'Arbeitszufriedenheit bei ADV'.
SUBTITLE 'Hauptachsenanalyse der ADV-Subskalen I + II'.
SET LISTING = 'faktor.lis'/LENGTH = 55/ECHO = OFF.

CORRELATION VARIABLES = v14 TO v41
  /MATRIX = OUT ("d:\analyse\spss\advcor.sav").

FACTOR
  /MATRIX = IN ("d:\analyse\spss\advcor.sav")
  /ANALYSIS = v19 v23 v24 v26 v29 to v37 v41
  /FORMAT =  SORT BLANK(.25)
  /PRINT = DEFAULT, KMO
  /PLOT = EIGEN
  /EXTRACTION = PAF
  /CRITERIA = ITERATE(50)
  /ROTATION = VARIMAX.
```

Beispiel 6.18: Kommandozeilen zur Faktorenanalyse

Im Beispiel wird mit ausgewählten Items der ADV-Skala eine Hauptachsenfaktorenanalyse durchgeführt. Mit dem Kommando CORRELATION wird zunächst eine vollständige Korrelationsmatrix erzeugt und mittels des Unterbefehls MATRIX OUT weggeschrieben. Der Prozeduraufruf der Faktorenanalyse enthält entsprechend einen Unterbefehl MATRIX IN, um die Korrelationsmatrix einzulesen. Der folgende ANALYSIS-Unterbefehl wählt aus der Matrix einen Teil der Variablen aus, nämlich die Items der ADV-Subskalen I und II. Alternativ könnte die Faktorenanalyse mit der Befehlszeile

```
FACTOR  VARIABLES = v13 TO v41
  /ANALYSIS = v19 v23 v24 v26 v29 to v37 v41.
```

bzw.

```
FACTOR  VARIABLES =  v19 v23 v24 v26 v29 to v37 v41.
```

aufgerufen werden. Der Ausdruck wird sortiert und Ladungen unterhalb eines Schwellenwertes von .25 werden nicht ausgedruckt. Über die üblichen Ausgaben hinausgehend werden die KMO-Statistiken und ein Scree-Test angefordert. Es wird eine Hauptachsenfaktorenanalyse durchgeführt, wobei die Kommunalitäten auf der Basis quadrierter multipler Korrelationskoeffizienten iterativ geschätzt werden. Die Rotation erfolgt nach dem Varimax-Verfahren.

```
(1)  >Note # 11370
     >The presence of a matrix of number of cases (N's) will#
     >cause pairwise treatment of missing data.

              - - - -  F A C T O R   A N A L Y S I S  - - - -

Analysis Number 1  Pairwise deletion of cases with missing values

(2)  Kaiser-Meyer-Olkin Measure of Sampling Adequacy =  .84854

(3)  Bartlett Test of Sphericity= 757.19210, Significance= .00000

     Extraction 1 for Analysis 1, Principal Axis Factoring (PAF)

(4)  Initial Statistics:

Variable  Communality  *  Factor  Eigenvalue  Pct of Var  Cum Pct
                       *
V19            .51576  *     1     5.01743       35.8       35.8
V23            .24953  *     2     2.16443       15.5       51.3
V24            .43668  *     3      .98932        7.1       58.4
V26            .32498  *     4      .82205        5.9       64.2
V29            .35494  *     5      .75838        5.4       69.7
V30            .51327  *     6      .68064        4.9       74.5
V31            .56520  *     7      .62069        4.4       78.9
V32            .35563  *     8      .58727        4.2       83.1
V33            .58534  *     9      .55125        3.9       87.1
V34            .39522  *    10      .47822        3.4       90.5
V35            .45901  *    11      .43388        3.1       93.6
V36            .43046  *    12      .34677        2.5       96.1
V37            .47046  *    13      .30363        2.2       98.2
V41            .43601  *    14      .24605        1.8      100.0
```

```
(5)         I  *
            I
            I
            I
E           I
I           I
G           I
E           I
N           I
V           I
A           I
L   2.164 +        *
U           I
E           I
S           I
            I
     .822 +            *   *
     .551 +                    *   *   *   *   *
     .304 +                                        *   *   *   *
     .246 +                                                        *
     .000 +---+---+---+---+---+---+---+---+---+---+---+---+---+---+
              1   2   3   4   5   6   7   8   9  10  11  12  13  14
     PAF Extracted   2 factors.    6 Iterations required.
(6)  Factor Matrix:
```

	FACTOR 1	FACTOR 2
V31	.71389	
V37	.63363	.36440
V30	.62390	-.41240
V41	.59398	.36565
V33	.59207	-.42174
V35	.58960	-.28397
V36	.58177	-.28780
V29	.56031	
V34	.54321	.30838
V24	.54053	.41193
V32	.49771	.40452
V26	.48074	.32077
V19	.47782	-.40947
V23	.41477	

```
(7)  Final Statistics:

Variable  Communality  *  Factor  Eigenvalue  Pct of Var  Cum Pct
                       *
V19            .39597  *     1      4.47019       31.9       31.9
V23            .22874  *     2      1.61259       11.5       43.4
V24            .46185  *
V26            .33401  *
V29            .34569  *
V30            .55932  *
V31            .55693  *
V32            .41135  *
V33            .52841  *
V34            .39018  *
V35            .42826  *
V36            .42129  *
V37            .53428  *
V41            .48651  *

     Varimax Rotation 1, Extraction 1, Analysis 1
     - Kaiser Normalization.
     Varimax converged in    3 iterations.

(8)  Rotated Factor Matrix:

                   FACTOR  1     FACTOR  2

     V30              .73679
     V33              .72006
     V31              .66844        .33183
     V19              .62854
     V35              .62370
     V36              .62064
     V29              .52976        .25502
     V37                            .69991
     V41                            .67361
     V24                            .67057
     V32                            .63580
     V34                            .59711
     V26                            .56324
     V23                            .45786
```

```
(9)  Factor Transformation Matrix:

                          FACTOR  1      FACTOR  2

     FACTOR  1             .72727         .68636
     FACTOR  2           -.68636          .72727
```

Beispiel 6.19: Ausgabe der Faktorenanalyse

(1) Entsprechend der Berechnung der Korrelationsmatrix basieren die folgenden Statistisken auf Basis eines paarweisen Ausschlusses fehlender Werte.

(2) Das Kaiser-Meyer-Olkin-Maß vergleicht die Stärke der empirischen Korrelationen mit der der partiellen Korrelationen. Ist die Summe der quadrierten partiellen Korrelationen im Vergleich zur Summe der quadrierten Korrelationskoeffizienten klein, so liegt das zwischen 0 und 1 normierte KMO-Maß nahe bei 0. Kleine Werte für das KMO-Maß sind ein Indikator für schlechte Faktorisierbarkeit der Matrix, da die Korrelationen zwischen den Variablen nicht auf andere Variablen zurückgeführt werden können. Kaiser hat die Wertebereiche des Maßes wie in nachfolgender Tabelle charakterisiert.

$\geq .90$	hervorragend
$\geq .80$	gut
$\geq .70$	leidlich gut
$\geq .60$	mittelmäßig
$\geq .50$	miserabel
$< .50$	unakzeptabel

Abb. 6.9: KMO-Wertebereiche

Danach ist die Matrix in unserem Beispiel gut zur Faktorisierung geeignet.

(3) Der Spherizitätstest nach Bartlett berechnet unter der Annahme einer Multinormalverteilung, ob es sich bei der Matrix um eine Einheitsmatrix (1 in der Diagonalen, alle anderen Werte 0) handelt. Könnte die Nullhypothese nicht zurückgewiesen werden, d. h. wäre das Signifikanzniveau hoch, sollte vor dem Versuch, die Matrix einer Faktorenanalyse zu unterwerfen, diese sorgfältig analysiert werden. Letzteres empfiehlt sich in jedem Fall, weil mit beiden Tests Ausreißer nur schwer entdeckt werden können.

(4) Die Tabelle mit der Überschrift „Initial Statistics“ enthält zwei voneinander unabhängige Teile. Im ersten werden die Schätzungen der Kommunalitäten der Variablen angegeben. Abgetrennt durch eine senkrechte Reihe von Sternchen finden sich die Eigenwerte der Faktoren und deren (vorläufiger) Varianzerklärungsanteil nach der Kommunalitätenschätzung. Zwei Faktoren erklären danach insgesamt 51 % der gesamten Varianz.

(5) Nach dem Kaiser-Kriterium werden für die nachfolgende Analyse 2 Faktoren ausgewählt, um die Korrelationsmatrix zu repräsentieren. Die Entscheidung wäre aber auch auf der Basis des ausgedruckten Scree-Testes nicht anders ausgefallen.

(6) Ausgabe der unrotierten Faktorladungsmatrix.

(7) Die „Final Statistics" überschriebene Tabelle enthält die erklärten Varianzanteile und die Eigenwerte der unrotierten Faktoren. Die beiden Faktoren erklären demnach 43 % der Varianz.

(8) Ausgabe der Varimax rotierten Faktormatrix.

(9) Die Transformationsmatrix ist für die Interpretation ohne Bedeutung. Sie gibt an, wie aus der rotierten Ladungsmatrix die nicht rotierte Lösung zu bestimmen ist.

6.8 Weiterführende Hinweise

Zur Arbeit mit SPSS empfehlen sich die englischsprachigen Systemhandbücher. Diese bieten eine vollständige Dokumentation der Steuersprache und darüberhinaus eine gute Einführung in den statistischen Hintergrund der Prozeduren (*SPSS* 1995, *M. J. Norušis* und *SPSS* 1991, *M. J. Norušis* und *SPSS* 1994a, *M. J. Norušis* und *SPSS* 1994b sowie *SPSS* 1991). Aus der umfangreichen deutschsprachigen Literatur zu SPSS ist vor allem auf das Handbuch von *W. Schubö* et al. (1991) und die Einführung von *R. Wittenberg* und *H. Cramer* (1992) hinzuweisen. Eine gute Einführung in die DOS Version geben das von *D. Hermann* und *H.-M. Uehlinger* (1992) herausgegebene, mehrbändige Werk und das Buch von *W.-M. Kähler* (1993). Vom gleichen Autor liegen auch Einführungen in die Unix-Version und in SPSSX von. Zur Arbeit mit SPSS für Windows ist das Buch von *A. Bühl* und *P. Zöfel* (1995) zu empfehlen.

Im Internet erreicht man SPSS unter der Adresse `http://www.spss.com`. Hilfestellungen findet man auch im Diskussionsforum `comp.soft-sys.spss`.

ANHANG

A P-STAT-Makro: ITEM.ANALYSIS

Mittels des Makros werden deskriptive Statistiken für die Items einer Skala, die Trennschärfe der Items und der Reliabilitätskoeffizient Alpha berechnet. Ferner wird eine Korrelationsmatrix der Items ausgeben, um gegebenfalls Subskalen aufdecken zu können. Die Berechnung der korrigierten Trennschärfe erfordert zunächst die Addition der Items zum Gesamtwert der Skala abzüglich des jeweiligen Items. Anschließend sind Items und zugehörige Scores zu korrelieren. Alpha kann auf Basis der Korrelationsmatrix oder nach oben genannter Formel (3.70) berechnet werden. Die hier gewählte zweite Möglichkeit, macht die Berechnung der Varianz der einzelnen Items und des Scores der Skala erforderlich. Die notwendigen Informationen zur Berechnung der Koeffizienten lassen sich beispielsweise mit Hilfe der P-STAT-Prozeduren `DES` und `CORRELATE` gewinnen.

Das Makro `ITEM.ANALYSIS` dient lediglich der Übergabe der zur Berechnung notwendigen Angaben an das Makro `COMPUTE.ITEM`. Im ersten Schritt (Zeilennummer 27) werden aus einer spezifizierten P-STAT-Systemdatei die Items der Skala ausgewählt und in einer temporären Datei gespeichert, wobei Fälle, die für mehr als die Hälfte der Variablen fehlende Werte aufweisen, ausgeschlossen werden. Es werden der Gesamtwert der Skala (*score*) und die Gesamtwerte abzüglich der jeweiligen Items (*score.?*) berechnet. Schließlich wird eine Datei mit deskriptiven Statistiken angefordert. Falls Fälle aufgrund fehlender Werte ausgeschlossen werden, wird eine Meldung gegeben (36).

Das Kommando (42) korreliert die Items mit ihrem jeweiligen Score. Die Trennschärfekoeffizienten (*'corrected.cor'*) finden sich also in der Diagonalen der Matrix. Ferner werden die Interkorrelationen der Items (49) und die quadrierten multiplen Korrelationskoeffizienten (*squared.mult.cor*) berechnet (50).

Die folgenden Befehle dienen der Berechnung von Alpha. Die Datei mit den deskriptiven Statistiken ist so aufgebaut, daß sie als Fälle die Items der Skala, den Score und den Score, wenn das jeweilige Item fehlen würde ,enthält. Im ersten Schritt (53) werden die Varianzen der Items berechnet und summiert. Ab dem Fall Score wird lediglich die Summe der Varianz für die temporäre Variable (*#sum*) eingetragen. Ferner wird eine Identifikationsvariable (*iden*) berechnet, die dem späteren Aufspalten der Datei dient, wozu die Datei zunächst nach dieser Variablen zu sortieren ist. `JOIN` (63) führt die erstellten Dateien zusammen, wobei gleichzeitig der Reliabilitätskoeffizient berechnet wird. Zunächst wird die Deskriptionsdatei mittels der PPL-Anweisung COLLECT (65) aufgespalten und rechtsbündig wieder zusammengefügt. Die Anzahl der Variablen verdoppelt sich durch diesen Schritt, wobei sich Variablen mit dem Sufix 1 auf die Items und den Score, Variablen mit dem Suffix 2 auf die Scores ohne das jeweilige Item beziehen. Alpha wird sowohl für die gesamte Skala als auch für die Skala ohne das Item der jeweiligen Zeile berechnet. Aus den Korrelationsmatrizen werden nur die Werte in der Diagonalen übernommen (88, 92).

```
 1: MACRO item.analysis $
 2: C 'Ruft compute.item auf und uebergibt Parameter' $
 3:
 4: VERBOSITY 0 $
 5: C 'Der P Vektor enthält die Anzahl der Variablen' $
 6: PROCESS psfile (row 1) (keep var.list) (set p(1) = .nv.) $
 7:
 8: RUN compute.item,
 9:    param1=psfile,
10:    param2='var.list',
11:    param3=P(1),
12:    param4=out,
13:    param5=cor
14: $
15:
16: VERBOSITY 3 $
17:
18: MACEND $
19: C '-----------------------------------------------------' $
20: MACRO  compute.item $
21:
22: C 'Gesamtwert: SCORE'$
23: C 'Gesamtwert, sofern Item nicht in der Skala: SCORE.?' $
24: C 'Datei mit deskripitven Statistiken - DES' $
25: PPL (SET P(2) = 0) $
26:
27: MODIFY param1 (KEEP param2)
28:      (IF COUNT.GOOD(param2) LT param3/2,
29:           SET P(2) = P(2)+1, EXCLUDE)
30:      (GENERATE SCORE = MEAN.GOOD(param2)*param3)
31:      (FOR (j: param2), GENERATE (SCORE.?) = SCORE - v(j)),
32:    OUT MACFILE.DAT,
33:    DES MACFILE.DES
34: $
35:
36: PPL (IF P(2) GT 0,
```

```
      GEN #temp = P(2),
      PUT @NEXT #temp " Faelle wegen zu vieler fehlender
                        Werte ausgeschlossen")
$

C 'Korrelation der Items mit SCORE.?: Trennschaerfe - TRN' $
CORRELATE MACFILE.DAT (DROP SCORE),
   ROWS param3,
   OUT MACFILE.TRN
$

C 'Korrelation der Items u. quad. mult. Korrelation - RSQ' $
CORRELATE MACFILE.DAT (KEEP param2), OUT param5 $
INVERT param5, RSQ MACFILE.RSQ $

SORT MACFILE.DES (/* Berechnung der Var. ihrer Summe */)
      (GENERATE VAR = s.d.*s.d.)
      (IF FIRST (.FILE.), GENERATE #sum = 0)
      (IF .HERE. <= param3, INCREASE #sum by VAR)
      (/* Erstellen einer Identifikationsvariable */)
      (GENERATE IDEN = .N.)
      (IF .N. >  param3+1, SET IDEN = .N. - (param3+1) + 0.5)
      (KEEP .OTHERS. #sum),
   BY IDEN,
   OUT MACFILE.DES, REPLACE $
C 'Zusammenfuehren der Ausgabedateien' $
JOIN MACFILE.DES (/* Umstrukturieren der Datei */)
      (SET IDEN = INT(IDEN))
      (COLLECT 2, by IDEN)
      (/* Berechnung von Alpha */)
      (GENERATE ALPHA = .M.)
      (IF .HERE. = param3+1,
        SET ALPHA = param3/(param3-1)*(VAR.1-SUM.1)/VAR.1)
      (/* Berechnung von Alpha, bei fehlendem Item */)
      (GENERATE ALPHA.IF.DROPPED = .M.)
      (IF .HERE. <= param3,
        SET ALPHA.IF.DROPPED =
          (param3-1)/(param3-2)* (VAR.2-(SUM.2-VAR.1))/VAR.2)
      (/* Umbenennen */)
      (RENAME NAME.1 TO ITEM)
      (RENAME MEAN.1 TO MEAN)
      (RENAME S.D..1 TO S.D.)
      (RENAME LOW.1 TO LOW)
      (RENAME HIGH.1 TO HIGH)
      (RENAME M1.1 TO M1)
```

```
     (RENAME M2.1 TO M2)
     (RENAME M3.1 TO M3)
     (RENAME GOOD.1 TO GOOD)
     (RENAME MEAN.2 TO MEAN.IF.DROPPED)
     (RENAME VAR.2 TO VAR.IF.DROPPED)
     (KEEP 2 4 TO 11 26 27 16 24)
    MACFILE.TRN (/* Lesen/Schreiben Diagonale in - TRN */)
     (GENERATE CORRECTED.COR = V(.N.))
     (KEEP CORRECTED.COR row.label)
     (RENAME row.label TO ITEM)
    MACFILE.RSQ (/* Lesen/Schreiben Diagonale in - RSQ */)
     (GENERATE SQUARED.MULT.COR = V(.N.))
     (KEEP SQUARED.MULT.COR row.label)
     (RENAME row.label TO ITEM),
   OUT param4,
   NO CHECK,
   FILL
$

C 'Ausgabe'$
TITLE T1  C ' - ITEM ANALYSIS - '  $

LIST param4 (KEEP 1 TO 10),
   STUB ITEM,
   TITLE,
   PLACES 2
$

LIST param4 (IF .N. > P(1), EXCLUDE)
      (KEEP 1 11 to 15),
   STUB ITEM,
   TITLE,
   PLACES 2
$

MACEND $
```

B Rohdaten

```
          1         2         3         4         5         6
12345678901234567890123456789012345678901234567890123456789012345

00111 132555555535555355115315311151251111331355132251511211511113
0012115111343436140 3 8 1
00211 115754355435154355545154415133555235554534524131353312315 15
0022555346444116221 5 2 1
00311 115355555555355555555555555555555555555545523445452525551 25
0032454125545116221 6 3 1
00411 114423123421121155251111111111511111111415112545255155111 1
0042413133121336220 5 3 3
00511 134655555444254455554444434354254455534245541555455525543 15
0052324144554436222 9 6 3
00611 123625245544111355251151511111151155111545522344421515555 15
0062154523454433221 5 3 3
00711 223655555545121244354142412131253233311355511252554515545 15
0072154442234436220 8 6 1
00811 312999999999551415344451433455455255551345242141252412545 24
0082454213222116110 5 4 3
00911 226435555234451315514444534353435335553545522543444435444 25
0092452332134236221 6 8 4
01011 125415555545354555554433535555555555555525525131455515214 55
0102455344234134220 6 9 1
01111 124455343344355555555155515513555155525535123351455525555 55
0112554536544435223 5 6 3
01211 122633334334334344414451443255535353425334521331355434455 15
0122414134333334222 7 4 3
01311 112124342325112145512252532211255225115255512451524511522 22
0132154424112134222 5 6 1
01411 233455555352543553443343344544433435434555213555425455333 4
0142424432545436220 8 6 1
01511 115455553455555155555515155555555555555544521441455515555 25
0152455555122135222 5 3 4
01611 115455555455351555155555515513555335535545111311111111134 21
0162114136431116223 6 4 1
01711 332622545422354455544454424555255344534555443442455515514 42
0172454331342136221 9 5 5
01811 115214343445143431145451411114533115551535411445555214225 45
0182455135211136120 4 6 1
01911 112334343344331555555333555345555553345544525341455111122 14
0192453435344116120 1 4 1
02011 112155455555354553344534524224433334445434524443322322344 14
0202354532443113222 4 5 1
02111 312655253554355544355521555333143253555534511121232434544 55
0212454531555435210 3 1 1
02211 115124245254154254424222425423254454545444522145444512224 15
0222455532232134210 2 1 1
```

```
         1         2         3         4         5         6
12345678901234567890123456789012345678901234567890123456789012345

02311 11443313223445452345421145532324344252433242324532211445325
0232453122444435221 4 5 1
02411 11242113345515555325551435534354333255353351154544441335545
0242453541433115210 3 0 1
02511 11531415414513334551213353311143411512154553244132113111415
0252454145543415221 2 6 2
02611 11233324323423135231422332212243423342343452245233143233313
0262354343333324210 2 1 1
02711 31365535544425455511313441135345455535353552543133333531514
0272354435555435223 6 4 1
02811 11321233334434352132343443452252442343544242322123422123225
0282325336443116210 3 4 1
02911 31273333444555333431425433325354534443454442234234344444434
0292334436332316222 6 3 7
03011 12363555543415435155333351515543511552145521155555541145121
0302414116311236220 5 7 1
03111 11473314333512424423144442112155311131134412434431111114415
0312114111331136220 5 6 2
03211 12254334344525435554434554555324343455554453333232221234452
0322445331333336222 7 2 3
03311 23375555544545455555545555555555554555555545544345444455555545
0332455541555436222 9 4 9
03411 12534454423555445355445555555555455555355455414454545555554555
0342454151534434210 7 2 7
03511 11323355433235454555554455555555555355353555243244554155 4524
0352454333444436220 5 2 3
03611 61215454423422123353243133415523311313534553434555551154255
0362424451244131221 5 3 3
03711 51254445544535444555444443434345453444344443344134443441241
0372344136433336220 8 5 7
03811 31225555444445544452511241434144455455254552423234431225544
0382455449999996210 4 1 3
03911 31265555544414333244223425435444435444455555515155555554454
0392454154555435221 8 2 7
04011 11235555424212125423311133112315211111335535144455552354422
0402554139999992130 5 3 1
04111 11245554312215551555555555155555555551555251213434513151111 5
0412355115555336221 7 9 2
04211 11223322214433132323444123322223342324332142443223411312434
0422444436332116221 6 7 3
04311 11444535444515335125345343133343513242144552313433442354223
0432534222454436220 3 2 3
04411 21425544443235441555422334525325444152544452234135351444555
0442422333444414210 2 1 3
```

```
              1         2         3         4         5         6
12345678901234567890123456789012345678901234567890123456789012345

04511 21274554344235455535555443344445544554353342322113341222451
045245453222316121 4 4 5
04611 11244354334315435553414553355323513453544422333534452444444
046242343133211421O 4 1 1
04711 11333113234524445355441123312114231113531151112424431135541
047242453111124220 4 1 1
04811 732755545445454355524555425554455555555554553244445443554515
0482324531444116222 7 5 3
04911 12351555444555555551534341335455513554553452433433345255535
0492433346544436222 7 7 1
05013 915655555555555554555555555555555555555535545522331355554555553
0502444542555413121 3 4 1
05113 91513313244413533133535131131351513135151111441123131153555
0512353516354113120 1 2 1
05213 92361354545435545555555355532355555554454552234125551555554
0522544144435434221 6 5 3
05313 726122122145555154555455451555555555551544555354455551151542
0532354531321133221 7 2 9
05413 73235545444535344554423444444434334333444444244544342442343
0542324239999996223 9 3 9
05513 923255555455551515555131155555555555515143554444145551554554
0552353234444436222 9 5 3
05613 91324444324424554435525452511342534453154443443142242244432
0562222223322333220 5 2 6
05713 91222214424225544245514152512252541255454551115152442244512
0572453436122113220 5 3 6
05813103375555544525445455545544444555552554554552454245452554224
0582354442444116221 9 3 7
05913103264454343545424541425445545425445452554553245454442544444
0592424451333336221 9 3 7
06013 91524434344425334525335343423344422433344443443133241444444
0602444336433116222 6 3 1
06113 93245545544425444455314444233343542451244553435254251552212
0612453121444436221 9 4 7
06213 912199999999151155525251123111333411311244452434235351554434
0622455436511116222 5 6 1
06313101262424224299999999999999999999999999994551435441144344413
0632444446445116220 3 8 1
06413 91252424343415554555453342113555453555243354452122241334114
0642454135539115110 2 7 1
06513 12463344344235534435511321121155311115533222113134231551515
0652553136544436221 6 7 1
06613 133544554444445155544425432124444234443444443244244352554323
0662344436444436220 9 6 3
06713 132555555554253253554145522551555155525555513455455551554515
0672515531555436222 9 6 3
```

```
          1         2         3         4         5         6
12345678901234567890123456789012345678901234567890123456789012345

06813 222544543242455455554114525554255515535545533342455545555555
0682455446443336210 5 3 1
06913122265454444525331533441335455525135245325413345453331433452
0692424334333335220 4 1 1
07013 312655555445155554544554534454355545413555555555254555554555
0702454446554436222 9 4 1
07113121212424244431135111331333131331333213133143434231151311112
0712331222333112110 1 0 1
07213 31242223314455335555232245555555455341532222543114344434544
0722444549999994220 9 3 9
07313121161544342523434323325332223323323333234552245442241243114
0732234119999995241 7 6 1
07413 312744544345254455454445414444424325552455443414242342554432
0742323146444116222 9 4 7
07513 71273334434444334432424434432444422433444443333343342344434
0752324441555431210 8 4 9
07613 21274555444545455455511412145515534255555554344454342552555
0762354249999995220 7 2 7
07713 22174445443545345555544354435444445354455535444455554555555
0772415542544316221 9 2 3
07813 11214423215325444445432244414232522333242253114122222222514
0782253412334325110 1 0 2
07913 11344514313431235125335232312151411223133341233522121114213
0792115114533114120 2 7 3
08013 11355434345434354555533333424344444345532352443323331422424
0802344432453115120 2 1 1
08113 21215544434445355455433443425455445353454453433135552452445
0812454149999994221 6 3 1
08213 11515554442113131512211132113115115131551551513125411151313
0822453126512116130 3 4 1
08313 91252424323422315515233351334324213451553552235152351151115
0832413136212136220 5 7 2
08413 91252424344123313533435143255545423121352452235135431255425
0842453129999996110 1 0 1
08513 61265454543515425555515155455525555254553553455444451551155
0852354126454436220 6 3 3
08613 61215445434545441545455353453334512554554453444554451445444
0862543439999992210 3 1 3
08713 61263445444435553331555555533355511543444552133135125144424
0872444331324114120 2 1 1
08813 61255544434535555354542445513353551454453412242431241124252
0882235322343114210 3 1 3
08913 61263344422424345552424543444554535443454453244245432423441
0892324232434133210 6 1 7
```

```
             1         2         3         4         5         6
12345678901234567890123456789012345678901234567890123456789012345

09013 611624444145152155553411421244453443422334533445442414344453
0902424441545126220 8 3 3
09113 6122443433444544343444314343334334444424344245353333412244444
0912554351231122121 5 2 1
09213 6221551544453344454123333444444444352455424422334222314233112
0922344435444314222 7 8 1
09313 6227555533351245352142142342524543444224455232455555513545555
0932413243534336223 9 3 3
09413 6147545433553535113535553315553535351555255144352511155545 5
0942555136133116121 2 4 3
09513 921915354444253243354453423233435554524544422243544514514223
0952243436443111221 7 6 1
09613 415255142434134351145222311111323114355331113531211211144 25
0962145122454332110 3 3 1
09713 4154331323221233413553334331214131234214322241332211111414
0972152412343112120 3 2 1
09813 4234553433341515555143111531111231115515343544333213135132 1
0982434232544334221 5 6 1
09913111224345545523231555231335413334331313524552324544452554315
0992413441443433210 3 1 3
10013112224555443422223513321232345425233434434552334444442444242
1002424331444436210 7 5 3
10113111213535533535555341515333315345343333353552442525555555515
1012554432443321222 5 4 3
10213111945555334445455555445145535555453343434454325544545421531113
1022522116444116110 4 6 3
10313 11521314333145453555445455515535555555353352123142222111 2311
1032444331351116110 3 5 1
10413 1125331411541213511552113311111141111354541251314211111 3411
1042253334211111220 3 6 1
10513 6227345444242324431531133412344344224422134444512555455455 5
1052412535313332211 5 4 1
10613 6135542444345555535553535553334343255435442244232311121131 3
1062323333333124110 1 0 1
10713 6227542424321441234234314211333313531415341231424545134441 2
1072333133242113222 5 5 1
10813 1127542323453535555351114555555151551555131514121143111111 51
1082412112343115110 2 1 1
10913111214434322435444521224425225555555332543442344542231222111
1092314131544336220 5 3 1
11011 512754554455444425554454544355544455554545533443343523434 55
1102254242331116221 7 4 4
11111 1156434433422544545554544445545542445455444433414533232235 2
1112254322444436222 5 2 7
11211 11234444325425541251454514525313433554253352215134241514424
1122454512444434220 3 1 3
```

```
          1         2         3         4         5         6
12345678901234567890123456789012345678901234567890123456789012345

11311 115254444335153325453354335154353413355345521455455551452511
1132435134233236220 5 6 3
11411991512212244223215332332234321253322232343112334321111114445
1142455533441234220 5 7 1
11511991513313232414215434222223323323221231224221145551111111211
1152353134212136220 4 6 1
11611992225444332432232533234332312323312412233552434545451444525
1162553236214126223 9 6 1
11711993194454543424145534423132424345434344243554335544452542545
1172555533444436223 9 7 3
11811992471555344435455541421443535333343254333542232435443545224
1182523216444436222 5 5 1
11912 81324444343424231325214322123424445322235442444244222112324
1192454433422112222 5 8 9
12012 81535424424425444354455452433345454444544451253345552445544
1202454553331123110 2 0 3
12112 81534444444415454254521442442422222454444441244232244225211
1212254224222134210 3 1 1
12212 81241122211111111311111115111113121111215111133132121111141
1222353134111124120 3 1 3
12312 81243323323424345335423332322332422344345342234245121111115
1232345131332124210 2 1 3
12412 81314434234231143224111132122113211115214323333432221125324
1242343112333112121 3 7 3
12512 83214423234233244324333233323333422334234211333131211513313
1252355136443113120 4 7 3
12612 81213312224132442121441132312111422233443222445233311112422
1262244324122112220 2 1 9
12712 81343334411411333115313333313131311511135421455551111111111
1272111111111136220 3 2 1
12812 81542214214222114423211225124312554131414242254234431111252
1282554133212122220 3 1 4
12912 83445424221115455555512542555425553155544251133134541225555
1292554543114233110 6 4 5
13012 83415454554115414555521453515515551355555551145142551125525
1302454143442434221 8 8 5
13112 833753555225111151111111111111111515111115555455151511115511
1312555124111123223 9 7 5
13212 82424343224315325454441325434345432255545451254132522221545
1322454533232135210 3 1 5
13312 81242323222212111333211124145113111111124542423132221112414
1332524214433113131 3 5 4
13412 815233232232224344545241225452134414222344242133232221412342
1342243134444116222 4 1 3
```

```
           1         2         3         4         5         6
12345678901234567890123456789012345678901234567890123456789012345

13512 825423135252555353153251521353531535115343221431311111113512
135245553324313312O 4 3 5
13612 833331332331331533313353333333333333333333332233332131233523
136231441313333322 6 8 3
13712 813343443134154254555423545244444554535544422333412411114424
137234313242213421O 2 0 3
13812 812134342343111133333251334353243453111344325434422221111324
138244423234311614O 4 5 1
13912 822334243453145353244123334243233544344343511531523313244444
139244443533211412O 3 1 5
14012 823224443334234453314222422312133342512454423343443212242223
140245421422311621O 3 1 3
14112 823554343244554455555555352551555555325452245414222111115555
141242453211411622 1 7 5 7
14212 813233133332254543335434534112434215415455115551451111124 12
142224343411113422 2 4 5 1
14312 815524243344333443554411444233434113454451144421411111113525
143235551421111322 0 5 8 1
14412 825421232343541525555512554554454553355442424431453215245 15
144225443323411422 2 6 3 3
14512 814424434134244353114113454522131353314354413431512311144 12
145225411311211321 0 2 0 2
14612 834454444322142255321113133155153551355154521342444424443 44
146243533443311611 0 5 4 5
14712 815454444342144424222425441413432412224435322215431124112422
147234422353313311 0 3 4 2
14811 712155343355354355154541255343254424514532522544354413125 42
148235453345213622 3 4 4 4
14911 732425554444525345435332232425433323444233553245444541542214
149245422444343422 3 5 6 1
15011 512654544224154215151354333153554555525544223345412123141 11
150221421352413622 0 4 4 1
```

C Tabellen

C.1 Standardnormalverteilung

Verteilungsfunktion $\Phi(z)$ und Ordinaten $\varphi(z)$ der Standardnormalverteilung ($N = 1, \mu = 0, \sigma = 1$)

Standardwert z	Fläche $\Phi(z)$	Ordinate $\varphi(z)$	Standardwert z	Fläche $\Phi(z)$	Ordinate $\varphi(z)$
0,00	0.5000	0,3989	1,50	0,9332	0,1295
0,05	0,5199	0,3984	1,55	0,9394	0,1200
0,10	0,5398	0,3970	1,60	0,9452	0,1109
0,15	0,5596	0,3945	1,65	0,9505	0,1023
0,20	0,5793	0,3910	1,70	0,9554	0,0940
0,25	0,5987	0,3867	1,75	0,9599	0,0863
0,30	0,6179	0,3814	1,80	0,9641	0,0790
0,35	0,6368	0,3752	1,85	0,9678	0,0721
0,40	0,6554	0,3683	1,90	0,9713	0,0656
0,45	0,6736	0,3605	**1,96**	0,9750	0,0584
0,50	0,6915	0,3521	2,00	0,9772	0,0540
0,55	0,7088	0,3429	2,05	0,9798	0,0488
0,60	0,7257	0,3332	2,10	0,9821	0,0440
0,65	0,7422	0,3230	2,15	0,9842	0,0396
0,70	0,7580	0,3123	2,20	0,9861	0,0355
0,75	0,7734	0,3011	2,25	0,9878	0,0317
0,80	0,7881	0,2897	2,30	0,9893	0,0283
0,85	0,8023	0,2780	2,35	0,9906	0,0252
0,90	0,8159	0,2661	2,40	0,9918	0,0224
0,95	0,8289	0,2541	2,45	0,9929	0,0198
1,00	0,8413	0,2420	2,50	0,9938	0,0175
1,05	0,8531	0,2299	2,55	0,9946	0,0145
1,10	0,8643	0,2179	2,60	0,9953	0,0136
1,15	0,8749	0,2059	2,65	0,9960	0,0119
1,20	0,8849	0,1942	2,70	0,9965	0,0104
1,25	0,8944	0,1826	2,75	0,9970	0,0091
1,30	0,9032	0,1714	2,80	0,9974	0,0079
1,35	0,9115	0,1604	2,85	0,9978	0,0069
1,40	0,9192	0,1497	2,90	0,9981	0,0060
1,45	0,9265	0,1394	2,95	0,9984	0,0051

C.2 χ^2-Verteilungen

Quantile $\chi^2_{df;\alpha}$ der χ^2-Verteilung

df	Signifikanzniveau α			
	0,050	0,025	0,010	0,001
1	3,841	5,024	6,635	10,828
2	5,991	7,378	9,210	13,816
3	7,815	9,348	11,345	16,266
4	9,488	11,143	13,277	18,467
5	11,071	12,833	15,086	20,515
6	12,592	14,449	16,812	22,458
7	14,067	16,013	18,475	24,322
8	15,507	17,535	20,09	26,124
9	16,919	19,023	21,666	27,877
10	18,307	20,483	23,209	29,588
11	19,675	21,920	24,725	31,264
12	21,026	23,337	26,217	32,909
13	22,362	24,736	27,688	34,528
14	23,685	26,119	29,141	36,123
15	24,996	27,488	30,578	37,697
16	26,296	28,845	32,000	39,252
17	27,587	30,191	33,409	40,790
18	28,869	31,526	34,805	42,312
19	30,144	32,852	36,191	43,820
20	31,410	34,170	37,566	45,315
21	32,671	35,479	38,932	46,797
22	33,924	36,781	40,289	48,268
23	35,172	38,076	41,638	49,728
24	36,415	39,364	42,980	51,179
25	37,652	40,646	44,314	52,620
26	38,885	41,923	45,642	54,052
27	40,113	43,195	46,963	55,476
28	41,337	44,461	48,278	56,892
29	42,557	45,722	49,588	58,301
30	43,773	46,979	50,892	59,703
40	55,758	59,342	63,691	73,402
50	67,505	71,420	76,154	86,661
60	79,082	83,298	88,379	99,607
80	101,879	106,629	112,329	124,839
100	124,342	129,561	135,807	149,449
	0,950	0,975	0,990	0,999
	Wahrscheinlichkeit p			

C.3 F-Verteilungen

Quantile $F_{df_1,df_2;\alpha}$ der F-Verteilung für $\alpha = 0,10$

Nenner	Zähler df_1											
df_2	1	2	3	4	5	6	8	12	24	30	40	∞
1	39,86	49,50	53,59	55,83	57,24	58,20	59,44	60,71	62,00	62,26	62,53	63,33
2	8,53	9,00	9,16	9,24	9,29	9,33	9,37	9,41	9,45	9,46	9,47	9,49
3	5,54	5,46	5,39	5,34	5,31	5,28	5,25	5,22	5,18	5,17	5,16	5,13
4	4,54	4,32	4,19	4,11	4,05	4,01	3,95	3,90	3,83	3,82	3,80	3,76
5	4,06	3,78	3,62	3,52	3,45	3,40	3,34	3,27	3,19	3,17	3,16	3,11
6	3,78	3,46	3,29	3,18	3,11	3,05	2,98	2,90	2,82	2,80	2,78	2,72
7	3,59	3,26	3,07	2,96	2,88	2,83	2,75	2,67	2,58	2,56	2,54	2,47
8	3,46	3,11	2,92	2,81	2,73	2,67	2,59	2,50	2,40	2,38	2,36	2,29
9	3,36	3,01	2,81	2,69	2,61	2,55	2,47	2,38	2,28	2,25	2,23	2,16
10	3,29	2,92	2,73	2,61	2,52	2,46	2,38	2,28	2,18	2,16	2,13	2,06
11	3,23	2,86	2,66	2,54	2,45	2,39	2,30	2,21	2,10	2,08	2,05	1,97
12	3,18	2,81	2,61	2,48	2,39	2,33	2,24	2,15	2,04	2,01	1,99	1,90
13	3,14	2,76	2,56	2,43	2,35	2,28	2,20	2,10	1,98	1,96	1,93	1,85
14	3,10	2,73	2,52	2,39	2,31	2,24	2,15	2,05	1,94	1,91	1,89	1,80
15	3,07	2,70	2,49	2,36	2,27	2,21	2,12	2,02	1,90	1,87	1,85	1,76
16	3,05	2,67	2,46	2,33	2,24	2,18	2,09	1,99	1,87	1,84	1,81	1,72
17	3,03	2,64	2,44	2,31	2,22	2,15	2,06	1,96	1,84	1,81	1,78	1,69
18	3,01	2,62	2,42	2,29	2,20	2,13	2,04	1,93	1,81	1,78	1,75	1,66
19	2,99	2,61	2,40	2,27	2,18	2,11	2,02	1,91	1,79	1,76	1,73	1,63
20	2,97	2,59	2,38	2,25	2,16	2,09	2,00	1,89	1,77	1,74	1,71	1,61
21	2,96	2,57	2,36	2,23	2,14	2,08	1,98	1,87	1,75	1,72	1,69	1,59
22	2,95	2,56	2,35	2,22	2,13	2,06	1,97	1,86	1,73	1,70	1,67	1,57
23	2,94	2,55	2,34	2,21	2,11	2,05	1,95	1,84	1,72	1,69	1,66	1,55
24	2,93	2,54	2,33	2,19	2,10	2,04	1,94	1,83	1,70	1,67	1,64	1,53
25	2,92	2,53	2,32	2,18	2,09	2,02	1,93	1,82	1,69	1,66	1,63	1,52
26	2,91	2,52	2,31	2,17	2,08	2,01	1,92	1,81	1,68	1,65	1,61	1,50
27	2,90	2,51	2,30	2,17	2,07	2,00	1,91	1,80	1,67	1,64	1,60	1,49
28	2,89	2,50	2,29	2,16	2,06	2,00	1,90	1,79	1,66	1,63	1,59	1,48
29	2,89	2,50	2,28	2,15	2,06	1,99	1,89	1,78	1,65	1,62	1,58	1,47
30	2,88	2,49	2,28	2,14	2,05	1,98	1,88	1,77	1,64	1,61	1,57	1,46
40	2,84	2,44	2,23	2,09	2,00	1,93	1,83	1,71	1,57	1,54	1,51	1,38
60	2,79	2,39	2,18	2,04	1,95	1,87	1,77	1,66	1,51	1,48	1,44	1,29
125	2,75	2,35	2,13	1,99	1,89	1,82	1,72	1,60	1,44	1,41	1,36	1,19
∞	2,71	2,30	2,08	1,94	1,85	1,77	1,67	1,55	1,38	1,34	1,30	1,00

Quantile $F_{df_1,df_2;\alpha}$ der F-Verteilung für $\alpha = 0,05$

Nenner	Zähler df_1											
df_2	1	2	3	4	5	6	8	12	24	30	40	∞
1	161,4	199,5	215,7	224,6	230,2	234,0	238,9	243,9	249,0	250,0	251,0	254,30
2	18,51	19,00	19,16	19,25	19,30	19,33	19,37	19,41	19,45	19,46	19,47	19,50
3	10,13	9,55	9,28	9,12	9,01	8,94	8,85	8,74	8,64	8,62	8,59	8,53
4	7,71	6,94	6,59	6,39	6,26	6,16	6,04	5,91	5,77	5,75	5,72	5,63
5	6,61	5,79	5,41	5,19	5,05	4,95	4,82	4,68	4,53	4,50	4,46	4,37
6	5,99	5,14	4,76	4,53	4,39	4,28	4,15	4,00	3,84	3,81	3,77	3,67
7	5,59	4,74	4,35	4,12	3,97	3,87	3,73	3,57	3,41	3,38	3,34	3,23
8	5,32	4,46	4,07	3,84	3,69	3,58	3,44	3,28	3,12	3,08	3,04	2,93
9	5,12	4,26	3,86	3,63	3,48	3,37	3,23	3,07	2,90	2,86	2,83	2,71
10	4,96	4,10	3,71	3,48	3,33	3,22	3,07	2,91	2,74	2,70	2,66	2,54
11	4,84	3,98	3,59	3,36	3,20	3,09	2,95	2,79	2,61	2,57	2,53	2,40
12	4,75	3,89	3,49	3,26	3,11	3,00	2,85	2,69	2,51	2,47	2,43	2,30
13	4,67	3,81	3,41	3,18	3,03	2,92	2,77	2,60	2,42	2,38	2,34	2,21
14	4,60	3,74	3,34	3,11	2,96	2,85	2,70	2,53	2,35	2,31	2,27	2,13
15	4,54	3,68	3,29	3,06	2,90	2,79	2,64	2,48	2,29	2,25	2,20	2,07
16	4,49	3,63	3,24	3,01	2,85	2,74	2,59	2,42	2,24	2,19	2,15	2,01
17	4,45	3,59	3,20	2,96	2,81	2,70	2,55	2,38	2,19	2,15	2,10	1,96
18	4,41	3,55	3,16	2,93	2,77	2,66	2,51	2,34	2,15	2,11	2,06	1,92
19	4,38	3,52	3,13	2,90	2,74	2,63	2,48	2,31	2,11	2,07	2,03	1,88
20	4,35	3,49	3,10	2,87	2,71	2,60	2,45	2,28	2,08	2,04	1,99	1,84
21	4,32	3,47	3,07	2,84	2,68	2,57	2,42	2,25	2,05	2,01	1,96	1,81
22	4,30	3,44	3,05	2,82	2,66	2,55	2,40	2,23	2,03	1,98	1,94	1,78
23	4,28	3,42	3,03	2,80	2,64	2,53	2,37	2,20	2,01	1,96	1,91	1,76
24	4,26	3,40	3,01	2,78	2,62	2,51	2,36	2,18	1,98	1,94	1,89	1,73
25	4,24	3,39	2,99	2,76	2,60	2,49	2,34	2,16	1,96	1,92	1,87	1,71
26	4,23	3,37	2,98	2,74	2,59	2,47	2,32	2,15	1,95	1,90	1,85	1,69
27	4,21	3,35	2,96	2,73	2,57	2,46	2,31	2,13	1,93	1,88	1,84	1,67
28	4,20	3,34	2,95	2,71	2,56	2,45	2,29	2,12	1,91	1,87	1,82	1,65
29	4,18	3,33	2,93	2,70	2,55	2,43	2,28	2,10	1,90	1,85	1,81	1,64
30	4,17	3,32	2,92	2,69	2,53	2,42	2,27	2,09	1,89	1,84	1,79	1,62
40	4,08	3,23	2,84	2,61	2,45	2,34	2,18	2,00	1,79	1,74	1,69	1,51
60	4,00	3,15	2,76	2,53	2,37	2,25	2,10	1,92	1,70	1,65	1,59	1,39
125	3,92	3,07	2,68	2,44	2,29	2,17	2,01	1,83	1,60	1,55	1,49	1,25
∞	3,84	3,00	2,60	2,37	2,21	2,10	1,94	1,75	1,52	1,46	1,39	1,00

C.4 t-Verteilungen

Quantile $t_{df;\alpha}$ der t-Verteilung

df	Signifikanzniveau α			
	0,050	0,025	0,010	0,001
1	6,314	12,706	31,821	318,309
2	2,920	4,303	6,965	22,327
3	2,353	3,182	4,541	10,215
4	2,132	2,776	3,747	7,173
5	2,015	2,571	3,365	5,893
6	1,943	2,447	3,143	5,208
7	1,895	2,365	2,998	4,785
8	1,860	2,306	2,896	4,501
9	1,833	2,262	2,821	4,297
10	1,812	2,228	2,764	4,144
11	1,796	2,201	2,718	4,025
12	1,782	2,179	2,681	3,930
13	1,771	2,160	2,650	3,852
14	1,761	2,145	2,624	3,787
15	1,753	2,131	2,602	3,733
16	1,746	2,120	2,583	3,686
17	1,740	2,110	2,567	3,646
18	1,734	2,101	2,552	3,610
19	1,729	2,093	2,539	3,579
20	1,725	2,086	2,528	3,552
21	1,721	2,080	2,518	3,527
22	1,717	2,074	2,508	3,505
23	1,714	2,069	2,500	3,485
24	1,711	2,064	2,492	3,467
25	1,708	2,060	2,485	3,450
26	1,706	2,056	2,479	3,435
27	1,703	2,052	2,473	3,421
28	1,701	2,048	2,467	3,408
29	1,699	2,045	2,462	3,396
30	1,697	2,042	2,457	3,385
40	1,684	2,021	2,423	3,307
50	1,676	2,009	2,403	3,261
60	1,671	2,000	2,390	3,232
80	1,664	1,990	2,374	3,195
100	1,660	1,984	2,364	3,174
	0,950	0,975	0,990	0,999
	Wahrscheinlichkeit p			

D Anschriften

Softwarevertriebsgesellschaften und Programmautoren:

ALMO: Prof. Dr. Kurt Holm, Institut für Soziologie, Universität Linz, A-4040 Linz/ Auhof.

EPIINFO: Centers for Disease Control, Atlanta, GA 30333, U.S.A. (ftp://ftp.cdc.gov/pub/epi).

BMDP: Statistical Software Ltd., Cork Technology Park, Model Farm Road, Cork Ireland.

CLUSTAN, NSDstat: Zentrum fuer Umfragen, Methoden und Analysen (ZUMA), z. Hd. Cornelia Zuell, Postfach 122155, 68072 Mannheim.

DBMS/COPY: Conceptual Software Inc. P.O. Box 56627 Houston, TX 77256, U.S.A.

GAUSS: Apech Systems Inc., 26250 196th Pl. SE Kent, WA 98042, USA.

Guttman-Lingoes-Series: J.C. Lingoes, Mathesis Press-2664, Lowell Rd.-Ann Arbor, MI 48103, U.S.A.

LISREL, PRELIS: iec ProGamma, P.O. Box 841, 9700 AV Groningen, The Netherlands.

KWIKSTAT: TexaSoft, P.O. Box 1169, Cedar Hill, TX 75104, U.S.A.

NONMET: H. Kritzer, 2714 Gregory Street, Madison, WI 53711, U.S.A.

P-STAT, STATlab: VGSPS mbH, An der Steinkaul 7, 53577 Neustadt/Wied.

SPlus: Statistical Sciences, Division of MathSoft, Inc., 1700 Westlake Avenue Nort, Suite 500, Seattle, WA 98109, U.S.A.

SAS: SAS Institute GmbH, Postfach 105340, Neuenheimer Landstr. 28–30, 69043 Heidelberg.

SPSS, SYSTAT: SPSS GmbH Software, Steinsdorfstraße 19, 80538 München.

UCINET: Analytic Technologies, 6616 Christie Rd., Columbia, SC 29209, U.S.A.

Arbeitsdatensatz 'Arbeitszufriedenheit bei ADV' und Beispielprogramme

Nr. S0903: Zentralarchiv für empirische Sozialforschung - Universität zu Köln, Bachemer Str. 40, 50931 Köln.

Internet: ftp://perform.ww.tu-berlin.de.

LITERATUR

Allmendinger, Jutta, Peter Schmidt, Bernd Wegener, Theodor Eikelmann und Peter Ohly (1983). *ZUMA-Handbuch sozialwissenschaftlicher Skalen*. Mannheim, Bonn: ZUMA, IZ.

Andreß, Hans-Jürgen (1986). *GLIM. Verallgemeinerte lineare Modelle*. Braunschweig, Wiesbaden: Vieweg.

Arminger, Gerhard (1979). *Faktorenanalyse*. Stuttgart: Teubner.

Bacher, Johann (1994). *Clusteranalyse*. München, Wien: Oldenbourg.

Backhaus, Klaus, Bernd Erichson, Wulff Plinke, Christiane Schuchard-Ficher und Rolf Weiber (1994). *Multivariate Analysemethoden*. 7. Auflage, Berlin, New York, Heidelberg: Springer.

Benninghaus, Hans (1985). *Deskriptive Statistik*. 5. Auflage, Stuttgart: Teubner.

Benzécri, Jean-Paul (1992). *Correspondence Analysis Handbook*. New York, Basel, Hong Kong: Dekker.

Berry, William D., and Stanley Feldman (1985). *Multiple Regression in Practice*. No. 07-050, in Sage University Paper Series on Quantitative Applications in the Social Sciences. Beverly Hills, London: Sage Publications.

Bühl, Achim und Peter Zöfel (1995). *SPSS für Windows, Version 6.1 : Praxisorientierte Einführung in die moderne Datenanalyse*. 2. Auflage, Bonn et al.: Addison-Wesley.

Böltken, Ferdinand (1976). *Auswahlverfahren. Eine Einführung für Sozialwissenschaftler*. Stuttgart: Teubner.

Bohrnstedt, George W. (1983). "Measurement". In Peter H. Rossi, J. D. Wright, and A. B. Anderson, eds., *Handbook of Survey Research*. New York: Academic Press.

Bohrnstedt, George W., and Edgar F. Borgatta (1980). "Level of measurement: Once over again". *Sociological Methods & Research*, **9**, pp. 147–160.

Borg, Ingwer und Thomas Staufenbiel (1989). *Theorien und Methoden der Skalierung*. Bern, Stuttgart, Toronto: Huber.

Bortz, Jürgen (1984). *Lehrbuch der empirischen Forschung*. Berlin, Heidelberg, New York, Tokyo: Springer.

——— (1993). *Statistik für Sozialwissenschaftler*. 4. Auflage, Berlin, Heidelberg, New York: Springer.

Brickenkamp, Rolf (1975). *Handbuch psychologischer und pädagogischer Tests*. Göttingen: Hogrefe.

Cattel, Raymond B. (1966). "The scree-test for the number of factors". *Multivariate Behavioral Research*, **1**, pp. 245–276.

Clauß, Günter, Falk-Rüdiger Finze und Lothar Partzsch (1994). *Statistik*, Bd. 1. Thun, Frankfurt/M.: Harri Deutsch.

Coombs, Clyde H., Robyn M. Dawes und Amos Tversky (1975). *Mathematische Psychologie*. Weinheim, Basel: Beltz.

Cronbach, Lee Joseph (1951). "Coefficient alpha and the internal structure of tests". *Psychometrika*, **16**, pp. 297–302.

Cronbach, Lee Joseph, and Paul E. Meehl (1955). "Construct validity in psychological tests". *Psychological Bulletin*, **52**, pp. 281–302.

Diehl, Jörg M. (1978). *Varianzanalyse*. 2. Auflage, Frankfurt/M.: Fachbuchhandlung für Psychologie.

Draper, Norman R., and Harry Smith (1981). *Applied Regression Analysis*. Second edition, New York: John Wiley.

Everitt, Brian S. (1992). *The Analysis of Contingency Tables*. Second edition, London, New York: Chapman and Hall, John Wiley.

Fahrmeir, Ludwig und Alfred Hamerle, Hrsg. (1984). *Multivariate Analyseverfahren*. Berlin, New York: de Gruyter.

Faulbaum, Frank, Hrsg. (1992). *Softstat '91. Fortschritte der Statistik-Software 3*. Stuttgart, New York: Fischer.

Fischer, L. und Helmut E. Lück (1972). „Entwicklung einer Skala zur Messung von Arbeitszufriedenheit (SAZ)". *Psychologie und Praxis*, **16**, S. 64–66.

Freese, Peter (1992). *Standard Betriebssystem MS-DOS — Eine strukturierte Einführung*. Reinbek: Rowohlt.

Friedrichs, Jürgen (1980). *Methoden empirischer Sozialforschung*. 13. Auflage, Opladen: Westdeutscher Verlag.

Fürntratt, Ernst (1969). „Zur Bestimmung der Anzahl interpretierbarer gemeinsamer Faktoren in Faktorenanalysen psychologischer Daten". *Diagnostika*, **15**, S. 62–75.

Gaffin, Adam (1995). *EFF's Guide to the Internet*. 3.1 edition, Electronic Frontier Foundation. (ftp://ftp.eff.org).

Gaito, John (1980). "Measurement scales and statistics: Resurgence of an old misconception". *Psychological Bulletin*, **87**, pp. 564–567.

Geider, F. J., K.-E. Rogge und H. P. Schaaf (1982). *Einstieg in die Faktorenanalyse*. Heidelberg: Quelle & Meyer.

Gold, David (1970). "Statistical tests and substantive significance". In Denton E. Morrison, and Ramon E. Henkel, eds., *The Significance Test Controversy — A Reader*, pp. 172–181. Chicago: Aldine.

Goodman, Leo A., and William H. Kruskal (1954). "Measures of association for crossclassification". *Journal of the American Statistical Association*, **49**, pp. 732–764.

——— (1963). "Measures of association for crossclassification, III: Approximate sampling theory". *Journal of the American Statistical Association*, **58**, pp. 310–364.

Gould, Stephen Jay (1988). *Der falsch vermessene Mensch.* Frankfurt/M.: Suhrkamp.

Greenacre, Michael J. (1984). *Theory and Applications of Correspondence Analysis.* London: Academic Press.

Grizzle, J. E., C. F. Starmer, and G. Koch (1969). "Analysis of categorial data by linear models". *Biometrika*, **25**, pp. 489–504.

Guttman, Louis (1941). "The quantification of a class of attributes: A theory and method of scale construction". In Paul Horst et al., ed., *The Prediction of Personal Adjustment*, pp. 321–348. New York: Social Science Research Council.

______ (1944). "A basis for scaling qualitative data". *American Sociological Review*, **9**, pp. 139–150.

______ (1977). "What is not what in statistics". *The Statistician*, **26**, pp. 81–107.

Hansen, Hans Robert (1993). *Wirtschaftsinformatik I. Einführung in die betriebliche Datenverarbeitung.* 6. Auflage, Stuttgart: Fischer.

Harman, Harry H. (1976). *Modern Factor Analysis.* 3. edition, Chicago: University of Chicago Press.

Hartung, Joachim und Bärbel Elpelt (1992). *Multivariate Statistik. Lehr- und Handbuch der angewandten Statistik.* 4. Auflage, München, Wien: Oldenbourg.

Hartung, Joachim, Bärbel Elpelt und Karl-Heinz Klösener (1993). *Lehr- und Handbuch der angewandten Statistik.* 9. Auflage, München, Wien: Oldenbourg.

Hübler, O. (1989). *Ökonometrie.* Stuttgart, New York: Fischer.

Heidenreich, Klaus (1987). „Entwicklung von Skalen". In Erwin Roth, Hrsg., *Sozialwissenschaftliche Methoden*, S. 417–449. 2. Auflage, München, Wien: Oldenbourg.

Heitfeld, Ursula (1986). *Einführung in das relationale Datenbanksystem SIR/DBMS.* Stuttgart, New York: Fischer.

Hermann, Dieter und Hans-Martin Uehlinger, Hrsg. (1992). *SPSS/PC+-Benutzerhandbuch.* 2. Auflage, Stuttgart, New York: Fischer.

Holm, Kurt (1986a). „Die Faktorenanalyse". In Kurt Holm, Hrsg., *Die Befragung*, Bd. 3. München: Francke.

______ (1986b). „Die Frage". In Kurt Holm, Hrsg., *Die Befragung*, Bd. 1, S. 32–91. 3. Auflage, München: Francke.

Informationszentrum Sozialwissenschaften, Hrsg. (1980). *Sozialwissenschaftliche Anwendungssoftware. Bd. 1. Programmsysteme, Programmsammlungen.* Bonn: IZ.

Jambu, Michel (1992). *Explorative Datenanalyse.* Stuttgart, Jena, New York: Fischer.

Jöreskog, Karl G., and Dag Sörbom (1988). *PRELIS. A Program for Multivariate Data Screening and Data Summarization.* 2. edition, Mooresville, Ind.: Scientific Software.

______ (1994). *LISREL VIII. User's Reference Guide.* Mooresville, Ind.: Scientific Software.

Kaiser, Henry F. (1960). "Review of V. senders' measurement and statistics". *Psychometrika*, **25**, pp. 411–413.

——— (1979). "A second generation little jiffy". *Psychometrika*, **35**, pp. 401–415.

Küchler, Manfred (1979). *Multivariate Analyseverfahren.* Stuttgart: Teubner.

Kehoe, Brendan P. (1994). *Zen and the art of the internet. A beginner's guide.* 3. edition, Englewood Cliffs, N. J.: Prentice Hall.

Kendall, Maurice G. (1949). "Rank and product-moment correlation". *Biometrika*, **36**, pp. 177–193.

Kennedy, Gavin (1985). *Einladung zur Statistik.* Frankfurt/M., New York: Campus.

Kernighan, Brian W. und Rob Pike (1987). *Der UNIX-Werkzeugkasten. Programmieren mit UNIX.* München, Wien: Hanser.

Kähler, Wolf-Michael (1993). *Statistische Datenanalyse mit SPSS/PC+. Eine Einführung in Grundlagen und Anwendungen.* Braunschweig: Vieweg.

Kim, Jae-On, and Charles W. Mueller (1978). *Introduction to Factor Analysis.* Sage University Paper Series on Quantitative Applications in the Social Sciences. Beverly Hills, London: Sage Publications.

Klapprott, Jürgen (1975). *Einführung in die psychologische Methodik.* Stuttgart, Berlin, Köln, Mainz: Kohlhammer.

Klemm, Elmar (1994). *Computerunterstützte Datenerfassung*, Bd. 7, *Handbuch für computerunterstützte Datenanalyse.* Stuttgart, New York: Fischer.

Kockläuner, Gerhard (1988). *Angewandte Regressionsanalyse mit SPSS.* Braunschweig, Wiesbaden: Vieweg.

Kraft, Manfred, Thomas Landes und Klaus Braun (1992). *Statistische Methoden. Eine Einführung für das Grundstudium in den Wirtschafts- und Sozialwissenschaften.* 2. Auflage, Würzburg, Wien: Physica-Verlag.

Krichel, Thomas, and Thorsten Wichmann (1994). "Internet primer for economists". *The Economic Journal*, **104**, pp. 1496–1523.

Kriz, Jürgen (1981). *Methodenkritik empirischer Sozialforschung. Eine Problemanalyse sozialwissenschaftlicher Forschungspraxis.* Stuttgart: Teubner.

——— (1983). *Statistik in den Sozialwissenschaften: Einführung und kritische Diskussion.* 4. Auflage, Opladen: Westdeutscher Verlag.

Krol, Ed (1994). *The Whole Internet.* 2. edition, Sebastopol, Cal.: O'Reilly & Associates.

Kruskal, Joseph B., and Myron Wish (1978). *Multidimensional scaling.* No. 07-011, in Sage University Paper Series on Quantitative Applications in the Social Sciences. Beverly Hills, London: Sage Publications.

Kubicek, Herbert und G. Welter (1985). *Messung der Organisationsstruktur. Eine Dokumentation zur quantitativen Erfassung von Organisationsstrukturen.* Stuttgart: Enke.

Kuder, G. F., and M. W. Richardson (1937). "The theory of the estimation of test reliability". *Psychometrika*, **2**, pp. 151–160.

Labovitz, Sanford (1970). "Criteria for selecting a significance level: A note on the sacredness of .05". In Denton E. Morrison, and Ramon E. Henkel, eds., *The Significance Test Controversy — A Reader*, pp. 166–171. Chicago: Aldine.

Lienert, Gustav A. und Ulrich Raatz (1994). *Testaufbau und Testanalyse*. 5. Auflage, Weinheim: Beltz.

Likert, Renis (1977). "A technique for the measurement of attitudes". In Gene F. Summers, ed., *Attitude Measurement*, pp. 149–158. London: Kershaw.

Lilliefors, H. W. (1967). "On the kolmogorov-smirnov tests for normality with mean and variance unknown". *Journal of the American Statistical Association*, **73**, pp. 399–402.

Linder, Arthur und Willi Berchthold (1982). *Statistische Methoden. Multivariate Verfahren*, Bd. 3. Basel, Boston, Stuttgart: Birkhäuser.

Lord, Frederic M. (1953). "On the statistical treatment of football numbers". *The American Psychologist*, **8**, pp. 750–751.

Lovie, Alexander D., and Patricia Lovie (1991). "Graphical methods for exploring data". In Patricia Lovie, and Alexander D. Lovie, eds., *New Developments in Statistics for Psychology and the Social Sciences*, vol. II, pp. 19–48. London, New York: The British Psychological Society, Routledge.

Luhmann, Niklas (1992). „Kommunikation mit Zettelkästen: Ein Erfahrungsbericht". In André Kieserling, Hrsg., *Universität als Milieu*, S. 53–61. Bielefeld: Haux.

Mantel, N., and W. Haenszel (1959). "Statistical aspects of the analysis of data from retrospective studies of disease". *Journal of the National Cancer Institute*, **22**, pp. 719–748.

Matiaske, Wenzel (1991). "COR.ANALYSIS: A P-STAT macro for correspondence analysis". *Psychometrika*, **56**, p. 154.

——— (1994). „Hierarchical cluster analysis with P-STAT". Arbeitspapier Nr. 5, Wirtschaftswissenschaftliche Dokumentation. Technische Universität Berlin.

Matiaske, Wenzel und Friedrich A. Stein (1992). „Gütekontrolle zweier Leistungsmotivations-Tests". *Diagnostika*, **38**, S. 242–248.

McIver, John P., and Edward Carmines (1981). *Unidimensional Scaling*. No. 07-024, in Sage University Paper Series on Quantitative Applications in the Social Sciences. Beverly Hills, London: Sage Publications.

Menges, Günter (1972). *Grundriß der Statistik*. 2. Auflage, Opladen: Westdeutscher Verlag.

Mikula, G., H. Uray und T. Schwinger (1976). „Die Entwicklung einer deutschen Fassung der Mehrabian Achievement Risk Preference Sale". *Diagnostika*, **22**, S. 76–97.

Müller-Böling, Detlef (1978). *Arbeitszufriedenheit bei automatisierter Datenverarbeitung*. München, Wien: Oldenbourg.

Mokken, R. J. (1971). *A theory and procedure of scale analysis*. Paris: Mouton.

Nelder, J. A., and R. W. M. Wedderburn (1972). "Generalized linear models". *J. R. Stat. Soc*, **135**, pp. 370–384.

Neyman, Jerzy, and Egon S. Pearson (1933). "On the problem of the most efficient tests of statistical hypotheses". *Philosophical Transaction of the Royal Society, Ser. A*, **231**, pp. 289–337.

Norušis, Marija J., and SPSS (1991). *SPSS for Windows: Base System User's Guide, Release 6.* Chicago, Ill.: SPSS Inc.

——— (1994a). *SPSS Advanced Statistics 6.1.* Chicago, Ill.: SPSS Inc.

——— (1994b). *SPSS Professional Statistics 6.1.* Chicago, Ill.: SPSS Inc.

Olsson, Ulf (1979). "Maximum likelihood estimation of the polychoric correlation coefficient". *Psychometrika*, **44**, pp. 115–132.

Opp, Karl-Dieter und Peter Schmidt (1976). *Einführung in die Mehrvariablenanalyse. Grundlagen der Formulierung und Prüfung komplexer sozialwissenschaftlicher Aussagen.* Reinbek: Rowohlt.

Orth, Bernhard (1974). *Einführung in die Theorie des Messens.* Stuttgart, Berlin, Köln, Mainz: Kohlhammer.

P-STAT (1990). *P-STAT User's Manual.* Princeton, N. J.

Pfeifer, Andreas und Peter Schmidt (1987). *LISREL. Die Analyse komplexer Strukturgleichungsmodelle.* Stuttgart, New York: Gustav Fischer.

Revenstorf, Dirk (1980). *Faktorenanalyse.* Stuttgart, Berlin, Köln, Mainz: Kohlhammer.

Roth, Erwin und Klaus Heidenreich, Hrsg. (1987). *Sozialwissenschaftliche Methoden. Handbuch für Forschung und Praxis.* 2. Auflage, München, Wien: Oldenbourg.

Schiffman, Susan S., M. Lance Reynolds, and Forrest W. Young (1981). *Introduction to Muldimensional Scaling. Theory, Methods, and Applications.* New York: Academic Press.

Schubö, W., H.-M. Uehlinger, C. Perleth, E. Schröger und W. Sierwald (1991). *SPSS. Handbuch der Programmversionen 4.0 und SPSSX 3.0.* Stuttgart, New York: Fischer.

Siegel, Sidney (1976). *Nichtparametrische Statistische Methoden.* Frankfurt/M.: Fachbuchhandlung für Psychologie.

Somers, Robert H. (1962). "A new symmetric measure of association for ordinal variables". *American Sociological Review*, **27**, pp. 799–811.

Spearman, Charles (1904). "General intelligence, objectively determined and measured". *American Journal of Psychology*, **15**, pp. 201–293.

SPSS (1991). *SPSS Statistical Algorithms.* 2nd edition, Chicago, Ill.: SPSS Inc.

——— (1995). *SPSS Base System: Syntax Reference Guide, Release 6.1.* Chicago, Ill.: SPSS Inc.

Stahlknecht, Peter (1995). *Einführung in die Wirtschaftsinformatik.* 7. Auflage, Berlin, Heidelberg, New York: Springer.

Staud, Josef L. (1991). *Statistische Datenbanken, ihre Anbieter und Produzenten.* Frankfurt/M. et al.: Lang.

Steinhausen, Detlef und Klaus Langer (1977). *Clusteranalyse.* Berlin, New York: De Gruyter.

Stevens, S. S. (1946). "On the theory of scales of measurement". *Science*, **103**, pp. 677–680.

______ (1951). "Mathematics, measurement and psychophysics". In S. S. Stevens, ed., *Handbook of Experimental Psychology*, pp. 1–49. New York: John Wiley.

Stuart, A. (1953). "The estimation and comparison of strengths of association in contingency tables". *Biometrika*, **40**, pp. 105–110.

Thurstone, Louis L. (1947). *The vectors of mind.* Second edition, Chicago: University of Chicago Press.

Togerson, Warren S. (1958). *Theory and Methods of Scaling.* New York, London, Sydney: John Wiley.

Tukey, John W. (1977). *Exploraty Data Analysis.* Reading, Mass.: Addison-Wesley.

Urban, Dieter (1982). *Regressionstheorie und Regressionstechnik.* Stuttgart: Teubner.

______ (1993). *LOGIT-Analyse. Statistische Verfahren zur Analyse von Modellen mit qualitativen Response-Variablen.* Stuttgart, Jena, New York: Fischer.

Velleman, Paul F., and David C. Hoaglin (1981). *Applications, Basics, and Computing of Exploratory Data Analysis.* Belmont, Cal.: Wadsworth.

Weede, Erich (1970). „Zur Methodik der kausalen Abhängigkeitsanalyse (Pfadanalyse) in der nicht- experimentellen Forschung". *Kölner Zeitschrift für Soziologie und Sozialpsychologie*, **24**, S. 532–550.

______ (1972). „Zur Pfadanalyse. Neuere Entwicklung, Verbesserungen, Ergänzungen". *Kölner Zeitschrift für Soziologie und Sozialpsychologie*, **24**, S. 101–117.

______ (1977). *Hypothesen, Gleichungen und Daten. Spezifikations- und Meßprobleme bei Kausalmodellen für Daten aus einer und mehreren Beobachtungsperioden.* Kronberg/Ts.: Athenäum.

Weede, Erich und Wolfgang Jagodzinski (1977). „Einführung in die konfirmatorische Faktorenanalyse". *Zeitschrift für Soziologie*, **6**, S. 315–333.

Wegener, Bernd (1983). „Wer skaliert? Die Meßfehler-Testtheorie und die Frage nach dem Akteur". In *ZUMA-Handbuch sozialwissenschaftlicher Skalen*, S. TE1–TE110. Mannheim, Bonn: ZUMA, IZ.

Weizenbaum, Joseph (1978). *Die Macht der Computer und die Ohnmacht der Vernunft.* Frankfurt/M.: Suhrkamp.

Wishart, David (1984). *Clustan. Benutzerhandbuch.* 3. Auflage, Stuttgart, New York: Gustav Fischer.

Witte, Eberhard (1972). *Das Informationsverhalten in Entscheidungsprozessen*. Tübingen: J. B. C. Mohr.

Wittenberg, Reinhard (1991). *Grundlagen computergestützter Datenanalyse*, Bd. 1, *Handbuch für computerunterstützte Datenanalyse*. Stuttgart, New York: Fischer.

Wittenberg, Reinhard und Hans Cramer (1992). *Datenanalyse mit SPSS*, Bd. 2, *Handbuch für computerunterstützte Datenanalyse*. Stuttgart, New York: Fischer.

Wonnacott, Thomas H., and Ronald J. Wonnacott (1981). *Regression. A Second Course in Statistics*. New York: John Wiley.

Zimmermann, E. (1976). *Das Experiment*. Stuttgart: Teubner.

INDEX

www.ingramcontent.com/pod-product-compliance
Lightning Source LLC
LaVergne TN
LVHW092152300926
849161LV00002B/253